GUINNESS WORLD RECORDS 2026

MAIOR PATO DE BORRACHA

Essa recriação de 32m de altura do clássico brinquedo de banho foi feita pelo artista holandês Florentijn Hofman — embora com 26m de comprimento e 20m de largura, você precise de uma banheira bem grande. Foi colocado na água pela 1ª vez no porto de Saint-Nazaire, na França, em 2007. Desde então, Hofman lançou uma família inteira de patos infláveis no mundo todo, do Brasil à Nova Zelândia. Para ele, o gigante amarelo simboliza positividade e diversão, e inspira um senso de admiração infantil... e é por isso que escolhemos o *Pato de Borracha* para apresentar nosso GWR 2026 com o tema Amarelo.

Para mais recordes dourados, vá para as p.4-5.

Barras laterais repletas de curiosidades, fatos, estatísticas e infográficos

Escaneie os QR codes para obter conteúdo extra no YouTube e no site do GWR

Fotos inéditas de recordes extraordinários

ÍCONES
O Guinness World Records homenageia alguns dos detentores de títulos de elite que personificam o que é ser Oficialmente Incrível. Conheça a lenda dos jogos Mario, a amada musicista Dolly Parton, a sensação da natação Katie Ledecky e o atleta IRONMAN® com dupla amputação Billy Monger.

CONTEÚDO

Bem-vindo ao *Guinness World Records 2026* — a nova edição do **livro anual mais vendido de todos os tempos**! Prepare-se para ser levado em uma viagem por megacidades e cidades--fantasma, espiar filmes de terror assustadores, descobrir sobre o esporte em ascensão pickleball — e muito mais!

ICON

100%

NATUREZA EXTREMA

SERES HUMANOS

FEITOS FANTÁSTICOS

CIÊNCIA & ENGENHARIA

Com mais de 2.000 recordes clássicos, atualizados e novos

100% Descubra a escala real de alguns dos nossos maiores e menores recordistas.

KIDS

Zona das Crianças
O GWR homenageia uma seleção de recordistas sub-16 que honram o que é ser Oficialmente Incrível. Conheça o fera dos cubos mágicos Yiheng Wang, o mestre da matemática mental Aaryan Shukla e a sensação do YouTube Diana Kydysiuk, dentre uma série de outros inspiradores recordistas juniores.

A seção Jovens Prodígios recebeu um tratamento ousado inspirado em histórias em quadrinhos. Recrutamos artistas de quadrinhos e mangás para transformar esses jovens recordistas em heróis de suas próprias histórias!

SOCIEDADE

ZONA DAS CRIANÇAS

NAS TELAS

ARTES & OFÍCIOS

ESPORTES

Desde o **sapo mais mortal** (*acima*) e a **maior vespa** (*ver p. ao lado*) até o **trator mais rápido** e o **maior pato de borracha**, você encontrará o livro deste ano repleto de recordistas em amarelo brilhante. A diversão começa na capa e continua nas folhas de rosto — mas quais outras coisas amarelas você consegue encontrar ao folhear as páginas do *GWR 2026*?

AMARELO

A capa da nossa edição 2026 retrata alguns dos nossos recordistas amarelos favoritos. Escolhemos essa cor alegre como tema deste ano para iluminar o seu dia e te arrancar um sorriso solar...

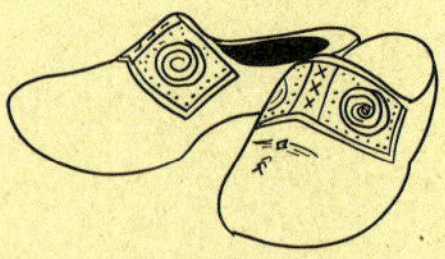

Maiores tamancos: 3,5m de comprimento, criados por Jim Bolin (EUA).

Moeda mais cara: Double Eagle de 1933, vendida por US$18.872.250, em 8/6/2021.

Maior pilha de panquecas: 101,8cm, feita por Center Parcs Sherwood Forest (RU).

Canário mais velho: Joey, com 34 anos, da sra. K. Ross (RU).

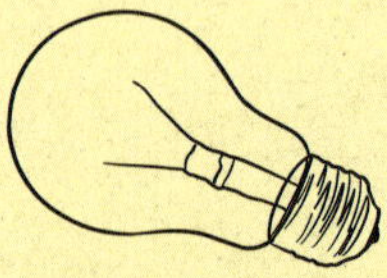

Lâmpada acesa há mais tempo: Livermore Centennial Light Bulb, instalada em 1901 na Estação de Bombeiros nº 6, Livermore, Califórnia, EUA, e acesa até hoje...

MAIS MOSTARDA COMIDA DE UM TUBO EM 30S

André Ortolf (GER) ingeriu 416g de mostarda de tubos tipo squeeze em Schwarzach, GER, em 5/1/2015. As sementes de mostarda dão ao condimento sua pungência característica, amargor e a cor amarela intensa. André também detém o recorde de **beber mais mostarda engarrafada** (1.083g).

SAPATOS MAIS PESADOS USADOS PARA CAMINHAR

Ashrita Furman (EUA) caminhou com um par de "tênis" amarelos que pesavam 146,5kg, em Londres, RU, em 18/11/2010. Foi como se o recordista veterano tivesse carregado uma máquina de lavar em cada pé!

CEFALÓPODE MAIS VENENOSO

Os polvos-de-anéis-azuis *Hapalochlaena maculosa* e *H. lunulata* produzem o veneno neurotóxico tetrodotoxina. Apenas 0,87mg de uma mordida pode ser letal para humanos. Quando ameaçados, assumem um tom amarelo vivo para realçar suas marcas azuis ameaçadoras.

MAIOR SAXOFONE

Em 2013, a J'Élle Stainer (BRA) criou um saxofone subcontrabaixo de 2,7m de altura e um diâmetro de campana de 39,1cm. Fabricante de instrumentos especializada em "saxofones extremos", apresentou o instrumento em Cerveteri, ITA, para celebrar o 200º aniversário do inventor homônimo Adolphe Sax.

MENOR AERONAVE

Construído por Robert H. Starr (EUA), o *Starr Bumble Bee II* tinha uma envergadura de 1,68m, quase a de um ganso-do-canadá. Fez seu voo inaugural em 2/4/1988, perto de Tucson, Arizona, EUA, mas caiu no 3º, em 5/mai. Na imagem, vemos seu antecessor, o *Starr Bumble Bee I*.

Starr Bumble Bee I (à dir.), que é um pouco maior e mais pesado, está em exibição no Museu do Ar e Espaço de Pima, nos EUA.

MAIOR ESCULTURA DE QUEIJO DE UM MAMÍFERO
Em 6/11/2023, a Shanghai Milkground (CHN) exibiu uma vaca de 1,73m de comprimento, feita com 400kg de cheddar. A coloração deriva, em parte, do pigmento betacaroteno presente na grama, que é absorvido pelo leite das vacas — cor muitas vezes realçada com corantes naturais como o urucum.

MAIOR ESCULTURA DE OURO MACIÇO
O templo Wat Traimit, em Bangkok, THA, abriga o Buda de ouro, feito com 6t de ouro puro. Fundida durante a era Sukhothai (1238-1438), a estátua de 3m de altura foi coberta com gesso, provavelmente para ser escondida, mas foi derrubada durante o transporte em 1955, revelando seu precioso interior.

MAIOR RODA DE ORAÇÃO
A Drigung Kagyu Rinchen Khorchen Khorwe Go Gek, no retiro espiritual Samten Hills Dalat, em Tu Tra, VIE, tem 37,22m de altura. O cilindro feito com ouro 24k, adornado com mantras budistas, tem alças na base que permite aos visitantes girá-lo.

CARRO MAIS BAIXO EM CONDIÇÕES DE RODAGEM
O *Mirai* ("Futuro") mede 45,2cm do chão até a parte mais alta, como verificado em Asakuchi, JPN, em 15/11/2010. O veículo foi feito pelo professor Hideki Mori (*acima*, dirigindo) e seus alunos de engenharia automotiva da Escola Secundária Okayama Sanyo. O carro amarelo-limão funciona com 6 baterias.

CRUSTÁCEO TERRESTRE MAIS RÁPIDO
Os caranguejos-fantasma tropicais podem correr a até 14,4 km/h. Com sua coloração pálida característica e hábitos noturnos, vivem principalmente em tocas nas praias de areia situadas nas extremidades dos oceanos Pacífico ocidental e Índico.

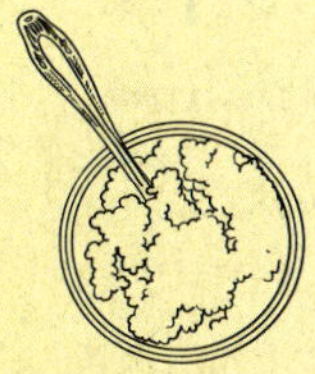

Caviar mais caro: *Almas*, proveniente do esturjão-beluga iraniano (*Huso huso*), com 1kg, era vendido por cerca de US$39.163 em 2006.

Maior escultura monolítica: A Grande Esfinge de Gizé, EGY, esculpida em calcário amarelo macio, tem 20m de altura e 73,6m de comprimento.

Borboletas mais escuras: Escamas ultranegras nas asas de certas espécies da subfamília Biblidinae refletem apenas 0,06% da luz, contrastando com as manchas âmbar brilhantes das borboletas.

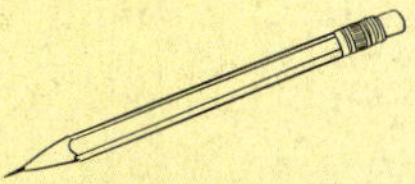

Maior lápis: 1,092m, da BIC (FRA).

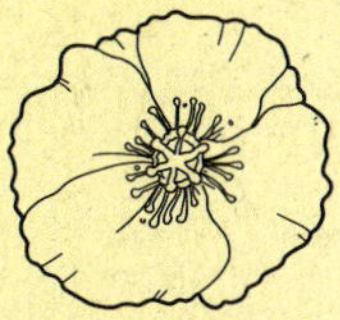

Planta com flores mais ao norte: A papoula-amarela (*Papaver radicatum, acima*) e o salgueiro-do-ártico (*Salix arctica*) crescem na natureza a 83°N.

CARTA DO EDITOR

Bem-vindo à nova edição do **livro anual mais vendido do mundo**. É o auge da comemoração de 70 anos — um ano em que, das 40.842 inscrições, os recordistas nos trouxeram mais 2.897 superlativos.

Os últimos 12 meses deram a todos do GWR oportunidades para celebrar nosso aniversário de platina e relembrar 7 décadas incríveis de pesquisa, curadoria e verificação das conquistas mais impressionantes do mundo. Também proporcionaram a alguns a chance de conhecer os heróis — particularmente, fiquei empolgado por encontrar o **homem mais rápido do mundo**, Usain Bolt, e entregar a ele o certificado de ÍCONE do GWR (*ver p.192-93*).

Mas esta edição também nos inspirou a olhar para os 70 anos que estão por vir. Quem será o próximo Usain Bolt? Quem serão os aventureiros que vão realizar descobertas e ultrapassar os limites do esforço humano? Quem serão os maiores nomes das redes sociais? E as estrelas de cinema mais aclamadas? E os cientistas que liderarão as grandes revoluções?

A resposta pode ser você! O que aprendemos ao longo das últimas décadas é que muitos dos recordistas que tivemos o privilégio de conhecer disseram que foram inspirados a se tornar os melhores do mundo depois de ler o GWR — ou ao assistir a programas de TV e vídeos sobre recordes nas redes sociais. Você não precisa ser um atleta de elite ou um vencedor do Oscar para conquistar o reconhecimento do GWR, como muitos dos quase 3.000 felizardos deste ano atestam: bater recordes é para todo mundo.

MAIS TRUQUES DE MÁGICA EM 24H (EQUIPE)
Entre 22-23/3/2025, Henry e Klauss fizeram jus ao apelido de "Mestres da Mágica", ao realizarem 401 truques em São Paulo, como levitação de mesas e desaparecimento de cartas e canudos. Desde 18/12/2023, a dupla detém o recorde de **menor tempo para escapar de uma camisa de força e uma caixa (com um veículo se aproximando)**: Klauss se livrou em 38,70s, instantes antes de Henry colidir com a caixa.

Faça parte disso
Essa é a mensagem que espero que você leve consigo após ler este livro. Se quer ter *seu nome* no GWR, é só ler o rápido manual de instruções da p.8, mas você também pode começar agora mesmo ao folhear estas páginas para descobrir os tipos (de milhares) de conquistas extraordinárias que já monitoramos.

A diversidade dos temas deste ano mostra o quão amplo é o espectro de recordes no GWR: pickleball (*p.70-71*), bikes de roda alta (*p.74-75*), modelismo (*p.114-15*), heróis ecológicos (*p.134-35*), bibliotecas (*p.140-41*), cidades-fantasma (*p.142-43*), Eurovision (*p.176-77*), filmes de terror (*p.184-85*), tênis (*p.204-05*) e arte em neon (*p.208-09*) são algumas das novas categorias.

Temos o compromisso de incentivar jovens sub-16 a bater recordes e esperamos inspirar a próxima geração. Na sessão Zona das Crianças (*p.152-69*), você vai conhecer alguns Jovens Prodígios, cujo

MAIOR DISTÂNCIA PERCORRIDA EM UMA PAREDE DE ESCALADA EM 1H (FEM.)
Patricia Antunes Silva escalou 634m em Belo Horizonte, em 21/4/2024. No começo, queria tentar o recorde de menor tempo para escalar o equivalente à altura do Everest em uma parede de escalada (fem.), mas, após 320 subidas, ainda faltavam 3.640m para os 8.849m exigidos.

Patricia colocou esse desafio como meta pessoal após ter se tornado mãe.

1º CASAL A ESCALAR O EVEREST E O LHOTSE
Olívia Bonfim Melo e o marido, Carlos Eduardo Santalena, completaram esta "viagem dupla" (com oxigênio suplementar) em 22/5/2024. Escalaram a **montanha mais alta** em 10h30min e o Lhotse — o 4º pico mais alto do mundo — em 10h5min. Em 2023, ele a pediu em casamento no topo do Aconcágua — a montanha mais alta das Américas —, 6.961m acima do nível do mar.

1.500M MAIS RÁPIDOS (T11, MASC.)
Yeltsin Jacques (*acima, à dir.*) defendeu o título paralímpico dos 1.500m, que fez em 3min55,82s, nos Jogos de Paris, FRA, em 3/9/2024. Estava acompanhado do corredor-guia Guilherme dos Anjos Santos.

O Brasil também conquistou o recorde dos **5.000m (T11, masc.)** na competição (14min48,85s) com Júlio Cesar Agripino dos Santos e seu guia Micael Batista Santos (*à dir.*), em 30/8/2024.

MAIS VELHO A COMPLETAR A TRAVESSIA DO LEME AO PONTAL
Edson Clayton Pereira Vianna (n. 13/5/1962) tinha 62 anos e 81 dias ao nadar do Leme ao Pontal, no Rio de Janeiro, em 2/8/2024. Largou à 1h34 e completou os 36km de natação em 11h15min.

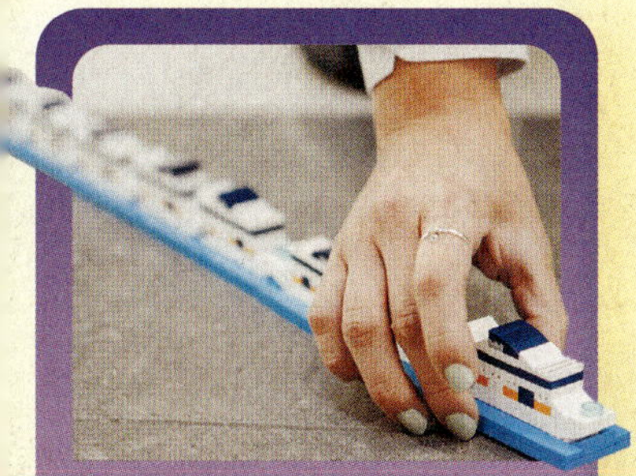

MAIS NAVIOS DE LEGO®
Para celebrar a mais recente adição à frota da MSC Cruzeiros (SUI/ITA) — o *World America* —, a tripulação construiu uma flotilha de 1.391 navios de peças LEGO® no 6° convés. O *World America*, como muitos de seus navios irmãos, sedia o *The Record Show* — parceria entre o GWR e a MSC, com eventos ao vivo de quebra de recordes.

talento em áreas como arte, esporte e comunicação nos dá um gostinho do que está por vir. O futuro é brilhante! (Quase tão brilhante quanto as páginas do livro... graças a nossos amigos da 55Design, que iluminaram nosso dia com capa e páginas cheias de amarelo!)

A outra família de recordistas que, com certeza, vai te motivar são os ÍCONES do GWR. Usain Bolt é só uma das lendas na lista de homenageados deste ano. Do alpinista cego Erik Weihenmayer (*p.32-33*) e da lenda da natação Katie Ledecky (*p.214-215*) à "Rainha de Nashville" Dolly Parton (*p.52-53*) e ao Mario, da Nintendo (*p.170-171*), não vai faltar inspiração!

Por fim, em nome da equipe do GWR, parabéns aos recordistas desta edição — atletas e artistas, cientistas e cantores, malabaristas e animais. Agradecemos por serem embaixadores incríveis dos recordes em todo o mundo. Obrigado por fazerem parte disso!

Craig Glenday
Editor-chefe

CARTA DO EDITOR

MAIOR COLEÇÃO DE CAMISAS DE FUTEBOL
Até 22/4/2024, Cássio Brandão acumulou 6.101 camisas de futebol em São Paulo, incluindo peças raras usadas no mundo todo. Desde o início, em 2000, colecionou quase 1.700 camisas do time do coração, o Corinthians. Tem, inclusive, a que Pelé usou ao conhecer a Rainha Elizabeth II em 1968!

MAIOR PÚBLICO PARA LEITURA DE LIVRO (LÍNGUA PORTUGUESA)
Em 18/8/2024, 10.581 leitores vorazes se reuniram em um parque de São Paulo para ouvir a atriz Fernanda Montenegro ler *A cerimônia do adeus*, de Simone de Beauvoir. Organizado pelo Itaú, o evento ocorreu no auditório do Ibirapuera e foi transmitido em uma projeção na fachada do prédio.

PESSOA MAIS VELHA VIVA
O GWR lamenta o falecimento de Inah Canabarro Lucas (n. 8/6/1908), de Porto Alegre, em 30/4/2025, aos 116 anos e 326 dias. Era também a **freira mais velha**.

O Brasil, no entanto, ainda abriga o **homem mais velho vivo**: João Marinho Neto (n. 5/10/1912, *à dir.*), com 112 anos e 227 dias em 20/5/2025, conforme verificado pelo LongeviQuest.

SAIBA MAIS
Foi um ano agitado no GWR e não conseguimos incluir todos os recordes quebrados no *GWR 2026*... É por isso que oferecemos a você um tesouro de conteúdo no nosso canal do YouTube e no site **guinnessworldrecords.com**, com vídeos e histórias de recordistas e curiosidades. Não perca nenhum QR code ao longo do livro.

Planejamos inúmeros eventos para o aniversário do GWR e não queremos que você fique de fora — quando se trata de quebrar recordes, o melhor é participar! Para ajudá-lo a trilhar o caminho da glória, criamos uma ferramenta on-line especial — o Seletor de Recordes — para conectar aspirantes a recordistas com os títulos mais adequados às suas habilidades e aos seus interesses e recursos. Escaneie o QR code (*à dir.*) e responda às perguntas. Você também pode procurar títulos existentes em **guinnessworldrecords.com**.

1

Selecione!
Crie uma conta no site do GWR e acesse o Seletor de Recordes para descobrir um desafio que se adeque às suas habilidades.

2

Treine!
Após escolher o recorde, enviaremos regras detalhadas para a tentativa. Leia-as atentamente e prepare-se.

3

Tente!
Após aprimorar suas habilidades, reúna o necessário para atender às diretrizes — câmeras, testemunhas, cronômetros etc. — e faça a tentativa!

4

Prove!
Em seguida, envie-nos as evidências e nos dê algumas semanas para analisá-las. Vamos informá-lo sobre o andamento de todo o processo.

5

Comemore!
Confira seu e-mail para aquela decisão tão importante. Se for bem-sucedido, parabéns... você faz parte da família GWR e pode solicitar o certificado para provar que é Oficialmente Incrível!

VOLTA AO MUNDO DE HELICÓPTERO MAIS RÁPIDA (PONTOS ANTÍPODAS)
Em 18/6/2024, André Marcello Borges de Freitas e Peter Wilson (RU) decolaram em Jaguaruna, Santa Catarina, para dar a volta ao mundo em uma rota antipodal — via 2 pontos diametralmente opostos. Após voar por Bichura, RUS, e El Calafate, ARG, retornaram para casa em 1/10/2024, após cerca de 57.410km, a uma velocidade média de 19,21km/h, por 105 dias e 7 horas.

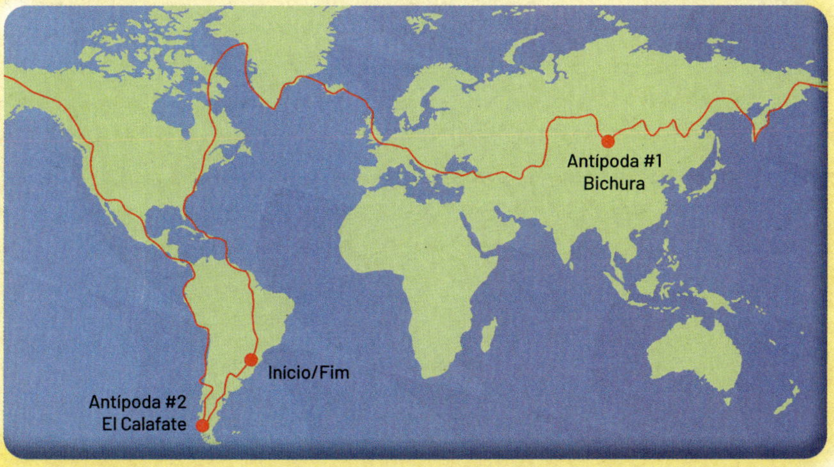

O Brasil conquistou **mais títulos na Copa do Mundo de Futsal da FIFA** (6). Saiba mais na p.223.

VIVA CRISTIANE!
Em 2025, Cristiane Rozeira de Souza Silva refletiu sobre a carreira incrível com os certificados GWR. Juntou-se à família de recordistas em 2009, após marcar **mais gols em uma Copa Libertadores Feminina** (15). Em 6/8/2016, conquistou os títulos **geral** e **feminino** de **mais gols no futebol olímpico** (14). Em 9/6/2019, a jogadora (n. 15/5/1985) se tornou a **mais velha a marcar um hat-trick na final da Copa do Mundo Feminina da FIFA**, aos 34 anos e 25 dias.

O BMW M3 pode ir de 0 a 100km/h em 3,5s e atingir velocidade de 250 km/h!

MAIOR DRIFT CONTÍNUO DE VEÍCULO EM PISTA MOLHADA
Ao volante de um BMW M3, Nelio Dgrazi executou um drift de 124,20km em Elias Fausto, São Paulo, em 9/7/2024. A estrela da internet dirigiu em uma pista molhada por 2h9min, com ângulo médio de 30°. Mais conhecido por postar manobras em alta velocidade no Instagram, tinha 1,3mi de seguidores em mai/2025.

MARATONAS

Nada captura tão bem o espírito de determinação e perseverança quanto a maratona – corrida exaustiva de 42,195km, em que milhares de pessoas pelo mundo se aventuram todos os anos e que arrecada milhões de dólares para instituições filantrópicas. Desde 2008, o GWR é parceiro oficial da Maratona de Londres (para os resultados de 2025, *ver à dir.*) e, nos últimos anos, temos enviado juízes para averiguar feitos – de atletas e paratletas a corredores fantasiados! – em maratonas pelo mundo.

Em 4/1/2025, Gill Punt (RU) estabeleceu o recorde feminino para **maratona no gelo vestida como um mamífero mais rápida**. Como contou à apresentadora Lorraine Kelly, completou a corrida em Tromsø, NOR (dentro do Círculo Polar Ártico), em 4h58min29s.

Em 18/4/2022, o atleta com síndrome de Down Chris Nikic (EUA) completou a Maratona de Boston em Massachusetts, EUA, em 5h38min51s, tornando-se o **mais rápido (masc, II2)**. É a **1ª pessoa com síndrome de Down a completar todas as maratonas Majors** – Tóquio, Boston, Londres, Berlim, Chicago e Nova York –, conquistando a mandala das 6 provas em Tóquio em 3/3/2024.

A **maratona com mochila de 36kg mais rápida** foi de 5h3min51, por Collin Harrison (RU), que terminou a prova em Edimburgo, RU, em 29/5/2022.

A **1ª pessoa com paralisia cerebral a completar as maratonas Majors** é Andrew Tomlinson de Glasgow, RU. Recebeu a 6ª medalha em Londres no dia 21/4/2024.

Duncan McKechnie (AUS) é o **ninja mais rápido**, com a Maratona de Sydney em Nova Gales do Sul, AUS, em 3h7min56s no dia 15/9/2024 (*na foto, à esq.*).

A **maratona empurrando uma cadeira de rodas mais rápida (masc.)** aconteceu em Duluth, Minnesota, EUA, em 17/6/2023, quando Sean McQuaid conduziu Riley Pathman (ambos EUA) em 2h35min26s.

A **mulher de uniforme escolar mais rápida** é Kanchanasevee Charinya (THA), que completou a Maratona de Berlim, GER, em 3h10min55s, no dia 29/9/2024.

A **maratona de toghu (traje camaronês tradicional) mais rápida** foi de 4h24min2s, por Afowiri Fondzenyuy (EUA), em Tóquio, JPN, em 2/3/2024.

Outro recorde estabelecido na Maratona de Sydney 2024 foi o de **soldado romano mais rápido**. Diego Acevedo Álvarez (COL) finalizou a corrida em 2h53min56s, apesar de carregar escudo e capacete!

Os amigos Marcus Green, James Bewley, David Mills, Nick Wright, Hugh Tibbs e Richard Bidgood (*na foto*, todos RU) completaram a Maratona de Manchester, RU, de 2024. Mesmo vestidos como uma centopeia de 12 pernas, completaram a prova em 2h57min31s – a **maratona com fantasia de 6 pessoas mais rápida**.

A **mulher em uma fantasia inflável mais rápida** é a enfermeira-chefe Karen Michelsen (CAN), que cruzou a linha de chegada (vestida como um coronavírus 3D!) em Berlim, no dia 29/9/2024, em 5h10min21s.

Em 27/4/2025, a Maratona de Londres reuniu milhares de atletas, entre eles, a editora-júnior do GWR Caitlin Hyem e o diretor de e-commerce, Scott Shore! Milhões de dólares foram arrecadados para a caridade, e 51 corredores estabeleceram ou quebraram recordes. Aqui o(a) mais rápido(a)...

Todas as nacionalidades RU, exceto quando indicado.

Maratona exclusivamente feminina: Tigst Assefa (ETH) – 2h15min50s

De terno (masc.): Rui Yong Soh (SIN) – 2h39min57s

De tamancos de espuma (masc.): Tommy Trees – 2h48min48s

Vestido como elfo (masc.): Matthew Berry – 2h56min59s

Vestido como homem das cavernas (masc.): James Timbrell (EUA) – 2h57min1s

Com traje tradicional nepalês (masc.): Santosh Rai (NEP) – 2h59min47s

Com doença de Parkinson (masc.): Ben Karthauser – 3h4min49s

Vestido como pirata (masc.): Philip Howard – 3h9min53s

Vestido como alienígena (masc.): Andy Brock – 3h10min10s

Vestido como crustáceo (masc.): Jamie Campbell – 3h12min49s

Vestido como cone de trânsito (masc.): Michael Wiggins – 3h13min18s

Como mascote (fem.): Zoe Cowell-Jones (Bernie, o Leão) – 3h19min18s

Vestida como pássaro (fem.): Ali Young (pinguim) – 3h26min37s

Vestido como monarca (masc.): Max Livingstone-Learmonth – 3h26min57s

Vestida como árbitro (fem.): Christine Robinson – 3h30min49s

Vestido como parte do corpo (masc.): Ollie Shortt (IRL, osso) – 3h32min21s

Vestida como monarca (fem.): Sarah Dudgeon – 3h33min42s

Vestida como personagem de TV (fem.): Erin Zackey (EUA, sra. Frizzle, de *O ônibus mágico*) – 3h34min55s

Mais jovem (masc., I1): Angus Leckonby (n. 12/4/2002; 23 anos e 15 dias) – 3h36min38s

Vestido como guerreiro espartano (masc.): Louis Stevens – 3h37min49s

Com desfibrilador subcutâneo (S-ICD, fem.): Rebecca Reid – 3h37min54s

Vestido como planta 3D (masc.): Martin Pritchard-Howarth (girassol) – 3h45min57s

Vestido como medalha (masc.): Simon Couchman – 3h47min20s

Vestida como crustáceo (fem.): Sally Kuehn (EUA) – 3h49min47s

Com esclerose múltipla (fem.): Juliane Keane – 3h53min2s

Vestida como nadadora (fem.): Samara Taylor – 3h58min30s

Vestido como criatura mítica (masc.): Adam Cotterill (unicórnio) – 4h7min38s

Vestida como réptil (fem.): Mandy Leach (tartaruga) – 4h12min55s

Vestida como célula (fem.): Melanie Bailey – 4h16min27s

Mais jovem a correr descalço (masc.): Cameron Jacobs (n. 21/6/2006) – 18 anos e 310 dias

Com prótese total bilateral nos joelhos (fem.): Amanda Davies – 5h1min3s

Em fantasia de 10 pessoas: Marcela Bell (ARG), Paul Owen, Simon Place, Julie Pritchett, Christopher Setterfield, Simon Short, Claire Short, Jodi Simpson (CAN), Graham Sturge, Richard Yeeles – 5h41min47s

Com muletas (masc.): David Wetherill – 5h59min5s

Vestida como peixe (fem., MP4): Sarah Haddock (peixe-veleiro) – 7h56min53s

Dupla mãe e filha (IS1): Lucette e Katie Crowhurst (com guia) – 8h17min54s

Trio de irmãos (misto): James, Alice e Sam Kelly – 8h31min7s

Para completar as maratonas Majors com estomia (fem., tempo agregado): Adele Roberts – 20h29min58s

Mais maratonas com a mesma fantasia 3D (masc.): Chris Green (Rhino Boy) – 113

Mais cuecas usadas durante uma maratona (masc.): Jason Burbury – 52

MAIS CONCLUINTES DE UMA MARATONA

A 45ª Maratona de Londres, em 2025, tornou-se oficialmente o maior evento do gênero. Um total de 56.640 participantes cruzaram a linha de chegada no The Mall em 27/abr, superando os 55.646 da Maratona de Nova York em 3/11/2024.

Entre os corredores, havia 103 aspirantes a recordistas que se inscreveram no GWR. Desses, 51 (*acima*) obtiveram sucesso, estabelecendo ou quebrando 40 recordes.

MAIOR TEMPO EM CADEIRA DE SANSÃO (LA2, FEM.)

Quatro dias antes de correr a Maratona de Londres de 2025, a paratleta britânica Stefanie Reid, Membro da Ordem do Império Britânico, estabeleceu o recorde na categoria LA2 para o exercício de agachamento estático contra a parede, mantendo o corpo parado por 1h0,46s. Realizou o desafio na London Marathon Running Show no ExCeL London, onde os participantes se registram e retiram os números de peito. Completou a maratona em 3h50min2s, mesmo tendo perdido o pé direito em um acidente de barco aos 16 anos.

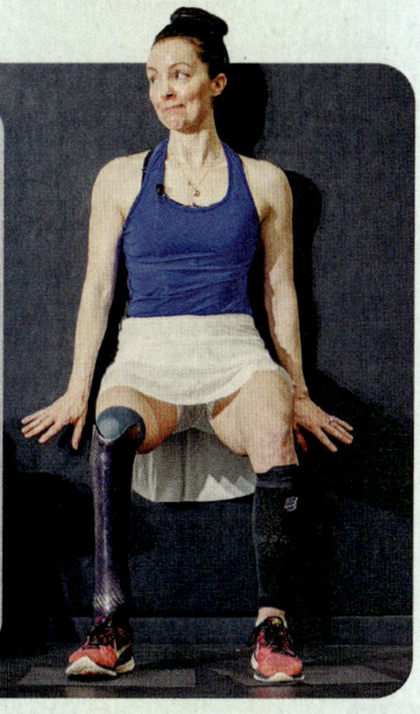

DIA DO GWR 2024

Todo Dia do Guinness World Records é especial, mas o evento de 2024 se destacou. Não apenas porque marcou o 20º aniversário da celebração anual de recordes. A **mulher mais alta do mundo** e a **mulher mais baixa do mundo** (Rumeysa Gelgi, TUR, e Jyoti Amge, IND, respectivamente) viajaram para o RU para nos ajudar a comemorar outro marco: o 70º aniversário do GWR. Vistas abaixo com nosso editor-chefe, Craig Glenday, a dupla notável participou de uma sessão de fotos em Londres, lar do GWR há 70 anos, e de um chá no hotel Savoy. "Quero dar meus mais sinceros agradecimentos a Rumeysa e Jyoti por tornarem o dia verdadeiramente extraordinário", disse Craig.

Craig Glenday
1,70m

Mulher mais alta
Rumeysa Gelgi
(TUR, n. 1/1/1997),
que media 2,1516m
em Safranbolu,
TUR, em 23/5/2021.

Mulher mais baixa
Jyoti Amge
(IND, n. 16/12/1993),
que media 62,8cm
em Nagpur,
IND, em 16/12/2011.

Não há nada de diminuto na personalidade de Jyoti. Desde seu carisma deslumbrante até seus trajes estilosos, ela é pura elegância.

Ambas receberam seus certificados ÍCONE como "Detentoras de recordes que representam o GWR", nas palavras de Craig.

"Conhecer Jyoti foi maravilhoso. Ela é uma mulher lindíssima. Esperei muito tempo para encontrá-la", disse Rumeysa.

O chá no Savoy proporcionou uma pausa bem-vinda após um dia agitado de sessões de fotos, entrevistas e passeios turísticos.

"Sempre olho para cima e vejo pessoas mais altas, mas hoje fiquei muito feliz ao ver a **mulher mais alta do mundo**", disse Jyoti.

NATUREZA EXTREMA

MAIOR MARIPOSA
Das 180.000 espécies de Lepidoptera (borboletas e mariposas), a mariposa-atlas (*Attacus atlas, à dir.*) do sudeste asiático é considerada a maior, com asas que chegam a 30cm e cobrem cerca de 400cm^2. As rivais mais próximas são a borboleta-imperador (*Thysania agrippina*) das Américas Central e do Sul e a mariposa-hércules (*Coscinocera hercules*), mais longa, da Austrália e Nova Guiné.

A **mariposa mais pesada** é a mariposa-gigante-da--madeira (*Endoxyla cinereus*) da Austrália e da Nova Zelândia; uma fêmea pesava 31,2g. As mariposas-atlas, em comparação, tendem a atingir no máximo 25-28g.

As **menores mariposas** pertencem a 2 famílias: Gracillariidae e Nepticulidae. Ambas contêm micromariposas que pesam apenas 0,03mg e têm envergadura de asa de apenas 2,6-2,8mm – menos da metade de um grão de arroz! Uma das principais candidatas à minicoroa é a mariposa-azeda-pigmeu (*Enteucha acetosae, abaixo*), uma nativa europeia que foi descrita pela 1ª vez em 1854. Muitas das menores mariposas fazem parte de um grupo conhecido como "mineradoras de folhas", devido a seus hábitos alimentares quando lagartas (*abaixo*).

Ciclo de vida da mariposa-atlas
A mariposa-atlas também começa a vida como lagarta. Durante essa fase, perde sua pele 5x, crescendo até 11,5cm de comprimento, antes de se envolver em um casulo de seda para a metamorfose. Muitas mariposas-atlas passam toda a vida, do ovo à fase adulta, em uma única árvore.

As lagartas mineradoras de folhas se alimentam debaixo de folhas e deixam rastros ondulados de cocô!

CONTEÚDO

A mariposa-atlas (ou mariposa-cabeça-de-cobra) possui padrões na ponta das asas que ajudam a afastar predadores.

MAIORES

O gigante entre os gigantes
O **maior animal** de todos os tempos é a baleia-azul (*Balaenoptera musculus*), que mede até 33,5m de comprimento e pesa até 190t. Abaixo, colocamos a massa impressionante desse cetáceo em contexto...

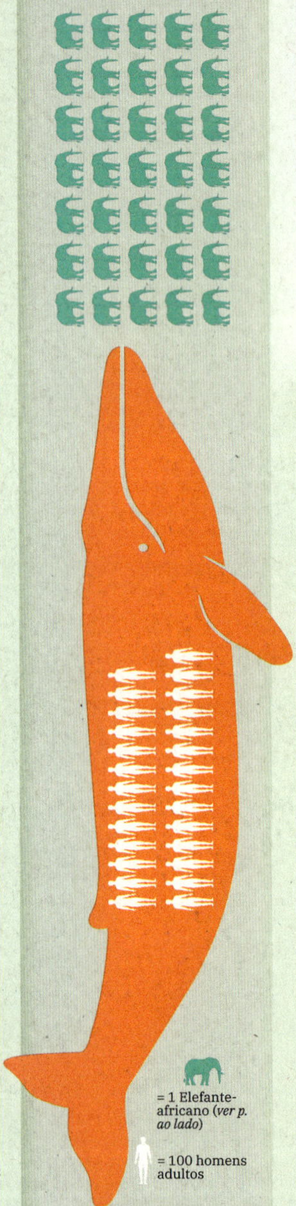

= 1 Elefante-africano (*ver p. ao lado*)

= 100 homens adultos

MAIS PESQUISADO

Maior animal

PINGUIM
Pinguins-imperadores (*Aptenodytes forsteri*) se destacam entre todos os seus parentes vivos, chegando a 1,3m — o equivalente a uma criança de 8 anos. Vivem em colônias de cerca de 20.000 espécimes nas áreas congeladas da Antártida. Mas o imperador não é o **maior pinguim de todos os tempos**: há cerca de 37mi de anos, o pinguim-gigante da Antártida (*Palaeeudyptes klekowskii*) pode ter atingido 2m!

ABELHA
Originária das Ilhas Molucas, IDN, a abelha-gigante-de-wallace (*Megachile pluto*) é 3x maior que uma abelha comum. As fêmeas atingem 4,5cm de comprimento — incluindo as mandíbulas —, enquanto as asas podem alcançar 6cm. Todo mundo achava que estivessem extintas, pois não houve registro delas por quase 40 anos, até que uma foi avistada pelo fotógrafo Clay Bolt, em 2019.

CARRAPATO
Certas espécies de carrapatos (Ixodida) crescem até 3cm quando estão de barriga cheia. Esses hematófagos alimentam-se estritamente do sangue de mamíferos e aves. Após uma refeição, o peso deles pode aumentar até 600%!

SAPO
A rã-golias africana (*Conraua goliath*) tem em média 30cm da boca ao ânus. No entanto, um espécime exagerado avistado no rio Sanaga, CMR, em 1989, tinha 36,83cm; com as pernas estendidas, era comparável a uma criança pequena. Infelizmente, com a perda de habitat e a caça, este incrível anfíbio está na lista de espécies ameaçadas.

ROEDOR
Capivaras (*Hydrochoerus hydrochaeris*) podem alcançar o tamanho de um golden retriever e pesar 60kg — o mesmo que 50 porquinhos-da-índia. Esses mamíferos semiaquáticos da América Central e do Sul preferem áreas pantanosas cobertas de grama perto de rios e lagos. As orelhas, os olhos e o nariz ficam na parte superior da cabeça, permitindo que submerjam e escondam-se de predadores como onças.

ARANHA
A tarântula-golias (*Theraphosa blondi*) das florestas tropicais do norte da América do Sul é a **aranha com mais massa**, podendo chegar a 175g — mais pesada que um hamster! Com envergadura de perna de 28cm, também não é pequena, mas a caçadora-gigante do Laos (*Heteropoda maxima*) a supera, com 30cm.

Apesar do nome, a tarântula-golias alimenta-se quase que só de insetos, vermes, sapinhos e lagartos.

ANIMAL TERRESTRE
Em peso, os elefantes-da-savana (*Loxodonta africana*) dominam todas as criaturas terrestres, com os machos — pesando entre 4-7t — do tamanho de um *monster truck*! Em altura, são superados apenas por outro nativo da África Subsaariana: as girafas (*Giraffa*). Com altura de até 5,5m, elas são, de longe, os **animais mais altos** vivos.

PEIXE
O tubarão-baleia adulto médio (*Rhincodon typus*) mede o mesmo que um ônibus escolar dos EUA! Uma fêmea, registrada na Índia em 2001, tinha 18,8m; isso equivale às estimativas para seu parente extinto, o megalodonte (*Otodus megalodon*), que, provavelmente, é o **maior peixe de todos os tempos**.

MENORES

Pequenas grandes vidas
Mesmo as maiores criaturas do reino animal têm versões pequenininhas e estabelecem recordes para suas dimensões (relativamente!) diminutas...[1]

Hipopótamo-pigmeu
Choeropsis liberiensis
160kg
84cm de altura

Elefante-pigmeu-de-bornéu
Elephas maximus borneensis
2.500kg
1,5m de altura

Jacaré-anão (menor crocodilo)
Paleosuchus palpebrosus
6kg
1,2m de comprimento

Rinoceronte-de-sumatra
Dicerorhinus sumatrensis
500kg
1,1m de altura

Vaquita (menor cetáceo)
Phocoena sinus
45kg
1,2m de comprimento

[1] *Todos os tamanhos são fornecidos na extremidade inferior da escala; altura até o ombro.*

ANFÍBIO

O sapinho-pulga (*Brachycephalus pulex*) foi oficializado em fev/2024. Apesar do nome, é uma rã. Os machos adultos têm um comprimento médio do focinho à cloaca de 7,1mm, e o menor espécime mede pouco menos de 6,5mm. As fêmeas são um pouco maiores. Assim, eles estão entre os **menores vertebrados**, embora o título ainda pertença ao tamboril macho *Photocorynus spiniceps*, de 6,2mm, encontrado em 2005.

MORCEGO

O morcego-nariz-de-porco-de-kitti (*Craseonycteris thonglongyai*) pesa cerca de 2g — menos que uma moeda de um centavo — e tem extensão média de 3cm. Também é chamado de morcego-abelha. Tem grandes chances de ser o **menor mamífero**, mas sua envergadura de 13-14,5cm complica as coisas. Vive nas cavernas da fronteira entre a Tailândia e Myanmar, em geral em colônias com cerca de 100 integrantes.

ORQUÍDEA

Das mais ou menos 28.000 espécies de orquídeas documentadas, algumas das menores são do gênero *Platystele* (*P. jungermannioides, na imagem*), nativa das selvas da América do Sul e Central. Elas têm poucos centímetros, com pétalas de 2mm de largura, em geral transparentes. Algumas orquídeas com pétalas semelhantes podem ser encontradas na ilha de Nova Guiné, incluindo espécies de *Octarrhena* e *Taeniophyllum*.

100% Todos os animais/plantas exibidos ao lado de objetos comuns nesta página estão em tamanho real.

MAMÍFERO (POR MASSA)

Se considerarmos apenas o peso, nenhum mamífero é menor que o musaranho-pigmeu (*Suncus etruscus*), que habita as florestas e pradarias do sul da Eurásia e do Norte da África. Um adulto pesa em média 1,8g — você precisaria de 25 deles para chegar ao peso de uma bola de golfe! — e mede mais ou menos o mesmo que um dedão. Graças ao alto metabolismo (seu coração pode bater 25 vezes por segundo), ele precisa consumir o dobro do seu peso todo dia, sobretudo insetos e minhocas.

Pássaro

Nativo de Cuba, o colibri-abelha-cubano (*Mellisuga helenae*) pode medir apenas 57mm de extensão (metade disso é o bico e a cauda). Os machos ficam abaixo dos 2g, já as fêmeas são um pouco maiores, com 61mm e até 2,6g. Essas aves ágeis conseguem atingir até 48km/h, batendo as asas 80 vezes por segundo!

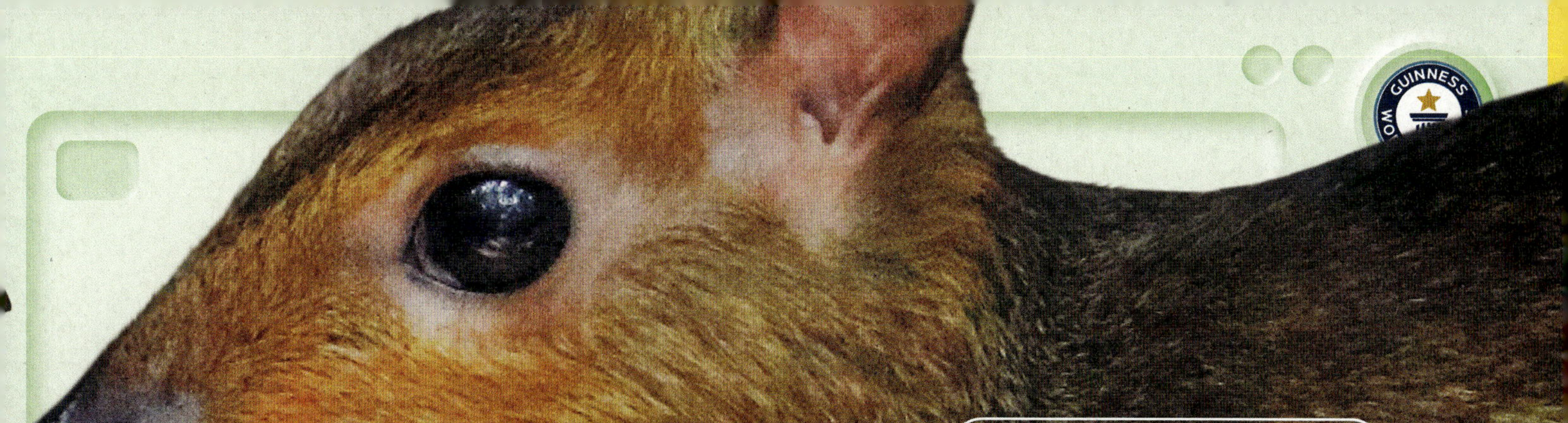

ODONATA
Todas as libélulas e donzelinhas pertencem ao grupo Odonata ("mandíbula dentada"). A *Agriocnemis nana* vive nos pântanos da Malásia, Tailândia e Myanmar. Apesar do comprimento de cerca de 18mm e envergadura pouco abaixo disso, essa pequena donzelinha se destaca por sua coloração semelhante à de uma joia.

UNGULADOS
Cervos-ratos (*Tragulus kanchil* e *T. javanicus*) do sudeste da Ásia são os menores animais de casco na Terra. Têm cerca de 25cm até os ombros e 45cm de extensão, pesando em média o mesmo que um coco. Esses tímidos habitantes da floresta, do tamanho de coelhos, são crepusculares (mais ativos ao amanhecer e anoitecer), com uma dieta composta sobretudo de folhagens e frutas caídas.

RÉPTIL
As selvas na ilha de Madagascar são lar de muitos tipos de camaleão — entre eles, os do gênero *Brookesia*, os **menores répteis do mundo**. O menor identificado até hoje é o *B. nana*. Um macho adulto mede 13,5mm, ou 21,9mm, incluindo o rabo. As fêmeas são 30% maiores.

PRIMATA
Além de ter o **menor réptil** (*à dir.*), Madagascar também tem o **menor primata do planeta**. Descoberto nas florestas secas de Menabe em 1992, o lêmure-rato-de--berthe (*Microcebus berthae*) tem uma extensão de 9-9,5cm, fora o rabo, e pesa cerca de 30g, o equivalente a uma pilha AA. Esse forrageador noturno prefere larvas de inseto e pequenos lagartos.

MAIS RÁPIDOS

A vida na pista da direita
Nem todos nasceram para correr. Aqui, focamos na parte de baixo do velocímetro, revelando quanto tempo esses marchas-lentas superlativos levariam para completar uma "corrida" hipotética de 100m.*

1. **Cágado mais lento**
2. **Mamífero mais lento**
3. **Peixe mais lento**
4. **Lesma mais rápida**

1. Tartaruga-gigante 16 min
2. Preguiça-de-três-dedos 46 min
3. Cavalo-marinho-anão 6h15min
4. Caracol de jardim 10h6min

* As linhas não estão em escala

MAMÍFERO (LONGA DISTÂNCIA)

O guepardo (*p. ao lado*) é famoso por ser o mamífero mais rápido em terra, mas só consegue sustentar tiros breves. Em jornadas mais longas, o título fica com um parente dos antílopes, o antilocapra (*Antilocapra americana*), da América do Norte. Há registros dele cobrindo 6,6km a constantes 56km/h e mais de 2km a 72km/h.

INSETO VOADOR

Nenhum inseto voador é mais rápido do que a libélula-australiana (*Austrophlebia costalis*), capaz de acelerar a 58km/h. Seus rivais mais próximos, como algumas mariposas e mutucas, chegam a apenas 39km/h.

PINÍPEDE

Muitos mamíferos marinhos desenvolveram nadadeiras e corpos longilíneos. Dentre os focídeos, o leão-marinho-da-califórnia (*Zalophus californianus*) é o nadador mais rápido, chegando a uma média de 40km/h – similar à máxima do tubarão-branco, um dos seus maiores predadores, o que resulta em perseguições bastante emocionantes!

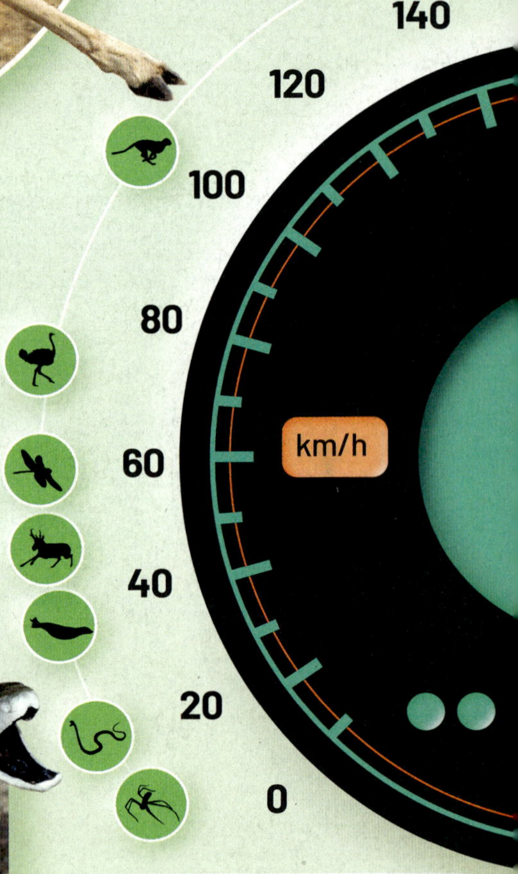

COBRA

Como se ser uma das cobras mais mortais da África não fosse suficiente (a taxa de mortalidade da mordida é 100% caso não seja tratada depressa), a mamba-negra (*Dendroaspis polylepis*) apresenta uma velocidade impressionante. Em percursos curtos, pode deslizar a 16-19km/h em terrenos nivelados.

Mambas podem se mover com o terço superior do corpo elevado, reduzindo a fricção com o solo.

ARANHA

A aranha-ginasta-marroquina (*Cebrennus rechenbergi*) tem um método bastante inovador de escapar do perigo nas dunas do Saara: sai virando estrelinha! Ao girar, pode alcançar 6,12km/h, equivalente à caminhada rápida de um humano.

PÁSSARO (TERRESTRE)
Em geral, tamanho é inimigo da velocidade, mas a ema (*Struthio camelus*) desafia esse padrão. Apesar de ser o **maior pássaro do mundo**, com cerca de 156kg, ela pode cortar a savana africana a estonteantes 72km/h. Suas pernas longas e musculosas a impelem tão rápido quanto um cão de caça em disparada.

MAMÍFERO (CURTA DISTÂNCIA)
Talvez nenhum outro membro do reino animal seja mais a epítome da velocidade do que o guepardo (*Acinonyx jubatus*), nativo da África e do Irã. Em perseguição de presas como a gazela, o felino pode ultrapassar facilmente a marca dos 100km/h. Guepardos podem acelerar até tal velocidade em apenas 3s, mas só conseguem manter o ritmo por cerca de 500m.

O guepardo é feito para a velocidade, com membros longos, coluna flexível e músculos repletos de fibras de rápida contração.

Falcão peregrino: anatomia de um ás da aviação
Há uma boa razão pela qual esse rápido predador inspirou o design de várias aeronaves de alta velocidade: a evolução aperfeiçoou todos os aspectos da sua fisiologia para alcançar velocidade máxima no ar.

Penas finas e firmes reduzem a resistência do ar durante mergulhos e as asas cônicas e aerodinâmicas funcionam como aerofólios

Os ossos são leves, mas fortes. Carenas grandes (parte do esterno onde os músculos das asas se prendem) permitem poderosas batidas das asas

No limite, o coração pode bater 600--900 vezes/min, aumentando o nível de oxigênio nos músculos das asas

Estruturas cônicas conhecidas como "defletores" nas narinas ajudam a reduzir o aumento de pressão durante mergulhos

Além da velocidade superlativa, peregrinos também ostentam a **visão de pássaro mais aguçada**. Em boas condições, eles conseguem avistar um pombo a cerca de 8km de distância!

MORCEGO
No Texas, EUA, em 2009, morcegos-brasileiros--de-cauda-livre (*Tadarida brasiliensis*) equipados com transmissores de rádio foram registrados voando em tiros curtos a 160,2km/h. Isso os torna os **mamíferos de voo mais rápido**. Alguns questionam se o vento não contribuiu para o aumento da velocidade dos animais.

PÁSSARO
Seu nome não poderia ser mais apropriado, visto que o falcão-peregrino (*Falco peregrinus*) é a **ave de rapina mais onipresente**, encontrado em todos os continentes, exceto a Antártida, da tundra polar aos trópicos. Com certeza a chave para isso é sua destreza na caça, cujo cerne é sua velocidade. Durante um mergulho, o animal pode exceder os 320km/h, chegando até 389km/h.

MAIS VELHOS

Natureza breve
Nem todas as criaturas nasceram para viver tanto quanto aquelas celebradas nestas páginas. Abaixo, uma seleção de fauna efêmera, recordistas de **vida mais curta** do seu grupo...

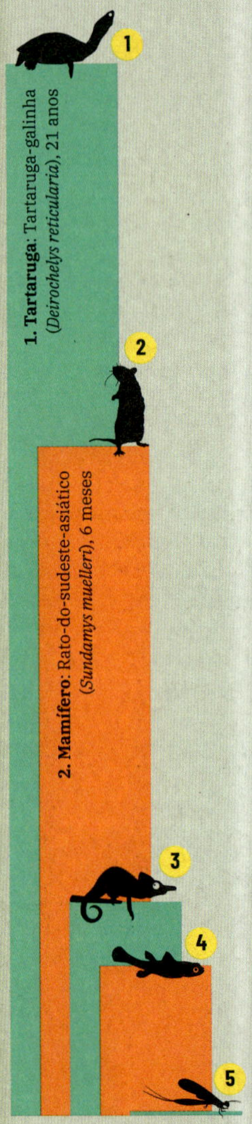

*Barras fora de escala

FOLHAS MAIS LONGEVAS
Polvos-do-deserto (*Welwitschia mirabilis*) chegam a ter 3.000 anos. Nativa do Deserto do Namibe, NAM e ANG, produz apenas 2 folhas nunca substituídas — por isso seu nome em africâner: *tweeblaarkanniedood* ("duas folhas, imortal"). Com o tempo, a planta pode formar arbustos.

Cones de polvo-do-deserto são uma fonte de alimento tanto para pessoas como animais nos ermos do deserto.

Durante seu tempo no Zoológico de Krefeld, Jan foi pai de 22 filhotes, o mais recente nascido em mar/2024.

PREGUIÇA (PARA SEMPRE!)
Depois da nossa última edição, infelizmente soubemos do falecimento de Jan, uma preguiça-real (*Choloepus didactylus*) que vivia no Zoológico de Krefeld, GER) desde 30/4/1986. Ele tinha no mínimo 54 anos quando morreu, em 23/8/2024. Agora, a posição de **bicho-preguiça mais velho em cativeiro** está aberta a potenciais candidatos!

CUPINZEIROS
As margens do rio Buffels em Namaqualândia, RSA, são lar de cupinzeiros, ou *heuweltjies*, habitados há cerca de 34.000 anos. Construídos por cupins da espécie *Microhodotermes viator* usando pedacinhos de madeira, cobrem aproximadamente 20% da região e podem ultrapassar um homem adulto em altura.

MANDRIL
Em 6/4/2025, uma mandril (*Mandrillus sphinx*) chamada Nikki (n. 13/1/1987) tinha 38 anos e 83 dias. Ela vive no Zoológico de Phoenix, Arizona, EUA. Para celebrar seu 37º aniversário, funcionários pintaram a janela de seu habitat, além de presentear biscoitos, muffins e frutinhas. Na natureza, mandris — os **maiores macacos** — tendem a viver de 18 a 20 anos; é raro excederem 35, mesmo em cativeiro.

PANDAS TRIGÊMEOS
Meng Meng e seus irmãos Shuai Shuai e Ku Ku — **1ºs pandas-gigantes trigêmeos a sobreviver** — celebraram 10 anos em 29/7/2024, no Chimelong Safari Park, em Guangzhou, Guangdong, CHN. Ganharam de aniversário um bolo feito de brotos de bambu, cenouras, frutas e água adoçada com mel. O detalhe os mostra com 1 mês; foram cuidados por humanos para aumentar a chance de sobrevivência.

ROEDOR MAIS LONGEVO
Ratos-toupeiras-pelados (*Heterocephalus glaber*) podem sobreviver por 31 anos. Na natureza, vivem em colônias similares às dos insetos em sistemas de tocas subterrâneas, sob as pradarias áridas da África Oriental. Como o clima é muito quente, não precisam de pelagem; caso sintam frio, porém, ficam juntinhos para se aquecer.

ANIMAL TERRESTRE
Acredita-se que Jonathan, uma tartaruga-gigante-das-seicheles (*Aldabrachelys gigantea hololissa*), nasceu por volta de 1832, ou seja, tinha 192 anos em 2024. Ele é nativo do Oceano Índico, mas foi levado para Santa Helena, ilha do sul do Atlântico, em 1882. Sua idade é uma estimativa conservadora, então é possível que esse senhorzinho já passe dos 200 anos!

VERTEBRADO MAIS LONGEVO
O raramente avistado tubarão-da-groenlândia (*Somniosus microcephalus*) pode viver por 392 anos, talvez até mais. Peixe das profundezas, cresce em média 1cm/ano e só amadurece sexualmente aos 150 anos. É mais encontrado nas águas gélidas do norte do Atlântico. Acredita-se que seu metabolismo lento — adaptação necessária ao ambiente hostil — contribua para a longevidade extrema.

PÁSSARO (DA HISTÓRIA)
Cookie, uma cacatua-rosa (*Cacatua leadbeateri*), tinha 82 anos e 89 dias ao falecer em 27/8/2016. Nasceu no Zoológico de Taronga, AUS, em 1933, e mudou para o Zoológico de Brookfield, Illinois, EUA, em 1934. O **pássaro selvagem mais velho** é uma albatroz-de-laysan, ou mōlī (*Phoebastria immutabilis*), conhecida como Wisdom ("sabedoria"), com pelo menos 74 anos. Ganhou um anel de identificação em 1956, quando tinha 5 anos. Wisdom ainda produz rebentos; colocou o ovo mais recente em dez/2024, o que faz dela o **pássaro marinho mais velho ainda fértil**.

MAIS MORTAIS

Assassinos secretos
Leões, tubarões e outros predadores poderosos têm reputações temíveis, mas raramente atacam pessoas. Enquanto isso, as feras mais perigosas ficam fora do radar...

Hipopótamo: territorialistas e capazes de chegar a 30km/h, esses titãs tiram cerca de 500 vidas/ano

Cachorro: o "melhor amigo do homem" mata em torno de 30.000 pessoas/ano (a maioria ao transmitir a raiva)

Alce: o **maior cervídeo** mata mais do que os ursos na América do Norte, majoritariamente por colisões na estrada

Casuar: é o **pássaro mais perigoso** do mundo (última fatalidade registrada em 2019)

Lesma de água doce: causa cerca de 200.000 mortes/ano devido a parasitas que provocam doenças.

1ª salamandra peçonhenta
Muitos desses anfíbios são inerentemente venenosos (ou seja, sua carne é tóxica). Mas a salamandra-de-costelas-salientes (*Pleurodeles waltl*), da Espanha, Portugal e Marrocos, é o único exemplo conhecido como peçonhento (capaz de ativamente inocular toxinas). Sob ameaça, ela consegue reorientar as costelas para que saltem das laterais, formando protuberâncias ósseas que podem injetar toxinas em qualquer atacante.

1º crustáceo peçonhento
Registrado pela 1ª vez em 1987, o *Xibalbanus tulumensis* se alimenta de outros crustáceos nas cavernas submersas da Península de Iucatã, MEX. Injeta na presa uma toxina poderosa estocada nas garras. Isso liquefaz o corpo da vítima, de modo que fique mais fácil de ser deglutido.

MAIOR ANIMAL PEÇONHENTO TERRESTRE
Ninguém duvida de que os dragões-de-komodo (*Varanus komodoensis*), os **maiores lagartos**, devem ser evitados. Os répteis indonésios são o que temos hoje de mais parecido com dinossauros reais. Os machos têm em média 2,6m de comprimento e 91kg (cerca de 180x mais pesados do que um dragão--barbudo!). Como se as garras e os dentes não fossem o suficiente, descobriram recentemente que a mandíbula deles também esconde glândulas de peçonha.

SAPO MAIS VENENOSO
O *Phyllobates terribilis* – maior do tipo, com 4-6cm do focinho à cloaca – secreta uma neurotoxina conhecida como batracotoxina. Cada espécime tem veneno o bastante para fornecer uma dose letal a cerca de 10 humanos adultos. O anfíbio em extinção é encontrado apenas nas florestas tropicais das planícies da costa colombiana do Pacífico.

ANIMAL MAIS MORTAL
O animal que mais mata pessoas (de longe) é menor do que sua unha: o mosquito *Anopheles*. Estima-se que causem entre 725.000 e 1mi de mortes por ano. O que torna esses insetos tão letais são os pequenos parasitas que hospedam (como o *Plasmodium* causador da malária), transmitidos a nós quando as fêmeas sugam nosso sangue.

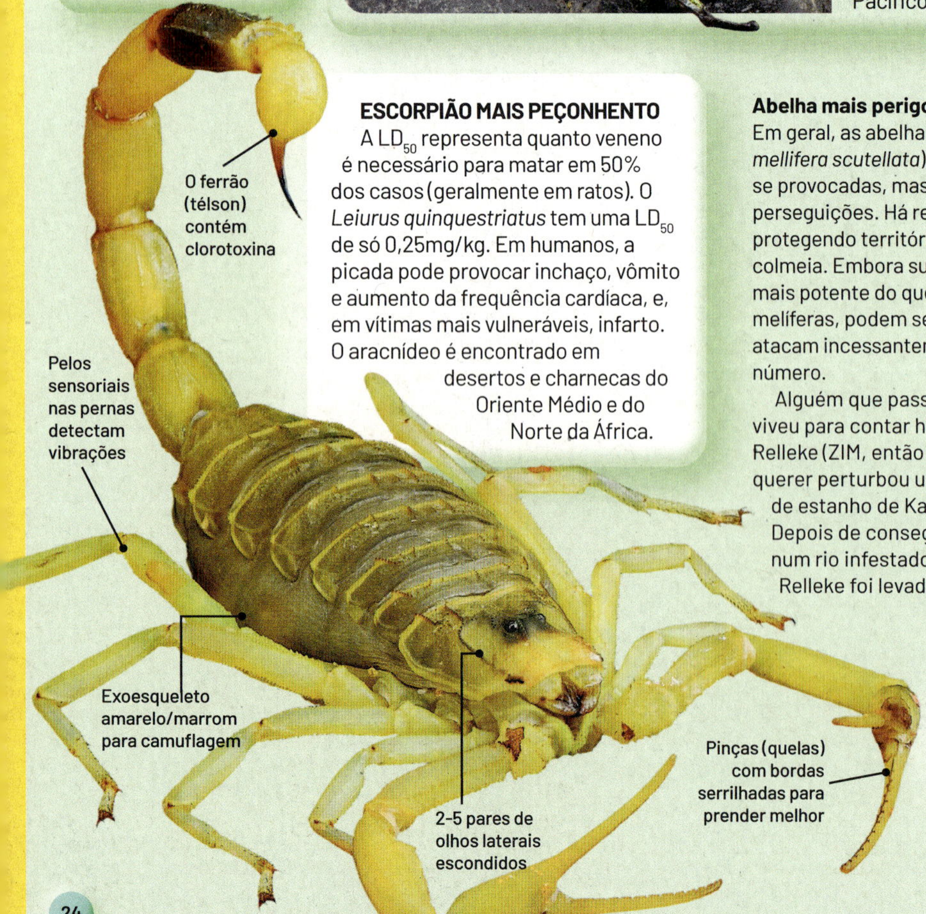

ESCORPIÃO MAIS PEÇONHENTO
A LD_{50} representa quanto veneno é necessário para matar em 50% dos casos (geralmente em ratos). O *Leiurus quinquestriatus* tem uma LD_{50} de só 0,25mg/kg. Em humanos, a picada pode provocar inchaço, vômito e aumento da frequência cardíaca, e, em vítimas mais vulneráveis, infarto. O aracnídeo é encontrado em desertos e charnecas do Oriente Médio e do Norte da África.

Dos cerca de 1,5mi de envenenamentos/ano por escorpião, quase 1/3 ocorre em territórios do escorpião-amarelo--da-palestina.

Abelha mais perigosa
Em geral, as abelhas-africanas (*Apis mellifera scutellata*) só oferecem perigo se provocadas, mas são persistentes nas perseguições. Há registros de grupos protegendo territórios a até 0,8km da colmeia. Embora sua peçonha não seja mais potente do que de outras abelhas melíferas, podem ser mortais porque atacam incessantemente e em grande número.

Alguém que passou pelo perrengue e viveu para contar história foi Johannes Relleke (ZIM, então Rodésia), que sem querer perturbou uma colmeia na mina de estanho de Kamativi em 28/1/1962. Depois de conseguir escapar ao pular num rio infestado por crocodilos, Relleke foi levado às pressas ao hospital. Os médicos removeram 2.443 ferrões de seu corpo (**mais ferrões de abelha removidos**).

Árvore mais perigosa
A mancenilheira (*Hippomane mancinella*) é uma euforbiácea que cresce nos charcos e mangues de áreas tropicais das Américas. A seiva leitosa é tão tóxica que, mesmo diluída pela chuva, causa bolhas severas quando em contato com a pele humana. Seu agente irritante (forbol) também causa inflamação e cegueira temporária; a fumaça da madeira queimada é tóxica. Ingerir os frutos da árvore, conhecidos como *manzanillas de la muerte* ("maçãzinhas da morte"), causa inchaço da garganta potencialmente fatal.

Baiacus (ou *fugu*) são uma iguaria da culinária japonesa, mas devem ser preparados por chefes qualificados.

O baiacu-pintado (*Arothron meleagris*) é nativo dos recifes dos oceanos Índico e Pacífico.

PEIXE MAIS VENENOSO
Baiacus (*Tetraodontidae*) são venenosos porque se alimentam de frutos do mar, lesmas e minhocas que contêm tetrodotoxina (TTX), uma neurotoxina 10.000x mais potente do que o cianeto. O baiacu absorve (especialmente no fígado e nas gônadas) o composto letal, inofensivo para ele, mas um peixe contém TTX suficiente para matar aproximadamente 30 humanos adultos.

PREDADOR FELINO MAIS BEM-SUCEDIDO
Não se deixe enganar pelas proporções diminutas do gato-bravo-de-patas-negra (*Felis nigripes*), um dos **menores felinos selvagens**, com um comprimento corpo-cabeça inferior a 50cm. Ele, na verdade, é um inimigo formidável, com uma eficiência de 60% nas caçadas. Em comparação, seu primo maior, o leão, tem sucesso em cerca de apenas 30% das tentativas.

Peçonha mais tóxica de inseto
A peçonha da formiga *Pogonomyrmex maricopa*, nativa do Arizona, EUA, tem um LD_{50} de 0,12mg/kg quando injetada. Teoricamente, as picadas de apenas 12 formigas conseguem matar um rato adulto.

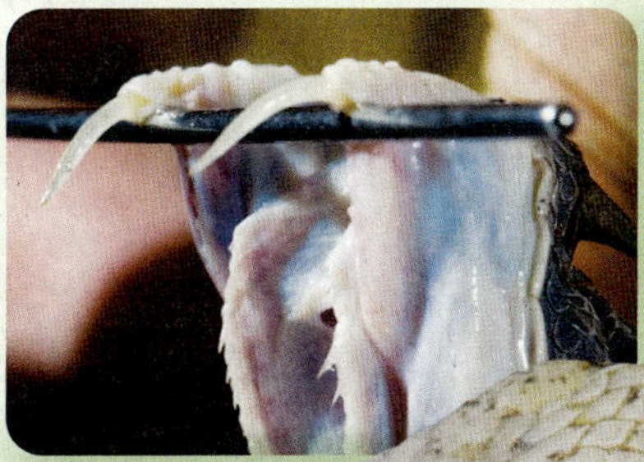

Fungo mais venenoso
A cicuta-verde (*Amanita phalloides*) provoca cerca de 90% dos casos fatais causados por fungos, apesar da aparência inofensiva. Na verdade, esta contribui para a alta taxa de mortalidade, pois a cicuta é confundida com cogumelos comestíveis. Se não houver tratamento em 1 ou 2 dias, é possível que seja necessário transplantes de fígado e rins para a sobrevivência.

Maior presa de plantas carnívoras
A maioria das plantas carnívoras se contenta com insetos, mas as carnívoras jarro de certas espécies *Nepenthes* (como *N. rajah* e *N. rafflesiana*), das florestas tropicais do sudeste da Ásia, foram encontradas com resquícios de sapos, pássaros e até ratos. À direita, há um resumo dos tipos de armadilhas das plantas carnívoras.

"Carnífloras" astutas
Plantas carnívoras usam várias armas para capturar o jantar, como revelado pelos *modi operandi* abaixo.

Jarros: como a planta jarro – têm um fosso com líquido

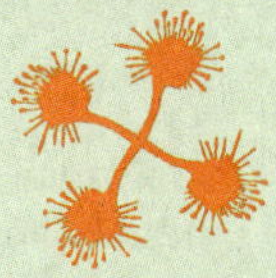
Adesivas: como as *Drosera* – aprisionam com "cola"

Jaulas: como a apanha-moscas – têm cílios armadilhas

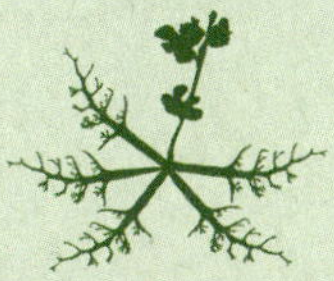
De sucção: como as *Utricularia* – sugam com vácuo

Subterrâneas: como as *Juncus* – têm uma entrada única

PRESAS DE COBRA MAIS LONGAS
Um espécime de 1,8m da venenosa víbora-do-gabão (*Bitis gabonica*) pode ostentar presas de 50mm de comprimento. As maiores víboras da África preferem florestas tropicais e áreas alagadas, mas, por sorte, sua tímida distribuição geográfica faz com que raramente piquem pessoas.

100%

Com 58.000 mortes/ano (em 2010-19), a Índia é o **país com mais picadas fatais de cobra**. A maior culpada, ao menos em casos em que a espécie é especificada, é a víbora-de-russell (*Daboia russelii*, *abaixo*).

MAIS DURÕES

Vida nas alturas
Características como corpos pequenos e mais hemoglobina no sangue (permitindo que mais oxigênio seja absorvido) ajudam estes **animais em maior altitude** a sobreviver.

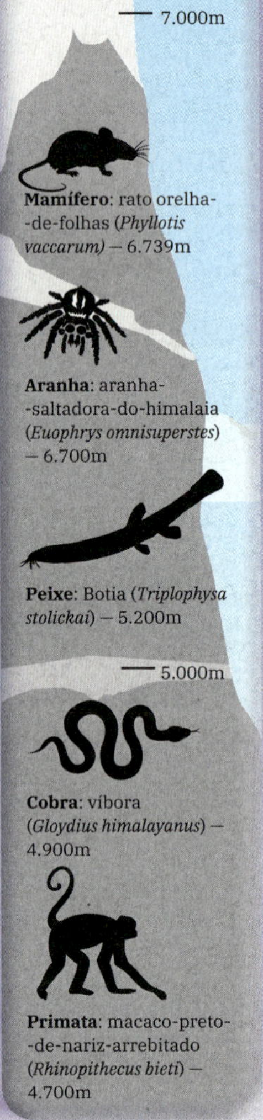

* *Fora de escala*

Inseto mais tolerante à dessecação
O quironomídeo adormecido (*Polypedilum vanderplanki*) é um mosquito que não pica, cujas larvas são encontradas em pequenas poças entre rochas na Nigéria e em Uganda. Na temporada de seca, quando a água evapora, os mosquitos dessecados entram num estado de "criptobiose", ou seja, as atividades metabólicas ficam mais lentas ou até param por completo. Experimentos em laboratório mostram que as larvas podem sobreviver mesmo secas a menos de 3% de umidade.

Verme mais tolerante ao calor
O verme-de-pompeia (*Alvinella pompejana*) vive na saída de hidrotermais submersas, a temperaturas de até 80°C. Apenas tardígrados (*abaixo*) podem suportar calor mais extremo. O verme possui uma película de bactérias que fornece isolamento contra o ambiente escaldante. É encontrado no leito do oceano Pacífico, perto das ilhas Galápagos.

EQUINO MAIS LONGEVO NA NATUREZA
O maior dos cavalos selvagens, o quiangue (*Equus kiang*), foi registrado a 5.431m acima do nível do mar em regiões montanhosas de Ladakh, IND, no Nepal e no Tibete, CHN. No inverno, desenvolve uma grossa pelagem lanosa 2x mais longa do que a de verão. Cascos largos distribuem o peso do animal, o que o ajuda a transitar sobre a neve.

ANIMAIS MAIS DURÕES NO ESPAÇO
Em 2007, cientistas mandaram duas espécies do microscópico tardígrado (ou ursinho--d'água) para a órbita, onde foram submetidos a vácuo e radiação suficientes para incinerar um humano. Um terço dos animais sobreviveu.

Eles também são os **animais mais tolerantes ao calor**, aguentando temperaturas superiores a 150°C.

O **tardígrado mais velho**, um *Milnesium swolenskyi* fossilizado, data de cerca de 93,9mi de anos, do Cretáceo Superior.

Peixe que sobrevive mais tempo fora d'água
Os peixes dipnoicos habitam charcos de água fresca que secam por meses ou até anos. Membros do gênero *Protopterus*, nativo da África, são os mais aptos a sobreviver a esses períodos.

Quando a água baixa, eles se enterram no chão e secretam um muco que endurece, envolvendo o corpo num casulo que preserva água. Também selam a entrada da toca com um plugue de lama poroso para que entre ar. Com seus pulmões que respiram ar em vez de obter oxigênio pelas guelras, os dipnoicos podem sobreviver até 4 anos nesse estado adormecido.

PLANTA MAIS TOLERANTE AO SAL
A alga *Dunaliella salina* (*detalhe*) sobrevive a níveis de salinidade de até 35% — concentração em água de 350 partes por milhar. Isso é 10x a salinidade média da água do mar. Também suporta temperaturas de 0-40°C. Há espécies fotossintéticas por todo o mundo, em ambientes salobros como lagos salgados e pântanos costeiros. Para se proteger em condições adversas, como luz ou salinidade extremos, a *D. salina* produz um pigmento de betacaroteno, que tinge a água de tons de vermelho, rosa e laranja.

ANIMAL TERRESTRE MAIS TOLERANTE AO CALOR

Nativas do Saara e do Norte da África, as formigas desérticas *Cataglyphis bicolor* (foto), *C. bombycina*, *C. savignyi*, *C. mauritanica* e *C. fortis* podem procurar comida até sua temperatura atingir 53ºC, quando precisam encontrar sombra ou morrem em questão de segundos.

As patas dessas formigas permitem que corram sem encostar o corpo na areia.

CANÍDEO MAIS TOLERANTE AO CALOR

O feneco (*Vulpes zerda*) pode sobreviver a mais de 38ºC no seu Saara. As orelhas imensas (16-20% da superfície do corpo) ajudam o animal a dissipar o calor, assim como a capacidade de respirar 690x/min — a **maior taxa de respiração de canídeos**. Com corpo inferior a 40cm de comprimento, e mais metade disso de cauda, o feneco é a **menor raposa**.

Árvores mais tolerantes ao frio
Alerces (*Larix*) podem crescer em temperaturas extremamente baixas. Por exemplo, a *L. laricina* é encontrada no Canadá, na linha do Ártico que delimita a tundra, e suportar invernos de pelo menos -65ºC.

Organismo mais resistente à radiação
A bactéria *Deinococcus radiodurans* vive em ambientes que seriam letais a qualquer outra forma de vida, o que a tornou conhecida como "Conan, a Bactéria". Ela é resistente a altas doses de radiação UV e pode suportar 1,5mi de rads de radiação gama (cerca de 3.000x o que mataria um humano!).

De acordo com um estudo de 2020, algumas *Deinococcus* secas afixadas ao exterior da Estação Espacial Internacional, em média 400km acima da Terra, sobreviveram à exposição por até 3 anos. Isso faz delas as **1as bactérias tolerantes ao espaço** (pelo menos, até onde sabemos).

Animal terrestre mais profundo
O nematoide *Halicephalobus mephisto* vive a 1,3-3,6km abaixo da superfície. Conhecido como "verme-do-diabo", habita fraturas em pedras cheias de fluidos e come bactérias. Com só 0,5mm de comprimento, o *H. mephisto* foi encontrado pela 1ª vez em 2011, na mina de ouro de Beatrix, RSA.

Outro nematoide durão, o *Panagrolaimus kolymaensis*, registrou a **criptobiose mais longa num animal** (46.000 anos). Cientistas coletaram espécimes congelados do permafrost perto do rio Kolyma, a nordeste da Sibéria, e datações de carbono revelaram que eles são do Pleistoceno Superior (período que incluiu a última era do gelo). Por mais incrível que pareça, os vermes inertes há eras foram descongelados num laboratório e trazidos de volta à vida.

Vida nas profundezas
As **espécies mais profundas** abaixo se adaptaram para suportar a pressão e as baixas temperaturas que existem sob o nível do mar.

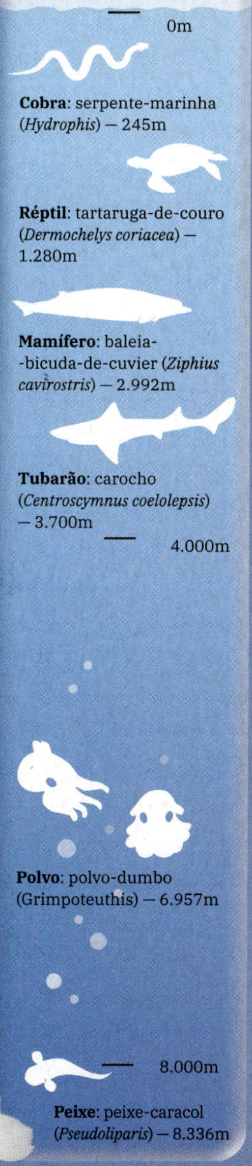

** Fora de escala*

CORUJA MAIS NORTENHA

Nativa das regiões árticas da Eurásia e da América do Norte, a coruja-das-neves (*Bubo scandiacus*) é um dos poucos pássaros que passa boa parte do ano na zona do Alto Ártico. Quando a comida fica escassa, ela vai mais ao norte do que qualquer pássaro, e já foi vista a até 82ºN da ilha Ellesmere, CAN. A plumagem grossa, com penas que cobrem até pernas e pés, fornece isolamento, e o corpo robusto também ajuda a conservar o calor.

Ao contrário das parentes, que caçam à noite, corujas-das-neves são mais ativas no alvorecer e no crepúsculo.

MAIS...

Ordens de magnitude
Aqui, vamos ver as **maiores ordens** (grupos taxonômicos de famílias similares) do reino animal, com base naquelas com o maior número de espécies. Claro que esses números mudam à medida que novos táxons surgem e outros morrem ou são reclassificados.

Coleoptera (besouros)
c. 400.000 (o **grupo de animais com mais espécies**)

Squamata (cobras, lagartos e anfisbenas)
12.072

Anura (sapos, pererecas e rãs)
7.735

Passeriformes (passarinhos)
6.595

Cypriniformes (peixes como as carpas)
4.644

Rodentia (roedores)
2.682

* *Números de set/2024*

Corcovas num camelo
As corcovas do camelo são usadas como estoque de gordura para sobreviver em áreas com pouca comida e água. O camelo-bactriano (*Camelus bactrianus*) tem 2 corcovas e o dromedário (*C. dromedarius*), uma. No início dos anos 1970, porém, o zoólogo Bernhard Grzimek (GER) registrou um dromedário com 4 corcovas totalmente formadas em Hodeidah, YEM. O proprietário vendeu o auspicioso animal por cerca de US$10.000 (em média US$81.000 hoje).

Patas num polvo
Como o nome científico sugere, um polvo normalmente tem 8 patas (não confundir com tentáculos), mas aparecem espécimes diferentes de vez em quando. Um (muito incomum) polvo-comum (*Octopus vulgaris*) coletado na baía de Matoya, JPN, em dez/1998, tinha uma profusão de membros irrompendo dos 8 membros principais; a contagem final chegou a 96, número nunca antes registrado.

Olhos num peixe
A 910m de profundidade, na "zona crepuscular" do oceano, o *Bathylychnops exilis* evoluiu 3 pares de "olhos" para navegar pelas profundezas turvas. Quatro dos globos oculares possuem lentes e retinas, mas acredita-se que os do conjunto menor, conhecidos como "globos auxiliares", ajudem refletir a luz nos olhos primários.

DENTES (AO LONGO DA VIDA)
Ao longo de 10 anos, a lesma-guarda-chuva (*Umbraculum umbraculum*), do oceano Indo-Pacífico, produz cerca de 750.000 dentículos. Estes são substituídos conforme se desgastam, mas o animal chega a ter cerca de 1.500 ao mesmo tempo, dispostos em formato de "V" na rádula (espécie de língua raspadora). À direita, os dentes de uma rádula de outro gastrópode.

Dedos num primata
Enquanto a maior parte dos primatas, inclusive humanos, têm 5 dedos em cada mão e pé, o aie-aie de Madagascar (*Daubentonia madagascariensis*) ostenta um "pseudopolegar" adicional em cada punho, totalizando 22 dedos.

Pelagem
O animal mais peludo é a lontra-marinha (*Enhydra lutris*), com cerca de 160.000 pelos/cm^2. Lontras-marinhas vivem no gélido norte do oceano Pacífico.

CHIFRES
Criados majoritariamente nos EUA e no RU, macho e fêmea da ovelha (*Ovis aries*) apresentam 4 chifres, às vezes 6. Dentre os espécimes com 4, um par costuma crescer na vertical até 60cm de comprimento, e o outro se curva para os lados. A **maior quantidade de chifres da história** eram os 15 do Kosmoceratops, parente do Triceratops que viveu cerca de 76mi de anos atrás.

Grandes pítons chegam a ter 1.800 ossos (9x mais do que num esqueleto humano).

SEXOS
Em certos fungos, genes podem ter múltiplas versões conhecidas como alelos. Assim, a reprodução é capaz de gerar combinações muito mais diversas do que apenas "macho" ou "fêmea". O exemplo mais extremo é o *Schizophyllum commune*, encontrado em todo o mundo, que tem mais de 28.000 sexos!

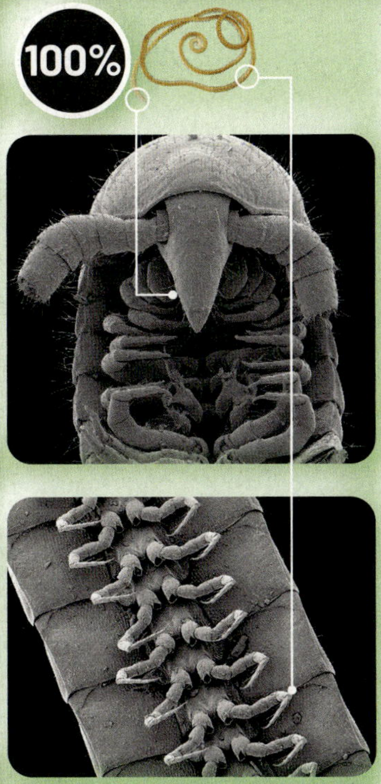

PERNAS
O animal com mais pernas na Terra é a centopeia *Eumillipes persephone*, com 1.306. É a 1ª da família e faz jus ao nome "centopeia" (até demais). Surpreendentemente, o corpo inteiro do inseto tem menos de 10cm de comprimento. Foi encontrado pela 1ª vez em 2020, num furo de broca de 60m na região de Goldfields, Austrália Ocidental.

**MORDIDAÇAS:
MAIS DENTES EM UM...**

Vertebrado
Os dentes quitinosos que cobrem as rádulas de gastrópodes como as lesmas-marinhas (*p. ao lado*) levam o recorde absoluto de dentição, mas dentre os vertebrados o líder é um lagarto. Até 317 dentinhos afiados ocupam a mandíbula da lagartixa-rabo-de-folha-gigante (*Uroplatus fimbriatus*) de Madagascar.

Golfinho
Habitando oceanos tropicais e mais quentes do mundo, o golfinho-comum-de-bico-longo (*Delphinus capensis*) tem de 47 a 67 pares de dentinhos cônicos em cada metade da mandíbula, ideais para capturar peixes velozes.

Crocodiliano
O gavial (*Gavialis gangeticus*) tem de 106 a 110 dentes similares a agulhas intercalados no focinho longo e estreito. Os da frente são os maiores. Gaviais são nativos de rios do subcontinente indiano.

Mamífero terrestre
Tatus-canastra (*Priodontes maximus*) da América do Sul geralmente têm de 80 a 100 molares em forma de pino, adequados a uma dieta de formigas e cupins, mais do que 3x a quantidade de dentes num humano.

MAMILOS
Encontrado principalmente em Madagascar, o tenreque-acaudado (*Tenrec ecaudatus, acima*) é um porco-espinho do tamanho de um chihuahua cujas fêmeas ostentam 36 mamilos. Essa vantagem evolutiva permite que tenham muitos filhotes (uma foi registrada com 31, a **maior ninhada de mamífero**). O roedor *Mastomys natalenses* da África Subsaariana também pode ter até 18 pares de mamilos.

Roedor
O rato-toupeira (*Heliophobius argenteocinereus*), nativo das savanas da África Oriental, tem pelo menos 24 dentes pré-molares e molares, mais 4 incisivos, somando pelo menos 28 dentões. Em comparação, ratos e hamsters têm apenas 16.

Leão-maravilha

- Atrás do bigode pontudo, o leão-marinho é o **pinípede que tem menos dentes**: 18 (incluindo as presas).
- As **presas de morsa mais longas** tinham 96,2cm (dir.) e 91,4cm (esq.). Foram registradas em Bristol Bay, Alasca, EUA, pelo piloto Ralph Young em 1997.

BIGODES
Muitos animais, de gatos e cães a roedores e até certos pássaros, desenvolveram pelos faciais (conhecidos cientificamente como "vibrissas") para os ajudar a explorar e detectar mudanças no ambiente.
A criatura com mais pelos especializados é a morsa (*Odobeus rosmarus*); seus 400-700 bigodes duros similares a bicos de penas permitem que ele desenterre mariscos, como ostras, escondidos no fundo do mar.

Assim que detecta a presa, a morsa usa os lábios e a língua para criar vácuo e sugar moluscos!

VARIEDADES

ANIMAL COM MAIS CROMOSSOMOS
A mariposa *Polyommatus atlanticus*, nativa do Marrocos e da Argélia, tem de 448-52 cromossomos (ou seja, 224-26 pares) por célula. Em comparação, as células humanas têm apenas 46 cromossomos (23 pares).

Animal assimétrico mais antigo
Datado de 555mi de anos atrás, *Quaestio simpsonorum* viveu como "pequeno robô-aspirador marinho" em mares rasos que se tornaram o *outback* australiano. Tinha o corpo pouco menor que uma mão humana e mais ou menos circular, exceto pela protusão dorsal, que lembrava uma interrogação invertida. A assimetria foi um marco na evolução, permitindo que espécies se tornassem mais complexas.

Ossos de dinossauro mais caros
Restos de um estegossauro batizado de "Apex" renderam US$44,6mi na Sotheby's em Nova York, EUA, em 17/7/2024. São datados de 150mi de anos atrás e formam um dos esqueletos de dinossauro escavados mais completo à venda – fator que contribuiu com o valor recorde arrebatado no leilão. Apex foi encontrado no Colorado, EUA, na cidade de Dinosaur!

PLANTA COM MAIOR CAPACIDADE DE MIMETISMO
Nativa das florestas temperadas da Argentina e do Chile, a *Boquila trifoliolata* (**1**) pode simular folhas de pelo menos 22 plantas. A lista inclui a *Mitraria coccinea* (**2**) e a *Rhaphithamnus spinosus* (**3**). É possível que tal habilidade de trocar de aparência possa reduzir o número de herbívoros interessados em comer sua folhagem.

100%

PENA MAIS CARA
Em 20/5/2024, a pena de cauda de uma espécie extinta de ave passeriforme da Nova Zelândia conhecida como huia (*Heteralocha acutirostris*) foi vendida na casa de leilões Webb's, em Auckland, por US$28.531, 4x mais do que o recorde anterior, pertencente a outra pena de huia vendida na Webb's em 2010.

Maior cobra da história
Por muito tempo, paleontólogos acreditaram que a *Titanoboa cerrejonensis* era a maior cobra. Ela alcançava 15m e podia pesar até 1.135kg. A serpente imensa viveu há 58-60mi de anos no que hoje é a Colômbia. Em 2024, porém, surgiu uma rival; estima-se que a *Vasuki indicus*, conhecida pelas 27 vértebras encontradas em Gujarat, IND, medisse 15,2m. Seus restos datam de 47mi de anos atrás, no Eoceno Médio.

Dedaleira mais alta
Uma *Digitalis purpurea* cultivada por Alexandria e Ryan Goforth (ambos EUA) em Olympia, Washington, EUA, tinha 3,33m – mais alta do que a casa do casal – em 22/7/2024.

MAMÍFERO COM JORNADA SÓ DE IDA MAIS LONGA
Jubartes (*Megaptera novaeangliae*) cobrem rotineiramente 8.000km para achar comida ou parceiros. No entanto, sabe-se que um macho adulto (*abaixo*) viajou pelo menos 13.046km entre 13/8/2017 e 22/8/2022. Softwares de imagem e reconhecimento facial adaptados foram usados para identificar sua nadadeira única (*à dir.*).

A jubarte se aventurou do golfo de Tribugá, na costa do Pacífico da Colômbia, até a ilha de Zanzibar, no oceano Índico.

RAÇA DE CACHORRO MAIS ANTIGA

É difícil definir raças de cachorro antigas, já que as composições genéticas mudam ao longo das gerações. Dentre as mais antigas está o cão-da-groenlândia, que surgiu na região do mar de Bering há pelo menos 2.000 anos e chegou à Groenlândia cerca de 1.000 anos depois. A história inuíte respalda esse fato. Quando esse povo começou a migrar da Sibéria para regiões árticas da atual América do Norte, levaram cães dos quais a raça evoluiu.

A 1ª **expedição para chegar ao Polo Sul**, empreendida por Roald Amundsen (NOR) em 1911, usou cães-da-groenlândia.

MAIOR GOLFINHO DE ÁGUA DOCE DA HISTÓRIA

Com base num crânio fossilizado descoberto em 2018 às margens do rio Napo, na Amazônia peruana, o *Pebanista yacuruna* tinha 3-3,5m de comprimento. Viveu no Mioceno (23-5,3mi de anos atrás). Em comparação, o **maior golfinho de água doce** atual, o boto cor-de-rosa (*Inia geoffrensis*), chega a 2,5m.

Maior colônia de corais
Em out/2024, uma formação única do coral *Pavona clavus* foi encontrada nas Ilhas Salomão, no sudoeste do oceano Pacífico, durante a expedição "Pristine Seas" da *National Geographic*. O megacoral tem 34m de largura, 32m de comprimento e 5,5m de altura, com circunferência de 183m. Cobre uma área equivalente à de 5 quadras de tênis — é visível até do espaço!

Trevo com mais folhas
Em 2/8/2023, um trevo de 63 folhas (*Trifolium repens L.*) foi descoberto pelo sortudo Yoshiharu Watanabe (JPN) em Nasushiobara, Tochigi. O espécime ultrapassou o trevo de 56 folhas encontrado em 2009, também no Japão.

Maior genoma
O genoma é a soma total de DNA no núcleo de uma célula. O maior exemplo registrado é o da samambaia *Tmesipteris oblanceolata*, que tem 160,45bi de pares de bases (bp). Isso é mais do que 50x o material genético encontrado no núcleo das células humanas (3,2Gbp). A espécie é nativa das florestas tropicais da Nova Caledônia e de ilhas próximas do sudoeste do Pacífico. A pesquisa foi conduzida pelo Instituto Botànic de Barcelona, ESP, e pelo Royal Botanic Gardensm, Kew, RU.

BÚFALO-ASIÁTICO MAIS ALTO

Um titã bovino chamado King Kong tem 185cm de altura na cernelha, conforme verificado em Nakhon Ratchasima, THA, em 15/1/2025. Cerca de 50cm mais alto do que a média, o animal "parece um filhotinho brincalhão", de acordo com um funcionário da fazenda: "Ele ama receber carinho e correr".

Jakkapong Krabaoklang, gerente da fazenda, segura as rédeas, junto ao proprietário Suchart Booncharoe e seus filhos.

CAVALO MAIS VELHO

Enquanto o *GWR 2026* era compilado, recebemos a triste notícia do falecimento de Echoquette (n. 8/5/1988). Ela tinha 36 anos e 222 dias (equivalente a 110 anos humanos). A égua árabe vivia no Texas, EUA, com a família Haus.

ERIK WEIHENMAYER

Escalar a **montanha mais alta do mundo** é o maior objetivo de muitos exploradores, mas, para o aventureiro cego Erik Weihenmayer (EUA), a 1ª subida ao Everest (também conhecido como Sagarmāthā; Chomolungma), em 2001, foi, em muitos aspectos, apenas o começo.

Erik foi diagnosticado com retinosquise juvenil ainda criança, e sua visão piorou à medida que ele crescia, até que, aos 13 anos, foi declarado totalmente cego. Com maturidade e resiliência ímpares, ele entendeu que não conseguiria mais fazer as coisas de que gostava até então, mas que havia outras que poderia fazer… e se superar.

Seja representando seu estado como lutador, fazendo caminhadas árduas com a família (da Trilha Inca peruana às montanhas paquistanesas Caracórum) ou saltando de paraquedas sozinho, Erik seguiu seu mantra: "Não lide com a adversidade, use-a como incentivo".

Em 1995, escalou o McKinley/Denali no Alasca – o 1º dos Sete Cumes (montanhas mais altas de cada continente). A escalada da Pirâmide Carstensz na Nova Guiné em 2008 completou a série. Como a **1ª pessoa cega a escalar os Sete Cumes**, consolidou-se como um dos aventureiros mais destemidos da era moderna.

Erik ultrapassou limites em expedições mais extremas, além de transmitir a filosofia "sem barreiras" a outros aspirantes a exploradores com deficiência. Para ele, "todos temos que escalar nossas montanhas".

BREVE BIOGRAFIA

Nome	Erik Weihenmayer
Data de nasc.	23/9/1968
Local de nasc.	Princeton, Nova Jersey, EUA
Títulos atuais do GWR	**1ª pessoa cega a escalar o Everest; 1ª pessoa cega a escalar os Sete Cumes**
Laureações	Helen Keller Achievement Award; Nike's Casey Martin Award; indicado ao Prêmio de Aventureiro do Ano da *National Geographic*

Erik teve 5 cães-guia, todos pastores alemães da Fundação Fidelco. O 1º foi Wizard (*acima*, com Erik aos 15 anos): "Ele foi meu companheiro durante o ensino médio e a faculdade, e até me levava em segurança para casa depois de festas da faculdade!".

A luta livre desempenhou papel importante na vida de Erik: ele competiu a nível nacional no ensino médio em Connecticut, e, depois, se tornou treinador. Em 1996, o Hall da Fama Nacional do Wrestling amador o agraciou com a Medalha da Coragem, prêmio anual concedido a lutadores que "superaram desafios aparentemente intransponíveis".

Erik pertence ao seleto clube de condutores da tocha olímpica em Jogos de Verão (Atlanta 1996) e de Inverno (Salt Lake 2002, *abaixo*). Nas Paralimpíadas de 2002, foi o penúltimo, antes de passá-la aos esquiadores profissionais Marianna Davis e Chris Waddell, que acenderam a pira na cerimônia de abertura.

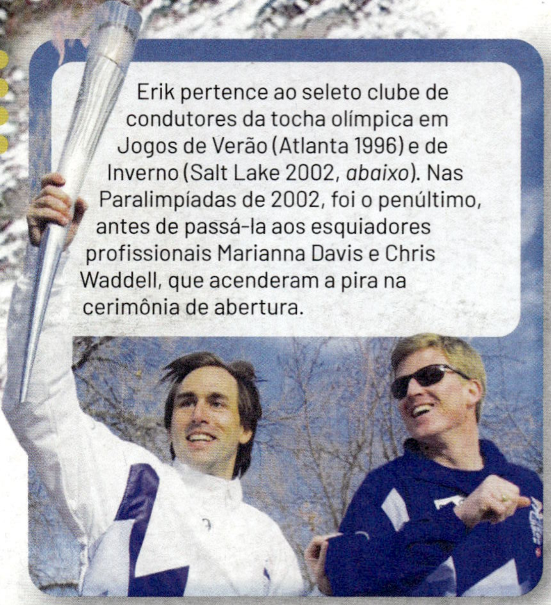

Ao longo dos anos, Erik contou sua experiência no mundo por meio de livros, palestras e documentários. Um de seus lançamentos mais recentes — *Soundscape* (EUA, 2023) — acompanha a escalada de uma parede rochosa de 365m nas montanhas de Sierra Nevada. O curta recebeu muitos elogios, além do Prêmio de Excelência Criativa no Banff Mountain Film Festival.

Erik fundou a organização sem fins lucrativos No Barriers em 2003, cujo objetivo é fortalecer a mentalidade positiva em pessoas com deficiência e ajudá-las a criar roteiros de exploração inovadores, a fim de que superem barreiras e melhorem suas vidas e comunidades, com iniciativas (como expedições ao interior, *à esq.*) para jovens, cuidadores e veteranos militares.

Embora mais conhecido pelo alpinismo, em 2008, Erik se lançou a um novo desafio: percorrer, de caiaque, um trecho de 446km de corredeiras no rio Colorado, cruzando o Grand Canyon. Após 6 anos de treinamento e perseverança, tornou seu sonho realidade. Acima, com o guia Harlan Taney, Erik navega por um dos trechos mais difíceis: a corredeira de Horn Creek.

Conheça todos os ÍCONES do GWR em **guinnessworldrecords.com/records/icons**

SERES HUMANOS

Apesar das unhas longas, Huyen vai trabalhar de scooter, de cesta lotada com os potes de tinta e pincéis que usa no dia a dia.

Huyen teve mais unhas da mão direita (azul) quebradas, pois é sua mão dominante, o que fez com que as unhas da esquerda (vermelho) ficassem muito maiores. A mais longa é a do polegar esquerdo, com 1,275m.

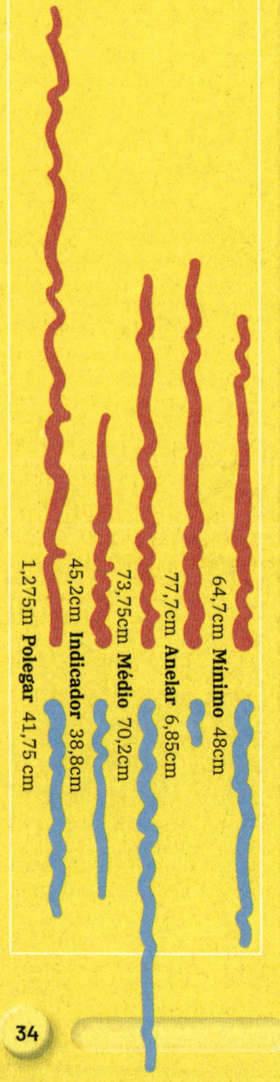

UNHAS MAIS LONGAS NAS DUAS MÃOS (MASC.)

O comprimento das unhas das mãos de Luu Công Huyen, da província de Nam Định, VIE, é de 5,9445m, conforme verificado em 15/01/2025. As da mão esquerda medem 3,888m, e as da mão direita, 2,056m. O comprimento total é baseado na média de 2 medições feitas pelo editor-chefe do GWR, Craig Glenday (*acima, à dir.*), na casa de Huyen, passando um pedaço de barbante ao longo de cada unha e, em seguida, medindo-o com uma fita métrica.

"Huyen cultiva suas unhas há mais de 30 anos", disse Charlie Anderson, caça-talentos do GWR, que o descobriu após meses de pesquisa. "Ele queria se tornar um xamã, como o pai, e acreditava que deixar as unhas crescer o tornaria mais poderoso. Mas também era um artista perspicaz e acabou seguindo o conselho do pai para se concentrar na carreira de pintor." Com a ajuda da esposa, Thi Thuan, Huyen adorna as paredes de casas e igrejas com murais coloridos.

CONTEÚDO

Huyen nunca lava as mãos, pois acredita que a água enfraquece as unhas. Assim, elas são cobertas de respingos de tinta.

SUPERADOLESCENTES

Reuben Looks Twice Jr.
O GWR conversou com o adolescente de cabelão para saber como é ter madeixas tão extensas.

Há quanto tempo você não corta o cabelo?
A última vez foi quando tinha quase 2 anos. Quando eu era mais novo, tinha medo da máquina de cortar, então meus pais decidiram deixar meu cabelo crescer.

Quanto tempo leva sua rotina de cuidados com o cabelo?
Uns 20 minutos para lavar e uma hora para secar.

Quais são os prós e contras de ter cabelão?
Acho que inspiro outras pessoas a deixarem o cabelo crescer. Mas ele sempre enrosca nas coisas!

Deixar o cabelo crescer tem alguma relação com a sua cultura?
O povo Lakota tem a tradição de deixar o cabelo comprido. É parte do nosso Nagi ("espírito"). Representa quem eu sou. Sinto orgulho de representar minha família e a Nação Lakota.

Nós incentivamos pessoas de todas as idades a tentar quebrar recordes (ver p.38-39). Aqui está uma seleção de candidatos que conquistaram seu 1º certificado do GWR antes dos 18 anos. Para mais Jovens Prodígios, veja as p.152-53.

Adolescente mais alto da história
Em 1935, aos 17 anos, Robert Pershing Wadlow (EUA) media 2,45m de altura. Um dos mais famosos ÍCONES do GWR, Bob viria a se tornar a **pessoa mais alta da história**, com 2,72m na última medição, em 27/6/1940.

Para conhecer **a adolescente mais alta da história**, ver p.51.

MAIOR BLACK POWER DA HISTÓRIA EM UM ADOLESCENTE
Com apenas 13 anos, Amir Manuel Menendez (EUA) tinha um black power fenomenal. Quando medido em Anaheim, Califórnia, EUA, em 10/8/2022, ele atingia 24,83cm de altura e circunferência de 2,26m! Amir deteve os recordes juvenil e geral nessa categoria até o fim de 2023, quando decidiu dar uma aparada.

Adolescente mais alto
O detentor mais recente do recorde foi Olivier Rioux, CAN, que em 2020, aos 14 anos, media 2,269m. Desde que Olivier completou 18 anos, em fev/2024, não houve outra reivindicação bem-sucedida para o título. No entanto, o adolescente mais alto atualmente conhecido pelo GWR é Eric Kilburn Jr., de Flint, Michigan, EUA, que media "apenas" 2,0828m , aos 14 anos, em jun/2023. Eric é o **adolescente com as maiores mãos e pés** (23,20cm do punho até a ponta do dedo médio e 34,30cm do calcanhar até o dedo mais longo).

Adolescente mais baixa
Antes de "se formar" com o título de **mulher mais baixa** aos 18 anos (*ver p. 42-43*), Jyoti Amge (IND) foi a adolescente mais baixa, com 61,95cm de altura, medida em Tóquio, JPN, em 6/9/2009.

O detentor mais recente do recorde **masculino** foi Dor Bahadur Khapangi (NEP), com 73,43cm, em Katmandu, NEP, em 23/3/2022. Hoje, ambos os títulos estão vagos.

Maiores pés da história em um adolescente
Os **maiores pés** e as **maiores mãos** já medidos em um adolescente, segundo os critérios do GWR, pertencem a Lars

CABELO MAIS LONGO EM UM ADOLESCENTE
A cabeleira de Reuben Looks Twice Jr (EUA) media 1,61m em Rapid City, Dakota do Sul, EUA, em 7/6/2024. Com 17 anos, na época, disse ao GWR torcer para que a conquista deixasse sua família e seu povo orgulhosos. Embora haja mais um detentor do recorde de **cabelo mais longo (masc.)**, Reuben será qualificado para o título assim que completar 18 anos.

CABELO MAIS LONGO EM UMA ADOLESCENTE
Nilanshi Patel (IND) conquistou o título aos 16 anos, em nov/2018, ao pentear seu cabelo até atingir 1,705m. Deteve o **recorde histórico para adolescentes**, com 2m, pouco antes do 18º aniversário. No entanto, em abr/2021, cortou 266g de cabelo e doou para um museu.

MAIOR ROTAÇÃO DE PÉ
Maxwell Day (RU) consegue girar o pé direito em 157º e o esquerdo em 143º, conforme verificado em Londres, RU, em 23/9/2015. Ele chamou a atenção do GWR durante a conferência Minecon de *Minecraft* de 2015. Com 13 anos na época, Maxwell manteve o recorde por mais de 4 anos. Veja também a p.49.

MAIOR ABERTURA DE BOCA
Aos 14 anos, Isaac Johnson (EUA) conseguia separar seus incisivos superiores e inferiores em 9,34cm, em Bloomington, Minnesota, EUA, em 15/4/2019. É espaço suficiente para acomodar uma bola de beisebol ou o mega sanduíche mostrado na imagem. Isaac perdeu o recorde ainda naquele ano, mas recuperou em 2020 com uma abertura ainda maior de 10,17cm; depois, superou o próprio recorde em 2022, com 10,19cm.

Motza, GER. Em nov/2018, aos 16 anos, seu pé esquerdo media 35,05cm; no ano seguinte, foi constatado que suas mãos mediam 23,3cm cada.

O recorde de **maiores pés da história em uma adolescente** foi conquistado por Morgan Parsley (CAN), de 15 anos. Seus pés mediam 30,9cm em Calgary, Alberta, CAN, em 16/7/2020. Na ocasião, ela calçava sapatos masculinos tamanho 46-47.

Adolescente com língua mais larga
Quando foi verificado em 9/4/2018 em Nova Délhi, IND, aos 16 anos, Gagan Bhardwaj (IND) tinha uma língua de 7,2cm de largura, mais larga que uma lata de Coca-Cola.

Acesso de espirros mais longo
Donna Griffiths (RU) passou o início da adolescência espirrando incontrolavelmente. Seus espirros começaram em 13/1/1981, quando ela tinha 12 anos, e ultrapassaram o recorde anterior de 194 dias, de Tricia Reay (RU), também com 12 anos, em 27/7/1981. Donna espirrou cerca de 1mi de vezes em 365 dias, ou cerca de 100x/hora. Ela finalmente teve seu 1º dia sem espirros em 16/9/1983, 976 dias após o início da crise.

Crise de bocejos mais longa
Em 1888, nos EUA, o dr. Edward W. Lee relatou o caso de uma garota de 15 anos que bocejou durante 5 semanas. Em artigo publicado no *Memphis Journal of the Medical Sciences*, o médico contou que a paciente começou a bocejar após a extração de um dente. Ele administrou beladona (também conhecida como "erva-moura"), mas isso provocou um acesso de espirros "violento". A paciente foi, então, sedada com clorofórmio, o que interrompeu temporariamente os espirros, que retornaram ainda mais intensos assim que o efeito do sedativo passou. Por fim, a paciente respondeu bem a pequenas doses regulares de brometo de amônio e repouso.

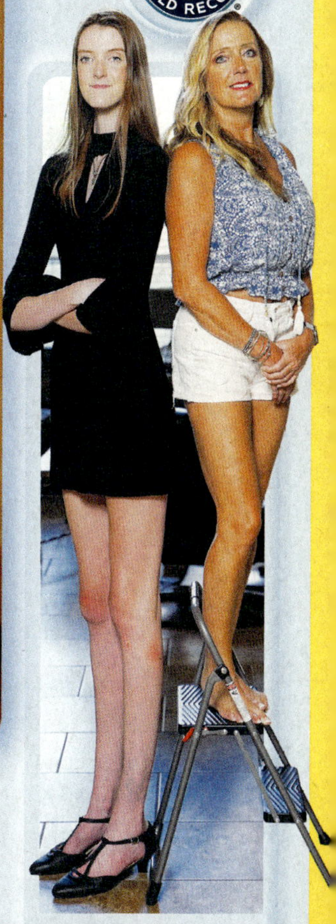

Adolescente com pernas mais longas
Maci Currin (EUA) entrou para o GWR aos 16 anos com sua perna esquerda medindo 1,352m e a direita 1,343m, em Cedar Park, Texas, EUA, em 21/2/2020. Queria inspirar meninas altas pelo mundo, o que continua sendo seu objetivo na vida adulta, em que mantém o recorde absoluto de **pernas mais longas (fem.)**. Maci aparece acima, ao lado da mãe, Trish.

Liberty usa o contorcionismo para arrecadar fundos para instituições de caridade.

MAIOR NÚMERO DE ESPACATES EM 1MIN
Em 19/4/2024, aos 16 anos, Liberty Barros (RU) entrou em posição de espacate 42x em 1min, em Londres, RU. A adolescente superflexível iniciou a jornada dos recordes aos 14 anos, com a caminhada de **20m mais rápida com joelhos travados em arco invertido** (22,53s), literalmente se dobrando para conseguir. Entre outros recordes, também conquistou: **mais flexões em arco invertido em 30s** (17) e o **menor tempo para amarrar um par de cadarços na posição de rolamento no peito** (10,46s).

SUPERIDOSOS

Top 10 pessoas mais velhas
Aqui estão as atuais supercentenárias mais velhas (com 110 anos ou mais), validadas por especialistas em gerontologia da LongeviQuest, em 1/5/2025. Todas são mulheres.

1. **Ethel Caterham** 115 anos e 253 dias
2. **Marie-Rose Tessier** 114 anos e 345 dias
3. **Mine Kondo** 114 anos e 242 dias
4. **Naomi Whitehead** 114 anos e 217 dias
5. **Izabel Rosa Pereira** 114 anos e 200 dias
6. **Lucia Laura Sangenito** 114 anos e 160 dias
7. **Masu Usui** 114 anos e 134 dias
8. **Andrée Bertoletto** 114 anos e 120 dias
9. **Miyoko Hiroyasu** 114 anos e 108 dias
10. **Yolanda Beltrão de Azevedo** 114 anos e 113 dias

PESSOA MAIS VELHA

Após o falecimento de Inah Canabarro Lucas (BRA, *abaixo*), aos 116 anos e 326 dias, Ethel Caterham (RU, n. 21/8/1909, *à dir.*), foi reconhecida como a pessoa viva mais velha pelo LongeviQuest. Em 1/5/2025, ela tinha 115 anos e 253 dias, sendo a pessoa mais velha já registrada no RU. Acredita-se que seja a única pessoa ainda viva nascida na 1ª década do século XX.

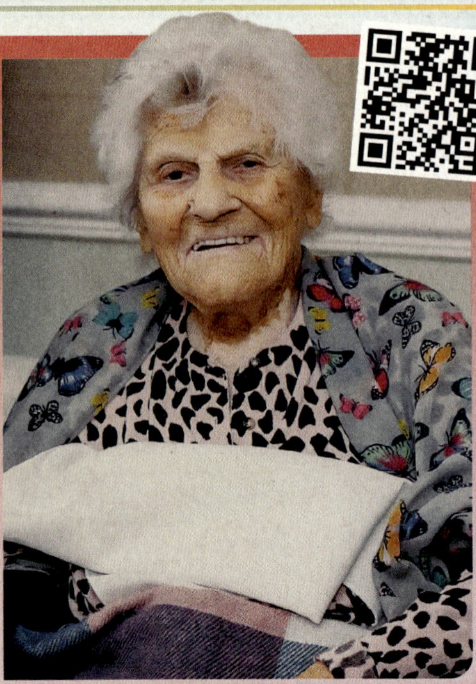

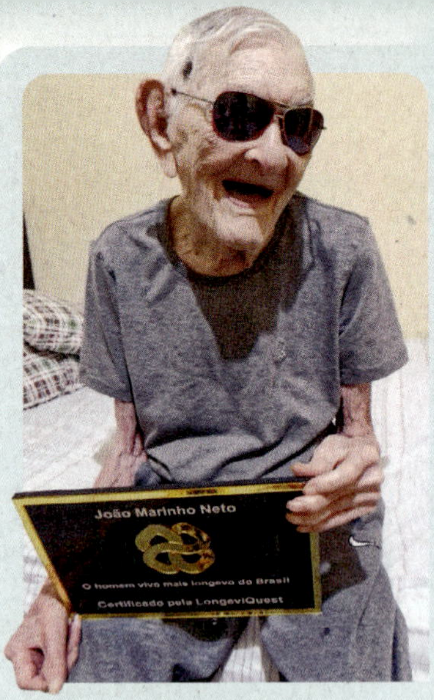

HOMEM MAIS VELHO

O homem vivo mais velho é João Marinho Neto (BRA, n. 5/10/1912). Em 1/5/2025, ele tinha 112 anos e 208 dias. O ex-agricultor tem uma grande família, incluindo 6 filhos, 22 netos, 15 bisnetos e 3 tataranetos.

Maior reunião de centenários

Em 4/5/2024, 70 pessoas com mais de 100 anos se reuniram em um ginásio esportivo em Pádua, ITA. A cerimônia foi organizada pela administradora de casas de repouso Fondazione Opera Immacolata Concezione Onlus. Vários prefeitos locais, representando as províncias dos superidosos, estiveram presentes, incluindo Vincenzo Gottardo, de Pádua, que declarou: "Vivemos numa era em que, infelizmente, a sociedade tende a negligenciar a contribuição das pessoas mais velhas. É essencial reconhecer o papel vital que elas desempenham em nossa comunidade. Essa é a idade da sabedoria, um tesouro precioso que enriquece nossa cultura e nosso entendimento do mundo".

RECÉM-CASADOS MAIS VELHOS

Bernard Littman (n. 13/2/1924) e Marjorie Fiterman (n. 26/11/1921), dos EUA, somavam 202 anos e 271 dias quando se casaram em 19/5/2024. A cerimônia aconteceu na casa de repouso onde moram, na Filadélfia, Pensilvânia, EUA, onde se conheceram em uma festa à fantasia e namoraram por 9 anos.

O engenheiro aeronáutico Dwight foi o 1º negro a ser indicado como candidato a astronauta da NASA.

PESSOA MAIS VELHA NO ESPAÇO

Em 19/5/2024, a missão NS-25 da Blue Origin decolou do Texas, EUA, com um tripulante experiente: Ed Dwight (n. 9/9/1933), com 90 anos e 253 dias. O ex-capitão da Força Aérea dos EUA esperou cerca de 6 décadas por essa jornada, porque perdeu por pouco um lugar no programa Mercury da NASA em 1961.

MAIS VELHO...

Comediante

A humorista stand-up e jurada de talentos D'yan Forest (EUA, n. Diana Shulman, em 31/7/1934) ainda se apresentava aos 90 anos e 67 dias, conforme verificado em Nova York, EUA, em 6/10/2024.

Autor de livro (masc.)

Kim Hyung-seok (KOR, n. 6/7/1920) publicou sua coletânea de ensaios, intitulada *100 Years of Wisdom*, em 13/3/2024, com 103 anos e 251 dias. O filósofo e professor buscou transmitir suas lições de vida às novas gerações. A **autora de livro mais velha** já registrada foi Sarah Louise Delany (EUA, n. 19/9/1889), que tinha 107 anos e 73 dias quando lançou *On My Own at 107: Reflections on Life without Bessie*, em 1/12/1996. A obra trata da perda de sua irmã de 104 anos, Annie Elizabeth Delany. Ambas ativistas dos direitos civis, haviam publicado o best-seller *Having Our Say* (1993), com a assistência da jornalista Amy Hill Hearth.

CORAL MAIS VELHO

O grupo The Prime Timers (RU) tinha idade média de 94 anos quando foi a atração principal de um concerto de canções natalinas, promovido pela Runwood Homes, em Stratford-upon-Avon, Warwickshire, RU, em 19/12/2024. Os cantores, com idades entre 87-99 anos, apresentaram clássicos como "Noite feliz", além da canção autoral "Christmas Through the Years".

Farmacêutico
Após cerca de 70 anos de atuação, Kesa Hatamoto (JPN, n. 18/9/1922) ainda administrava a Farmácia Anzen, em Meguro, Tóquio, JPN, aos 101 anos e 196 dias, como confirmado em 1/4/2024. Kesa comentou: "Me sinto um pouco alarmada com um título tão grandioso. Mas os clientes e a comunidade farmacêutica estão felizes. Todos me ajudaram nessa jornada".

Equitadora
Apaixonada por cavalos desde a infância, Elizabeth Breton (RU, n. 31/12/1924) montou um cavalo chamado Spider em Stanton, Gloucestershire, RU, em 13/3/2025, aos 100 anos e 72 dias.

Esquiador até o Polo Sul (solo)
James Baxter (RU, n. 11/10/1959) viajou do Hercules Inlet, na Antártida, até o Polo Sul geográfico entre 20/11/2023-19/1/2024, alcançando o polo aos 64 anos e 100 dias. A jornada de 1.130km levou 61 dias.

Casal mais velho trabalhando
Em 10/6/2024, Genji (n. 10/1/1929) e Fumiko Kinjo (n. 15/2/1927), ambos JPN, ainda administravam seu restaurante, Gabusoka Shokudo Honten, em Nago, Okinawa, JPN, desde 1966. Na data de 2024, a idade combinada do casal era de 192 anos e 267 dias. O cardápio é especializado em pratos okinawanos, como o soki soba.

Hoje, a idade média para se tornar avô ou avó está em torno dos 50 anos; para bisavós, essa média sobe para 75 anos.

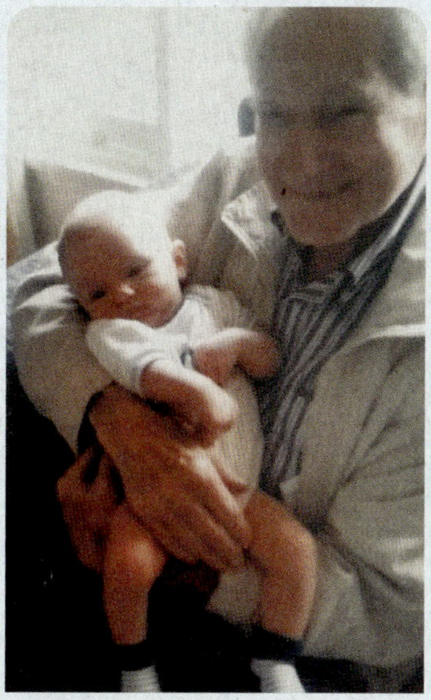

AVÔ DE 1ª VIAGEM MAIS VELHO

Jack Anderson (AUS, n. 24/4/1925) se tornou avô aos 90 anos e 271 dias, em 20/1/2016, com o nascimento do neto Clancy, no estado de Vitória, AUS. Sua equivalente **feminina** é Marianne Wallenberg (GER, n. 7/2/1913), que tinha 95 anos e 82 dias quando seu 1º neto, Joshua, nasceu em 29/4/2008, seguido da irmã gêmea, Karina.

Trabalhando demais
A palavra "aposentadoria" não faz parte do vocabulário desses profissionais. (Todas as idades se referem à data de verificação.)

Instrutor de mergulho: Armando Torrigiotti (ITA) – 90 anos e 176 dias

Mecânico: Fabio Sabbioni (ITA) – 97 anos e 64 dias

Modelo: Daphne Selfe (RU) – 95 anos e 158 dias

Dentista: Etsuro Watanabe (JPN) – 99 anos e 133 dias

Motorista de ônibus: James Oppegard (EUA) – 93 anos e 306 dias

Esteticista: Tomoko Horino (JPN) – 102 anos e 1 dia

Barbeiro: Shitsui Hakoishi (JPN, n. 10/11/1916; *abaixo*) ainda cortava cabelo em Tochigi, JPN, aos 108 anos e 115 dias, em 5/3/2025.

PESSOAS MAIS VELHAS A LANÇAR ÁLBUNS SOLO DE ESTREIA

A musicista japonesa de shamisen nagauta Kyosen Kineya (n. Sachiko Ishihara, em 15/11/1914) lançou seu 1º álbum, *105: The World of Kangoro V. and his Art of "Nagauta", Inherited by his Daughter*, em 24/4/2019, aos 104 anos e 160 dias. Inspirada pelo pai, dedicou a vida à performance com o instrumento tradicional e ao ensino de música.

Após 7 décadas de carreira e diversos álbuns colaborativos (muitos com o The Sun Ra Arkestra), o saxofonista de jazz Marshall Allen (EUA, n. 25/5/1924; *à esq.*) lançou *New Dawn* em 14/2/2025, com 100 anos e 265 dias, conquistando o título **masculino**.

CYBATHLON

CYBATHLON ETH zürich

Cada equipe é composta por um "piloto" que participa das provas, e um grupo de apoio formado por engenheiros, desenvolvedores e designers. As equipes competiram em Kloten, perto de Zurique, SUI (*à dir.*), ou simultaneamente em um dos 7 polos remotos pelo mundo. Na edição de 2024, os vencedores foram:

Prótese de braço
HANDSON (CHN)
Min Xu

Robô de assistência
EDAN (GER)
Mattias Atzenhofer

Interface cérebro--computador
PittCrew (EUA)
Phillip

Bicicleta com estimulação elétrica funcional
BeAGain (KOR)
Hunsub Lim

Exoesqueleto
KAIST (KOR)
Seunghwan Kim

Prótese de perna
REHAB TECH LEG (ITA)
Andrea Modica

Assistência visual
EyeRider (HUN)
Péter Sulyok

Cadeira de rodas
BCIT MAKE+ (CAN)
Jaimie Borisoff

MAIOR COMPETIÇÃO PARA ATLETAS BIÔNICOS
O Cybathlon é um campeonato criado para promover tecnologias assistivas aprimoradas para pessoas com deficiência. A cada 4 anos, a competição é organizada pelo Instituto Federal de Tecnologia da Suíça, o ETH Zurich. Eis alguns destaques da edição de 2024, realizada de 25 a 27/out. Ao todo, 67 equipes de 24 países participaram.

Anni Kern, codiretora do Cybathlon, e o prefeito de Kloten, René Huber, na premiação da corrida de robôs de assistência.

CORRIDA DE EXOESQUELETOS
Os competidores usam um traje robótico para completar desafios complexos do dia a dia, como subir e descer escadas, abrir e fechar portas e caminhar carregando um pacote, em até 10min. Embora esses dispositivos pertençam ao campo da robótica de ponta, os desenvolvedores torcem para que, no futuro, os exoesqueletos se tornem uma alternativa viável às cadeiras de rodas.

A equipe VariLeg (SWE) ficou em 2º lugar na corrida de exoesqueletos. Na foto, o piloto Rolf Schoch.

Seunghwan Kim (KOR) participou do evento usando um sistema de suporte motorizado desenvolvido pela equipe KAIST. Kim bateu o recorde de **maior velocidade de caminhada com exoesqueleto** por uma pessoa com paraplegia. Kim percorreu a área de caminhada livre (sem muletas) a 0,82 km/h. O protótipo WalkON Suit F1 tem 12 motores nas articulações e é 2x mais potente que o dispositivo vencedor de 2020.

CORRIDA DE PRÓTESE DE BRAÇO

Os pilotos do Cybathlon completam 10 tarefas utilizando membros biônicos. Min Xu (CHN, *acima*), da equipe HANDSON, conquistou o ouro em 2024. Seu dispositivo era um modelo híbrido leve, que combinava recursos motorizados com outros acionados pelo corpo.

Nicolas Huchet, da equipe Bionicohand (*foto*; ambos FRA), alcançou o recorde de **empilhamento de 6 copos mais rápido com mão protética** (33s), em 26/10/2024. Levou a prata na competição geral.

Na corrida de interface cérebro--computador, padrões cerebrais são traduzidos em sinais para controlar avatares em videogames.

CORRIDA DE CADEIRA DE RODAS

Os competidores utilizam cadeiras de rodas motorizadas para enfrentar desafios, como se locomover por espaços lotados e terrenos irregulares ou inclinados. A BCIT MAKE+ (CAN), pilotada por Jaimie Borisoff (*acima*), conquistou a pontuação máxima de 100 pontos em 6min19s, a **corrida de cadeira de rodas mais rápida**.

CORRIDA DE PRÓTESE DE PERNA

Os competidores enfrentam vários obstáculos, incluindo barras de equilíbrio, escadas e barreiras. Todos têm pelo menos uma amputação acima do joelho. A equipe REHAB TECH LEG (ITA), pilotada por Andrea Modica (*abaixo*), triunfou no Cybathlon 2024.

CORRIDA DE ROBÔ DE ASSISTÊNCIA

Invenção recente, esses dispositivos robóticos são destinados a pessoas com controle motor limitado ou membros ausentes. A EDAN venceu em 2024 (o piloto Mattias Atzenhofer aparece na foto à dir.). Uma das tarefas era pegar e comer uma maçã, como demonstrado por Fritz Eichholzer, da equipe BFH-FAIR (SUI, *detalhe*).

PESSOAS MAIS BAIXAS

Existem mais de 200 tipos de nanismo, e uma em cada 25.000 pessoas é afetada. Aqui, apresentamos um histórico dos adultos mais diminutos dos últimos 60 anos, para os quais há evidências médicas confiáveis. Como extremos de estatura quase sempre impactam os movimentos, o levantamento inclui recordistas com e sem mobilidade.

LIN YIH-CHIH (CHN)
Em 2009, Lin Yih-Chih (n. 1972) foi reconhecido como o **homem mais baixo (sem mobilidade)**, com 67,5cm de altura. Lin nasceu com osteogênese imperfeita (OI) e aparece na foto ao lado da ativista da OI Madge Bester (*ver abaixo*).

- Tempo de vida
- Altura
- Reinado como detentor do recorde

Nelson de la Rosa (DOM)
1968-2006
72cm
1988-90; 1997-2006
Recuperou o recorde em 1997, após a morte de Gul Mohammed (*abaixo*).

Gul Mohammed (IND)
1957-97
57,5cm
1990-97

Madge Bester (RSA)
1963-2018
65cm
1991-2011; 2011-18
Reclassificada como **mulher mais baixa (sem mobilidade)** após Jyoti Amge.

He Pingping (CHN)
1988-2010
74,61cm
2008-10

Edward Hernández, "Niño" (COL)
n. 1986
72,1 cm
2010; 2020-22

Khagendra Thapa Magar (NEP)
1992-2020
67,08cm
2010-12; 2015-20
Já foi o **adolescente mais baixo (masc.)**. Recuperou o recorde de adulto após a morte de Chandra Bahadur Dangi, até a ascensão de Edward Hernández.

Elif Kocaman (TUR)
1989-2021
72,6cm
2010-11

PAULINE MUSTERS (NED)
Por muitos anos, Pauline (1878–1895), ou "Princesa", foi considerada a mulher mais baixa da história, embora, pelos padrões modernos do GWR, ela nunca tenha atingido a idade adulta (18 anos; ver *Jyoti Amge* abaixo). Pauline media 30cm ao nascer e aos 9 anos, tinha 55cm. Suas apresentações públicas eram famosas, mas foram interrompidas quando Musters adoeceu. Ela faleceu em Nova York, EUA, aos 17 anos, de meningite pneumocócica, medindo 61cm.

80% das pessoas com nanismo nascem de pais com estatura média.

Junrey Balawing (PHI)
1993-2020
59,93cm
2011-12; 2012-20
Foi o detentor absoluto até ser reclassificado como **homem mais baixo (sem mobilidade)**, após a descoberta de Chandra Bahadur Dangi.

Bridgitte Jordan (EUA)
1989-2019
69cm
jul/2011-nov/2011
Junto ao irmão Brad (98cm) também deteve o recorde de **irmãos mais baixos**, totalizando 167cm.

Jyoti Amge (IND)
n. 1993
62,8cm
2011-presente
Mulher mais baixa da história maior de 18 anos. Antes **adolescente mais baixa (fem.)**. Também **atriz mais baixa**, estreando na série de TV *American Horror Story* em 2014.

Chandra Bahadur Dangi (NEP)
1939-2015
54,6cm
2012-15
Apareceu só em 2012, mas teria detido o recorde por muitos anos. Ainda é o **homem mais baixo já medido oficialmente**.

Wildine Aumoithe (EUA)
n. 2003
72CM
2021-presente
Mulher mais baixa (sem mobilidade) e **modelo profissional mais baixa**. Desfilou na Fashion Week de Nova York, EUA, em 2023.

Afshin Ghaderzadeh (IRN)
n. 2002
65,24 cm
2022-presente
Homem mais baixo. Também tem as **menores mãos (masc.)**. Mão esquerda: 6,7cm; mão direita: 6,4cm.

ANATOMIA INCRÍVEL

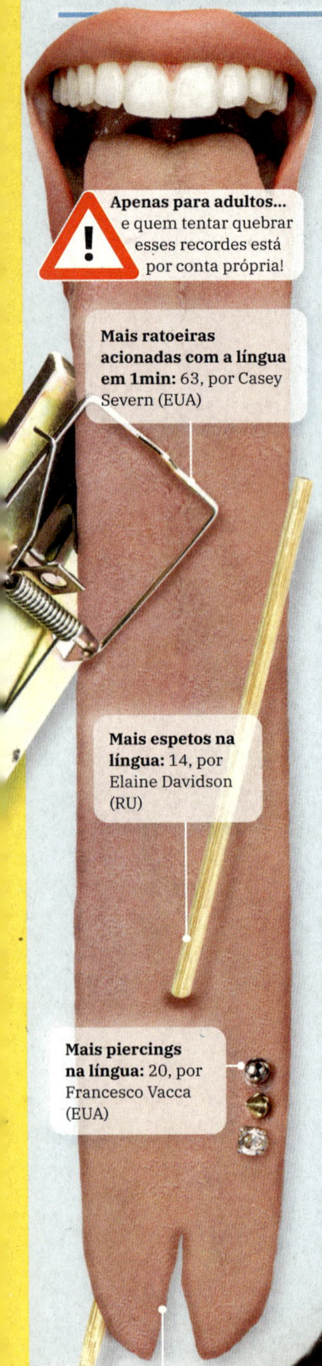

MAIOR CIRCUNFERÊNCIA DE LÍNGUA (FEM.)
Ambra Collina (ITA) consegue inflar a língua até 13,83cm de circunferência, conforme verificado em Bolonha, ITA, em 18/2/2024.

O recorde **masculino** pertence ao belga Sacha Feiner, que flexionou a língua até atingir 17cm de circunferência em Bruxelas, em 12/1/2024.

LÍNGUA MAIS LONGA (FEM.)
A língua de Chanel Tapper (EUA) mede 9,75cm da ponta até o meio do lábio, conforme confirmado em Los Angeles, Califórnia, EUA, em 29/9/2010. Quando perguntamos como as pessoas reagem ao ver sua língua, Chanel disse: "Na verdade, eu gosto quando elas gritam ou se assustam!". O **recorde geral** (10,1cm) pertence a Nick Stoeberl (EUA), conforme verificado em Salinas, Califórnia, EUA, em 27/11/2012. Uma língua tão longa que Nick já até a usou para pintar!

Cabelo mais longo
Aliia Nasyrova (UKR) nunca cortou o cabelo, apenas o apara para manter o corte. Assim, suas madeixas dignas de Rapunzel chegam a 2,5733m, conforme verificado em Milão, ITA, em 25/2/2024. Os cabelos esvoaçantes de Aliia são 91,4cm mais longos do que... ela mesma.

Orelhas mais longas
Rumeysa Gelgi (TUR) tem orelhas de cerca de 9,58cm, conforme confirmado em Karabük, TUR, em 25/5/2024. Com 2,1516m, ela também é **a mulher mais alta** (*ver p.12-13*).

Língua mais larga (masc.)
Em 30/7/2018, a língua de Brian Thompson (EUA) tinha 8,88cm, em La Cañada, Califórnia, EUA. "Meus amigos e família se divertem por causa da minha língua há anos", admite. (Para o recorde **feminino**, *ver abaixo*.)

Maior envergadura de braços
Mohamed Shehata (EGY) consegue esticar os braços até 2,503m, conforme verificado no Cairo, EGY, em 27/4/2021. Mohamed também tem a **maior envergadura de mão** (31,3cm, do mindinho esquerdo até o polegar).

Maiores mãos da história
Robert Wadlow (EUA), o **homem mais alto da história** (*ver abaixo e p.36*), tinha mãos que mediam 32,3cm do punho até a ponta do dedo médio. Usava anel tamanho 25. O recorde **feminino** pertence a Zeng Jinlian, CHN, com 25,4cm da base do punho à ponta dos dedos. Na época que ela morreu, em 1982, tinha 2,463m de altura — a **mulher mais alta** já verificada.

Maior tórax da história
Robert Earl Hughes (EUA) tinha uma circunferência torácica de 3,15m. Quando faleceu, em 1958, também era a **pessoa mais pesada**, com 484kg.

Mais dedos das mãos e dos pés ao nascer
Akshat Saxena (IND) nasceu com 14 dedos nas mãos (7 em cada) e 20 dedos nos pés (10 em cada), conforme confirmado por médicos na Índia, em 20/3/2010.

LÍNGUA MAIS LARGA (FEM.)
A língua de Brittany Lacayo (EUA) mede 7,9cm na parte mais larga, conforme verificado em Houston, Texas, EUA, em 16/2/2024. Brittany quebrou o recorde anterior de 7,33cm, que durava 10 anos. A largura de sua língua tem o comprimento médio de uma língua feminina!

PESSOA MAIS ALTA DA HISTÓRIA
Robert Pershing Wadlow, de Alton, Illinois, EUA, atingiu 2,72m de altura, como verificado em 27/6/1940. Em 2025, o GWR adquiriu um rolo de filme inédito, que mostra Bob em seu 15º aniversário. Ele está sendo apresentado à Pat Williamson, de 4 anos, que fazia aniversário no mesmo dia que ele (22/fev). Agradecemos ao filho de Pat, Bruce, por nos ceder o filme, que foi feito por seu avô Maurice em 1933. Bob continua sendo o **adolescente mais alto da história** (*ver p.36*). Apesar de jovem no vídeo, com 2,39m de altura, ele é muito mais alto que todos ao redor!

ROSTO MAIS PELUDO
Em 13/2/2025, tricologistas confirmaram que Lalit Patidar, de Madhya Pradesh, IND, apresentava uma densidade de 201,72 pelos/cm^2, que cobriam mais de 95% de seu rosto. Ele é acometido por hipertricose, uma condição que causa crescimento anormal de pelos. É tão rara que há apenas 50 casos documentados desde a Idade Média.

Você tem ouro no cabelo! Um fio contém 0,03 partes por milhão do metal precioso.

Maior tempo segurando uma motocicleta com a barba
Em 6/7/2023, Leonardo Costache (ROU) conteve uma motocicleta acelerando usando apenas os pelos faciais por 21,33s em Gilleleje, DNK. "Depois percebi que cerca de 50% da minha barba tinha sido arrancada. Mas tudo bem, porque eu tinha batido um recorde", contou ao GWR. O **maior tempo suspensa pelos cabelos** é de 25min11,30s, por Leila Noone (EUA) em Navarro, Califórnia, EUA, em 14/6/2024. Leila performou em uma estrutura aérea suspensa em uma floresta.

Maior túnel nasal tipo *nasallang*
Essa peça de modificação facial forma um túnel através de ambas as narinas e do septo (perfurado). Ao longo de 15 anos, Jason Shoultz (EUA) aumentou o diâmetro do seu até atingir 2,15cm, largo o suficiente para passar um dedo inteiro, como verificado em Evansville, Indiana, EUA, em 26/1/2024.

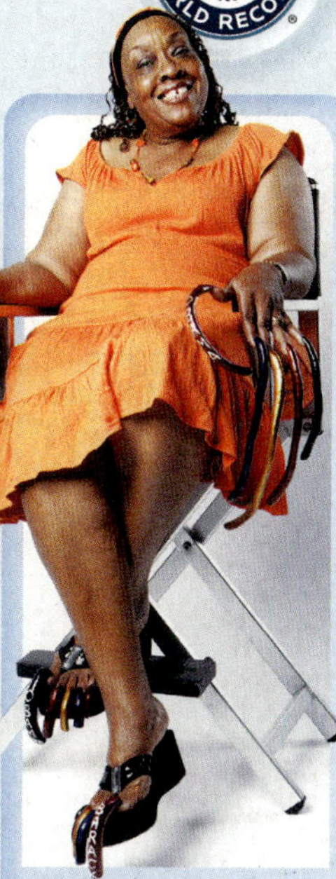

O GWR lamenta o falecimento, em 2024, de Louise Hollis (EUA), dona das **unhas dos pés mais longas da história** (220,98cm). "Todo verão eu deixava as unhas crescer porque gosto de usar sandálias abertas", disse Louise ao programa *Guinness World Records Primetime*, da Fox TV, em 1999. "Um dia, elas estavam tão lindas que eu não quis mais cortar... nunca mais!"

Pele mais elástica
Garry Turner (RU) consegue esticar a pele do abdômen até 15,8cm devido a uma condição médica rara chamada síndrome de Ehlers-Danlos, que atinge o tecido conjuntivo e afeta pele, ligamentos e órgãos internos. O colágeno que dá força à pele e determina sua elasticidade acaba disfuncional, resultando, dentre outras coisas, em frouxidão da pele e articulações muito móveis.

BARBA MAIS LONGA (MASC.)
Sarwan Singh (CAN) tinha uma barba de 2,54m em Surrey, Colúmbia Britânica, CAN, em 15/10/2022. Ele mantém uma rotina rigorosa de cuidados, lavando, aplicando óleo e gel nos finos pelos faciais, que normalmente ficam presos.

Erin também tem o **maior bigode (fem.)**, 31 cm. "Tenho orgulho de mostrar quem eu sou para o mundo."

BARBA MAIS LONGA (FEM.)
Erin Honeycutt (EUA) é a orgulhosa dona de uma barba de 30cm, como verificado em Caro, Michigan, EUA, em 8/2/2023. Honeycutt tem síndrome dos ovários policísticos (SOP), uma condição que provoca desequilíbrio hormonal e pode resultar em crescimento excessivo de pelos. Ela se barbeia desde a adolescência e, na quarentena da COVID-19, finalmente tomou coragem para deixar a barba crescer e abraçar seu eu peludo.

DOADORES & TRANSPLANTES

As Olimpíadas dos Transplantados foram idealizadas pelo cirurgião Maurice Slapak (RU, *abaixo*), que foi presidente do evento de 1978 (1ª edição, *acima*) até 2004. Seu objetivo era criar uma competição esportiva em que atletas imunossuprimidos competissem de forma justa. No começo voltados apenas para receptores de órgãos, os jogos passaram a aceitar doadores e suas famílias em 2017, embora com uma categoria própria.

O maior número de atletas em uma edição das Olimpíadas dos Transplantados foi 1.365, em Málaga, ESP, em 2017.

O maior número de países participantes foi 56, na edição de Gotemburgo, SWE, em 2011. Hoje, a federação dos jogos conta com 60 Estados.

A França foi o país que sediou mais jogos (5 edições — 1 de verão e 4 de inverno), realizados em 1994, 1996, 2003, 2010 e 2014. O Reino Unido vem logo atrás, com 4 edições, realizadas em 1978, 1979, 1995 e 2019.

1º EVENTO ESPORTIVO PARA RECEPTORES DE TRANSPLANTE

As Olimpíadas dos Transplantados (WTG, sigla original) realizaram sua edição inaugural (*à esq.*) em Southsea, Hampshire, RU, em 20/8/1978. Um total de 99 participantes — todos transplantados renais — de 5 países competiram. Assim como as Olimpíadas tradicionais, os WTG contam com vários esportes em edições alternadas no verão (*acima*; 2017, ESP) e no inverno (*à dir.*; 2024, ITA).

PRIMEIROS...

Transplante médico documentado

Acredita-se que o 1º transplante médico documentado tenha ocorrido em *c.* de 600 AEC. O texto sânscrito *Sushruta Samhita* descreve um procedimento em que um pedaço de pele foi transferido da testa para o nariz de alguém. Esse compêndio de conhecimento médico é atribuído a Sushruta (hoje celebrado como o "pai da cirurgia" na Índia), embora seja provável que tenha sido escrito por várias pessoas ao longo do tempo.

Transfusão de sangue entre animal e humano

O 1º relato conhecido de uma xenotransfusão foi realizado pelo médico Jean-Baptiste Denis (FRA, médico do rei Luís XIV) em 15/6/1667. Ele tratava um menino de 15 anos com febre alta e, após a sangria não surtir efeito, Denis e seu assistente tentaram transfundir sangue de um cordeiro vivo, técnica que vinham estudando havia vários anos. Denis registrou que o paciente, já em repouso, acordou mais tarde "bastante animado" e, ao que parece, se recuperou por completo, embora seja improvável que o sangue do cordeiro tenha sido a causa da melhora.

Já a **1ª transfusão bem-sucedida de sangue entre humanos** foi realizada em um paciente identificado como "Brazier", que estava "à beira da morte", pelo médico britânico James Blundell, em Londres, RU, em 26/9/1818.

Transplante de rim

O cirurgião Joseph Murray (EUA) supervisionou o que foi, provavelmente, o 1º transplante bem-sucedido de um órgão interno em 23/12/1954, em Boston, Massachusetts, EUA. O doador e o receptor foram os gêmeos Ronald e Richard Herrick, respectivamente; por serem idênticos, o risco de rejeição do órgão era menor. Murray, o "pai dos transplantes", recebeu um Prêmio Nobel em 1990 pela carreira repleta de marcos médicos.

Transplante de mão

Em 1998, uma mão doada por um homem falecido foi, em 14 horas, transplantada ao punho de Clint Hallam (NZL), que havia perdido a sua em um acidente com uma motosserra. A equipe cirúrgica em Lyon, FRA, foi liderada por Jean-Michel Dubernard (FRA), que mais tarde realizaria o 1º transplante parcial de face (*abaixo*).

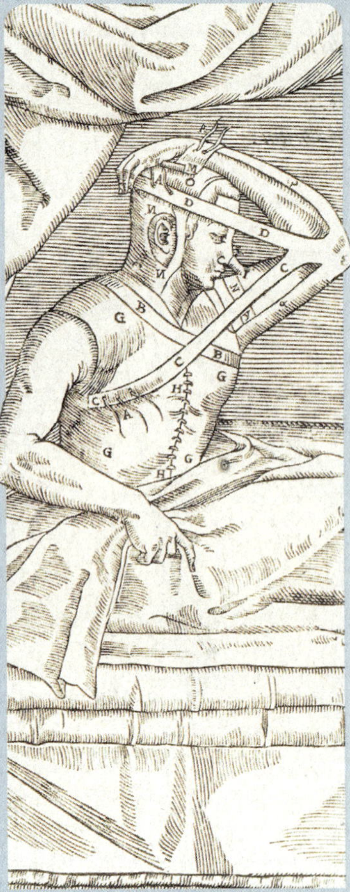

1º GUIA ILUSTRADO SOBRE TRANSPLANTES MÉDICOS

Publicado em 1597, *De Curtorum Chirurgia per Insitionem* ("Sobre a restauração cirúrgica de defeitos por enxertia") foi escrito por Gaspare Tagliacozzi (ITA), cirurgião e professor de anatomia na Universidade de Bolonha. O livro de referência inclui gravuras de enxertos de pele retirados do braço de um paciente, usados para reconstruir partes danificadas do rosto.

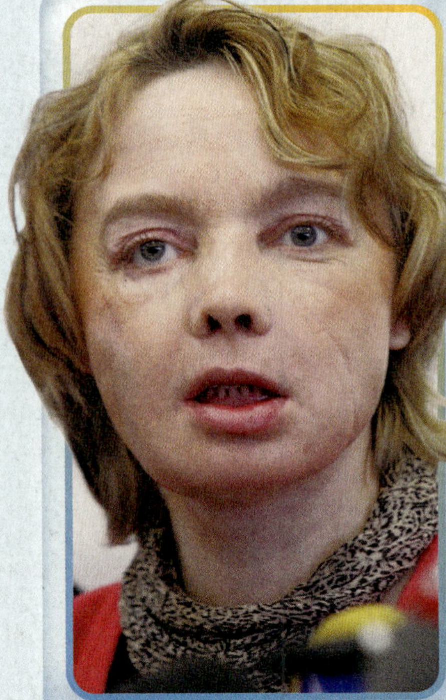

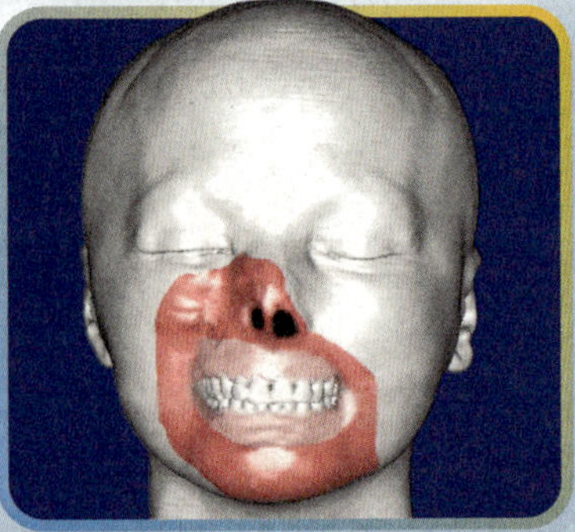

1º TRANSPLANTE PARCIAL DE ROSTO

Após sofrer um ataque de cachorro, Isabelle Dinoire (FRA, falecida em 2016) passou por uma cirurgia pioneira para substituir o queixo, os lábios e o nariz (um enxerto único doado por uma mulher com morte cerebral) no Hospital Universitário de Amiens, FRA, em 27/11/2005. O **1º transplante total de rosto** foi realizado por uma equipe do Hospital Universitário Vall d'Hebron, em Barcelona, ESP, em 20/3/2010.

PACIENTE MAIS LONGEVO DE TRANSPLANTE DE CORAÇÃO

O coração transplantado recebido por Bernd Ullrich (GER, *à esq.*), em 18/5/1983, ainda estava em boas condições em 4/3/2024, um recorde de 40 anos e 291 dias.

O **paciente de transplante de rim mais velho** é Walter Tauro (IND, n. 22/9/1935, *à dir.*). A cirurgia de alto risco foi realizada em Toronto, Ontário, CAN, em 11/6/2023, quando ele tinha 87 anos e 262 dias. Após a operação, Tauro disse: "Houve momentos em que achei que era velho demais... mas então pensei na minha vida. Ainda tenho muito a descobrir".

Órgão mais transplantado

De acordo com estimativas compiladas pelo *Global Observatory on Donation and Transplantation* em jan/2025, 112.549 transplantes de rim foram realizados em 2023, representando cerca de 65% de todos os transplantes já feitos. O órgão apontou os EUA como o país com a **maior taxa de transplantes de órgãos**, com 139,68 órgãos/1mi de habitantes. Já a Espanha, com 49,39 órgãos/1mi de habitantes, registrou a **maior taxa de transplantes de órgãos provenientes de doadores falecidos**.

Receptores de órgãos mais longevos

- **Coração e pulmão:** Marilyne Grevillot (FRA), 36 anos até 24/1/2024, após um transplante realizado pelo prof. dr. Magdi Yacoub, no Harefield Hospital, RU.
- **Pulmões duplos:** Jessi Nienke (EUA), 31 anos e 165 dias até 11/3/2024; ela se refere ao dia em que recebeu os órgãos (28/9) como seu "pulmãoversário".
- **Pulmão único:** Pamela Everett (EUA), 34 anos e 77 dias até 9/2/2025. O Vanderbilt University Medical Center estimara suas chances de sobreviver por mais de 10 anos em *c.* de 30%.

Em jan. de 1999, os cirurgiões gêmeos Rafael e Robert Mendez transplantaram um rim entre outras gêmeas idênticas!

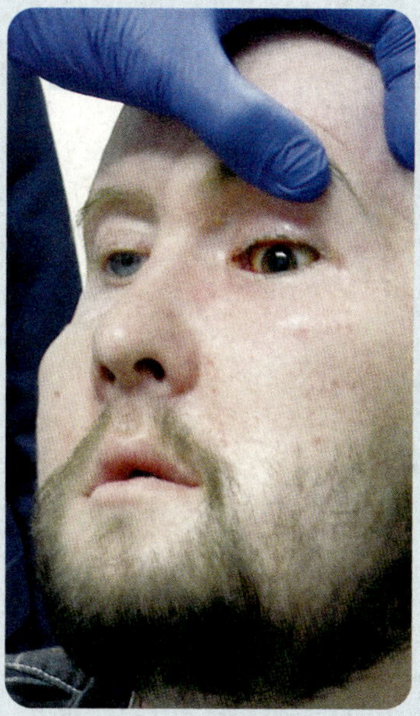

1º TRANSPLANTE DE OLHO INTEIRO

Aaron James (EUA) perdeu um braço e grande parte do rosto após um acidente de alta voltagem em 2021. Em maio de 2023, uma equipe do NYU Langone Health realizou um transplante parcial de rosto, incluindo um globo ocular inteiro, que durou 21 horas. Até 2024, os médicos estavam satisfeitos com o progresso do olho doado, embora James ainda não tivesse recuperado a visão.

MAIS CABELO DOADO POR UMA ÚNICA PESSOA (CORTE ÚNICO)

No final de 2024, 2 britânicos cortaram suas longas madeixas para doar à The Little Princess Trust, uma instituição de caridade que fabrica perucas para crianças com perda de cabelo. A 1ª foi a contadora e mãe de 4 filhos Ruth Tripp (*acima*), que teve seus cabelos de 172cm de comprimento cortados em um evento familiar em Exeter, Devon, RU, em 1/set. Mais tarde, em 9/12, o construtor Jack Drever (*à esq.*), que passou 8 anos sem ir à barbearia, teve seus 90cm de cabelo cortados em Chandler's Ford, Hampshire, RU. Confessou ao *GWR* que foi um alívio que o cabelo não ficasse mais preso nas portas dos carros!

Superdoadores

Quando se trata de doar fluidos vitais, algumas pessoas fazem o extraordinário!

Sangue total (masc.)
Paritosh Bagai (IND); até 20/2/2024

= 10 bolsas

Sangue total (fem.)
Josephine Michaluk (CAN); até 11/11/2023

= 10 bolsas

Plasma sanguíneo
Brett Cooper (EUA); até 16/9/2022

= 100 litros

Leite materno
Elisabeth Anderson-Sierra (EUA); até 23/1/2025

= 500 litros

Mais bolsas de sangue doadas (país)*

1. CHN – 13.700.619
2. IND – 12.400.000
3. EUA – 5.935.250

Mais bolsas doadas (país, por 100.000 habitantes) *

1. CYP – 5.170
2. GER – 5.109
3. GRE – 4.669

(*) Relatório Global sobre Segurança e Disponibilidade de Sangue 2021

TRUQUES DE MESTRE

Mais alto...
O corpo humano pode gerar uma gama notável de sons... mas nem todo mundo consegue produzi-los num volume superlativo:

Assobio de nariz
44,1dB: LuLu Lotus (CAN), em 3/6/2022

Ronco
93dB: Kåre Walkert (SUI), em 24/5/1993

Estalo de dedo
108dB: Bob Hatch (EUA), em 17/5/2000

Grito
121,7dB: Annalisa Wray (RU), em 16/4/1994

Palmas
117,4dB: Steven Wallace (EUA), em 15/11/2021

Assobio
125dB: Luca Zocchi (ITA), em 7/7/2014

Menor tempo para passar por dentro de uma raquete de tênis 3x
Thaneswar Guragai levou apenas 4,91s para passar 3x por uma raquete de tênis sem cerdas em Katmandu, NEP, em 26/2/2012. No mesmo dia, o nepalês de membros ágeis também bateu o recorde de **mais vezes passando por uma raquete em 1min** (38).

Mais juntas estaladas consecutivamente
O truque de Thomas Hollis (RU) envolve produzir sons ao estalar as juntas (ato conhecido na medicina como "crepitação", causado quando bolhas de ar ou gás se movem ou estouram dentro das juntas). Ele estalou 58 juntas em Londres, RU, em 4/2/2024. Mas óbvio que essa não é a única forma de fazer gases se moverem... (*ver abaixo*).

Arroto mais longo
Rutt Mysterio (n. Michele Forgione, ITA) liberou uma eructação de 1min13s no concurso do 13th Hard Rock Beer Festival "Ruttosound" em Reggiolo, ITA, em 16/6/2009.

Imagine que loucura se Rutt fizesse dupla com Neville Sharpa (AUS), que deu o **arroto mais alto** (112,4dB) em Darwin, Território do Norte, AUS, em 29/7/2021. (Para o recorde **feminino**, *ver abaixo*.)

Algumas pessoas profissionalizam seus truques. Atualmente, Paul Hunn (RU), ou "Burper King", tem a **carreira mais longa como arrotador profissional**, arrotando na TV, no rádio e em eventos ao vivo após sua 1ª aparição no programa de TV *Guinness World Records*, em 4/4/2000. Paul também trabalhou com Mr. Methane (n. Paul Oldfield, RU), que, desde dez/1990, usa a outra ponta do sistema digestivo para ter a **carreira mais longa como flatulista profissional**.

Nota vocal mais longa
Richard Fink IV (EUA) torna qualquer cantoria especial. Em 17/11/2019, o preparador vocal sustentou uma nota por 2min1,07s em Las Vegas, Nevada, EUA.

Donovan Jones (EUA) sustentou a **nota vocal mais longa enquanto segurava uma pessoa** (28,52s), mantendo Rebecca Peache (RU) no ar em Sheffield, RU, em 7/8/2015.

MAIS LATINHAS GRUDADAS NA CABEÇA POR SUCÇÃO DE AR
Em 6/6/2023, Shunichi Kanno (JPN) grudou 11 latas à cabeça com sucção de ar em Barcelona, ESP. "É ótimo para quebrar o gelo", disse ele, que garante deixar qualquer evento mais animado ao servir bebidas grudadas na cara.

MAIOR DISTÂNCIA DE ESGUICHO DE LEITE A PARTIR DO OLHO
Ilker Yilmaz (TUR) ejetou opticamente um jato de leite a 279,5cm de distância em Istambul, TUR, em 7/9/2004. Ele usa leite desnatado (para evitar que glóbulos de gordura grudem nos canais lacrimais), que primeiro aspira e então expele com força.

ARROTO MAIS ALTO (FEM.)
Kimberly Winter (EUA) deu um arroto de 107,3dB em Rockville, Maryland, EUA, em 28/4/2023. Para gerar o arroto "monstruoso e mágico", ela experimentou vários tipos de comidas e bebidas antes. Por fim, decidiu-se por um café da manhã que contava com café e cerveja.

Esses truques às vezes podem dar errado. Kimberly já foi convidada a se retirar de um bar por causa de um arroto alto!

MAIS TEMPO ESGUICHANDO ÁGUA PELA BOCA
Ma Hui (CHN) liberou um jato d'água contínuo por 5min51,88s em Chongqing, CHN, em 24/1/2024. Bebeu 4,5L de água antes de fazer sua tentativa... e acabou batendo o antigo recorde em quase 5min!

Em Barcelona, ESP, em 24/10/2007, Reymond Adina (PHI) segurou a **maior quantidade de taças de vinho em uma mão** (39).

MAIS TAÇAS DE VINHO EQUILIBRADAS NA CABEÇA
Por que contratar garçons se você pode contratar Aristotelis Valaoritis (CYP)? O "dançarino do copo" ergueu 319 taças na cabeça, enquanto dançava, em Pafos, CYP, em 26/5/2023.

Mais velas apagadas com 1 chicotada
Wang Chuanfei (CHN) sabe dar chicotadas com precisão milimétrica. Em 24/12/2022, ele apagou 42 velas com apenas um movimento de pulso em Beijing, CHN.

Esse mestre do chicote também conquistou outros títulos populares do GWR, como os recordes de 1min para **mais alvos acertados** (120) e **mais jornais rasgados** (34).

Menor tempo para remover 5 blocos de Jenga com a língua
É difícil ser bom no Jenga, mesmo usando as mãos. Mas Renato Bayma Gaia (BRA) é mais do que isso: removeu 5 blocos com a língua em 2,38s em São José dos Campos, São Paulo, BRA, em 29/1/2024. (Ver outras habilidades espetaculares de Renato à dir.)

Mais nós em caules de cereja com a boca em 1h
Quando se trata de habilidades com a língua, Al Gliniecki (EUA) vence qualquer competição. Em 4/9/1997, ele deu 911 nós em caules de cereja usando a língua, no show *Ricki Lake*, em Nova York, EUA.

Em 14/6/2014, Al conseguiu o recorde de **1min** (14 nós) no GWR Museum em Gatlinburg, Tennessee, EUA.

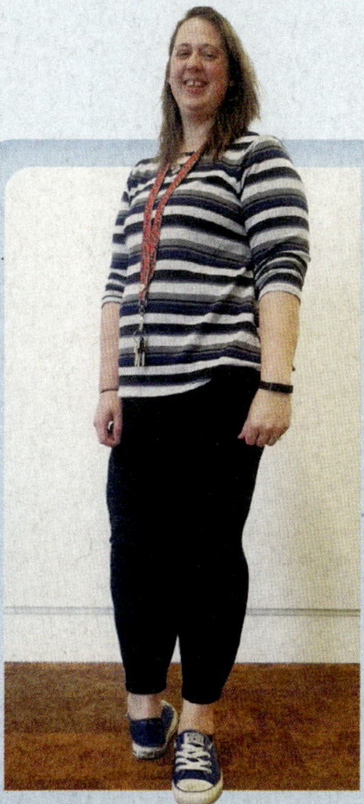

PESSOAL FLEXÍVEL
A hipermobilidade é bem divertida. Em Albuquerque, Novo México, EUA, em 5/10/2022, Kelsey Grubb (EUA, *acima, à esq.*) fez a **maior rotação de pé (fem.)**: 171,4°. Renato Bayma Gaia (BRA, *acima, à dir., e abaixo*) detém o recorde **geral**, após girar o pé em 210,66° em São José dos Campos, São Paulo, BRA, em 21/1/2024.

Ele também conquistou o recorde de **mais toques no nariz com a língua em 1min.** (334) em 2/6/2023.

OLHOS MAIS SALTADOS
Algumas pessoas conseguem projetar sem dor os olhos para além das cavidades oculares, embora isso *definitivamente* seja algo que você não deva tentar em casa, não importa a situação. Williams Martin Sanchez Lopez (URU) tem o recorde **geral**, saltando os olhos em 19mm, conforme avaliado por um oftalmologista em Melzo, Milão, ITA, em 1/3/2024. A veterana do *GWR* Kim Goodman (EUA) detém o recorde **feminino** desde 2/1//2007, quando saltou os olhos em 12mm em Istambul, TUR.

Kim descobriu seu talento ao se machucar com uma máscara de hóquei, mas agora pode saltar os olhos quando quer.

VARIEDADES

Hominídeo mais baixo
Em 2024, arqueólogos descobriram mais evidências do menor "primo" dos seres humanos, na ilha de Flores, IND. Foi onde os ossos do primeiro espécime conhecido como *H. floresiensis* foram descobertos em 2003 por uma equipe de cientistas indonésios e australianos. Apelidado de "Hobbit" pelos arqueólogos, adultos dessa espécie mediam 1m de altura. Esses hominídeos viveram até cerca de 50.000 anos atrás, ao mesmo tempo que o *H. sapiens*, e podem ter encontrado membros da nossa espécie antes de serem extintos.

As **pegadas de hominídeo mais antigas** foram descobertas em Laetoli, no norte da Tanzânia, em 1978. Pertencem a 2 ou 3 espécimes que caminhavam eretos pelas planícies cobertas de cinzas da região e datam de cerca de 3,6mi de anos. As pegadas mais antigas já registradas da nossa espécie, o *H. sapiens*, têm cerca de 150.000 anos e foram encontradas na África do Sul, como reportado em 2023.

Maior intervalo entre o nascimento de gêmeos
Normalmente, há uma diferença de, no máximo, meia hora entre o nascimento de gêmeos. Mas um intervalo de 95 dias separou Timothy Keys, nascido prematuramente em 15/10/1994, e sua irmã Celeste, que nasceu a termo em 18/1/1995. Os gêmeos são filhos de Simone e Thomas Keys (ambos EUA), e nasceram no Ochsner Foundation Hospital em Jefferson, Louisiana, EUA.

Mais implantes tecnológicos no corpo
Anastasia Synn (EUA, n. CAN) adornou o próprio corpo com 52 implantes, metade deles sendo microchips, conforme verificado em 2/2/2023. Dentre outras melhorias sensoriais, os dispositivos permitem que Anastasia sinta fios energizados através de paredes e níveis perigosos de radiação de micro-ondas.

Membro mais jovem da Mensa
Joseph Harris-Birtill (n. 23/11/2021), de St. Andrews, Fife, RU, tinha 2 anos e 182 dias quando foi aceito na sociedade de alto QI, em 23/5/2024. A criança talentosa falou a 1ª palavra aos 7 meses e já sabe contar até 10 em 5 idiomas.

MAIOR IDADE COMBINADA DE 6 IRMÃS
As irmãs Overall (todas EUA) somavam, juntas, 575 anos e 43 dias em 5/1/2025. Na imagem acima, estão: Norma (5/2/1923-5/1/2025), Lorene (n. 13/7/1925), Maxine (n. 1/11/1926), Doris (n. 13/6/1930), Margaret (n. 12/7/1933) e Elma (n. 10/7/1935). Todas costumam viajar juntas usando camisetas que indicam a ordem de nascimento. À direita, foto de 1945, no casamento de Norma; o GWR lamentou saber de sua morte pouco antes da impressão deste livro.

CASAL VIVO HÁ MAIS TEMPO CASADO
Em 5/2/2025, Manoel Angelim Dino e Maria de Sousa Dino (ambos BRA) estavam casados há 84 anos e 77 dias. Os dois se casaram em 20/11/1940, em Boa Viagem, Ceará, BRA, e tiveram 13 filhos, que mais tarde lhes deram 55 netos, 54 bisnetos e 12 tataranetos.

MAIOR EXTENSÃO DE UNHA
Uma equipe de 10 profissionais da beleza, do grupo OA Nail System Team (FRA), decorou uma unha postiça de 3,23m em 3/3/2024, durante uma exposição; depois, o grupo percorreu o salão em uma volta comemorativa.

PERUCA MAIS LARGA
Helen Williams (NGA) criou uma peça de cabelo com 3,65m de largura, como verificado em Lagos, NGA, em 22/2/2024. Cabeleireira especializada em perucas, com produção de 50-300 modelos por semana, Helen já criara a **peruca mais longa**, de 351,28m, recorde reconhecido em 7/7/2023.

Helen levou 44 dias para criar a peça enorme, que teve custo aproximado de US$2.700.

ADOLESCENTE MAIS ALTA DA HISTÓRIA
Com 17 anos, Anna Swan (CAN, 1846-1888) media 2,413m. Em ago/2024, o editor do GWR Adam Millward entregou um certificado pelo título a um museu da cidade natal dela, Tatamagouche, Nova Escócia (*abaixo*). Anna e o marido, Martin van Buren Bates (EUA), formaram **o casal mais alto da história**, com altura combinada de pelo menos 4,61m, podendo chegar a 4,775m.

Anna e Martin se casaram em Londres, RU, em 1871. Seu vestido de noiva tamanho GG foi pago pela Rainha Vitória!

Mais tempo com ponte dupla de safena
Em 18/3/2024, Robert M. Miller (EUA) havia vivido 52 anos e 5 dias desde a cirurgia realizada em 13/3/1972. Sofrera uma parada cardíaca em 1971, com apenas 35 anos.

Maior glândula adrenal removida
Em 1/4/2024, médicos removeram uma massa de 9,37kg, do tamanho de uma melancia, do abdômen de Fatemeh Eshagh (UAE), durante uma cirurgia de 4h em Dubai, UAE. O tumor estava comprometendo sua capacidade de andar e de respirar.

Mais dreads completos feitos em pessoas
"Dreads" são mechas de cabelo trançado, um estilo cuja origem remonta a culturas antigas como as do Egito, Índia e Nova Zelândia. Em 6/3/2024, Chelsea-Abigail Owusu Ansah (GHA) fez dreads em 27 pessoas em Acra, GHA.

MAIOR ALARGADOR DE LÓBULO DE ORELHA
Marc Greenleaf (EUA) consegue acomodar um objeto de 11,48cm de diâmetro nos lóbulos, como verificado em Casper, Wyoming, EUA, em 2/4/2024. Essa forma de modificação corporal é antiga: a múmia de 5.300 anos "Ötzi, o Homem do Gelo", encontrada em 1991, também tinha lóbulos alargados e as **tatuagens mais antigas**.

Estalo mais alto com os dedos das mãos
Em 25/5/2012, Miguel Ángel Molano (ESP) registrou 83,2dB ao estalar os dedos em Bilbao, ESP.

Mais tatuagens do mesmo personagem de quadrinhos
Aumentando um recorde que conquistou em 2022, Costas Moutsios (GRE) agora tem 12 imagens do Batman tatuadas no corpo, como verificado em Atenas, GRE, em 30/1/2024.

Mais tempo sobrevivendo com um único pulmão (masc.)
Em 23/6/1957, Donald Cantrell (EUA) passou por uma pneumonectomia para remoção do pulmão esquerdo. Viveu por 66 anos e 206 dias desde então, conforme verificado em Fairfield, Ohio, EUA, em 15/1/2024. Donald leva um estilo de vida saudável, chegando a competir em triatlos.

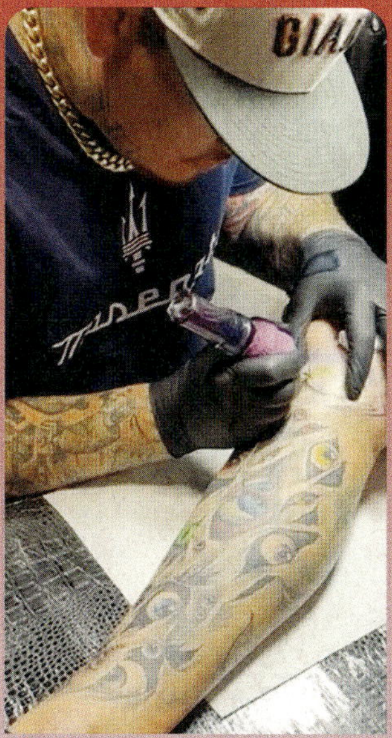

MAIS TATUAGENS DE GLOBOS OCULARES
Chadwyck Minson (EUA) tem 65 tatuagens de olhos, conforme confirmado em Edgewater, Colorado, EUA, em 18/6/2024. Na imagem acima, o tatuador dele, Stoke Lucero, está fazendo uma delas.

O osso da mandíbula de Marie é recuado. Quando ela abre a boca, ele não encosta nos tendões e músculos que limitariam a abertura.

MAIOR ABERTURA DE BOCA
Marie Pearl Zellmer Robinson (EUA) consegue abrir a boca até 7,59cm entre os dentes centrais, conforme verificado em Ketchikan, Alasca, EUA, em 18/2/2025. Sabendo que tinha um bocejo incomumente largo, Marie pediu ao dentista que medisse sua abertura de boca e descobriu que superava o recorde anterior em mais de 1cm.

DOLLY PARTON

Dolly, a lenda da música country, tem uma das carreiras mais longas e brilhantes do show business. Além de ser uma compositora magnífica, é empresária, atriz, ícone da moda e defensora da educação infantil.

Dolly foi uma entre 12 filhos nascidos num chalé de um só cômodo no Tennessee, EUA. Ela se mudou de sua cidadezinha para o centro musical de Nashville na adolescência, depois de se formar no colégio: não era a "loura burra" mencionada no seu hit de estreia de 1967, ironicamente.

Essa poderosa e pequena mulher deslanchou nos anos 1970: em 1974, "Jolene" se tornou sua segunda canção a atingir o 1º lugar entre as paradas country da *Billboard*. Em 1978, ela se tornou a **1ª artista de country feminina a conseguir um disco de platina** (1mi de vendas) com *New Harvest... First Gathering* (1977). Ganhou o primeiro dos 10 Grammys em 1979 e é a **artista country com mais indicações ao Grammy (fem.)**: 55.

Seu parque de diversões, Dollywood, abriu em 1986, tornando-se a **atração paga mais visitada do Tennessee**. Em 1992, o cover da música "I Will Always Love You", de Dolly, foi lançado. Ficou **mais semanas consecutivas no 1º lugar nas paradas de sucesso dos EUA por artista feminina solo** (14) e, no final, se tornou o **single mais vendido por artista feminina**, com 24mi de vendas.

Com todo o sucesso extraordinário, Dolly também retribuiu, sobretudo com seu trabalho por meio da Dollywood Foundation (*ver abaixo*). Um legado invejável para este inspirador ÍCONE do GWR.

BREVE BIOGRAFIA

Nome	Dolly Rebecca Parton
Data de nasc.	19/1/1946
Local de nasc.	Pittman Center, condado de Sevier, Tennessee, EUA
Recordes atuais	Diversos, incluindo **artista feminina com mais sucessos em 1º lugar no US Hot Country Songs** (25) e **mais décadas no US Hot Country Songs** (7)

Em 1951, Dolly escreveu sua 1ª canção, "Little Tiny Tasseltop", e logo estava aparecendo em *The Cas Walker Farm and Home Hour*, de Knoxville, um programa de rádio e (mais tarde) de TV. Ela lançou seu single de estreia, "Puppy Love", em 1959. A foto acima é desse período.

Dolly apareceu no *GWR 2018* com 2 certificados celebrando seus sucessos que bateram recordes ao longo das décadas. "Quando começa, você nunca sabe como seu trabalho vai ficar", ela nos falou. "Mas fico muito honrada e abençoada com esses 2 recordes mundiais."

Em 1967, Dolly conquistou uma plateia maior quando apareceu no programa de TV do cantor Porter Wagoner. Os dois se tornaram parceiros musicais, e Wagoner foi o mentor da estrela. Quando Dolly decidiu seguir carreira solo, escreveu "I Will Always Love You" como despedida. Produzida por Wagoner, a canção se tornou um grande sucesso; em 2018, ela disse ao GWR que essa permanecia sendo sua música favorita.

Lançada em 1988, a Dollywood Foundation visa impulsionar as aspirações educacionais das crianças no condado natal de Dolly. No início dos anos 1990, ela prometeu doar US$500 a todo aluno do 7º e 8º ano que concluísse o ensino médio. Além disso, sua Imagination Library já deu mais de 257mi de livros gratuitos para crianças até 5 anos nos EUA e além.

Do pop New Harvest..., de 1977, ao Rockstar, de 2023, Dolly complementou suas raízes country com outros gêneros.

Conheça todos os ÍCONES do GWR em **guinnessworldrecords.com/records/icons**

Dolly é conhecida pelos trajes deslumbrantes. Dos itens básicos do country, como strass, jeans e chapéus de caubói, ao vestido de diva disco acima, ela sempre usa roupas incríveis. Em 2023, Steve Summers, o estilista de Dolly, disse à *Vogue* que a estrela usa cerca de 300 trajes personalizados por ano. E quase todos são usados com saltos finos de 14cm.

O 1º filme de Dolly, *Como eliminar seu chefe* (EUA, 1980), a fez ser indicada para 3 Globos de Ouro. A canção-título foi indicada ao Oscar, chegou ao 1º lugar das canções country e pop da *Billboard* e a fez ganhar 2 Grammys. Em 2009, ela se tornou a **1ª artista country a ser indicada para um EGOT** (1 Emmy, 1 Grammy, 1 Oscar e 1 Tony) — ou o "Grande Prêmio do show business".

MAIOR COLEÇÃO DE CROCS

O assistente social Doogie Sandtiger (EUA) têm 3.569 pares de Crocs, armazenados em sua "Caverna de Crocs", em Wethersfield, Connecticut, EUA. Começou em 2007, aos 16 anos, com um par preto simples (afinal, "preto combina com tudo"). Por que Crocs? Doogie cresceu em um orfanato e ninguém nunca o ensinou a amarrar cadarços, o que o deixava constrangido. Em pouco tempo, construiu uma coleção e tanto, que já lhe custou mais de US$ 600.000. O objetivo de Doogie é expor sua enorme coleção em um "Croc-seu". Até lá, ele continua em busca de exemplares super-raros, como os modelos de salto produzidos pela Balenciaga. Ainda há muito mais espuma para trazer para casa!

A Crocs surgiu em 2002 com o "Beach", inspirado em um sapato de espuma que os fundadores da empresa viram em um passeio de barco.

Top Crocs
"É impossível escolher favoritos", diz Doogie, um crocófilo convicto. "Mas tenho fases em que alguns se destacam mais." Por enquanto, os Crocs mais populares de Doogie são:

"Juniper Sneaker" — uma colab com o designer de calçados Salehe Bembury (EUA)

"Squid Game" — uma colab com a Netflix, inspirada na série de sucesso (*ver p.188*)

Modelo de plataforma **"Mega Crush"** — uma colab com a rede de lojas de conveniência 7-Eleven

CONTEÚDO

Doogie com as botas Crocs amarelas brilhantes feitas em parceria com o coletivo de design MSCHF no Brooklyn, Nova York.

GRANDE

Colheres gigantes
Aqui está uma seleção de talheres colossais que conquistaram um título no *GWR*

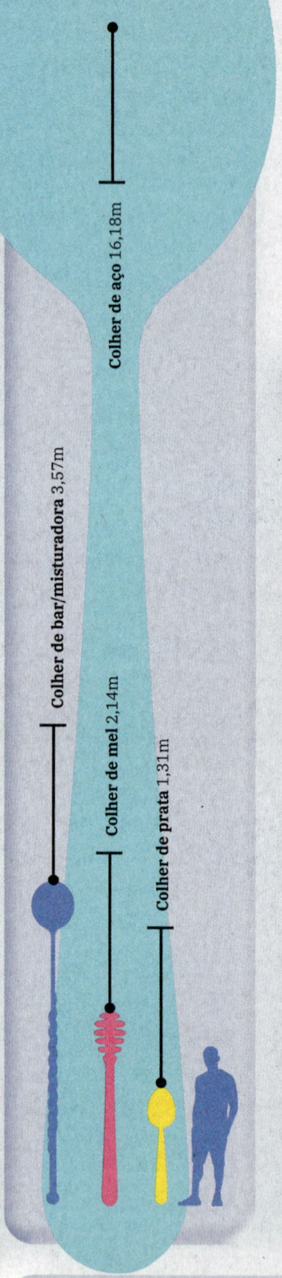

COLHER DE MADEIRA
O Instituto Superior Tecnológico American College e o restaurante Corvel (ambos ECU) esculpiram uma colher de madeira com 20,06m de comprimento e concha de 5,06m de largura. Foram necessárias 7 semanas para criar o superutensílio, medido em Cantón Paute, Azuay, ECU, em 30/5/2019.

Calça jeans
A empresa têxtil Yulin Winwin (CHN) produziu uma calça jeans que media 76,34m do cós à barra. A cintura tinha 116,32m, ou seja, poderia envolver a cúpula da Catedral de São Paulo. O recorde foi confirmado na cidade de Yulin, Guangxi, CHN, em 27/9/2024. A calça foi confeccionada para celebrar Fumian, o bairro têxtil da cidade.

Caixa de correio
A cidade de Casey, Illinois, EUA, está preparada para entregas enormes, com uma caixa de correio que mede 11,09m de comprimento e 4,41m de altura. A caixa foi idealizada pelo local Jim Bolin, cuja ambição é tornar Casey a capital mundial das coisas gigantes. Além da caixa de correio, a cidade também conta com o **maior taco de golfe** (13,95m), **forcado** (18,65m) e **cadeira de balanço** (17,09m).

Alfinete de quadro de cortiça
A TACK Transit (EUA) fez um alfinete de 6,42m de altura, verificado em Elizabethtown, Kentucky, EUA, em 22/10/2024. O alfinetão fica na entrada da sede da empresa.

Action figure
Em 25/3/2024, a Netflix (EUA) exibiu uma action figure de 6,74m de altura na ShowFX, em Santa Fe Springs, Califórnia, EUA. O modelo foi inspirado no personagem Luke Brunner (interpretado por Arnold Schwarzenegger), da série *FUBAR*. Usaram escaneamento 3D antes da apresentação para produzir uma versão comercial menor do boneco.

CARTA DE BARALHO
Rob Hallifax (RU) apresentou uma carta Rei de Copas com 3m de altura e 2,02m de largura na sede do GWR em Londres, RU, em 14/11/2024. Ela é 1.162x maior que uma carta de baralho comum, além de composta por 3.432 imagens enviadas por apoiadores da campanha.

MÁQUINA DE FLIPERAMA
A MadLab (ESP) instalou um gabinete de *Tetris* com 4,9m de altura em seu centro de lazer em Zaragoza, ESP, verificado em 18/12/2021. Para jogar, é só inserir uma moeda gigante na abertura e, em seguida, subir degraus para os controles.

MOEDA
A moeda australiana de US$1mi pesa 1.012kg, quase o mesmo que um piano de cauda. Tem 80cm de diâmetro e 13cm de espessura, além de ser feita de ouro com 99,99% de pureza. A moeda de curso legal, conhecida como "Canguru de Ouro Australiano", foi lançada em 9/2/2012 pela Perth Mint (AUS).

RATOEIRA
Em 28/3/2013, uma equipe supervisionada por Dietmar Weides (GER) exibiu uma ratoeira de 6,02m de comprimento em Neroth, GER. A réplica, que exigiria um pedaço de queijo do tamanho de uma máquina de lavar, fica no café de Dietmar, *Mausefalle* ("Armadilha para ratos"), na cidade.

PEQUENO

BARALHO DE CARTAS
Antes de criar seu Rei de Copas gigante (*ao lado*), Rob Hallifax projetou um baralho que mede 5,0x3,6mm. O desafio era uma de suas resoluções de ano novo, e ele apresentou o baralhinho, cortado a laser e feito com um papel-cartão ultrafino, na sede do GWR em Londres, em 31/3/2024.

Máquina de lavar
O engenheiro eletrônico Sebin Saji (IND) fabricou manualmente uma miniatura de máquina de lavar de 38,8mm de altura, verificada em Kanjirappally, Kerala, IND, em 19/4/2024. A maquinazinha é funcional, com ciclos de lavagem, enxágue e centrifugação.

Serra circular
Yogesh Barnela (IND) criou uma serra circular funcional de 10,39mm de largura, verificada em Bhiwani, Haryana, IND, em 9/7/2023. "É uma combinação perfeita de talento artístico e habilidade mecânica", disse Yogesh.

Cubo mágico
Com lados de 4,99mm, o menor cubo mágico foi criado pela MegaHouse Corporation (JPN), como verificado em Taito, Tóquio, JPN, em 23/8/2024. O cubo é feito de alumínio e pesa 0,33g (cerca de 3x mais leve que um clipe de papel).

Escultura artesanal
O artista David A. Lindon (RU) criou um modelo de bloco LEGO® vermelho de 0,0251x0,0218mm, quase o tamanho de um leucócito humano, em Leeds, RU, em 1/8/2024. É um processo meticuloso, como David explicou ao GWR: "Treinei meu corpo para respirar mais devagar e trabalhar entre as batidas do coração. Até mesmo meus batimentos cardíacos se propagando pelos dedos geram movimento demais."

Robô andante
Em ago/2020, cientistas da Universidade Cornell, em Ithaca, Nova York, EUA, anunciaram ter criado um microrrobô com 4 pernas que conseguia andar. Ele tem 5µm de espessura, 40µm de largura e 40-70µm de comprimento, dependendo do modelo. O "cérebro" e o corpo consistem em um circuito fotovoltaico de silício, e as pernas são feitas com platina de espessura atômica e um "pé" de titânio. Quando ativadas com uma corrente elétrica, as pernas se dobram, criando um mecanismo de locomoção. Seria possível encaixar 1mi desse robozinho em um quadrado de silício de 10,16cm.

Barco
Com 11,5µm de comprimento, o menor barco já navegado é uma reprodução de *Benchy, o rebocador*, um modelo usado em testes de impressoras 3D. A embarcação foi criada por uma equipe do Laboratório Huygens-Kamerlingh Onnes da Universidade de Leiden (NED), liderada pela dra. Daniela Kraft (RU) e a dra. Rachel Doherty (NED). A viagem inaugural de *Benchy* ocorreu em 30/10/2020.

RATOEIRA
Com 5mmx2,5mm, a miniarmadilha foi confeccionada por Gurram Dayakar (IND) com teca e fio de aço. A medição foi feita em Jagtial, Telangana, IND, em 2/12/2021. Essa armadilha precisaria de um pedaço de queijo do tamanho de um grão de areia.

QR code
Os estudantes Lukas Schulte, Tim Buskasper e David Lemli e o prof. dr. Carsten Schuck (todos GER) criaram um QR code de 5,38µm², como verificado em Münster, GER, em 13/6/2024. O código é 7x menor que a largura de uma hemácia humana. Os criadores torcem para que sua conquista incentive o interesse pela física, especialmente entre os jovens.

COLHER DE PAU
Em 3/8/2024, o dr. Manoj M (IND) exibiu uma colher de pau de 1,4mm de comprimento, em Thiruvananthapuram, Kerala, IND. Ele já era experiente na arte da escultura em miniatura, tendo conquistado o recorde de **mais elos entalhados em um pedaço de grafite de lápis** e quis se lançar em um novo desafio.

Pequenas maravilhas
O GWR apresenta uma pequena seleção de miniaturas incríveis, feitas com tecnologia de ponta ou artesanalmente:

Escala: 0,5mm

Livro (0,1mm)
Teeny Ted from Turnip Town foi gravado em páginas de silício com um feixe de íons na Universidade Simon Fraser (CAN).

Escultura de humano (0,1mm)
Trust, de Jonty Hurwitz (RU), foi impressa em 3D em Karlsruhe, GER.

Tabuleiro de xadrez (0,4mm)
Projetado pela Universidade de Tecnologia do Texas e produzido nos Laboratórios Nacionais de Sandia (ambos EUA), contava com peças e um braço robótico.

Estátua da Liberdade (0,5mm)
Esta réplica foi esculpida à mão em um pedacinho de ouro por Willard Wigan (RU).

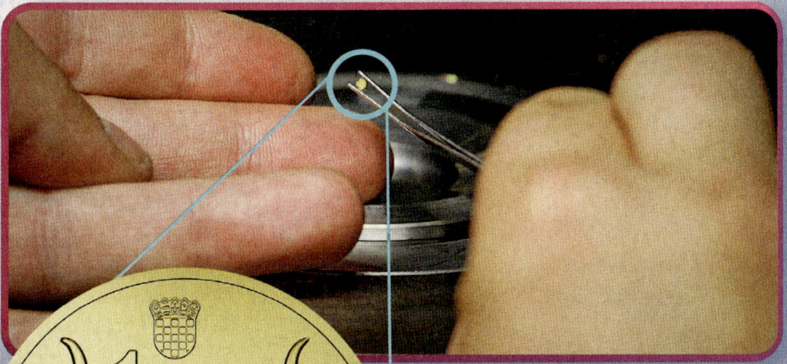

MOEDA COMEMORATIVA
A Casa da Moeda da Croácia fabricou uma moeda colecionável de 1,99mm de diâmetro, como verificado em Sveta Nedelja, CRO, em 27/6/2024. A moeda de 0,05g, com teor de ouro de 999,9 partes por mil, teve uma tiragem limitada de 199 unidades. Também se destaca por ser a última com valor de face em kuna croata, já que o país adotou o euro em 2023.

MÁQUINA DE FLIPERAMA
Jonathan Charles (EUA) criou uma réplica de 66,5mm de altura de um gabinete de videogame vintage, confirmado em Germanton, Carolina do Norte, EUA, em 18/10/2018. Mais de 70x menor do que o gigante dos games criado pela MadLab (*ver p. ao lado*), a minimáquina vem equipada com uma versão jogável do clássico *Space Invaders*.

ALTO

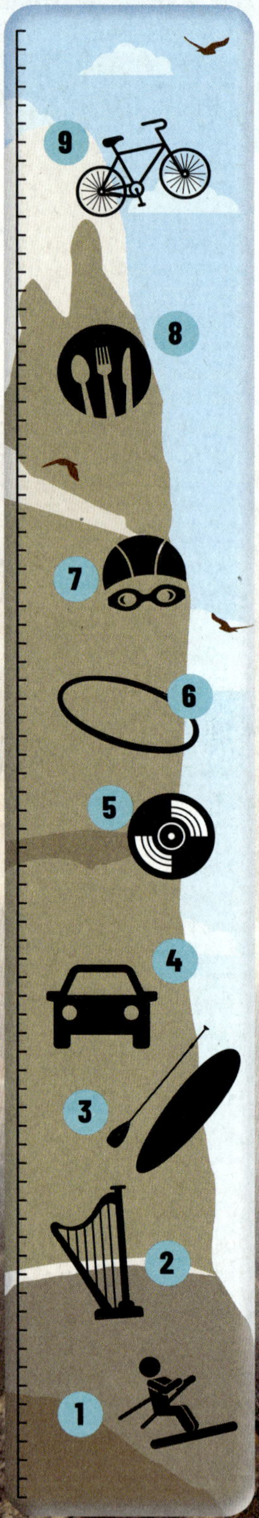

Apresentação de harpa (2)
Em 25/7/2023, no topo do monte Kilimanjaro (5.895m), o pico mais alto da África, a harpista celta Siobhan Brady (IRL) tocou por 20min, incluindo um ritmo tanzaniano e "Little Bird", de Ed Sheeran, e arrecadou fundos para a Cystic Fibrosis Ireland.

Passeio de stand-up paddle (3)
Em 23/1/2024, Andrew Hughes (EUA) flutuou com sua prancha inflável no lago da cratera de Tres Cruces Norte, CHI, a uma altitude de 5.902m. O vertiginoso feito de Hughes foi inspirado pelo **nado em maior altitude** de Daniel Bull (AUS) a 6.370m, em Ojos del Salado, Chile, em 4/1/2020.

MERGULHO EM PISCINA TEMPORÁRIA (7)
Em mai/2024, 5 nadadores – Jean Craven (líder), Vanes-Mari Du Toit, Neo Mokuene, Chiara Baars (todos RSA) e Deniz Kayadelen (SUI), auxiliados por vários locais – caminharam por 2 semanas até o topo do nepalês Putha Hiunchuli, a 6.405m de altitude. Lá, escavaram uma piscina na neve e a encheram para dar um mergulho rápido a 3,7ºC!

GIRANDO BAMBOLÊ (6)
Em 29/6/2022, depois de 12 dias de subida até o topo do monte McKinley, no Alasca, EUA (maior montanha da América do Norte, com 6.190m), Steve Marker (EUA) requebrou com um bambolê para comemorar! Tinha levado o brinquedo para exercícios de trabalho em equipe, mas, durante a escalada, percebeu que dava para quebrar um recorde mundial.

Apresentação de DJ (5)
Para celebrar sua paixão por música e montanhismo, o DJ profissional e produtor Agustín Raffo (ARG), ou DAAG, montou sua pickup a uma altitude de 6.011m no Aconcágua, nos Andes argentinos, em 28/2/2024.

Jantar formal (8)
Em 30/4/2018, a equipe de montanhistas levou a sério o "alta" do "alta culinária" e fez um jantar formal no Everest, a 7.056m. Neil Laughton (*ver p.74*), Jon Beswick, Marcus Stevens, Sadie Whitelocks (*p.61*), Paul Anderson, Ralph Fearnhead (todos RU), Nima Kanchha Sherpa (NEP) e Jane Chynoweth (AUS) jantaram sopa de missô, tagine de cordeiro e uma sobremesa de chocolate, tudo feito e liofilizado pelo chef com estrelas Michelin Sat Bains.

Passeio de bicicleta (9)
Dois dos participantes do jantar mais alto (*acima*) – Neil Laughton e Nima Kanchha Sherpa – alçaram ainda mais recordes em 18/9/2024. No alto dos 7.246m do pico nevado do nepalês Putha Hiunchuli, Laughton andou numa bicicleta dobrável e Nima Kanchha usou uma mountain bike tradicional. A expedição arrecadou fundos para a escola Tenzing Norgay, no vilarejo nepalês de Karakot.

SALTO DE ESQUI (1)
Em Solukhumbu, NEP, em 11/4/2024, o caçador de emoções Joshua Bregmen (RU) saltou de esqui de uma encosta rochosa a uma elevação de 5.716m e abriu um paraquedas. Disse ao GWR que seu "sonho era fazer várias curvas em S pelo declive, mas o lugar era cheio de pedras".

PASSEIO DE CARRO HÍBRIDO (4)
Para provar a resistência do Bao 5 SUV, a fabricante do veículo elétrico, a Fangchengbao, fez um de seus carros híbridos percorrer uma elevação de 5.980m na Região Autônoma do Tibete, CHN, em 4/7/2024. O passeio épico foi organizado pela Shenzhen Fangchengbao Auto Sales (CHN).

PROFUNDO

MEIA MARATONA (9)
Lutando contra os baixos níveis de oxigênio, temperaturas de até 40°C e 80% de umidade, o aventureiro e palestrante motivacional Millán Ludeña (ECU) correu 21km pela mina de ouro de Mponeng em Gauteng, RSA, em 20/8/2017. Ludeña percorreu a distância na **mina mais profunda** (3.559m abaixo da superfície) em 2h31min17s.

Voo de balão (5)
Em 18/9/2014, o balonista pioneiro Ivan Trifonov (AUT) foi a 1ª pessoa a pilotar um balão abaixo da superfície ao descer 206m dentro da Caverna Mamet, nas montanhas Velebit, CRO. Com um balão para 1 pessoa, Trifonov precisou voar sem o cesto, empoleirando-se numa estrutura improvisada de barras de metal montada sobre 2 cilindros de gás.

Mergulho (6 e 7)
Fem.: Karen Van Den Oever (RSA) mergulhou a 246,56m no fosso de Boesmansgat no Cabo Setentrional, RSA, em 27/10/2022. Da expedição de mais de 8h, menos de 15min foram gastos na descida.
Masc.: Após 10 anos de preparação, o ex-soldado das forças especiais e instrutor de mergulho Ahmed Gabr (EGY) chegou a uma profundidade de 332,35m no mar Vermelho, perto de Dahab, EGY, em 18/9/2014.

Pagamento com cartão (1)
Em 13/9/2023, a Nu México Financiera (MEX) aprovou uma transação feita por uma mergulhadora a 20,1m de profundidade no mar da Península de Iucatã. Regina Valverde usou um celular com um cabo de ethernet conectado a um satélite na superfície.

Passeio de bicicleta (3)
Batendo o próprio recorde, o ciclista subaquático Vittorio Innocente (ITA) mergulhou no oceano, 28m abaixo da superfície, perto da costa da Ligúria, ITA, e pedalou até a profundidade de 66,5m em 21/7/2008.

Pista de minigolfe (4)
A Zip World (RU) criou um louco percurso de golfe com 18 buracos 152m abaixo da superfície na mina desativada de ardósia de Llechwedd, perto de Blaenau Ffestiniog, Gwynedd (RU), em 29/7/2022. Uma volta normal na caverna, onde a temperatura média é 7°C, dura cerca de 90min.

SHOW DE MÚSICA (8)
A Miners & Sons (CAN) tocou — adequados rocks e metais — a uma profundidade de 2.465m na Mina Kidd em Timmins, Ontário, CAN, em 15/11/2024. A banda local — Jeremy Wilson, Norm Dwyer, John Olaveson, Steph Berube e Sean Harris — superou a apresentação a 1.894m de profundidade feita pela The Shaft Bottom Boys (banda colega, também de mineiros de Ontário) em 2020.

ENSAIO FOTOGRÁFICO (2)
Poucos vão tão longe pela moda como Kim Bruneau (CAN, modelo) e Pia Oyarzún (CHI, fotógrafa), que mergulharam a 40,2m de profundidade em Nassau, BAH, em 5/12/2023. A sessão se deu no atmosférico naufrágio do *Sea Trader* e no recife próximo. Bruneau respirava de tempos em tempos com a ajuda de um mergulhador de apoio. Oyarzún disse que "[Kim] estava tão tranquila que parecia estar a meros 3m de profundidade. Ainda estou chocada. Não caiu a ficha, porque é um feito absurdo".

QUENTE

Estas atividades são apenas para profissionais treinados. Não tente em casa!

Escala de Scoville (SHU): avaliando a picância da pimenta
Em 1912, o farmacêutico Wilbur Scoville (EUA) criou um sistema para avaliar a potência das pimentas. Baseia-se na concentração de capsaicina, o composto químico que dá a elas sua picância. Em ago/2023, a Pepper X, cultivada por Ed Currie, da PuckerButt Pepper Company (EUA), tornou-se a **pimenta mais picante**.

Pepper X: 2.693.000 SHU

Carolina reaper: 1.641.183 SHU

Bhut jolokia (pimenta-fantasma): 1.041.427 SHU

Habanero: 350.000 SHU

Thai: 100.000 SHU

Jalapeño: 5.000 SHU

Poblano: 1.500 SHU

MAIS MARATONAS NA AREIA EM 1 MÊS
Entre 29/7-27/8/2024, o astro da TV Spencer Matthews (RU) correu o equivalente a 30 maratonas (1.263km) num deserto escaldante na Jordânia. O feito extenuante foi em prol do Global's Make Some Noise, que apoia instituições de caridade no RU, como bancos alimentares.

Mais pessoas caminhando sobre o fogo consecutivamente
Uma fila de 1.356 almas corajosas atravessou uma fogueira em Khopoli, Maharashtra, IND, em 15/2/2017. O evento foi organizado por Ashish Arora, Joseph Paulson, Lina Das, Rajesh Rai, Unnikrishnan KB e Yogish Arora da HR Anexi (todos IND). Na cultura hindu, o *Thimithi* é uma forma de pedir boa sorte à deusa Draupadi.

Caminhada sobre o fogo em maior altitude
Em 26/5/2016, Martin Leuenberger (SUI) liderou 22 pessoas sobre brasas ardentes a uma altitude de 3.546m no congelante Jungfraujoch, SUI.

Em 25/8/2024, Mike (*abaixo*) registrou o **menor tempo para ingerir 100 pimentas Bhut jolokia** (1h6min48s).

MAIS MOLHO DE PIMENTA CONSUMIDO EM 1MIN
Em 9/9/2024, Mike Jack (CAN, *acima*) visitou a sede do GWR em Londres, RU, para mostrar sua tolerância extrema à picância. Ele consumiu 371g. Mas o recorde não durou muito. Um mês depois, em 7/out, o André Ortolf (GER) ingeriu 655g de molho de pimenta em Dubai, UAE.

MAIOR CHAMA SOPRADA POR UM SER HUMANO
Em uma performance semelhante a de um dragão, Antonio Restivo (EUA) queimou um teto a 8,05m de altura em Las Vegas, EUA, em 11/1/2011.
O recorde **feminino** é da artista circense Sara Spadoni (ITA) em 19/11/2023. Seu sopro alcançou 5,4m em Abu Dhabi, UAE.

Maior chama corporal completa
Na forma mais extrema de arte pirotécnica, ateia-se fogo ao performer com apenas uma camada de gel retardante de fogo para proteger a pele. Josef Tödtling (AUT) foi quem suportou a prova por mais tempo, em 23/11/2013: 5min41s. O dublê detém vários recordes, incluindo a **maior queima corporal completa em um cabo de tirolesa**, ao voar por 61,45m com o corpo em chamas em Gidá, SAU, em 9/5/2023.

Malabarismo mais longo com três bolas de fogo
Em 19/10/2022, Ryan Duescher (EUA) manteve três bolas ardentes no ar por 3min58,4s em Neenah, Wisconsin, EUA.

Travessia em tirolesa mais longa sobre um vulcão
Uma tirolesa é um sistema de ponte de corda e arnês usado por escaladores profissionais para atravessar desfiladeiros ou corpos d'água. A médica de expedição e aventureira Karina Oliani (BRA) levou isso a outro nível ao percorrer 100,6m acima de um lago de lava borbulhante na caldeira do vulcão Erta Ale, ETH, em 3/12/2017.

Mais nacionalidades em uma sauna
A marca de bebida esportiva Pocari Sweat (CHN) realizou uma festa em um spa em Pequim, CHN, em 24/3/2013, com convidados de 99 países. E a Universidade de Ciências Aplicadas Haaga-Helia, FIN (o país onde a sauna nasceu), também, em 14/11/2019.

FRIO

> Se você é novo na natação em água gelada, tome muito cuidado. Comece com um grupo experiente e aumente sua resistência aos poucos.

MAIS PICOLÉS INGERIDOS EM 1MIN

Mesmo com dor de cabeça, o YouTuber e competidor de comida Kevin Strahle (EUA), o L.A. Beast, devorou 6 picolés em Ridgewood, Nova Jersey, EUA, em 7/12/2017.

Festa de coquetel mais ao norte
Em 21/4/2024, a equipe de expedição de pesquisa Before It's Gone, de Felicity Aston (líder), Sadie Whitelocks, Laura Thomas (todas RU), Julie Monière (FRA) e Edel Kieran (IRL), desfrutou de bebidas geladas no Ártico Canadense a 79,27°N. O local, a -24°C, foi no sempre magnético Polo Norte. Os negronis e as margaritas estavam congelados, claro.

NADO SOB GELO MAIS LONGO (SEM PÉS DE PATO/SEM ROUPA DE MERGULHO, FEM.)

A mergulhadora Amber Fillary (RSA) superou o próprio recorde ao percorrer 105,08m sob a superfície congelada do lago Mysutjernet em Kongsberg, NOR, em 3/3/2024. Diz que a natação a ajudou a melhorar sua saúde mental. Abaixo, veja mais recordes de natação sob o gelo.

Mais pessoas tomando banho de gelo
Para promover os benefícios de um mergulho gelado e arrecadar fundos para a instituição Horizon School, 928 pessoas afundaram-se em piscinas de plástico com gelo em Montevidéu, URU. O grande evento realizado na academia naval da cidade em 13/4/2024 foi organizado por Alejandro Curcio, Marcelo Aprile e Fernando Montero para a Curcio Capital – Toyota Gazoo Racing (todos URU).

Mais bolas de neve em 1min
No evento do GWR LIVE! na Kun Zhong Yao Snow Town em Harbin, Heilongjiang, CHN, em 2/2/2024, Liu Yilian (CHN) usou um molde para preparar 12 bolas de neve perfeitas contra o relógio.

Triatlo mais longo no gelo
Dando um toque congelante a um triatlo clássico, Dirk Leonhardt (GER) patinou, pedalou e correu — tudo em uma pista de patinação no gelo em Frankfurt, GER — 165,16km em 14/3/2022.

Mais sorvetes ingeridos em...
- **30s:** 568g, por André Ortolf (GER), em 24/9/2023.
- **1min:** 806g, por Isaac Harding-Davis (AUS) em 16/7/2017.

MAIOR DISTÂNCIA FAZENDO EMBAIXADINHA NO GELO EM 1H

O futebolista britânico de freestyle John Farnworth manteve o controle da bola por mais de 4,75km ao caminhar sobre o lago Baikal, RU, em 6/3/2020.

NATAÇÃO SOB O GELO SUPERLATIVA EM 2024

CATEGORIA	DISTÂNCIA	NOME
Pés de pato/com roupa de mergulho (f)	126m	Yasuko Ozeki (JPN)
Pés de pato palа única/sem roupa de mergulho (m)	114,2m	Peter Colat (SUI)
Pés de pato pala única/sem roupa de mergulho (f)	110,4m	Amber Fillary (RSA)
Sem pés de pato/sem roupa de mergulho (m)	107,08m	Olavi Paananen (FIN)
Pés de pato/sem roupa de mergulho (m)	85m	Kristian Tonnem (NOR)
Pés de pato/sem roupa de mergulho (f)	75,1m	Mandy Sumner (EUA)

f/m = feminino/masculino; feitos alcançados com apenas uma respiração

Fatos gelados
- O gelo reflete cerca de 90% da luz solar, mantendo a Terra fresca (a água do mar reflete 10%)
- Algumas das luas do Sistema Solar têm vulcões de gelo (criovulcões)
- O povo Iñupiaq do Alasca tem mais de 100 palavras para gelo

MAIOR TEMPO DE CONTATO DIRETO DE CORPO INTEIRO COM O GELO

Masc.: Łukasz Szpunar (POL) passou 4h2min no gelo em Tarnobrzeg, POL, em 4/11/2023. O pagófilo (amante de gelo) disse que homenageou os "morcegos" (um apelido dos fãs da exposição ao frio). **Fem.:** Katarzyna Jakubowska (POL e nadadora de inverno ávida) ficou no gelo por 3h6min45s em Międzyzdroje, POL, em 30/12/2023.

Em 24/5/2024, André Belibi Elumou (FRA) quebrou o recorde de Szpunar no gelo, com 4h5min, no Canadá!

LOUCOS POR BANANAS!

Bananatomia
Bananas são o corpo frutífero de grandes herbáceas do gênero *Musa*. Uma única flor feminina se transforma em um cacho de bananas, em geral contendo de 15 a 20 unidades. Na botânica, bananas são bagas e, assim, contêm sementes (em bananas cultivadas, elas são apenas muito pequenas e não fertilizadas).

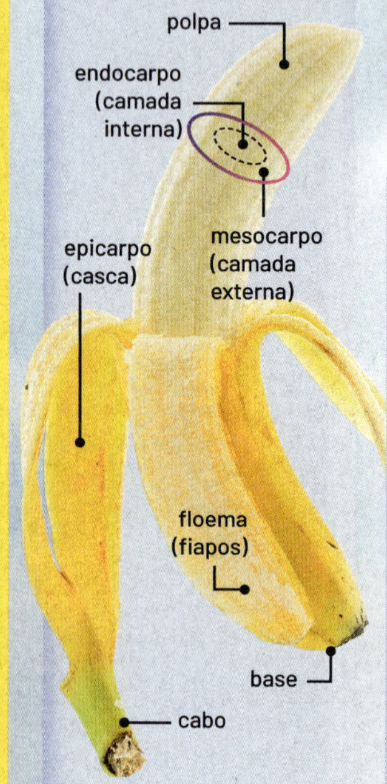

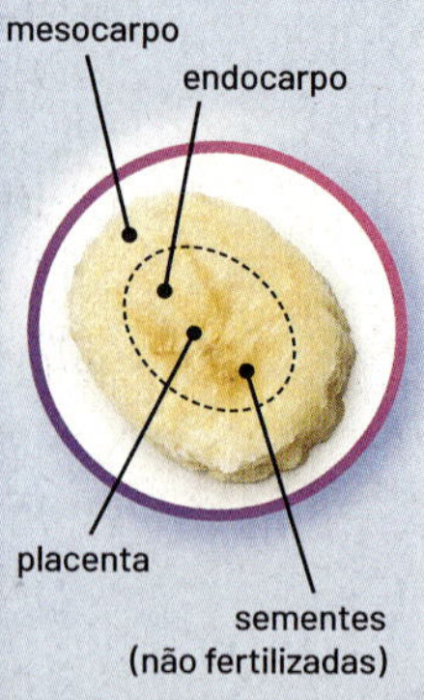

Fruta mais popular
A banana (*Musa acuminata*) é a fruta mais consumida. Mais de 100bi de bananas (e de suas parentes, bananas-da-terra) são comidas todos os anos, fazendo da fruta o 4º alimento e o 5º produto mais relevante, depois de cereais, açúcar, café e cacau.

O **maior produtor de banana** é a Índia, com 34.528.000t cultivadas em 2022, 25,51% da produção global. O **maior consumidor (per capita)** é a Uganda, onde cada pessoa come uma média de 300kg (cerca de 2.540 bananas médias) por ano!

MAIOR ESCULTURA DE FRUTA FEITA DE CHOCOLATE
Em sua escola de culinária em Las Vegas, EUA, o franco-suíço Amaury Guichon cria esculturas de chocolate. Em 27/5/2024, ele postou um vídeo de sua escultura realística, mas imensa, de uma banana mergulhada em chocolate, com etiqueta comestível e tudo. Ela media 167,6cm de comprimento!

MAIOR BANANA
Os frutos da bananeira gigante (*Musa ingens*) chegam a 18cm de comprimento, embora existam exemplares com 35cm. Na foto, a turista Gabrielle Testa, que alega que ela e o namorado levaram dois dias para comer uma dessas bananas. Nativa das florestas tropicais da Nova Guiné, uma *M. ingens* alcança em média 15m de altura, competindo ao título de **maior herbácea**.

Banana mais popular
A banana-nanica (*Musa acuminata* ou *Musa AAA*) corresponde a 47-57% de toda a produção de bananas (de 50 a 80bi de ton por ano). A polpa doce e de fácil digestão, combinada à resiliência e ao alto rendimento, faz com que este seja um dos cultivares mais comercializados do mundo. Foram popularizadas por William Cavendish, o 6º Duque de Devonshire, RU, que, nos anos 1830, recebeu um carregamento de bananas das Ilhas Maurício e pediu que seu jardineiro as cultivasse.

Maior cacho de bananas
Kabana SA e Tecorone SL (ESP), da ilha de El Hierro, nas Ilhas Canárias, ESP, cultivaram um cacho com 473 bananas que pesava 130kg quando colhido (o mesmo peso de um gorila adulto).

ARTE COM BANANA MAIS CARA
Comedian, de Maurizio Cattelan, é uma obra de arte conceitual composta por uma banana presa na parede com fita adesiva. Vem com um certificado de autenticidade e instruções sobre como exibir a fruta, que pode ser trocada a cada 7-10 dias. Foi exibida pela 1ª vez na Art Basel Miami Beach, Flórida, EUA, em 7/12/2019, e vendida para um colecionador francês por US$120.000. Em 20/11/2024, o empresário Justin Sun (CHN) cobriu 7 ofertas em um leilão da Sotheby's, em Nova York, arrematando a obra por US$ 6,24mi com taxas... e logo comeu a banana (*acima*).

A palavra "banana" vem do árabe *banan*, que significa "dedo".

Menor tempo para comer uma banana (sem as mãos)
Em 30/7/2024, usando apenas a boca, Adbul Salim P de Majeri em Kerala, IND, descascou e comeu uma banana em 8,57s.

Usando as mãos, Patrick Bertoletti (EUA) bateu o recorde de **mais bananas descascadas e comidas em 1min** (8), em East Dundee, Illinois, EUA, em 14/1/2012.

Mais bananas cortadas com uma espada em um slackline em 1min
Um slackline parece uma corda bamba, mas muito mais perto do chão. O veterano recordista Ashrita Furman (EUA) se equilibrou em um slackline enquanto lhe lançaram 36 bananas (12 a mais que o recorde anterior), as quais cortou ao meio usando uma espada samurai, em Nova York, EUA, em 3/8/2013.

Mais bananas partidas em 1min
André Ortolf (GER) fatiou ao meio 119 bananas em Augsburg, GER, em 23/3/2020.

Maior banana split
Para o evento Feast of the Senses em Innisfail, Queensland, AUS, em 25/3/2017, organizadores serviram uma sobremesa de 8km de comprimento feita com a fruta, sorvete e iogurte cobertos por calda de caramelo. Todas as 49.200 bananas tinham sido destinadas ao descarte.

Cerca de 600kg de bananas foram processados na **maior vitamina**. Os 4.030 litros de mistura, suficientes para encher 30 banheiras, foram batidos pela Stichting Jaarmarkt na Holanda do Norte, Países Baixos, em 2/7/2017.

MAIOR ESCULTURA DE BANANA
Coffs Harbour em New South Wales, AUS, abriga uma enorme banana de madeira e concreto de 13m de comprimento, erguida em 1964 na entrada de uma plantação de bananas e de um parque temático em homenagem à fruta. Foi encomendada pelo proprietário do local, John Landi, e projetada e construída por Alan Harvey.

Comparando bananas

MAIS PESQUISADO

Maior carro de banana customizado

CARRO DE BANANA CUSTOMIZADO MAIS LONGO
Steve Braithwaite (EUA, n. RU) costuma perambular pelas estradas dos EUA em seu *Big Banana Car* de 6,97m de comprimento. Steve construiu o veículo conversível de 4 lugares usando o chassi de uma picape Ford F-150 de 1993, depois esculpiu o clássico formato de banana com tela de galinheiro, espuma de poliuretano e fibra de vidro, e aplicou a pintura amarelo-berrante. O carro alcança uma velocidade de 136,7km/h.

GIGANTES DA HORTA

1

Apesar de não ser muito fã do legume, Dave Bennet, de Iowa, EUA, conseguiu cultivar essa superberinjela com circunferência de 71,12cm. Ela ficou em exposição no festival agropecuário local.

2

Chris Evans (à dir.) apresentou com orgulho um repolho colossal no Malvern Autumn Show em Worcestershire, RU, em set/2024. Foi um dos 12 novos recordes reconhecidos pelo juiz-chefe da competição, Sebastian Suski (à esq.).

3

Um dos maiores nomes do cultivo de grandes legumes na Alemanha, Patrick Teichmann, enfim, se tornou recordista. Com 104g, esse tomatilho-mexicano gigante de casca grossa era 3x maior do que um espécime médio.

4

Um ano após cultivar a **fava mais pesada** (192g) em 2023, James Brown, de Lanarkshire, RU, também conquistou a glória do GWR com a **fava mais longa** (ver tabela na p. ao lado).

5

O fazendeiro aposentado **Ian Neale** gasta até 70h por semana com seus cultivos, e o esforço deu frutos – ou legumes –, pois ele já bateu vários recordes. Em 2024, apresentou o **pimentão mais pesado**, um bichão de quase 1kg!

6

No Malvern Autumn Show de 2024, Chris Marriott detonou um recorde de duas décadas. Sua couve-rábano tinha cerca de 3kg a mais do que a marca estabelecida em 2006 por Scott Robb.

7

Melões-de-são-caetano podem ser alimento ou remédio – especialmente para tratar diabetes. Apesar de serem mais associado aos climas tropicais, um espécime recordista cresceu no jardim de Nazir Dookhoo (à esq.) em Brampton, Ontário, CAN, em 2024.

MAIS PESADOS...

Abacaxi	8,28kg	Christine McCallum (AUS)	30/11/2011
Abóbora	1.246,9kg	Travis Gienger (EUA)	9/10/2023
Abóbora-manteiga (10)	62,2kg	Kevin Rataj (GER)	29/9/2024
Aipo-rábano	6,6kg*	Curtis Leach (RU)	5/10/2024
Ameixa (14)	464,2g	Deon e Dean Barnard (ambos RSA)	27/3/2024
Batata	4,98kg	Peter Glazebrook (RU)	4/9/2011
Berinjela (1)	3,78kg	Dave Bennett (EUA)	31/7/2024
Cebola	8,97kg	Gareth Griffin (RU)	15/9/2023
Cenoura	10,17kg	Christopher Qualley (EUA)	9/9/2017
Cereja	33,05g	Alberto e Giuseppe Rosso (ambos ITA)	22/6/2021
Couve-rábano (6)	47kg	Chris Marriott (RU)	29/9/2024
Disco de girassol (13)	7,046kg	Peter Glazebrook (RU)	29/9/2024
Limão-siciliano	5,265kg	Aharon Shemoel (ISR)	8/1/2003
Maçã	1,84kg	Chisato Iwasaki (JPN)	24/10/2005
Manga	4,25kg	Germán Orlando Novoa Barrera e Reina María Marroquín (ambos COL)	25/7/2020
Mirtilo	20,4g	Brad Hocking, Jessica, Scalzo e Marie-France Courtois (todos AUS)	13/11/2023
Morango	322g	Chahi Ariel (ISR)	5/3/2021
Pepino	13,39kg	Vincent Sjodin (RU)	23/9/2023
Pimentão (5)	966g	Ian Neale (RU)	29/9/2024
Repolho-roxo (2)	33kg	Chris Evans (RU)	29/9/2024
Tomate (11)	5,284kg	Del e Julie Faust (ambos EUA)	8/10/2022
Tomatilho-mexicano (3)	104g	Patrick Teichmann (GER)	31/8/2024
Vagem de feijão-da-espanha	254g	Martin Enstone (RU)	29/9/2025

** Ultrapassando um aipo-rábano de 6,33kg cultivado por Graham Barratt (RU), conforme verificado em 29/9/2024*

Fontes: GWR, Great Pumpkin Commonwealth; CANNA UK National Giant Vegetables Championships

8

Joe Atherton (à dir.) é o "Rei dos Legumes Longos" por uma boa razão: criou o hábito de cultivar tubérculos recordistas (ver tabela abaixo). Em 2024, acrescentou o de **rabanete mais longo** (à esq.) e de **nabo mais longo** à cornucópia de títulos.

9

Dasha Edwards, de 8 anos, se uniu a Kevin e Gareth Fortey, assim como Chris Fowler, em Gales do Sul, RU, para cultivar a **berinjela mais longa**. Depois do gostinho do sucesso, Dasha disse ao GWR: "No ano que vem, quero cultivar o pepino mais longo".

10

Estreando no GWR, Kevin Rataj teve sua gigantesca abóbora-manteiga confirmada como a mais pesada em Brandenburg, GER. Ultrapassou o recorde anterior em 2,6kg (uma diferença que equivale a 2 abóboras-manteiga médias).

11

Del e Julie Faust, marido e mulher, apresentaram seu tomate imenso em um festival agropecuário em Minnesota, EUA, em 2022. Na parte mais larga, o fruto tinha circunferência de 82,6cm.

12

13

A lenda da horticultura Peter Glazebrook tinha décadas de experiência em legumes gigantes e nenhum plano de aposentar a pá. Aos 80 anos, em 2024, ele apresentou o **alho-poró mais longo** e o **disco de girassol mais pesado**.

MAIS LONGOS/ALTOS...

Alho-poró (12)	1,582m	Peter Glazebrook (RU)	29/9/2024
Aspargo	3,52m	Harry e Carson Willemse (ambos CAN)	2/10/2004
Berinjela (9)	44,3cm	Dasha Edwards, Chris Fowler, Kevin e Gareth Fortey (todos RU)	21/11/2024
Beterraba	8,56m	Joe Atherton (RU)	26/9/2020
Cabaça	4,41m	Alan Eaton (CAN)	17/9/2022
Cenoura	6,245m	Joe Atherton (RU)	23/9/2016
Chirívia	6,55m	Joe Atherton (RU)	24/9/2017
Feijão-da-espanha	89,7cm	Peter Glazebrook (RU)	20/8/2023
Bucha (luffa)	1,30m	Joe Atherton (RU)	23/9/2023
Melão-de-são-caetano (7)	52,3cm	Nazir Dookhoo (CAN)	6/8/2024
Nabo	4,84m	Joe Atherton (RU)	29/9/2024
Pé de batata	3,43m	Cecelia Smith (EUA)	13/7/2023
Pé de cabaça	20,13m	Ian Neale (RU)	19/10/2024
Pé de coentro	2,77m	Yilobemo Erui (IND)	25/4/2024
Pé de ervilha	4,74m	Douglas Smith (RU)	11/8/2023
Pé de manjericão	3,34m	Anastasia Grigoraki (GRE)	4/7/2012
Pé de pepino	6,50m	Kevin Fortey (GER)	29/9/2024
Pé de quiabo	5m	Jack Reno Sweeney (EUA)	23/3/2022
Pé de salsinha	2,45m	Tina Klein (CAN)	5/9/2017
Pé de tomatilho-mexicano	4,26m	Douglas Smith (RU)	1/9/2024
Pepino	1,134m	Sebastian Suski (POL/RU)	20/8/2022
Pimenta-malagueta	50,5cm	Jürg Wiesli (SUI)	30/9/2018
Rabanete (8)	7,401m	Joe Atherton (RU)	29/9/2024
Salsifi	5,57m	Joe Atherton (RU)	26/9/2020
Fava (4)	45,5cm	James Brown (RU)	29/9/2024

Fontes: GWR, Great Pumpkin Commonwealth; CANNA UK National Giant Vegetables Championships

100%

14

Enquanto andava pelos pomares de Oppie Plaas Boerdery em Waboomskraal, RSA, Deon e Dean Barnard, pai e filho, toparam com uma anomalia: uma ameixa de 464,2g, quase do tamanho de uma manga!

ESPORTES DE AÇÃO

Campeonatos Mundiais de Lenhadores
Este campeonato anual de lenhadores acontece desde 1960, em Hayward, Wisconsin, EUA. As 21 etapas abrangem uma série de habilidades de corte de lenha:

Cortar: partir uma tora de 30cm de espessura com um machado simples de 2,2kg

Serrar: partir uma tora de pinheiro com uma serra de arco

Jack & Jill: partir uma tora de 50cm de espessura com 1 homem e 1 mulher usando uma serra para 2

Motosserrar: fazer uma série de cortes numa tora de 50cm de espessura com uma motosserra

Escalar: subir numa tora de cedro usando esporas e corda

Rolar tronco: girar a tora para derrubar o oponente na água

Correr sobre toras: correr, ida e volta, sobre uma série de toras flutuantes (2 competidores)

MENOR TEMPO PARA COMPLETAR O TRIATLO DE LENHADOR (MANUAL)
Esse desafio em 3 partes compreende "serrar" (serrar uma tora), "cortar" (partir uma tora com machado) e "derrubar" (partir o tronco de uma árvore ainda de pé). Oliver Reinhard (SUI) completou todas em 1min32,54s em Milão, ITA, em 27/1/2024, batendo o próprio recorde por quase meio segundo.

Oliver é um lenhador atleta de elite, ganhador de medalhas e campeonatos, que representa a Suíça no exterior.

MAIS VITÓRIAS EM CAMPEONATOS MUNDIAIS DE LENHADORES (FEM.)
Nancy Zalewski (EUA) venceu o título Lady Jill 9x (entre 2003-04 e 2007-13), conquistando mais pontos na competição. "Não preciso ir à academia, afinal é só eu ir até o quintal e cortar lenha", diz ela.

MAIS VITÓRIAS EM CAMPEONATOS MUNDIAIS DE LENHADORES (MASC.)
Jason Wynyard (NZL) ganhou o título Tony Wise All-Around Champion 15x seguidas, de 1999 a 2013. No Māori Sports Awards de 2021, foi declarado um dos 5 esportistas mais influentes māori. Infelizmente, faleceu em 2023.

MAIS VITÓRIAS NO CAMPEONATO MUNDIAL DA IJSBA
A International Jet Sports Boating Association é a entidade que organiza competições de velocidade em motos aquáticas. Entre 2007 e 2024, Mohammed Burbayea (KUW) conquistou 28 vitórias nessa competição global de jet ski. "Skinny Mo" começou cedo: participou do seu 1º campeonato local (e venceu) em 2006.

MAIS MEDALHAS DE OURO NO SKATE OLÍMPICO
Yuto Horigome (JPN) ganhou 2 medalhas de ouro olímpicas, triunfando nas finais de Street em 2021 e 2024 (*à dir.*). Horigome aprendeu a andar de skate no parque Murasaki, em sua cidade natal, Tóquio, JPN. Em Londres, RU, em 2018, ele se tornou o 1º skatista japonês a vencer um evento da Street League Skateboarding.

MAIS JOVEM MEDALHISTA TRIPLA DE OURO NOS X GAMES
Arisa Trew (AUS, n. 12/5/2010) tinha 14 anos e 47 dias quando conquistou sua 3ª medalha de ouro, no Park, em Ventura, Califórnia, EUA, em 22/9/2022. Desde então, ganhou mais duas, em Park e em Vert. Em 29/5/2024, também executou o **1º 900 feminino** (salto com 2,5 rotações completas) em Tehachapi, Califórnia.

MAIS OUROS EM SKATE STREET NOS X GAMES
Nyjah Huston (EUA) conquistou seu 11º ouro no Street em X Games no evento X Games Ventura (Califórnia, EUA), em 30/6/2024. Nessa modalidade, skatistas fazem manobras, grinds e slides num percurso que simula as ruas de uma cidade. Mesmo para os padrões do skate, onde campeões jovens são comuns, Huston é um prodígio, competindo profissionalmente desde os 5 anos!

Racovalis ganhou seu pogo-stick de presente de aniversário em 2023... e quebrou o recorde do GWR 6 meses depois!

MAIS GIROS SOBRE A CABEÇA EM BMX EM 30S
Klaus Esono Obono (GER) emplacou 37 giros consecutivos com sua BMX na Feira do Livro de Frankfurt na Alemanha, em 20/10/2024. O feito de Obono foi um dos 3 desafios do Guinness World Records daquele dia: seu compatriota Chris Böhm fez **mais giros em nose manual em 30s** (20) e **mais steamroller spins em 1min** (70).

MAIS SALTOS NO POGO-STICK EM 1MIN (SUB-16)
Em 1/6/2024, Lachlan Racovalis (AUS), de 11 anos, deu 187 saltos em 60s em The Dawn, Queensland, AUS (*conheça mais crianças recordistas nas p.152-69*). Foi um ano movimentado para superlativos do pogo. Também em junho, no Pogopalooza 2024, em Pittsburgh, Pensilvânia, EUA, Henry Cabelus (EUA, *detalhe*) bateu o próprio recorde de **salto mais alto** (3,53m).

SUPER-HABILIDADES

Glória de Globetrotter
Jasmin Saaristo (FIN) se tornou a 1ª pessoa a realizar a **caminhada mais longa sobre um globo**, ao percorrer 1.100m em Pori, FIN, em 30/9/2024. Fez 55min sem pausas, para provar a si mesma que podia ter sucesso sob pressão.

100m mais rápidos fazendo malabarismo com 3 objetos (fem.)
Ruth Fischer (SUI) percorreu 100m em 14,97s enquanto fazia malabarismo em Romanshorn, Turgóvia, SUI, em 16/2/2024. Após 17,2s em um desafio não oficial contra amigas do clube de malabarismo, sentiu-se confiante para tentar bater o recorde.

Arremesso de faca mais distante
Em 22/3/2025, Osman Gürcü (TUR) lançou uma faca em um alvo a 42m em Denizli, TUR. Desde 2023, já bateu 10 recordes mundiais, incluindo o **arremesso de galinha de borracha mais distante** (35m), em 30/8/2024.

Nado pelo comprimento do Lago de Genebra mais rápido
Entre 16-17/7/2024, Neil Gilson (RU) nadou 70km, do Castelo de Chillon até os Banhos des Pâquis em Genebra, SUI, em 22h9min38s. Aos 38 anos, alimentou-se de bananas e donuts, e superou o recorde de 22h42min30s, do ex-nadador olímpico Alain Charmey em 1986.

Âncora recuperada em mergulho livre mais pesada
O fisiculturista Tavi Castro (MEX) retirou uma âncora de 32kg a 42m na piscina de mergulho Y-40 em Montegrotto Terme, ITA, em 19/12/2024.

Maior tempo equilibrando-se em uma corrente
Dreyson Byker (EUA) se manteve sobre uma corrente por 2h23min32s na competição ArtPrize em Grand Rapids, Michigan, EUA, em 14/9/2024, batendo o próprio recorde de 2h1min11s. Para ele, foi uma forma de superação de vícios e criação de relacionamentos.

DERRAPAGEM NO GELO MAIS LONGA COM CARRO ELÉTRICO
Ao volante de um Porsche Taycan GTS sob medida, o piloto Jens Richter (GER) derrapou no gelo por 17,503km no Porsche Arctic Center em Levi, FIN, em 14/1/2025. Durante a tentativa patrocinada pela Porsche (GER), ele completou 132 voltas em 46min, superando o recorde de 14,809km.

MAIS MOVIMENTOS NA BARRA DE GINÁSTICA EM 30S (FEM.)
Em 25/2/2025, Kynlee Heiman (EUA), de 8 anos, conquistou o 1º certificado do GWR ao girar ao redor de uma barra 18x em Blue Springs, Missouri, EUA. O exercício exigia que colocasse a ponta dos dedos dos pés na barra, entre as mãos, e então girasse e estendesse as pernas para o alto.

Maior equipe a completar a Maratona de Patins Inline de Berlim
Um grupo de 144 patinadores liderado por Simone Saeger, da derrollenshop (GER), cruzou a linha de chegada em 28/9/2024.

Milha mais rápida empurrando um carro
Clinton Phillips (EUA) empurrou um carro de 1.882kg por 1,6km em 9min46s em Austin, Texas, EUA, em 20/4/2024. Mais cedo, no mesmo dia, a filha de 18 anos, Faith, conquistou o recorde **feminino**: 14min6,25s.

MAIS FLEXÕES NA BARRA FIXA EM UMA CADEIRA DE RODAS EM 1MIN
Harald Riise (NOR), de 40 anos, realizou 25 repetições em Bærum, NOR, em 18/12/2024. Nascido com paralisia cerebral, nunca conseguiu andar, mas aumentou a força e a mobilidade ao treinar a parte superior do corpo. Espera inspirar outras pessoas a sonhar, independentemente de sua condição.

PEDRA DE ATLAS ERGUIDA MAIS PESADA (FEM.)
A atleta de força Nicole Genrich (AUS) ergueu uma esfera de concreto de 180kg até uma plataforma elevada em Melbourne, Vitória, AUS, em 25/5/2024. Executou o movimento com perfeição na 1ª tentativa no Campeonato de Levantamento de Tronco, Terra e Pedra de Vitória.

O parkour foi criado em Paris no final dos anos 1980 pelo atleta David Belle (FRA) e um grupo de amigos.

MAIS...

... flexões em parada de mão sobre bola de equilíbrio em 30s (masc.)
Combinando força e controle, Qian Zhaolong (CHN) executou 20 flexões em parada de mão sobre essa superfície curva em Huzhou, Zhejiang, CHN, em 18/1/2025.

... flexões na barra fixa com toalha em 1min (fem.)
Mariah Stock Tambunan (AUT) completou 24 repetições segurando uma toalha enrolada na barra em Sydney, AUS, em 7/9/2024. Essa variação do exercício exige mais dos antebraços e ajuda a aumentar a força da pegada.

... buracos de golfe indoor em 24h
Royce Castano (AUS) acertou 720 bolas em um simulador de golfe em Karratha, AUS, em 8/3/2025. Após a tentativa, confessou: "Dar mais de 3.000 tacadas me debilitou um pouco". Arrecadou mais de US$4.414 para caridade.

MAIS SALTOS DE RETORNO NO PARKOUR CONSECUTIVOS (LA1)
O espanhol Rubén Roldán Bustos, de 22 anos, saltou entre 2 paredes 13x no *Lo Show dei Record* em Milão, ITA, em 21/2/2024.

Adicionou mais 3 recordes à sua coleção em Almeria, ESP, em 4/11/2024 (*ver à dir.*). Ao GWR, disse: "O parkour salvou minha vida e me mostrou que tudo é possível".

Salte como Bustos
Rubén Roldán Bustos (*ver à esq.*) perdeu a perna esquerda em um acidente de trator aos 9 anos. Mais tarde, descobriu os benefícios do parkour e, hoje, quebra recordes na categoria LA1 do GWR, que se refere à amputações unilaterais acima do joelho.

Mais saltos de retorno no parkour consecutivos
13

Salto em pé no parkour mais longo
2,76m

Salto com corrida em uma plataforma mais alto
1,36m

Salto vertical com início em corrida mais alto
1,30m

MAIS TETOS DE CARROS PERCORRIDOS SOB RODA TRASEIRA DE BICICLETA EM 1MIN
Em 18/12/2024, Jordi Sala (ESP) saltou sobre 27 veículos na roda traseira de sua BMX em Madri, ESP. "Nunca tinha tentado isso", contou o garoto de 12 anos ao GWR. "Mas, depois que você aprende a pular nas montanhas, consegue se adaptar a qualquer superfície."

Sala sonha em se tornar um YouTuber de manobras de bicicleta famoso, como os heróis Fabio Wibmer e Danny MacAskill.

... cambalhotas para dentro de cuecas em 1min (equipe de 8)
Em 13/2/2024, a equipe Pataman (GER) surpreendeu a plateia do programa *Lo Show dei Record* com 21 cambalhotas para dentro de cuecas em Milão, ITA.

... toques em uma bola de futebol com pés alternados em 1min
O freestyler Jang Woosung (KOR) tocou a bola com os pés 209x em Seul, KOR, em 29/1/2024.

MAIS ROTAÇÕES CORPORAIS SEGUIDAS EM PONTE COM PARADA DE MÃO
Em 27/2/2025, Eddie John Browne (SLE) girou as pernas por cima da cabeça 21x em Abidjã, CIV.

Também bateu o recorde de **mais rotações corporais completas mantendo o peito sobre o chão em um minuto (masc.)**, 38, marca que divide com Mohammed Alsheikh (PLE) desde 10/2/2025.

PICKLEBALL

A quadra de pickleball tem o tamanho da quadra de duplas no badminton, com rede e layout semelhantes aos do tênis. A bola de plástico perfurada é um pouco maior e mais leve. Deve quicar uma vez de cada lado da quadra para que um jogador faça um voleio, mas nunca na "cozinha", área perto da rede.

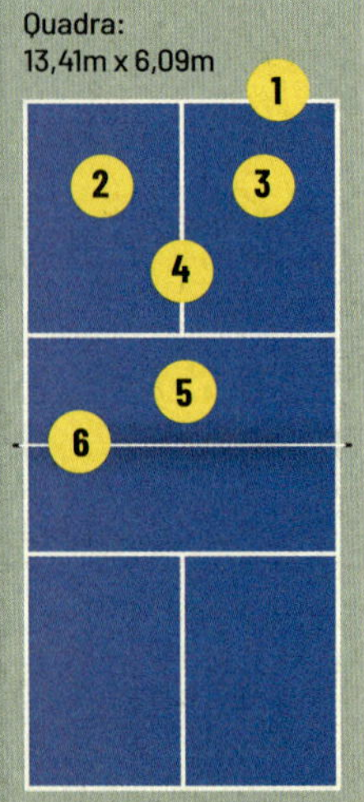

1. Linha de fundo
2. Área de serviço dir.
3. Área de serviço esq.
4. Linha central
5. Cozinha (área de não voleio)
6. Rede (altura fixa de 86,36cm)

As origens do pickleball datam de 1965, em Bainbridge Island, Washington, EUA. Joel Pritchard, Bill Bell e Barney McCallum o criaram como uma forma de entreter os filhos, utilizando uma bola perfurada, rede de tênis e raquetes de pingue-pongue. Dois anos depois, Pritchard montou a 1ª quadra no quintal. Após 9 anos, o esporte se tornou popular com a 1ª competição oficial (ver abaixo) e, em 2019, foi profissionalizado. Hoje, é o que mais cresce no mundo.

Primeiro torneio
Em 1976, ocorreu um torneio de pickleball no South Center Athletic Club em Tukwila, Washington, EUA, não muito distante de onde o esporte foi criado. David Lester conquistou o título de simples masculino.

1º campeão em cadeira de rodas
Jeff Sylvestre (CAN) conquistou o ouro no Campeonato Regional do Meio-Atlântico da Associação Americana de Pickleball (USAP) em Myrtle Beach, Carolina do Sul, EUA, entre 20 e 22/9/2019. Foi o 1º torneio oficial da USAP a incluir categorias para cadeirantes. Ao lado de Serge Collins, também triunfou no torneio de duplas.

1º competidor no Hall da Fama do Pickleball
Em 17/11/2017, Billy Jacobsen se tornou o 1º jogador profissional a entrar no Hall da Fama em Casa Grande, Arizona, EUA.
A **1ª competidora** foi Jennifer Lucore, que recebeu a honra em 8/11/2019.

Partida de simples mais longa
Matt Chambers e Alex Bean realizaram um jogo de pickleball de 24h13min, entre 12 e 13/11/2021, em Provo, Utah, EUA. A dupla queria um desafio inspirador, para mostrar aos filhos que todo mundo pode alcançar objetivos difíceis.

MAIS TEMPO EM 1º LUGAR (FEM.)
Simone Jardim (EUA, n. BRA) foi a 1ª do mundo por 4 anos e 2 meses, entre abr/2016 e jun/2020. A ex-jogadora de tênis ganhou 4 títulos consecutivos de simples no US Open Pickleball Championships (2016-2019). Em 2017-2018, levou a "Tríplice Coroa", ao vencer em simples, duplas e duplas mistas.

MAIOR RALI DE VOLEIO
Os gêmeos idênticos Ettore e Angelo Rossetti (*da esq. para a dir.*) deram 10.532 voleios consecutivos em Stamford, Connecticut, EUA, em 17/8/2024. Aparecem com fotos da mãe, Angelina, falecida em 2022; o feito foi em memória dela, além de arrecadar dinheiro para a Save the Children. Em 10/10/2021, alcançaram o **maior rali de pickleball** (16.046 passes, com todos os tipos de golpe permitidos.)

Partida de duplas mais longa
Tony Matharu, Adam Webb (ambos RU), Niklas Johansson (SWE) e Rishabh Kumar Vaish (IND) jogaram pickleball por 34h5min55s, entre 23 e 24/9/2024. A partida extenuante foi organizada pela Central London Alliance (RU).

Quadras mais ao norte
As quadras internas no Wood Center e no Nanook Recreation Center, da Universidade do Alasca, em Fairbanks, estão a 64,85°N, mais ao norte do que Reykjavik (ISL).
As quadras *externas* mais ao norte estão a 61,19°N, no Harvard Park, Chester Creek Sports Complex e Meadow Lakes Park, todos na maior cidade do Alasca, Anchorage.

MAIS PARTICIPANTES EM UM AMISTOSO
O Brookhaven Country Club em Farmers Branch, Texas, EUA, recebeu 264 jogadores para uma partida única em 5/11/2023. O evento, organizado pela US Professional Pickleball Association (PPA), originou o Campeonato Nacional anual, que atraiu 3.500 atletas, tornando-se o **maior torneio de pickleball**.

*Todos recordistas dos EUA, exceto quando indicado.

ATLETA PROFISSIONAL MAIS VELHA
Joyce Jones (n. 4/4/1930) tinha 94 anos e 198 dias no Huntsman World Senior Games, em St. George, Utah, EUA, em 19/10/2024. Conquistou a Tríplice Coroa em sua categoria e ganhou 2 medalhas em eventos de atletismo! Seu marido jogava badminton com um dos criadores do pickleball, Joel Pritchard (*ver p. ao lado*), que os ensinou em 1965.

"Pickleball" vem de "pickle boat" (barco com tripulação mista de remadores não filiados).

Mais saques em 1min
Timmy Manzano acertou 73 saques no The Kitchen Pickleball HQ em Austin, Texas, EUA, em 13/9/2024.

No mesmo dia e local, Zane Navratil executou um a 112,65 km/h – o **saque mais rápido**. O **golpe de pickleball mais rápido** como devolução foi a 95,5 km/h, por Riley Casey em Mesa, Arizona, EUA, em 7/4/2024.

O **maior número de saques realizados de olhos vendados em 1min** é 41, por Timothy Holt em Venice, Flórida, EUA, em 21/4/2024. David Rush igualou essa marca em Boise, Idaho, EUA, em 7/6/2024.

Mais quiques seguidos de uma bola de pickleball na borda de uma raquete
Jack Munro bateu a bola de pickleball na borda de uma raquete 213x seguidas em Austin, Texas, EUA, em 1/10/2024.

Maior raquete
Em 28/8/2018, o Smash Park e a Paddletek apresentaram uma raquete de pickleball de 4,10m de comprimento e 2,05m de largura em West Des Moines, Iowa, EUA. Ela é 10x maior do que uma padrão.

Até jan/2025, Anna e Ben acumularam mais Tríplices Coroas em eventos profissionais: 31 e 21, respectivamente.

MAIS TÍTULOS (FEM.)
Anna Leigh Waters conquistou 137 títulos entre 5/8/2021 e 12/1/2025. São 46 em **simples**, um feito sem precedentes. Ela está na foto (*à dir.*) com sua mãe, Leigh Waters. Em 24/2/2019, as duas se tornaram a **1ª dupla mãe e filha campeã** no Grand Slam Open na Flórida, EUA, evento no qual Anna (n. 26/1/2007) foi a **campeã profissional mais jovem**, com 12 anos e 29 dias.

Ao lado do jogador de pickleball nº1 em duplas mistas, Ben Johns (*à esq.*), a jovem acumulou **mais títulos em duplas mistas** (45 até 12/1/2025), incluindo uma sequência de 16 torneios.

MAIS TÍTULOS
Entre 13/2/2020 e 12/1/2025, Ben Johns (n. 18/3/1999, *acima à dir.*) conquistou 145 troféus de ouro. Em 22/1/2017, tornou-se o **campeão profissional mais jovem**, com 17 anos e 310 dias. Não é surpresa que detenha o recorde de **mais tempo em 1º lugar (masc.)**: 4 anos e 2 meses, entre fev/2020 e abr/2024). Está na foto acima, tirada após receber o título de duplas do PPA Carvana Arizona com seu irmão e parceiro regular, Collin. Em 12/1/2025, os fenômenos do pickleball haviam acumulado 35 ouros no PPA Tour.

FEITOS DE FORÇA

Rebocando veículos — do jeito difícil!
Com se puxar um veículo já não fosse impressionante o bastante, essas pessoas optaram por fazer isso *sem* os braços...

Carro (pelas pálpebras)
1.500kg, por Dong Changsheng (CHN)

Navio (pelos dentes)
614t, por Oleg Skavysh (UKR)

Trem (pelos dentes)
279t, por Ashraf Mohamed Suliman (EGY)

Ônibus (pelo cabelo)
12.216kg, por Asha Rani (IND)

Mais tempo pendurado na barra vertical por 2 dedos
Marcello Ferri (ITA) ficou pendurado numa barra pelos 2 dedos médios durante 2min em Pesaro, ITA, em 17/10/2024.

Menor tempo para carregar 2 pessoas num jugo por 50m (fem.)
Em 5/4/2024, Lucy Underdown (RU) levou 37,47s para carregar 2 apresentadores de *Blue Peter* por 50m no programa de televisão gravado em Salford, RU. Para isso, ela utilizou um jugo — uma barra de madeira grande usada por animais de carga — apoiado sobre os ombros.

MAIS PESO...

... erguido em levantamentos terra em 1h (equipe)
Um grupo de 12 pessoas da Royal Army Physical Training Corps (RU) ergueu 241.879,5kg em Aldershot, Hampshire, RU, em 6/12/2023, para arrecadar dinheiro para veteranos britânicos.

... erguido enquanto suspensa pelos dentes (fem.)
Darina Matveyeva (UZB) ergueu 73,9kg — o colega circense Khasanov Sanjar — ao se pendurar pela mordida num apetrecho preso a um cinto de construção em Tashkent, UZB, em 17/5/2024.

... erguido num levantamento terra
Em 2/5/2020, Hafþór Júlíus Björnsson (ISL), mais conhecido por interpretar o Montanha em *Game of Thrones* (HBO), ergueu uma barra de 501kg do chão até a altura do quadril no Thor's PowervGym em Kópavogur, ISL.

O recorde de **mais peso erguido num levantamento Strongman** foi batido por Eddie Hall (RU), com um peso de 500kg, em Leeds, West Yorkshire, RU, em 9/7/2016. A variação permite o uso de straps, trajes de levantamento mais justos e "hitching" — empurrar a barra com as coxas — ilimitado.

... erguido por uma unha
Em 28/4/2024, Prathap Alagu (IND) suspendeu 22,66kg com uma única unha por mais de 1min em Dubai, UAE, batendo um recorde de 8 anos antes.

... erguido com um alicate engolido
Em 15/1/2025, Bao Cuong (VIE) ergueu um peso de 15kg com um alicate de 61cm de comprimento que engolira pelo cabo. Bateu o recorde no palco de *Lo Show dei Record* em Milão, ITA.

MAIS TRONCOS ARREMESSADOS EM 3MIN
Em 23/6/2024, Andrew Murphie (RU) atirou 2 troncos 26x em Grantown-on-Spey, RU. Bateu o recorde anterior por 10, devolvendo o título à Escócia, berço do esporte. Cada tronco de madeira pesava mais de 40kg e tinha mais de 5m de comprimento.

MAIS AVIÕES LEVES PUXADOS ENQUANTO PLANTA BANANEIRA
Matteo Pavone (ITA), de ponta-cabeça, puxou 3 aviões por 5m em Castelnuovo Don Bosco, Asti, ITA, em 30/6/2024. Para alcançar o peso mínimo necessário, 2 pessoas se instalaram em cada cockpit, fazendo a carga chegar a 1.550kg.

LEVANTAMENTO PARALÍMPICO COM MAIOR PESO (-61KG, FEM.)
Onyinyechi Mark (NGA) levantou 150kg nos Jogos Paralímpicos de 2024 em Paris, FRA, em 6/9/2024. Foi uma estreia forte na competição, quebrando o próprio recorde 2x antes de conquistar a medalha de ouro. A jovem de 23 anos compete há apenas 4 anos, mas planeja mais pódios nos Jogos Paralímpicos de LA28. No total, a Nigéria conseguiu 7 medalhas. A tabela abaixo mostra outros 7 recordes de levantamento de peso batidos em Paris 2024.

JOGOS PARALÍMPICOS DE 2024: RECORDES DE LEVANTAMENTO DE PESO

Categoria	Nome	Recorde
+86kg (fem.)	Folashade Oluwafemiayo (NGA)	167kg
-79kg (fem.)	Han Miaoyu (CHN)	154kg
-67kg (fem.)	Tan Yujiao (CHN)	142kg
-45kg (fem.)	Guo Lingling (CHN)	123kg
-97kg (masc.)	Abdelkareem Khattab (JOR)	270kg
-80kg (masc.)	Roohallah Rostami (IRN)	242kg
-72kg (masc.)	Bonnie Bunyau Gustin (MAS)	232kg

Recordes ratificados pelo Comitê Paralímpico Internacional

O levantamento de peso surgiu nas Olimpíadas de Atenas, GRE, em 1896. A modalidade era dividida em duas categorias: levantamento com 1 ou 2 mãos.

MAIS TEMPO SEGURANDO COLUNAS DE HÉRCULES
Vispy Kharadi (IND) suportou a carga por 2min10,75s em Surat, Gujarat, IND, em 11/11/2024. As colunas de aço, que não podiam tombar, pesavam 166,7kg e 168,9kg. Donna Moore (RU) bateu o recorde feminino (1min2,26s) no *Lo Show dei Record* em Milão, ITA, em 16/2/2023.

MAIS PESO ERGUIDO EM KETTLEBELL SWINGS EM 1H (EQUIPE)
Em 15/6/2024, 12 atletas italianos somaram 52.068,85kg erguidos em kettlebell swings em Bari, ITA. O desafio foi organizado para arrecadar dinheiro para instituições de caridade. Na imagem, Emma Lopresto, membro da equipe.

Um dia na vida de Iron Biby
O fortão revela a rotina por trás de seus recordes hercúleos.

"Eu acordo umas 8h, e treino de 15 a 30min na bicicleta."

"Depois, faço minha 1ª refeição: 2 scoops de shake de proteína, 1 banana, 8 ovos e 1 filé de costela."

"A cada 3h, como frango, vegetais e arroz. Quando estou me preparando para uma competição, como cerca de 8.000 calorias por dia."

"Em geral, treino levantamento de peso das 19h às 22h."

"Ouço música calma para relaxar. Acho que é a melhor terapia. Durmo 7h. Tenho só 1 folga por semana. Meu programa de treinos normalmente dura 3 meses."

MAIS...

... repetições de viking press em 1min
Adam Roszkowski (POL) emendou 10 repetições de viking press, erguendo 4.312kg acumulados, em Milão, ITA, em 14/1/2025. A famosa competição Strongman exige que os participantes empurrem um peso fixado a uma estrutura acima do nível da cabeça.

... flexões de ponta-cabeça em 3min
Em 14/6/2024, Sandro Parulava (GEO), de ponta-cabeça, fez 113 flexões em Tbilisi, GEO. Experiente treinador de força, Parulava passou por 3 anos de treinamento especializado, praticando 6 dias/semana durante 1 ano antes da tentativa.

... repetições na barra em 24h (masc.)
Em 1-2/2/2025, Turett Hanes (EUA) fez 10.001 barras em Salt Lake City, Utah, EUA. Determinado a reconquistar o recorde que batera em 2023 (8.100), Hanes completou cerca de 7.000 repetições em 12 horas. Conseguiu inclusive atingir o objetivo de 5 dígitos, sem precedentes, com 2 horas de tempo restante!

... repetições de *muscle-up* carregando uma mochila de 9kg em 1min
Ildar Yagyayev (KAZ) completou 15 *muscle-ups* com peso em Londres, RU, em 15/9/2024. Quatro meses depois, reivindicou o título de mais repetições na barra com 4 dedos em 1min, 25, e dedicou o feito aos filhos.

LEVANTAMENTO DE CILINDRO COM MAIS PESO
Iron Biby (n. Cheick Ahmed al-Hassan Sanou, BFA) ergueu e sustentou acima da cabeça um cilindro de 231kg no Strongman Open em Birmingham, RU, em 7/9/2024. Melhorou em 1kg o próprio recorde do ano anterior. Em 23/4/2019, já tinha conseguido o título de **mais desenvolvimentos militares em 1min** (82) em Londres, RU.

Andrea Thompson (RU) bateu o título **feminino de levantamento de cilindro** ao erguer um de 140kg em Ipswich, Suffolk, RU, em 9/10/2022.

O levantamento de cilindro estreou como um desafio de força na competição World's Strongest Man de 1980 em Verson, Nova Jersey, EUA.

BIKES DE RODA ALTA

Entre 11 e 13/10/2024, centenas de membros do Penny Farthing Club (PFC) fizeram história em Londres, RU! Os eventos ocorreram nos melhores locais de ciclismo da cidade, dando aos participantes a chance de cruzar a Tower Bridge (*abaixo*). O fundador do Clube e múltiplo recordista do GWR, Neil Laughton (*à dir., de cartola*) fez um resumo do fim de semana: "Um sonho se tornou realidade!".

O pai da roda alta
É consenso que a "bicicleta alta" foi concebida pelo engenheiro Eugène Meyer (FRA), que patenteou as rodas com raios em 1868. Na década de 1870, o britânico James Starley (*acima, no triciclo*) aperfeiçoou a ideia (p. ex., adicionando um degrau e melhorando a direção). Seu modelo "Ariel" se tornou o padrão.

O nome oficial das bicicletas de roda alta, "penny farthing", veio de 2 moedas vitorianas: o penny e o farthing. A roda dianteira exagerada permitia percorrer distâncias maiores com uma volta dos pedais. No fim da década de 1880, bicicletas menores e "seguras" (como as modernas) alcançaram velocidades semelhantes por meio de um sistema de marchas acionado por correntes.

Anatomia da bicicleta de roda alta
1. Selim
2. Guidão
3. Freio
4. Garfo dianteiro
5. Pedal
6. Aro de metal/pneu
7. Braço de manivela
8. Hub
9. Raios tangenciais

Destemidos ciclistas de rodas altas cruzam a icônica Tower Bridge no centro de Londres.

MAIOR DISTÂNCIA EM 1H (1 PERNA)
Alberto Bona (ITA), morador de Somerset, pedalou 20,294km com apenas 1 pedal. Gosta de fazer passeios históricos guiados em Bath, RU, em sua bicicleta diferente: "A roda alta não é só uma bicicleta; é uma peça de história viva que ensina e desafia."

MAIOR DISTÂNCIA EM 1H (FEM.)
A entusiasta de cavalos Melissa Eisdell (RU) trocou a sela pelo selim e estabeleceu o 1º recorde do fim de semana, percorrendo 26,199km em 60min. A velocidade média mínima foi 26km/h. Após a conquista, disse: "É como andar a cavalo, mas sem a personalidade deles!".

MAIOR CORRIDA EM UM VELÓDROMO
Um dos grandes momentos teve 58 ciclistas (liderados por um pacer em uma bicicleta padrão) numa corrida eliminatória no Velódromo de Herne Hill. O pelotão foi diminuindo até que o detentor de vários títulos do GWR Chris Opie (de camiseta laranja; *ver também p. ao lado*) chegou em 1º com margem considerável.

O Velódromo de Herne Hill, no sul de Londres, é uma das pistas de ciclismo mais antigas do mundo, de 1891.

MAIOR VELOCIDADE EM 1KM (MASC.)
O ciclista profissional aposentado Chris Opie (RU), conhecido pelos recordes de roda alta, com vários títulos conquistados, percorreu 1km no Velódromo de Herne Hill em um piscar de olhos: 1min30,103s.

No fim de semana, Julie Woodward (RU) estabeleceu o recorde feminino de **1km mais rápido**: 2min22,320s.

MAIOR DISTÂNCIA EM 1H (COM PACER, FEM.)
No séc. XIX, não era considerado "apropriado" mulheres competirem, então, numa estreia histórica, Melissa Eisdell percorreu 24,785km, com o apoio de Julie Woodward (à frente) e Evi Dumon (atrás).

O recorde **masculino**, de 35,743km, de 1886 (!), foi quebrado em 10/10/2019 por Chris Opie (*à esq.*), com apoio de Mark Beaumont e James Lowsley-Williams.

MAIOR VELOCIDADE EM 1KM (SEM AS MÃOS)
Fem.: Como se andar de roda alta não fosse difícil o suficiente, tente sem as mãos! Evi Dumon (BEL) fez parecer fácil, completando 2,2 voltas na pista em 2min11,998s.
Masc.: Logo depois, Neil Laughton (RU), diretor do Penny Farthing Club, percorreu 1km em 2min7,294s.

MAIOR VELOCIDADE
Masc.: Roger Davies (RU, *à dir.*) atingiu 39,70km/h, com 2 sprints (um em cada direção), numa pista de 100m. Foi um recorde breve, já que minutos depois Guy Banham (RU, *mais à dir.*) chegou a 41,56km/h — apesar de competir sob forte chuva.
Fem.: Evi Dumon (*acima, ao lado de Craig Glenday, do GWR*) veio com grande velocidade de seu título sem as mãos (*à esq.*), registrando 38,09km/h.

LINHA MAIS LONGA DE BICICLETAS DE RODA ALTA
Para finalizar o fim de semana com estilo, 140 membros do Clube formaram uma linha (*sem cair*) no Lee Valley VeloPark em Stratford. Superaram os 131, de 2003. O apresentador de TV e entusiasta da roda alta Jeremy Vine (*acima, à dir.*) estava entre eles.

JOGOS DE MESA

Como jogar o Jogo Real de Ur

As regras desse jogo de 4.600 anos de idade foram descobertas por Irving Finkel, curador do Museu Britânico, nos anos 1980. A seguir, listamos o que você precisa saber...

O objetivo é mover suas 5 peças para fora do tabuleiro antes do oponente, seguindo os caminhos acima. Os jogadores rolam dados para decidir quem começa e depois a cada turno para ver quantas casas vão andar.

- Após a 1ª rodada, cada jogador pode escolher mover a 1ª peça ou colocar outra no tabuleiro.
- Apenas 1 peça pode ser movida por turno.
- Não pode haver 2 peças do mesmo jogador na mesma casa.
- Se a peça do jogador cair numa casa com uma peça do oponente, esta é tirada do tabuleiro, e ele precisa recomeçar do início.
- As rosetas são "casas seguras" que podem ser ocupadas por múltiplas peças de ambos os jogadores.
- Se o jogador não puder se mover, perde a vez.
- A peça só é removida do jogo se o jogador rolar o número exato de casas para chegar ao fim.

PRIMEIRO JOGO DE TABULEIRO

O jogo de senet ("passagem") foi jogado no Egito por milhares de anos. Os tabuleiros mais antigos datam de *c.* de 3.100 AEC, e conjuntos entalhados de senet eram encontrados com frequência em tumbas antigas. Acredita-se que ele era um "jogo de corrida" similar ao Jogo Real de Ur (*à esq.*).

O antigo *Livro dos mortos egípcio* mostra recém--falecidos jogando senet contra espíritos.

Maior jogo de tabuleiro

Em 22/11/2019, a Câmara do Comércio da Áustria organizou uma festa de jogos de tabuleiro em Graz, AUT, para arrecadar dinheiro para a ONG Steirer Helfen Steirern ("Austríacos Ajudando Austríacos"). O destaque do evento foi uma versão de 1.006,5m² do *Das Kaufmännische Talent*, equivalente austríaco do *Jogo da vida*, o mais popular do país desde os anos 1930. O conjunto incluía peões do tamanho de pessoas e dados tão grandes quanto máquinas de lavar.

Prêmio de jogos de tabuleiro mais longevo

O Spiel des Jahres ("Jogo do Ano") é dado anualmente desde 1979. É organizado pela ONG alemã homônima e é aberto a todos os jogos de tabuleiro lançados na Alemanha no ano anterior. Os vencedores incluem títulos que viraram sucessos globais, como *Catan* (1995, *ver abaixo*), *Carcassonne* (2001) e *Ticket to Ride* (2004).

O recorde de mais vitórias individuais por um game designer pertence a Wolfgang Kramer (GER), cujos jogos levaram o título 5x.

MAIS OPONENTES SIMULTÂNEOS DE XADREX EM MERGULHO LIVRE

O Candidato a Mestre Michał Mazurkiewicz (POL) jogou 16 partidas simultâneas no fundo de uma piscina em Tarnowo Podgórne, POL, em 21/4/2024. Michał é tricampeão no nichado esporte de xadrez submerso. Ele venceu 12 das partidas, empatou 3 e perdeu apenas 1.

MAIOR COLEÇÃO DE *CATAN*

Nygllhuw Morris de Whanganui, NZL, vem colecionando conjuntos, expansões e cenários de *Catan* desde que jogou pela 1ª vez o jogo estratégico de construção de mundo em 2001. Em 25/3/2025, já contava com 1.547 itens. O orgulho de sua coleção é o raro protótipo da edição alemã, feito para os testes de pré-produção em 1995 e assinado pelo criador, Klaus Teuber.

PARTIDA JOGADA À MAIOR ALTITUDE
Em 9/10/2022, os montanhistas Tim Megginson (RU) e James Doyle (AUS) jogaram xadrez no topo do Mera Peak, NEP, a 6.017m de altitude. A partida ocorreu após uma sessão de ginástica de 30min a 5.714m.

O 1º *Landlord's Game* foi feito para ensinar às pessoas um sistema de taxação chamado georgismo.

JOGO DE TABULEIRO MODERNO VENDIDO A MAIOR VALOR NUM LEILÃO
Esse protótipo de *Banco imobiliário* foi feito por Charles Darrow (USA) em 1933, antes de ele vender o conceito para a Parker Brothers. O conjunto de 200 peças foi arrematado pela Sotheby's na cidade de Nova York, EUA, em 17/12/2010 pelo The Strong National Museum of Play por US$146.500. Hoje pode ser visto no museu em Rochester, Nova York, como parte de uma exposição sobre a polêmica história do jogo, que começa com *Landlord's Game*, desenvolvido pela ativista Elizabeth Magie (EUA), em 1904.

Mais pessoas jogando *Dungeons & Dragons*
Em 22/4/2023, 1.227 jogadores se juntaram numa épica batalha contra o mago lich Vecna em Provo, Utah, EUA. O embate foi o ápice de uma série de campanhas organizadas pela loja local We Geek Together, e os jogadores mantiveram seus personagens de níveis 5-7 das histórias pregressas. No dia, receberam a missão de defender uma cidade contra Vecna e seu exército de mortos-vivos. Na batalha, um feitiço foi conjurado redirecionando os ataques dos soldados de Vecna para seu líder; os jogadores causaram 12.000 pontos de dano num único turno.

Jogo com maior avaliação no Board Game Geek
Em 18/3/2025, o título de estratégia *Brass: Birmingham* tinha uma nota média de 8,4 de 10 no site Board Game Geek. O título, no qual jogadores encarnam empreendedores na Bretanha da Revolução Industrial, foi criado por Martin Wallace, Matt Tolman e Gavan Brown (todos RU) e lançado pela Roxley em 2018.

Mais partidas de xadrez em 24h
Em 20/7/2024, Dia Internacional do Xadrez, 7.284.970 partidas foram registradas pela Fédération Internationale des Échecs (FIDE) em Biel, SUI. A celebração do jogo dos reis foi organizada para comemorar 100 anos da fundação da FIDE e destacar a longeva popularidade do xadrez. Outro recorde do xadrez foi batido em 20/4/2025, quando Tunde Onakoya (NGA) e Shawn Martinez (EUA) se encararam na **maratona de xadrez mais longa**. Os dois jogaram 383 partidas conforme as regras da FIDE por 64h, sentados numa mesa na Times Square, em Nova York, EUA.

CAMPANHA MAIS LONGA DE *DUNGEONS & DRAGONS*
O historiador Robert Wardhaugh (CAN, *à dir.*) começou "A Partida" quando era adolescente em Borden, Saskatchewan, CAN, em 25/4/1982. Ele e um elenco rotativo de jogadores se encontraram pelo menos uma vez por semana durante 43 anos. O grupo inicial (de 1 pessoa: o amigo Jeff Golding) cresceu para mais de 50 jogadores. A campanha começou como uma de *Advanced Dungeons & Dragons*, mas Robert logo passou a modificar as regras com recursos personalizados.

O AMOR ESTÁ NO AR!

Tendências de casamento

O inverno é a estação mais popular para noivados e a maioria dos pedidos acontece em dezembro. Mas setembro e novembro são os 2 meses com mais casamentos.

Entre os países pesquisados, o maior custo médio de casamento ocorre nos Estados Unidos, chegando a US$35.000, e os mais baratos ocorrem na Colômbia, com um gasto médio de US$5.250.

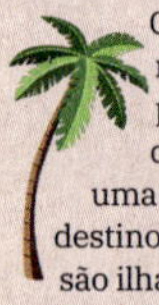

Cerca de 75% dos recém-casados partem para uma lua de mel ou ao menos uma minilua de mel. Os destinos mais escolhidos são ilhas no Caribe e na América Latina.

Convidados em um casamento por país

Índia: **326**

México: **146**

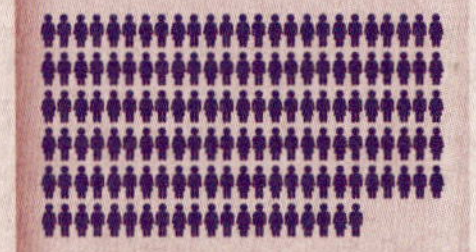

Uruguai: **129**

Brasil: **124**

Espanha: **121**

Relatório Global de Casamentos 2024 (The Knot Worldwide); cerca de 25.000 pessoas pesquisadas em 15 países.

1ª lua de mel em um balão

John F. Boynton e Mary West Jenkins (ambos EUA) embarcaram em uma viagem de 20km de balão de Manhattan até Mount Vernon, Nova York, EUA, em 8/11/1865. Eles queriam que o casamento fosse no ar, mas o reverendo H. W. Beecher se negou a realizar a cerimônia em voo.

1ª caixa de bombons do Dia dos Namorados

Nessa data as lojas se enchem de doces, mas a caixa de bombons original foi criada em 1868 por Richard Cadbury (RU), enfeitada com pinturas dele próprio. Richard era o filho mais velho de J. Cadbury, fundador da famosa marca de chocolates em 1824.

Maior coleção de itens em formato de coração

Por 4 décadas, Susan West (EUA) reuniu 1.560 caixas temáticas de coração, como verificado em 5/2/2024. Guardadas em sua sala de estar em Idaho, EUA, as caixas vêm de diversas partes do mundo e são feitas de vários materiais, até cerâmica e chocolate.

Casamento em subterrâneo mais profundo

Adrian Waters e Susan Bethell (ambos RU) provaram seu amor ao se casarem a 137,16m abaixo do solo. A cerimônia foi conduzida por Olwen Jones nas cavernas de ardósia de Llechwedd Slate, em Gwynedd, RU, no dia 15/5/1999.

CASAL MAIS BAIXO DO MUNDO

Paulo Gabriel da Silva Barros e Katyucia Lie Hoshino (BRA) têm uma altura combinada de 181,41cm, conforme verificado em 3/11/2016, em Itapeva, São Paulo, BRA. Eles se conheceram na internet em 2008, e Katyucia bloqueou Paulo por um ano e meio, nada animada com o flerte. Felizmente, ela mudou de ideia e os dois se casaram em 17/9/2016.

O **casal mais alto do mundo**, Sun Mingming e Xu Yan (CHN) têm a altura combinada de 423,4cm.

MAIS ÁRVORES ABRAÇADAS EM 1H

Abubakar Tahiru (GHA; *acima*) abraçou 1.123 árvores na Tuskegee National Forest, Alabama, EUA, em 25/3/2024. O estudante de silvicultura declarou: "É um gesto para destacar o papel crucial das árvores".

Seguindo seus passos, o jornalista Abdul Hakim Awal (GHA) quebrou o recorde de **mais tempo abraçando uma árvore** (24h21m4s), em Kumasi, GHA, em 22-23/5/2024. Ele prometeu plantar uma árvore para cada minuto da "abraçatona".

Mais abraços dados em 1min

Em 15/1/2024, tentando espalhar felicidade no dia mais triste do ano, o "Blue Monday", o apresentador de TV Sam Thompson (RU) abraçou 88 pessoas no programa *This Morning*, da ITV, em Shoreham-by-Sea, West Sussex, considerada a cidade mais deprimente do Reino Unido, segundo o Escritório Nacional de Estatísticas.

Mais buquês de casamento pegos

Jamie Jackson (EUA), a "caçadora de buquês", pegou os buquês de 50 casamentos entre 15/6/1996 e 30/4/2016. Ela admitiu: "Já houve algumas brigas. Em uma, minha irmã gêmea teve que me puxar, implorando para eu desistir".

MAIS LONGA TROCA DE UM CARTÃO DE ANIVERSÁRIO

Quando Lynley Lambert enviou um cartão pela 1ª vez para sua melhor amiga, Jeanette Graham (ambas AUS), em mar/1963, não imaginava que ainda o estariam enviando uma para a outra em 2024. O cartão, de tema escocês, mostra um coelho com chapéu de tartan.

BEIJO MAIS LONGO COM PIMENTA HABANERO
Para celebrar o 17º aniversário de seu 1º encontro, em 25/2/2023, Mike e Jamie Jack (CAN) comeram uma pimenta superpicante e se beijaram por 15m6,5s, em London, Ontário, CAN. Confira mais feitos ardentes de Mike na p.60.

Abraçar nos deixa mais felizes porque libera o "hormônio do amor", a ocitocina.

Maior coleção de convites de casamento
Desde 1980, Sofia Sakalaki, de Xanthi, GRE, reuniu 600 convites de casamento. A coleção, oficializada em 30/3/2024, inclui RSVPs enviados para ela, amigos, familiares e conhecidos.

Filme romântico de maior bilheteria
Desde seu lançamento em 19/12/1997, *Titanic* (EUA) arrecadou US$2.223.048.786, segundo The Numbers. Dirigido por James Cameron, o longa retrata o amor trágico entre os personagens de Leonardo DiCaprio e Kate Winslet e conquistou 11 estatuetas – **mais Oscars já vencidos por um único filme**, ao lado de *Ben-Hur* (EUA, 1959) e *O senhor dos anéis: o retorno do rei* (NZL/EUA, 2003).

"Até que os recordes os separem..."
Aqui estão 2 casais que entraram para a história do GWR graças a uma paixão compartilhada...

1º casal a escalar o Everest
Andrej e Marija Štremfelj (ambos SVN) se casaram em 1979 e, em 7/10/1990, chegaram juntos ao topo da **montanha mais alta do mundo**, subindo pela coluna Sul, no Nepal.

1º casal a se tornar campeão mundial de squash
Em 17/12/2017, Raneem El Welily conquistou o título mundial em Manchester, RU. Em 15/11/2019, seu marido Tarek Momen (ambos EGY) venceu o campeonato masc. em Doha, QAT. Eles se casaram em 2014.

CIDADE COM MAIS CASAMENTOS
Famoso destino para noivos, Las Vegas (Nevada, EUA) foi apelidada de "capital mundial do casamento" em 1953 e tem celebrado mais de 72.000 matrimônios/ano desde 2021, de acordo com o cartório do condado de Clerk.

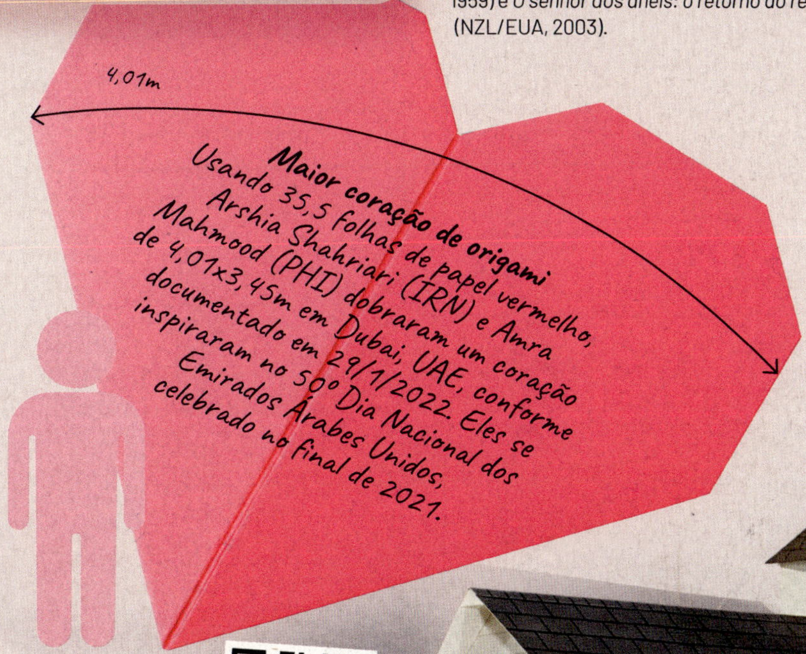

Maior coração de origami
Usando 35,5 folhas de papel vermelho, Arshia Shahriari (IRN) e Amra Mahmood (PHI) dobraram um coração de 4,01x3,45m em Dubai, UAE, conforme documentado em 29/1/2022. Eles se inspiraram no 50º Dia Nacional dos Emirados Árabes Unidos, celebrado no final de 2021.

CAPELA DE CASAMENTO MAIS RÁPIDA
Lá vem a noiva... voando! Um antigo caminhão de bombeiros dos anos 1940, chamado The Best Man, atingiu 99 km/h em 30/9/2010, em Illinois, EUA. O dono e motorista, rev. Darrell Best (EUA), transformou o veículo em um templo móvel com vitrais, bancos, um púlpito e até um órgão de tubos. Os casais podem se casar em movimento ou em algum local de sua escolha.

FEITOS GASTRONÔMICOS

Bebedores velozes
Eles aperfeiçoaram o talento de beber rápido, seja café quente, kefir gelado ou refri gasoso!

1 xícara de café: 2,81s, por André Ortolf (GER)

1 caneca de chá: 2,13s, por André Ortolf (GER)

1 Capri-Sun:
- **Canudo de plástico:** 8,02s, por Fayis Nazer (IND)
- **Canudo de papel:** 7,95s, por André Ortolf (GER)

4L de refrigerante: 29,6s, por Eric Booker (EUA)

1L de kefir: 33,24s, por André Ortolf (GER)

De acordo com a política antidesperdício do GWR, toda a comida deve ser distribuída entre o público ou doada.

Mais ursinhos de gelatina comidos com um palitinho de aperitivo em 1min
Wolfgang Schwarz (AUT) espetou e devorou 38 ursinhos (7 a mais do que o recorde anterior) em Rankweil, Vorarlberg, AUT, em 6/3/2024.

Maior frase feita de bolo
Em 22/9/2024, o Team Situations e Galeries Lafayette (ambos FRA) colaboraram para escrever uma frase com 1.004 bolos Genóise em Paris, FRA. A frase foi: "Cent-trente ans de slay aux Galeries Lafayette" ("130 anos arrasando nas Galeries Lafayette"), referindo-se ao bordão da YouTuber Léna Situations.

Mais pubs visitados em 24h
Em 12/4/2024, David Clarkson (AUS) passou em 120 pubs em Sydney, AUS, para tomar pelo menos 125mL de uma bebida (alcoólica ou não). "Ir a pubs não é só sobre beber cerveja, é sobre fazer amigos e conhecer gente nova, e eu conheci umas 200 pessoas nas últimas 24h!", contou ele ao GWR.

Mais pizzas fritas feitas em 12h
Os funcionários do restaurante Veracce Sagl (SUI) fritaram 2.085 pizzas em Paradiso, SUI, em 6/9/2024. Quase todas foram vendidas na hora, mas 600 foram doadas para projetos beneficentes. A "pizza fritta" nasceu em Nápoles, ITA, depois da 2ª Guerra Mundial. Os ataques aéreos arruinaram o comércio local e destruíram vários fornos da cidade; assim, os italianos inventaram uma alternativa mais barata, que ficou conhecida como "a pizza do povo".

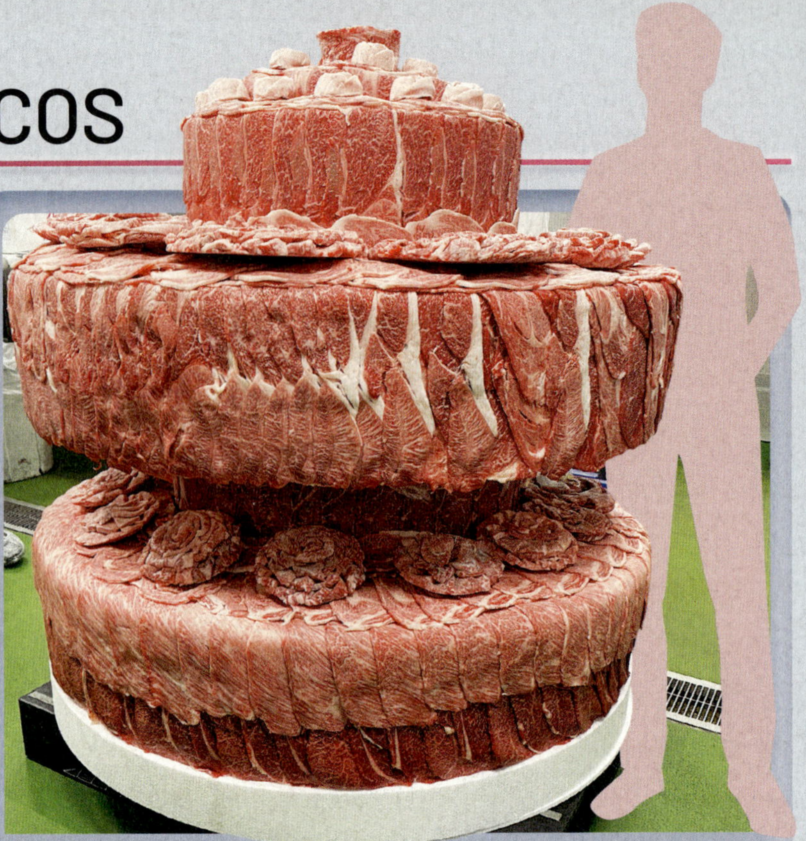

MAIOR BOLO DE CARNE CRUA
A obra-prima carnuda de 3 andares foi montada em 21/9/2024 para o Festival da Carne do Japão, ocorrido em Kakogawa, Hyōgo. Um grupo de açougueiros do Conselho Municipal de Promoção da Carne levou 4h30min para moldar e dispor os 127,55kg de carne de primeira qualidade... o sonho de qualquer carnívoro. Até as "rosas" (*detalhe*) são feitas de carne crua!

MAIS RESTAURANTES COM ESTRELAS MICHELIN VISITADOS EM 24H
Sujoy Kumar Mitra (*ver p.136*) e Rajnish Kumar Tripathi (ambos IND, *em cima*) comeram pratos vegetarianos em 25 restaurantes de 1ª classe em Hong Kong, CHN, de 2 a 3/8/2024.

Por outro lado, o recorde de **mais restaurantes de fast-food visitados em 24h** é 150, do influenciador Munachimso Brian Nwana (NGA, *embaixo*) em Abuja, NGA, de 24 a 25/4/2024. No processo, percorreu cerca de 25km a pé! Depois admitiu que "comeu o suficiente para uma semana inteira!".

Maior quantidade de mel consumida em 1min
O recordista André Ortolf (GER) devorou 570g de mel em Riad, KSA, em 10/10/2024 – 2x mais do que o recordista anterior! Descubra outros feitos gastronômicos de André à esquerda e na tabela desta página.

Maior muro de rosquinhas
Em 9/6/2024, a Donut King e a MS Queensland (ambos AUS) penduraram 5.165 rosquinhas num muro em Brisbane, AUS, para arrecadar fundos para a Multiple Sclerosis Queensland. Hanson Gregory, que já foi assistente de cozinha de um navio mercante, é comumente creditado como criador da 1ª rosquinha, em 1847; o buraco no meio ajudou o quitute a assar por completo.

MESTRE DOS PALITINHOS: ALIMENTO MAIS COMIDO EM 1MIN

Comida	Quantidade	Nome
Feijões cozidos	89un	Annalia Henderson (EUA)
Jujubas	40un	Asha Leo (EUA)
Grãos de arroz	37un	Sumaiya Khan (BAN)
Smarties/M&M's*	28un	Brendan Kelbie (AUS)
Macarrão instantâneo	566g	André Ortolf
Gelatina (Jello)	716g	André Ortolf

*Dados de 8/4/2025; * Recorde batido vendado*

Há uma receita de algo similar a um hambúrguer no livro de receitas da Roma antiga de Apício, no séc. 1 EC.

MAIS HAMBÚRGUERES MONTADOS EM 1MIN
Em 5/9/2024, 4 chefs colocaram o talento à prova em Vilnius, LTU. O vencedor foi Paulius Staliorius (LTU; *detalhe*, segurando o certificado), que montou 11 hambúrgueres em 60s. A disputa celebrou o 10º aniversário do jogo *Cooking Fever* (Nordcurrent, 2014), que já acumula mais de 450mi de downloads.

MAIS TOMATES CORTADOS EM 1MIN
Em 12/6/2024, o chef Six Pack (ou Wallace Wong, CAN) fatiou, em 8 pedaços cada, 14 tomates em 60s, em Londres, RU. O cortador profissional tentou vários títulos de tempo do GWR nesse dia. À direita, confira o bufê dos seus feitos fatiados — quase todos alcançados com ele vendado.

Mais cachorros-quentes comidos num Nathan's Hot Dog Eating Contest (fem.)
Miki Sudo (EUA) engoliu 51 cachorros--quentes em Coney Island, Nova York, EUA, em 4/7/2024. No mesmo dia, Sudo quebrou o próprio recorde de **mais vitórias na competição (fem.)** ao obter a 10ª sucessiva. Ela fica em 1º lugar todo ano desde 2014, exceto em 2021, quando não participou.

Rum mais antigo
Em 6/3/2024, uma garrafa de Rhum Ancienne datado de 1772 foi comprada por Nguyen Đình Tuấn Việt (VIE) em Ho Chi Minh, VIE. Pelo preço de US$293.023, é também o **rum mais caro vendido numa transação particular**. Fazia parte da adega do médico de Napoleão Bonaparte, Raphaël-Bienvenu Sabatier, cujas iniciais a decoram.

Competição de rapidez de serviço mais longeva
A competição *La course des garçons de café* (FRA) começou em 1914, e a edição mais recente foi em mar/2024. O evento foi criado para destacar a cultura dos cafés parisienses e a habilidade de seus garçons. Nos começo, os participantes precisavam carregar uma bandeja com 1 garrafa e 3 taças por até 8km. Em 2024, cerca de 200 pessoas equilibraram uma bandeja com 1 croissant, 1 café e 1 copo de água por um percurso de 2km.

Algodão-doce mais alto
Uma torre de algodão-doce de 6,56m foi erguida pela Los Promillos Eventdienstleistung (GER) em Bad Wünnenberg, GER, em 8/9/2024. A confecção colossal foi distribuída para as crianças.

A **maior quantidade de algodão--doce comida em 1min** é 49g, um dos vários recordes batidos pela "comedora profissional" Leah Shutkever (RU) em Londres, RU, em 9/12/2024; ver p.88 para mais.

MAIOR SALADA DE FRUTAS
A Fruchthof Berlin (GER) montou uma cornucópia suculenta de 11.790kg na capital da Alemanha em 15/9/2024 para celebrar o 75º aniversário do atacadista. Melancias, maçãs, mirtilos, abacaxis e uvas entraram na mistura, preparada por 400 voluntários.

COLEÇÕES

Franquias de sucesso no mundo da cultura pop atraem muitos colecionadores, que são, muitas vezes, fãs desde a infância. Fizemos uma seleção de superfãs e suas coleções recordistas de produtos:

Naruto: 7.719 itens, de Anthony Greco (EUA)

Doctor Who: 7.507 itens, de William e Lee Thompson (pai e filho, ambos EUA)

Hello Kitty: 7.096 itens, de Yang Tao (CHN)

Itens de *Banco imobiliário*: 4.379, de Neil Scallan (RU)

Conjuntos LEGO® de *Star Wars*: 932, de Fredrick Oliver (CAN)

COLECIONÁVEIS DE *X-MEN*
Eric Jaskolka (EUA) possui 15.400 itens únicos relacionados a *X-Men*, de acordo com a contagem mais recente. A coleção está armazenada em West Des Moines, Iowa, EUA. Ele a começou em 1989, com quadrinhos – e seu item mais valioso era a edição da revista *X-Men* nº 1, de 1963. O mutante favorito dele? Adivinhe...

BONECOS LEGO®
Em 24/4/2025, Steven van Dyk (BEL) era proprietário de 11.803 bonecos LEGO®. O fã coleciona conjuntos de LEGO® desde os 8 anos. Em 2023, exibiu sua coleção na Brick Mania, na Antuérpia, a maior exposição de LEGO® da Bélgica.

COLECIONÁVEIS DE *THE WALKING DEAD*
Rashid Al-Olayan (KSA) possui 3.053 itens da série pós-apocalíptica da AMC, conforme verificado em Dammam, KSA, em 16/8/2024. Tudo começou em 2015, com bonecos de Michonne e seus zumbis. Hoje, o acervo inclui brinquedos, livros, jogos e até uma camisa usada por Abraham Ford na série.

PATINHOS DE BORRACHA
Na última contagem, Charlotte Lee (EUA) tinha uma coleção de 5.631 patinhos de borracha diferentes. Ela começou a colecionar os brinquedos de banho em 1996, para deixar seu banheiro mais alegre. Hoje, muitos deles estão expostos em vitrines dentro de seu "quarto dos patos", embora a coleção também ocupe o sótão e a garagem. Charlotte ainda busca novos exemplares, itens raros ou edições limitadas com a ajuda de amigos.

CELULARES
O fanático por celulares Wences Palau Fernandez (ESP) possui 3.615 aparelhos, recorde confirmado em Barcelona, ESP, em 26/2/2024. A paixão começou em 1999, com um presente de Natal: um Nokia 3210. Desde então, Fernandez adquiriu outras marcas e até modelos raros nunca comercializados.

COLECIONÁVEIS DE *URSINHO POOH*
Deb Hoffmann, de Waukesha, Wisconsin, EUA, tem uma paixão incomparável pelo Ursinho Pooh. Em 23/2/2023, sua coleção tinha 23.623 itens inspirados no icônico urso e seus amigos do Bosque dos 100 Acres. Deb começou a coleção em 1967 e conquistou seu 1º recorde do GWR em 2009.

SACHÊS DE SAL E PIMENTA
Linda Schulz (EUA) tem 494 sachês de sal e pimenta, como verificado em Brookfield, Wisconsin, EUA, em 25/3/2024. Designer gráfica semiaposentada, Linda diz que gosta muito dos formatos e designs das embalagens.

BONECOS FUNKO POP!
Paul Scardino acumulou 8.002 colecionáveis Funko Pop! em sua casa em Stephens City, Virgínia, EUA, até 3/12/2023. Tudo começou em 2017, com um presente de aniversário: o Gavião Arqueiro e o Homem-Aranha, inspirados no filme *Capitão América: Guerra Civil* (2016) da Marvel.

Acima, Darren está ao volante de uma réplica do Ecto-1, o carro dos Caça-Fantasmas, construída por seu amigo Carl Hopcroft.

COLECIONÁVEIS DE *OS CAÇA-FANTASMAS*
Darren McQuade (RU) possui uma coleção assustadora de 2.012 itens dos *Caça-Fantasmas*, conforme verificado em Essex, RU, em 27/1/2024. Admite que está "quase morando em um museu dos Caça-Fantasmas". Ele realizou um sonho ao atuar como figurante no filme *Ghostbusters: apocalipse de gelo* (EUA, 2024), que contou com alguns dos atores originais.

PELA ÁGUA

A odisseia submersa de Scott: explorando os sete continentes

Oceania: Sydney, AUS
Tempo de mergulho: 49min25s
Prof. máx.: 12,5m

Ásia: Phuket, THA
Tempo de mergulho: 38min24s
Prof. máx.: 13,7m

África: Alexandria, EGY
Tempo de mergulho: 22min10s
Prof. máx.: 9,1m

Europa: Gozo, MLT
Tempo de mergulho: 44min4s
Prof. máx.: 20,1m

América do Norte: Miami, EUA
Tempo de mergulho: 41min20s
Prof. máx.: 13,1m

América do Sul: Ushuaia, ARG
Tempo de mergulho: 45min45s
Prof. máx.: 12,5m

Antártida: Foyn Harbour, Ilha Enterprise
Tempo de mergulho: 13min44s
Prof. máx.: 12,2m

Viagem mais longa em prancha de surfe elétrica
Erik Gurzan (GER) deslizou por 46,98km sobre o mar Báltico em uma prancha motorizada Lampuga AIR, de Gedser, DNK, até Rostock, GER, em 23/9/2024.

Menor tempo para completar a Oceans Seven
Esse desafio em mar aberto exige que nadadores atravessem 7 canais desafiadores. Petar Stoychev (BUL) o concluiu em 173 dias, entre 14/3-2/9/2024, do Estreito de Cook ao Canal da Mancha.

Caitlin O'Reilly (NZL, n. 11/3/2004) se tornou a **pessoa mais jovem a completar a Oceans Seven**, aos 20 anos e 227 dias, quando cruzou o Canal Ka'iwi/Molokai'I no Havai, EUA, em 13h18min, em 24/10/2024.

Maior distância navegada em um monocasco em 24h (solo)
Em 27/11/2024, Sébastien Simon (FRA) percorreu 1.138,81km a bordo do iate *Groupe Dubreuil*, de 18,2m, na 10ª edição da Globo de Vendée, com velocidade média de 47,44km/h.

1ª mulher a remar da Europa continental até a América do Sul continental (solo, sem apoio)
Entre 27/10/2024-1/2/2025, Zara Lachlan (RU, n. 2/4/2003) remou de Lagos, POR, até a Guiana Francesa, totalizando 97d9h20min. Zara, com 21 anos, também se tornou a **pessoa mais jovem** a realizar a travessia. No percurso, deparou-se com animais, como tubarões e baleias, e escapou de uma colisão com um navio!

MAIOR VIAGEM EM UM BARCO DE ABÓBORA
Em 12/10/2024, Gary Kristensen (EUA) remou 73,5km pelo rio Columbia em Washington, EUA. Cultivou sozinho seu barco, o *Punk Loafster*, de 4,29m de circunferência e o peso médio de um piano de cauda. Para convencer os céticos, entalhou "É de verdade" nas laterais da abóbora.

TRAVESSIA DO CANAL DA MANCHA MAIS RÁPIDA (IS1, FEM.)
Em 28/8/2024, Mel Barratt (RU) nadou de Kent, RU, até o Cabo Gris-Nez, FRA, em 12h20min. É a 1ª mulher registrada como cega a realizar a façanha. A ex-nadadora paralímpica conquistou 5 medalhas em 2 edições dos Jogos.

1ª EQUIPE A REMAR O RIO COPPENAME DE CAIAQUE
Ash Dykes, Jacob Hudson, Matthew Wallace (todos RU) e Dick Lock (NED) chegaram ao fim do rio de cerca de 600km no Suriname em 4/10/2024. A jornada também os levou a escalar o pico mais alto do país em 5 dias, 8h35min — a **subida mais rápida do Julianatop**.

MENOR TEMPO PARA MERGULHAR DE SCUBA NOS SETE CONTINENTES
Barrington Scott (EUA) mergulhou em todos os continentes em 19d19h40min, entre 13/11-3/12/2024. Queria, com isso, promover uma maior diversidade dentro da comunidade de mergulho e inspirar pessoas de todas as origens a desfrutar das maravilhas do oceano. (Escaneie o QR code para ver o itinerário dele.)

VELOCIDADE MÁXIMA DE WINDSURF (FEM.)
Em 25/11/2024, no Lüderitz Speed Challenge, na Namíbia, Jenna Gibson (RU) atingiu média de 88,93 km/h. Na ocasião, também se tornou a 1ª mulher a ultrapassar 92,5km/h em competição. Antoine Albeau (FRA) conquistou o recorde **masculino**, com 99,06 km/h, em 1/12/2024. No mesmo dia, Brendan Lorho (FRA/NED, n. 13/6/2005) se tornou o **windsurfista mais jovem a ultrapassar 92,5km/h**, aos 19 anos e 171 dias.

PELO SOLO

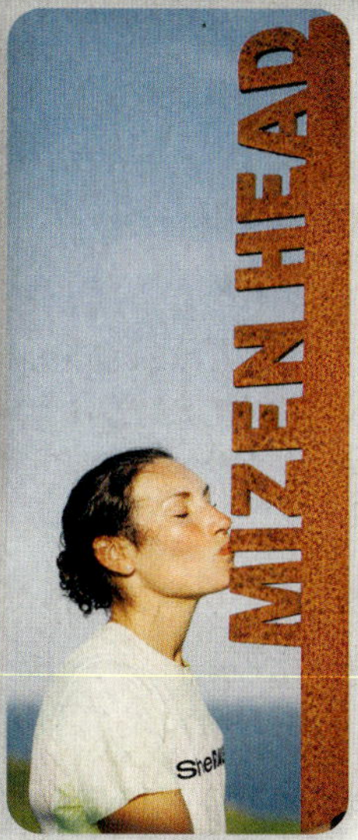

TRAVESSIA MAIS RÁPIDA DA IRLANDA A PÉ (FEM.)
Sophie Power (RU) cruzou a Irlanda em 3 dias, 12h8min, de Malin Head a Mizen Head, em 31/5/2024. Percorreu mais de 160km/dia e dormiu menos de 3h no total.

Entre 24-26/1/2025, Power registrou a **maior distância em uma esteira ergométrica em 48h (fem.)**, 370,90km, em Birmingham, RU.

VIAGEM MAIS RÁPIDA ENTRE LAND'S END/JOHN O'GROATS (RU) EM CADEIRA DE RODAS NÃO COMPETITIVA
Lexi Chambers (RU) percorreu, sozinha, os extremos geográficos da Grã-Bretanha em 44d1h43min, entre 27/8-10/10/2024. Com o objetivo de mostrar que é possível praticar esportes com qualquer equipamento, fez o trajeto de John o'Groats até Land's End em sua cadeira de rodas do dia a dia. Veterana do exército e ex-enfermeira, arrecadou fundos para diversas instituições de caridade.

Travessia a pé mais rápida
- **JPN**: 36d23h50min, por Nobuaki Okumura (JPN), em 9/5/2024.
- **Malásia Peninsular**: 8d46min, por Natalie Dau (AUS), em 4/6/2024.
- **UAE**: 5d15h53min, por Nigesh Kotoor Padikkal (IND), em 29/11/2024.

Mais cidades visitadas em jornada única de motocicleta elétrica
Entre 1-26/10/2023, como parte do "Ride to COP28", Ali Abdo Ali (EGY) percorreu 22 cidades, de Gizé, EGY, a Duba, KSA, pilotando uma motocicleta elétrica Energica Eva EsseEsse9.

Maior distância em bicicleta reclinada em 24h (sem apoio)
O ciclista supino Larry Oslund (EUA) pedalou 814,86km em 13/11/2024, na Carolina do Sul, EUA. Durante a rota, estabeleceu recordes de distância para:
- **6h**: 224,52km.
- **12h**: 432,14km.

Viagem de ambulância mais longa
Michael McLean, Jacqueline Grange e Erik Axene (todos EUA) percorreram 5.203km em uma ambulância vintage Cadillac dos anos 1970, entre 1-10/3/2025. Dirigiram de Hollywood, na Califórnia, até Hollywood, na Flórida. A equipe representa a Symbiosis Ambulance e a Axene Continuing Education e promoveu a importância da educação para profissionais de atendimento a emergências.

Maior desenho com GPS feito de bicicleta
- **Solo**: Kristen Bellmer (EUA) partiu de Amsterdã, NED, em 1/5/2024 e percorreu 4.708km para traçar o contorno do falecido cachorro, Slinky. A jornada começou no aniversário do cão e terminou em 4/jul.
- **Equipe**: O pai e filha Frédéric e Mathilde de Lanouvelle desenharam um coração de 2.162km no centro da França, entre 16-31/8/2023.

Pessoa mais jovem a dar a volta ao mundo de moto
Bridget McCutchen (EUA, n. 16/11/2000) tinha 22 anos e 353 dias quando cruzou a linha de chegada em Ashland, Wisconsin, EUA, em 4/11/2023. Queria que a façanha inspirasse outras mulheres a pilotar motocicletas.

Volta ao mundo mais rápida de carro
O recorde de **1os** e **mais rápidos homem e mulher a darem a volta na Terra de carro** cobrindo 6 continentes sob as regras aplicáveis de 1989 e 1991 — abrangendo mais do que o comprimento da linha do equador (40.075km) — são Saloo Choudhury e sua esposa Neena Choudhury (ambos IND). A viagem durou 69d19h5min, de 9/9-17/11/1989. Eles dirigiram um Hindustan Contessa clássico ano 1989, começando e terminando em Déli, IND.

1ª CONCLUSÃO DE MARATONAS EM SETE CONTINENTES E EM SETE "MARES CLÁSSICOS"
Louis Alexander (RU) correu 42,2km em cada um dos continentes e completou 7 travessias de 10km até 19/7/2024. Os "mares clássicos", como o Mediterrâneo e o Vermelho, eram vias navegáveis fundamentais na Antiguidade. A conquista arrecadou fundos para pesquisas sobre demência e Alzheimer.

VOLTA AO MUNDO MAIS RÁPIDA DE BICICLETA (FEM.)
Lael Wilcox (EUA) completou a volta ao mundo em 108d2h12min, retornando a Chicago, Illinois, EUA, em 11/9/2024. Percorreu cerca de 29.180 km e diminuiu o recorde anterior, de Jenny Graham (RU) em 2018, em 16 dias. Graham pedalou sozinha, mas Wilcox contou com a companhia da esposa — fotógrafa que documentou a jornada épica.

Wilcox partiu de Chicago em 26/5/2024. Pedalou na direção leste, cruzando 21 países em 4 continentes.

PELAS MONTANHAS

As 14 montanhas com mais de 8.000m

Everest (VAN), conhecido como Sagarmāthā; Chomolungma – 8.848m

Aqui estão as 14 montanhas da Terra que atingem altitudes acima de 8.000m, marcas confirmadas pelo site 8000ers.com. Mais da metade delas está localizada na faixa Nepal--Himalaia (NH), que vai do Nepal ao Tibete, CHN. As demais estão nas faixas de montanhas Caracórum (Kk), Sikkim-Himalaia (SH) e Caxemira-Himalaia (KH).

K2 (Kk) – 8.611m

Kangchenjunga (SH) – 8.586m

Lhotse (NH) – 8.516m

Makalu (NH) – 8.485m

As mais altas
Escalá-las é considerado um desafio por si só, pois quase 300m separam os 5 picos mais altos dos mais baixos da lista.

As mais baixas
Por outro lado, apenas 161m separam os 9 picos mais baixos uns dos outros.

Cho Oyu (NH) – 8.188m

Dhaulagiri I (NH) – 8.167m

Manaslu (NH) – 8.163m

Nanga Parbat (KH) – 8.125m

Annapurna I (NH) – 8.091m

Gasherbrum I (Kk) – 8.080m

Broad Peak (Kk) – 8.051m

Gasherbrum II (Kk) – 8.034m

Shishapangma (NH) – 8.027m

PRIMEIRA MULHER A ESCALAR OS SETE SEGUNDOS CUMES

Jenn Drummond (EUA, *no meio*) começou a aventura nas segundas montanhas mais altas dos sete continentes com a ascensão do Ojos del Salado, nos Andes, em 16/12/2020. Concluiu ao escalar o monte Logan, CAN, em 1/6/2023. Para considerar as diferentes definições de "Australásia", também subiu o Sumantri, na IDN, em 9/10/2024. É a única mulher a realizar o feito.

Escalada solo mais rápida da Salathé Wall em El Capitan
Em 23/5/2024, Alex Honnold (EUA) escalou a Salathé Wall, uma parede de 1.066m na face sudoeste de El Capitan, no Parque Nacional de Yosemite, Califórnia, EUA, em 11h18min. Foi também a **1ª pessoa a escalar solo livre o El Capitan** (sem cordas) em 3/6/2017, batendo o recorde anterior em 8h.

PRIMEIROS IRMÃOS A ESCALAR AS 14 MAIS ALTAS

Mingma e Chhang Dawa Sherpa (ambos NEP, *em cima*) são os primeiros irmãos a alcançar os cumes das montanhas de mais de 8.000 metros, após Chhang reescalar o Manaslu em 19/9/2024 (*acima*). Já estavam na tabela "legacy" do site 8000ers.com pelas escaladas anteriores, mas decidiram refazer algumas para serem incluídos na tabela da "nova era" dos verdadeiros cumes.

PESSOA MAIS JOVEM A ESCALAR AS 14 MAIS ALTAS

Nima Rinji Sherpa (NEP, n. 18/4/2006) tinha 18 anos e 174 dias ao escalar o Shishapangma, em 9/10/2024, no projeto #SherpaPower, que começou em 30/9/2022, com o Manaslu, aos 16 anos e 135 dias. Considerando as mais altas (*ver à esq.*), é o **mais jovem a escalar os dois primeiros**, os **três primeiros** e os **cinco primeiros**. Também é o **mais jovem a escalar as cinco do Paquistão** (K2, Nanga Parbat, Gasherbrum I, Broad Peak e Gasherbrum II).

Primeira mulher a escalar as 14 mais altas e os Sete Cumes
Viridiana Álvarez Chávez (MEX) completou o grand slam do montanhismo em 12/10/2024, ao alcançar o cume da Pirâmide Carstensz (ou "Puncak Jaya"; 4.884m), PNG. O 1° no desafio dos Sete Cumes foi o Aconcágua, ARG, o ponto mais alto da América do Sul, em 14/1/2015. Já o início das mais altas foi no Everest, em 16/5/2017, e terminou em 21/9/2023, com a ascensão ao verdadeiro cume do Manaslu.

Primeira pessoa com tetraplegia completa a alcançar o cume do Kilimanjaro
Em 14/9/2024, Max Levene (RU), que quebrara o pescoço 15 anos antes enquanto jogava rúgbi, subiu o Kilimanjaro, TAN. Viu o pico mais alto da África (5.895m) pela 1ª vez durante uma viagem em família, pouco antes de seu acidente, e decidiu que um dia o escalaria. O feito arrecadou US$52.530 para 2 instituições de caridade, uma delas dedicada à pesquisa de lesões na medula espinhal.

MAIS ASCENSÕES AO EVEREST

Às 7h49 de 22/5/2024, o guia Kami Rita Sherpa (NEP) escalou o Everest pela 30ª vez, estabelecendo um novo recorde mundial. A marca **feminina** pertence à também guia nepalesa Lhakpa Sherpa, que chegou ao topo pela 10ª vez às 6h15 de 12/5/2022.

MAIOR DESCIDA VERTICAL DE MOUNTAIN BIKE EM 24H

Entre 15-16/3/2023, Annie Ford (NZL) realizou 100 descidas na trilha de mountain bike de Coronet Peak, em Queenstown, Otago, NZL, registrando 41.900m de descida vertical.

O recorde **masculino** é compartilhado por Amir Kabbani e Patrick Schweika (ambos GER). Eles fizeram 38 descidas em uma encosta em Schladming, AUT, entre 11-12/10/2018, totalizando 40.840,5m, com o apoio da Mercedes-Benz Vans.

PELO AR

Primeira circum-navegação aérea sem reabastecimento
O mundo da aviação perdeu um de seus pioneiros em 3/5/2024, com o falecimento de Richard G. Rutan (ou "Dick"). Ele e Jeana Yeager (ambos EUA) deram a volta ao mundo no sentido oeste, partindo da Base Aérea de Edwards, na Califórnia, EUA, entre 14-23/12/1986, sem parar para reabastecer. Voaram a bordo da *Voyager*, aeronave projetada pelo irmão de Rutan, Burt, fundador da Scaled Composites, empresa que realizou o **1º voo espacial privado** em 2004.

Viagem mais rápida ao redor da Terra em voos comerciais
Sander Vikaune Tomassen (NOR) deu uma volta ao mundo em 29h55min6s, partindo do Aeroporto de Copenhague, DNK, e pousando no Haneda, JPN, entre 23-24/6/2023. A ida foi pela Europa e pela Ásia, e o retorno, pelo oceano Pacífico.

Mais pessoas praticando angle-diving simultaneamente
O angle-diving é uma forma recente – e mais desafiadora – de paraquedismo, na qual o corpo em queda livre não fica na horizontal nem perpendicular ao solo, mas inclinado. Em 1/11/2024, um grupo de 25 paraquedistas de 12 países, representando o World Peace Movement, saltou de um C-130 Hercules a 4.572m sobre o Planalto de Gizé, EGY.

Maior distância em um wingsuit (aprovado pela FAI)
O campeão mundial de wingsuit Alexey Galda (EUA) percorreu uma distância horizontal de 5,572km sobre Netheravon, Wiltshire, RU, em 27/5/2017.

O recorde **feminino** é mais recente, de 11/10/2024, quando Tatjana Maksudov (FIN) voou 5,4km durante o 5º Campeonato Mundial de Wingsuit da FAI, em Beaufort, Carolina do Norte, EUA.

Pessoa mais velha a voar em um wingsuit
Vidar Sie (NOR, n. 13/7/1961) tinha 62 anos e 55 dias ao voar em um wingsuit em 6/9/2023 sobre o Aeroporto de Jarlsberg, em Tønsberg, NOR. Permaneceu no ar por mais de 2min, antes de acionar o paraquedas, provando que "a aposentadoria tem muitas atividades emocionantes a oferecer!".

Caminhada em slackline mais alta
Em 9/11/2024, Lukas Irmler e Friedi Kühne (ambos GER) andaram por uma slackline entre 2 balões de ar quente a 2.500m. A aventura de tirar o fôlego aconteceu sobre Riedering, GER. Kühne retornou ao meio da fita e se jogou. "Queria saltar de paraquedas no final. Era meio que meu sonho", disse ele.

SALTO DE PARAQUEDAS MAIS ALTO (DUPLA)
James C. Wigginton e Alex Coker (ambos EUA) saltaram de 12.807m sobre Memphis, Tennessee, EUA, em 25/5/2024. A dupla passou 2min27s em queda livre e dedicou o feito a Julie Watkins e ao colega Thomas Noonan III, que faleceu em um salto idêntico.

WING WALKER MAIS VELHO
Com 95 anos e 138 dias, John Symmonds (RU, n. 2/2/1928) realizou uma caminhada sobre a asa de um avião em Cirencester, Gloucestershire, RU, em 20/6/2023. Organizou sua jornada aérea para arrecadar fundos para o Thames Hospice, que cuidou de sua falecida esposa, Ann.

SUPERLATIVOS NAS ALTURAS
O paraquedista campeão mundial Greg Crozier (FRA; *acima, à dir.*) registrou **mais saltos de paraquedas em diferentes países**, sendo o mais recente sobre Katmandu, NEP, em 15/11/2024, totalizando 50. Foi um dos 84 participantes do **maior salto em formação vertical de cabeça para cima**, em Ottawa, Illinois, EUA, em 26/7/2019 (*em cima*). Também participou do **maior salto em formação vertical de cabeça para baixo à noite** (*acima, à esq.*), com 42 participantes, sobre Eloy, Arizona, EUA, em 22/3/2024; ambos os eventos foram organizados pelo Skydive Arizona (EUA).

MAIS BASE JUMPS EM 12H (SEM APOIO)
Em 13/7/2024, Justin Beitler (EUA) realizou 48 saltos da Torre de TV de Tallinn, EST. Usou o mesmo paraquedas para cada salto e preparou todo o equipamento sozinho. Como treinamento, saltou das torres Kuantan 188 e KL, na Malásia.

VARIEDADES

Mais dias consecutivos completando uma distância de triatlo sprint (masc.)
Eric Erhan Turan (TUR) completou 125 triatlos, cada um com 750m de natação, 20km de ciclismo e 5km de corrida, em Çanakkale, TUR, em 30/8/2023.

Mais tempo enterrado na neve
De cueca e apenas a cabeça exposta, Elias Meyer (SUI) ficou 2h7s sob neve em Andermatt, Uri, SUI, em 2/4/2024.

Mais bolas sendo usadas para malabarismo em um monociclo
Jasper Moens (BEL) manteve 7 bolas no ar em Bonheiden, BEL, em 30/4/2022; o feito foi igualado por James Cozens (RU) em Cambridge, RU, em 7/5/2023. Os 16,11s de Cozens também é o recorde de **mais tempo fazendo malabarismo com 7 bolas em um monociclo**.

Mais anéis de ar soprados debaixo d'água
A mergulhadora Amelia de los Rios (EUA) produziu 81 anéis de ar após uma inspiração, submersa em Panglao, PHI, em 25/4/2024.

Mais maçãs esmagadas em 1min
Em 13/11/2024, Yoshihiro Yuji (JPN) destruiu 25 maçãs com 1 mão em Saitama, JPN.

Maior distância de dardos direto no alvo
Osman Gürcü (TUR) lançou dardos bem no alvo a 8m de distância em Denizli, TUR, em 25/1/2025.

MENOR TEMPO PARA COMER UM YULE LOG ("TRONCO DE NATAL")
A competidora de desafios alimentares Leah Shutkever (RU) devorou um bolo de chocolate natalino em 1min42,63s no escritório do GWR, em Londres, RU, em 9/12/2024. No mesmo dia, também bateu o recorde de **mais morangos comidos em 1min** (313g) e de **mais cobrinhas de gelatina comidas em 30s** (130 g).

O Campeonato mundial de corrida com sacos de carvão é realizado na vila de Gawthorpe, West Yorkshire, RU, desde 1964.

MAIS THUNDERBOLTS INVERTIDOS EM 30S
Em 16/9/2024, o treinador e especialista em calistenia Oseni Saheed Muhammed (NGA) fez 14 desses movimentos extremos de mão em 30s, em Lagos, NGA.

MAIOR DISTÂNCIA ESQUIANDO ENQUANTO FAZ MALABARES COM 3 OBJETOS
Thomas Petrie (EUA) fez malabares com 3 objetos ao esquiar por 3.100m na pista "Mr. K.", em Big Sky, Montana, EUA, em 13/4/2024. O feito quase dobrou o recorde anterior, do próprio Thomas em 2021.

50M MAIS RÁPIDOS CARREGANDO UM SACO DE CARVÃO (FEM.)
Jodie Ounsley (RU), também conhecida pelo programa *Gladiators*, carregou um saco de carvão com mais de 20kg em 8,06s no Thornes Park, em Wakefield, West Yorkshire, RU, em 9/4/2025. A ex-jogadora de rúgbi, 1ª atleta surda da Seleção de Rugby Sevens Fem., foi 5x campeã mundial juvenil na corrida com sacos de carvão.

EMPINADA MAIS RÁPIDA PELO GUIDÃO DE UMA MOTO
Em 17/6/2023, Magnus Carlsson (SWE) atingiu 202,67km/h ao empinar a moto com as pernas presas sobre o guidão, em Skövde, Västra Götaland, SWE. Treinou por 2 anos com uma KTM 1290 Super Duke e é a 1ª pessoa registrada após realizar essa manobra a mais de 200km/h.

MAIS PORTAS ATRAVESSADAS EM CHAMAS

Renaud Favero (FRA), em chamas, atravessou 6 portas, também em chamas, em Le Cateau-Cambrésis, FRA, em 19/2/2025. A façanha durou 6,9s e foi realizada em parceria com a academia de dublês Campus Univers Cascades (FRA) e a empresa de eletrônicos HONOR (CHN).

Renaud (*à esq.*) usou um HONOR Magic7 Lite preso ao braço durante a corrida, para provar a durabilidade do celular.

Mais bolsas de água quente estouradas em 1min
Em 29/1/2025, Sergey Tsyrulnikov (KAZ) demonstrou sua força pulmonar ao estourar 9 bolsas de borracha para aquecer camas em 60s, em Milão, ITA.

Maior queda livre horizontal
Jithin Vijayan (IND) ficou na horizontal por 2min47s durante um salto em Whiteville, Tennessee, EUA, em 1/7/2023. A uma altitude de 12.933m, também abriu a bandeira da Índia — o **salto de paraquedas com bandeira mais alto**.

Mais Big Macs® comidos na vida
Até 15/3/2025, o amante de fast-food Donald Gorske (EUA) consumiu 35.000 unidades do lanche do McDonald's, como confirmado em Fond du Lac, Wisconsin, EUA. Donald, que comeu seu 1º Big Mac em 1972, acredita que um metabolismo acelerado o ajudou a manter o peso sob controle.

MAIS SALSICHAS PRODUZIDAS EM 1MIN

Gavin Reynolds (RU) recheou, fechou e uniu 90 salsichas usando uma máquina no programa *Lo Show dei Record*, em Milão, ITA, em 3/2/2025. O feito superou o recorde anterior de Gavin (83) do ano anterior.

MAIS GIROS DE 360° EM PATINS SUSPENSOS EM 30s

Alisa Pilishenko (UKR) executou 34 rotações em uma pista de gelo em Kyiv, UKR, em 27/1/2025. Os patins suspensos têm hastes com lâminas e apoios para os pés.

VIAGEM MAIS LONGA DE PATINS

Entre 1/10/2023-6/5/2024, Luo Yincai (CHN) percorreu 12.063km de patins. Partiu da Região Autônoma do Tibete, CHN, e finalizou a jornada na capital, Pequim. Yincai já patinou pelo mundo inteiro, incluindo uma viagem de Chicago a Los Angeles, nos EUA, pela icônica Rota 66.

MAIOR COLEÇÃO DE ITENS DA POLLY POCKET

Em 19/2/2025, Kerchie (EUA), da Califórnia, possuía 534 bonecas e acessórios da Polly Pocket. A designer amava a boneca quando criança, mas doou sua coleção quando cresceu. Em 2019, decidiu recomeçá--la com o brinquedo favorito da infância: uma Bola Mágica de Joias rosa. Kerchie diz que só se desfez dos brinquedos "porque alguém, em algum lugar, criou a regra de que, quando você cresce, precisa parar de se divertir!".

BILLY MONGER

ICON

Billy ama correr desde pequeno. Mas, em 2017, isso quase lhe custou a vida. Perseverante, ele se reinventou e virou uma figura inspiradora e, no processo, conquistou um título do GWR.

Após início promissor no kart, chegou à Fórmula 4 em 2016, subindo a 3 pódios na 1ª temporada. Até que, em 16/4/2017, o desastre aconteceu: Billy se chocou contra um veículo parado no circuito de Donington Park, a 193,1km/h. Foi retirado do meio dos destroços e levado de helicóptero para o hospital, onde os cirurgiões salvaram sua vida, mas foram forçados a amputar as pernas abaixo dos joelhos.

Em mar/2018, Billy estava de volta, competindo no Campeonato Britânico de Fórmula 3. Desde então, foi comentarista de F1, cobriu as Paralimpíadas de Paris 2024 e arrecadou milhões para a caridade. Em 2/10/2024, provou ser destaque em qualquer desafio, ao se tornar o **mais rápido no Campeonato Mundial IRONMAN® (LA1/LA2, masc.)**. Completou 3,8km de natação, 180km de ciclismo e uma maratona em 14h23min56s em Kona, Havaí, EUA, apesar das queimaduras de águas-vivas e das condições climáticas adversas. O feito gerou mais de US$3,9mi para a Comic Relief 2024.

Antes, Billy vivia para o automobilismo. Hoje, o mundo inteiro é sua pista de corrida; ele quer cruzar a linha de chegada sempre em 1º lugar.

BREVE BIOGRAFIA

Nome	Billy Monger
Data de nasc.	5/5/1999
Local de nasc.	Charlwood, Surrey, RU
Títulos atuais do GWR	**Mais rápido no Campeonato Mundial IRONMAN® (LA1/LA2, masc.)**
Prêmios	Pride of Sport; Helen Rollason de Personalidade Esportiva do Ano da BBC

Billy começou no kart aos 6 anos e venceu o 1º campeonato britânico aos 10. No ano seguinte, conquistou o título de novo e terminou em 5º lugar no mundial. A paixão pelo automobilismo era assunto em casa: quando competia nos fins de semana, a família o acompanhava. Mais tarde, os pais confessaram que aqueles foram seus momentos mais felizes.

Em 26/2/2021, Billy completou o desafio de caminhar, remar de caiaque e pedalar por 225km em prol da Comic Relief. No final, deu 18 voltas na "pista caseira" – Brands Hatch, em Sevenoaks, Kent, RU. Antes, praticara ciclismo com as pernas protéticas por poucas semanas e nunca remara de caiaque.

Em 2017, Billy se emocionou ao ser convidado para o Grande Prêmio da Grã-Bretanha pelo ídolo Lewis Hamilton. O astro da F1, que começou no kart aos 8 anos, admitiu que o acidente de Billy "o tocou". Hamilton dedicou sua 5ª vitória em Silverstone a ele, e os dois viraram amigos.

Billy recebeu o Prêmio de Reconhecimento Especial do Pride of Sport do jornal *Daily Mirror* em 22/11/2017. Dois grandes nomes do esporte britânico (recordistas do GWR) entregaram o troféu: a corredora em cadeira de rodas Hannah Cockroft e o saltador de distância Greg Rutherford.

As classificações "LA1" e "LA2" no título do GWR de Billy se referem às amputações acima e abaixo do joelho.

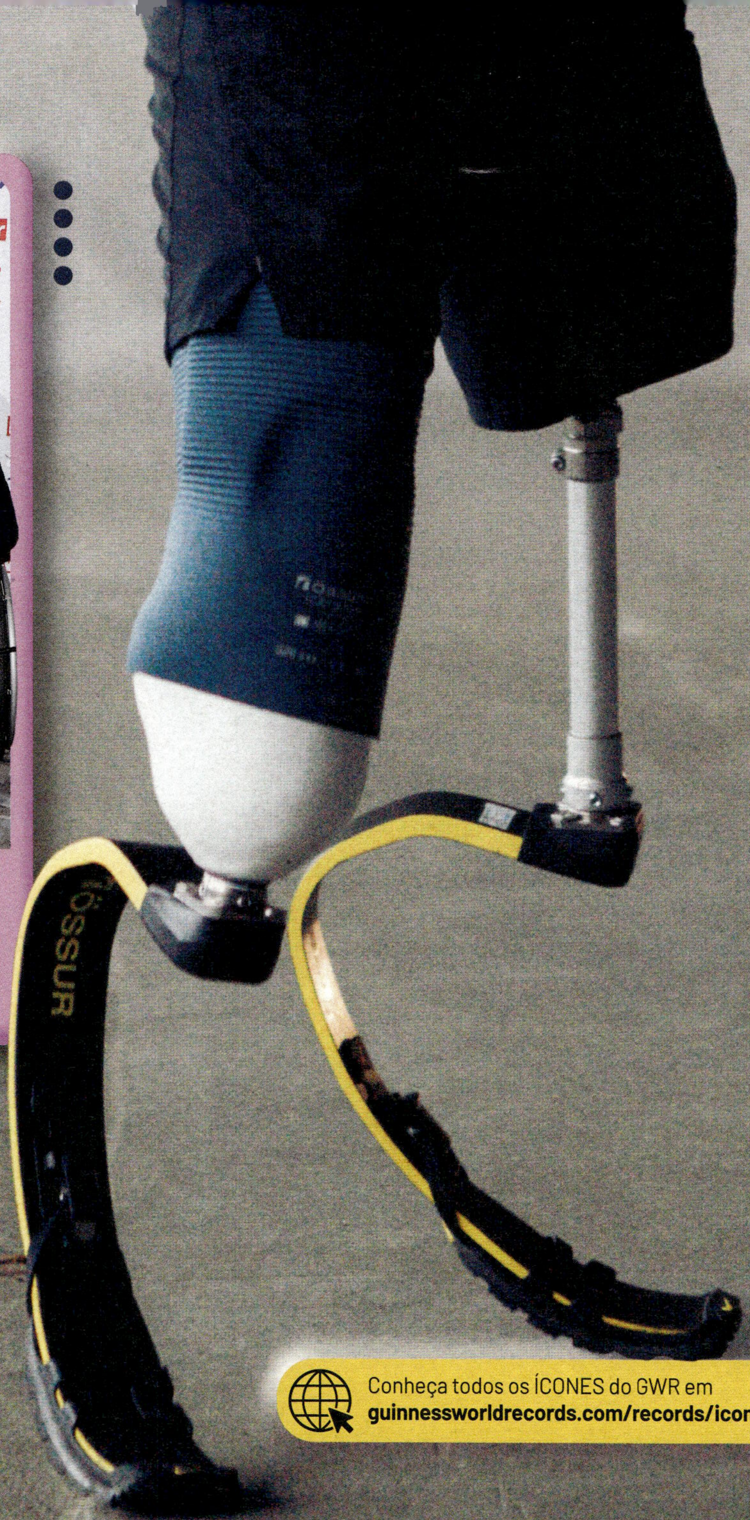

Conheça todos os ÍCONES do GWR em **guinnessworldrecords.com/records/icons**

Em 2018, Billy recebeu o Helen Rollason de Personalidade Esportiva do Ano da BBC por sua extraordinária conquista diante da adversidade. Ao lado da família (*à dir.*) e de Lewis Hamilton, que lhe entregou o troféu, dividiu o palco com sua equipe de corrida, a Carlin, além dos paramédicos e médicos que o tratavam.

Antes de tentar bater o recorde, Billy participou de eventos de triatlo, incluindo o IRONMAN® 70.3 Weymouth (*detalhe*). A imagem principal o mostra comemorando ao cruzar a linha de chegada e garantir o recorde mundial no IRONMAN® 2024, terminando 30min antes do esperado. Mas, mesmo no auge do sucesso, Billy já procurava novos desafios. Os treinadores especularam que ele poderia competir nas Paralimpíadas de 2028 em Los Angeles, Califórnia, EUA. "Adorei o treinamento para Kona e aprendi muito com a experiência. Eu nunca diria nunca", afirmou.

MAIOR APROXIMAÇÃO DO SOL

Às 11h53min48s UTC de 24/12/2024, a *Parker Solar Probe* passou a 6.167.590km da superfície do Sol. Naquele momento, ela estava se movendo a 692.000km/h — a **velocidade mais rápida de uma espaçonave**.

Lançada em 12/8/2018, a *Parker* é uma missão de pesquisa da NASA operada pelo Laboratório de Física Aplicada da Universidade Johns Hopkins (EUA). A sonda está em uma órbita elíptica que a leva a uma distância de até 139mi de km no afélio (ponto mais distante), passando pela coroa que cobre a superfície do Sol no periélio (ponto mais próximo).

Cerca de uma vez por ano, a *Parker* passa perto de Vênus. A gravidade do planeta drenou parte da energia orbital da sonda, o que a puxou para órbitas cada vez mais próximas e elípticas ao redor do Sol, aumentando sua velocidade. Em 6/11/2024, a *Parker* fez sua última passagem por Vênus, reduzindo tanto sua órbita que não poderá alcançar o planeta de novo. Permanecerá nessa órbita até ser desativada (girando o escudo térmico para longe do Sol e deixando a sonda queimar).

O escudo térmico da *Parker* (painel preto no topo) foi projetado para aguentar temperaturas de 1.370°C.

CONTEÚDO

A *Parker* foi criada para estudar o comportamento complexo da coroa solar, que é a fonte do vento solar.

PLANETAS

Tempestade mais antiga
A Grande Mancha Vermelha de Júpiter é o **maior anticiclone do Sistema Solar.** Essa intempérie provavelmente se formou no séc. XVII e suas dimensões mudaram muito com os anos. Hoje, está do menor tamanho que já a vimos e pode se dissipar nas próximas décadas.

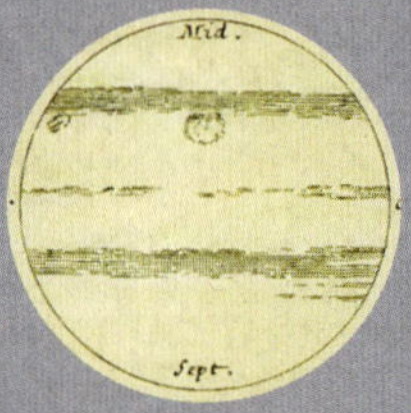

1672: Este desenho, do astrônomo Giovanni Cassini, é uma das 1as representações da Grande Mancha Vermelha. Júpiter está de ponta-cabeça porque é assim que aparecia no telescópio.

1881: Esta aquarela de Thomas Elger mostra a tempestade em sua maior extensão conhecida (estimados 40.000km de leste a oeste).

1979: A *Voyager 1* passou por Júpiter entre jan-abr e tirou esta foto da Grande Mancha Vermelha durante sua maior aproximação em 5/mar. Na época, estava com "apenas" 25.000km de extensão.

2024: Observações com o telescópio espacial Hubble publicadas em 9/out mostram que o núcleo avermelhado da tempestade diminuiu para cerca de 12.880km no eixo mais longo.

Mais quente
Vênus é coberto por uma atmosfera densa e isolante, 96% dela formada de dióxido de carbono. Assim, apesar de ter o dobro da distância do Sol comparado a Mercúrio, suas temperaturas de superfície são bem mais altas, com média de 473°C.

Isso, combinado a nuvens de ácido sulfúrico e uma pressão atmosférica 93x maior do que a da Terra, faz do ambiente de Vênus o mais desafiador para um pouso. Até nov/2024, só 9 naves conseguiram pousar na superfície de Vênus, e muitas falharam antes de utilizarem seus instrumentos. O **pouso venusiano mais longo** – o módulo de pouso da sonda soviética *Venera 13* – durou 127min, em 1/3/1982.

Planeta com mais sondas
Houve 26 missões bem-sucedidas ou parcialmente bem-sucedidas a Marte, começando com a *Mariner 4* da NASA, que sobrevoou o planeta em jul/1965. Até 14/11/2024, havia 2 rovers em atividade – o *Curiosity* e o *Perseverance*, ambos da NASA (*ver p. ao lado*) –, além de 7 orbitadores.

A **missão mais longa na superfície marciana** foi do rover *Opportunity*, que ficou ativo de 25/1/2004 a 10/6/2018 (14 anos e 136 dias). O recorde equivalente para um **orbitador marciano** é do *Mars Odyssey*, da NASA, que entrou em órbita em 24/10/2001 e ainda estava ativo em 14/11/2024, 23 anos e 21 dias depois.

Maior inclinação axial
Urano gira num eixo inclinado a 97,7° em relação ao seu plano orbital (o círculo que ele forma ao orbitar o Sol). Uma teoria sugere que esse ângulo incomum é resultado de uma colisão antiga com um planeta do tamanho da Terra.

Essa colisão também pode ter drenado boa parte da energia do planeta, o que explicaria a temperatura média de Urano de congelantes -197,5°C, apenas 4°C mais quente que o **planeta mais frio**, Netuno, apesar de Urano estar a 1,6bi de km mais perto do Sol.

1º exoplaneta confirmado
Em 9/1/1992, os astrônomos Aleksander Wolszczan (POL) e Dale Frail (EUA) anunciaram 2 "superterras" em órbita ao redor do pulsar binário PSR B1257+12. Pulsares são estrelas que se transformaram em massas

EXOPLANETA MAIS PRÓXIMO
Identificado em 2016, o planeta Proxima Centauri b é mais ou menos do tamanho da Terra, localizado a cerca de 4,2 anos-luz, e orbita o vizinho celestial mais próximo do nosso Sol, Proxima Centauri. A órbita fica bem perto do seu astro-rei, mas Proxima Centauri é uma anã vermelha fraca, assim, o planeta não possui temperaturas extremas. A natureza da estrela, no entanto, exigiria que qualquer vida em potencial tivesse que enfrentar 30x mais radiação UV e 250x mais radiação de raios-X do que na Terra.

Vênus também é o **planeta mais brilhante.** É o 2º objeto mais brilhante do céu noturno depois da Lua.

MAIS SÓIS NUM SISTEMA PLANETÁRIO
Estima-se que 2 sistemas estelares contenham um único planeta numa órbita complexa em torno de 4 estrelas: 30 Arietis (*na ilustração*) e Kepler-64. Alguns astrônomos acreditam que o planeta 30 Arietis b pode ser uma estrela pequena e fraca, mas o corpo no sistema Kepler-64 – PH1b, descoberto em 2012 – é definitivamente um planeta gigante mais ou menos do tamanho de Netuno.

CAMPO MAGNÉTICO MAIS FORTE
Júpiter, o **maior planeta** do Sistema Solar, tem um campo magnético cerca de 19.000x mais poderoso do que o da Terra. Assim, sondas enviadas ao gigante gasoso ou suas luas (*ver p.96-97*) devem ter escudos para proteger os componentes eletrônicos. Apesar da dificuldade, Júpiter é o **planeta externo com mais sondas**, tendo sido visitado 9x e com mais 2 missões pela frente (*ver p. ao lado*).

PLANETA MAIS RÁPIDO

Orbitando a uma distância de 57,9mi de km, o **planeta mais interno** do Sistema Solar, Mercúrio, completa uma órbita ao redor do Sol a cada 87 dias e 21 horas. A foto foi tirada pela *BepiColombo* (*à dir.*), que passou perto de Mercúrio 4x desde out/2021 (**mais sobrevoos de um planeta**). Essas passagens foram feitas para liberar energia suficiente para entrar na órbita do planeta.

O *Perseverance* percorreu a **maior distância em 1 dia em Marte** (319m), em 14/2/2022.

ultradensas com feixes de radiação emitidos dos polos. Conforme giram, os feixes ficam visíveis, como a luz de um farol. Wolszczan e Frail notaram uma irregularidade no feixe do PSR B1257+12 e concluíram que era causada por 2 planetas, Poltergeist e Phobetor, passando em frente ao pulsar.

Menor período orbital

Descoberto em 2011, o exoplaneta PSR J1719-1438 b completa sua órbita a cada 131min. Orbita um pulsar ultradenso a uma distância de apenas 600.000km, pouco mais que o dobro da distância da Terra e a Lua. O planeta consiste em praticamente carbono puro, comprimido a uma densidade de 23t/m^3, dando a ele o apelido de "planeta diamante".

Viajantes corajosos...

A distância entre os mundos do Sistema Solar são vastas, e a atração gravitacional do nosso Sol torna a viagem interplanetária demorada. Eis 4 sondas que estão viajando por aí.

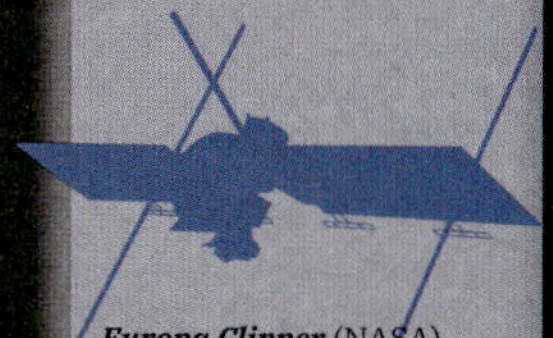

Europa Clipper (NASA)
Destino: Europa (*ver p.95*)
Lançamento: out/2024
Chegada: abr/2030

Psyche (NASA)
Destino: 16 Psyche
Lançamento: out/2023
Chegada: ago/2029

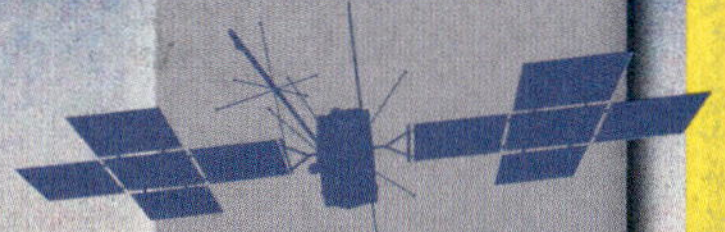

JUICE (ESA)
Destino: Ganimedes
Lançamento: abr/2023
Chegada: dez/2034

BepiColombo (ESA/JAXA)
Destino: Mercúrio
Lançamento: out/2018
Chegada: nov/2026

O helicóptero *Ingenuity* (*detalhe acima*), da NASA, fez o **1º voo controlado em Marte** em 19/4/2021. O esperado eram 5 voos em 2 semanas, mas ele acabou voando 72 vezes até, por fim, cair em Valinor Hills, em 18/1/2024. O *Ingenuity* cobriu 17,2km, agindo como batedor para o rover *Perseverance* (à esquerda, na foto principal, que foi tirada por uma das câmeras do *Ingenuity*).

MAIOR ROVER PLANETÁRIO

Em 18/2/2021, o rover *Perseverance*, de 1.026kg, tocou a superfície de Marte (o **pouso suave com a maior carga**). Desde então, viajou pelo delta seco do Neretva Vallis, pelas dunas de um antigo lago e começou a subir as encostas da cratera Jezero. Ao longo dos 30km, o explorador robótico enviou 50Gb de dados e encheu 27 dos seus 43 recipientes de amostras.

LUAS

Luas são objetos em órbita ao redor de mundos que orbitam o Sol.

- Até 2024, havia 293 luas orbitando os planetas do Sistema Solar.
- Mais de 470 luas foram encontradas orbitando corpos menores, como asteroides e objetos no cinturão de Kuiper.
- Até agora, não foi encontrada nenhuma lua orbitando outra. Embora isso seja possível, as interações gravitacionais entre corpos maiores e suas luas indicam que é improvável que essa seja uma disposição estável.

Maior corpo sem lua
Apesar de ter uma massa que é só 1/5 menor que a da Terra, Vênus não tem lua. A coisa mais próxima que tem disso é o quase satélite Zoozve (batizado após uma leitura errada de sua designação provisória 2002VE68), cuja órbita ao redor do Sol é influenciada pela gravidade de Vênus. No entanto, ele não chega a menos de 30mi de km do planeta.

Mais missões a uma lua
Não é de surpreender que a dona deste título seja a nossa Lua, visitada por 70 missões de exploração até 7/11/2024. Destas, 26 contaram com um módulo de pouso ou rover, e 10 (missões *Apollo 8-17*) tinham tripulantes humanos. Hoje há 13 satélites ativos orbitando a Lua.

Lua mais próxima de um planeta
A maior das 2 luas de Marte, Fobos, tem formato de batata e orbita a 5.981km acima da superfície marciana. Há várias teorias de como o planeta acabou com 2 luas pequenas de formatos irregulares, Fobos e Deimos. Elas podem ter sido asteroides capturados pela força gravitacional, detritos de um grande impacto na superfície de Marte ou fragmentos de uma lua maior mais antiga.

LUA COM MAIS ATIVIDADE VULCÂNICA
Mais de 150 vulcões ativos foram observados na superfície da terceira maior lua de Júpiter, Io. Entre eles está o **vulcão mais poderoso do Sistema Solar**, Loki Patera, cujas erupções geram nuvens de cinzas de 506km de altura. A atividade vulcânica de Io é impulsionada pelos campos gravitacionais de Júpiter e suas luas maiores, que a sujeitam a poderosas forças de maré.

Nossa Lua é a **maior lua em relação ao planeta**, com um diâmetro que corresponde a 27% do da Terra. A imagem abaixo mostra o seu lado oculto, que não é visto daqui. O terreno acidentado e cheio de crateras indica que é lá que a maioria dos extremos geográficos da Lua são encontrados. Nenhum humano tinha visto isso até 1959, quando a sonda soviética *Luna III* tirou a **1ª foto do lado oculto da Lua.**

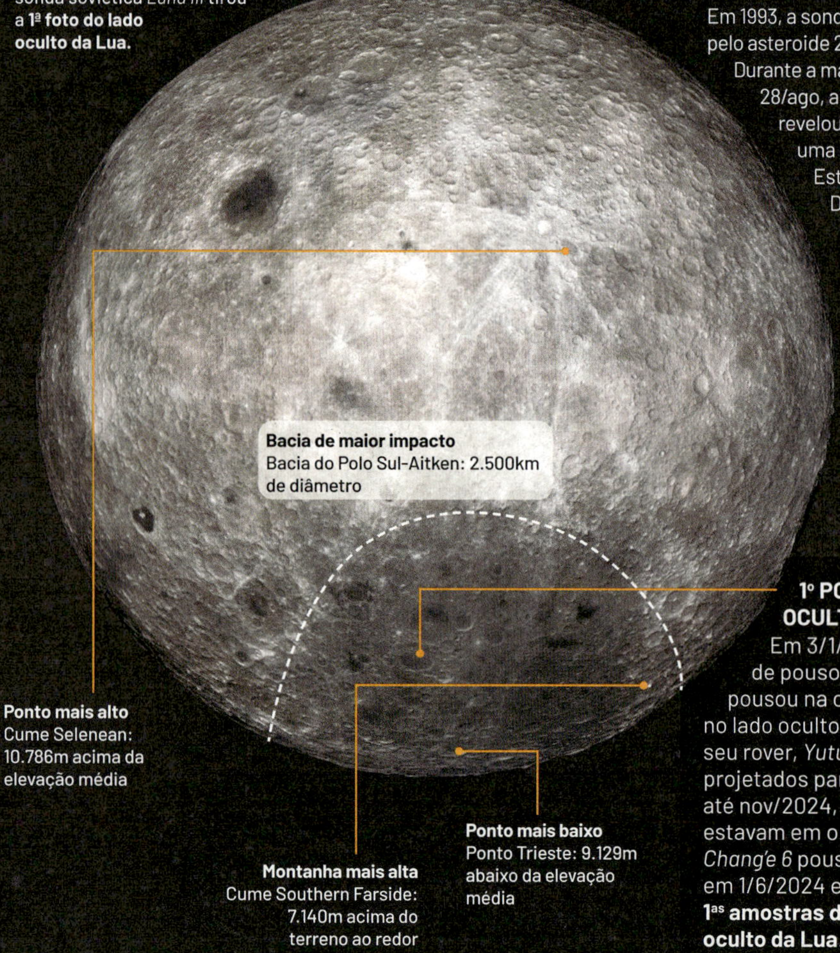

1ª lua de asteroide registrada
Em 1993, a sonda *Galileo*, da NASA, passou pelo asteroide 243 Ida a caminho de Júpiter. Durante a maior aproximação, em 28/ago, a sonda tirou uma foto que revelou uma luazinha orbitando a uma distância de cerca de 85km. Esta, que hoje é chamada de Dactyl, tem apenas 1.600m de largura. Sabemos que luas de asteroides são relativamente comuns, com mais de 350 exemplos conhecidos. Esse número não inclui asteroides binários em que não há diferença suficiente de massa para classificar um como o satélite do outro.

Mais luas orbitando um planeta
Em 8/6/2023, a União Astronômica Internacional aceitou evidências de 29 novas luas em Saturno, atualizando o número do gigante gasoso para 146. Muitas são minúsculas, com diâmetros de centenas de metros. Como sua esfera de influência gravitacional é maior que a de Saturno, é provável que Júpiter tenha muito mais luas do que as 93 confirmadas.

Luas mais próximas
Náiade e Talassa, 2 satélites pequenos de Netuno, têm caminhos orbitais com apenas 1.850km de diferença, com Náiade (a mais próxima do planeta) orbitando a uma velocidade pouco maior do que Talassa. Sempre que Náiade ultrapassa Talassa, as duas passam a 3.540km uma da outra.

1º POUSO NO LADO OCULTO DA LUA
Em 3/1/2019, o módulo de pouso *Chang'e 4* chinês pousou na cratera Von Kármán no lado oculto da Lua. Com seu rover, *Yutu-2*, haviam sido projetados para durar 1 ano, mas, até nov/2024, as 2 naves ainda estavam em operação. A missão *Chang'e 6* pousou na bacia Apollo em 1/6/2024 e retornou com as **1ªs amostras de solo do lado oculto da Lua**.

> A NASA planeja uma missão para Titã na década de 2030, com um rover voador chamado *Dragonfly*.

A maior lua de Netuno, Tritão, é notável por ser o **maior satélite retrógrado**, ou seja, que está na direção oposta à rotação do planeta e suas outras luas. Acredita-se que Tritão era um planeta menor na órbita solar que foi capturado pela gravidade de Netuno.

Mais luas num planeta anão

Plutão, o **maior mundo do cinturão de Kuiper**, tem cinco luas. A maior delas é Caronte, que, com um diâmetro de 1.012km, tem quase metade do tamanho de Plutão. Dependendo da definição, Plutão e Caronte são um sistema binário, e não um planeta menor e sua lua. A massa de Caronte exerce força suficiente em Plutão para que o ponto em que ambos orbitam fique fora do raio de Plutão.

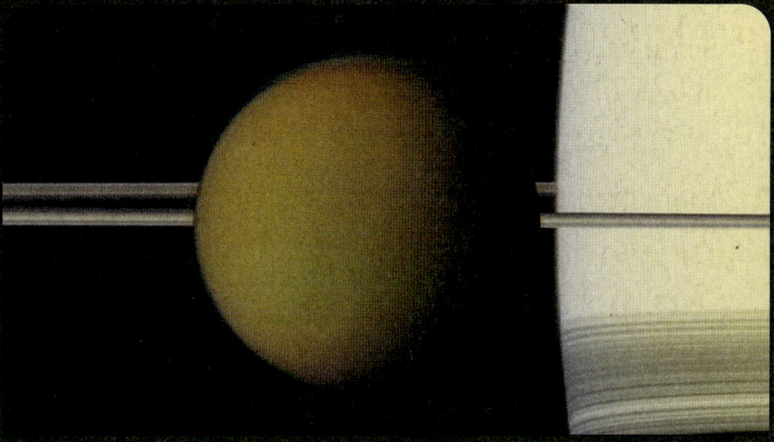

ATMOSFERA MAIS DENSA PARA UMA LUA

Titã, a lua de Saturno, tem uma atmosfera que exerce uma pressão de cerca de 1,5bar, tornando-a por volta de 50% mais densa que a da Terra. Esta espessa camada de nuvens obscurece um notável mundo alienígena onde chove metano líquido. É a casa do **rio extraterrestre mais longo**, o Vid Flumina, de 412km de extensão, que deságua num dos muitos mares de metano da lua.

PRIMEIRA EXOLUA

Não há evidências conclusivas da existência da lua de um exoplaneta. É provável que elas sejam pequenas demais ou impossíveis de diferenciar, com as técnicas atuais, de seus planetas. Em out/2024, porém, os cientistas da NASA sugeriram que pode haver uma lua orbitando o exoplaneta WASP-49b, com base numa névoa detectável de gás que pode indicar uma lua com vulcões ativos (semelhante a Io, na p. ao lado).

Lua mais distante

O planeta anão Éris fica localizado no "Disco Disperso", uma região na borda externa do Sistema Solar que abriga cometas e outros corpos com órbitas altamente excêntricas. Éris tem uma órbita que o leva a até 14,57bi de km do Sol.

Em 10/9/2005, astrônomos do Keck Observatory, no Havaí, EUA, descobriram que Éris tem uma lua, que foi batizada de Disnomia. Observações seguintes revelaram que Disnomia tem cerca de 615km de diâmetro, quase um terço do tamanho de Éris. Porém, é composta sobretudo de gelo, e sua massa é bem menor. Supõe-se que Disnomia se formou após um impacto entre Éris e outro planeta pequeno.

Os ícones abaixo mostram o tamanho relativo das maiores luas do Sistema Solar, ordenadas por diâmetro.

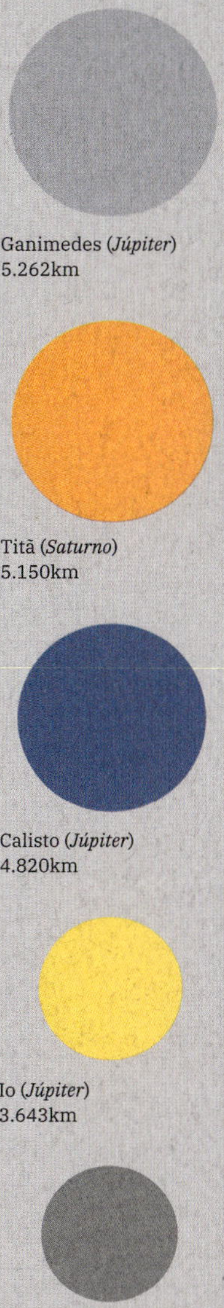

Ganimedes (*Júpiter*) 5.262km

Titã (*Saturno*) 5.150km

Calisto (*Júpiter*) 4.820km

Io (*Júpiter*) 3.643km

Lua (*Terra*) 3.474km

SOB O GELO

Europa tem uma crosta gelada de 10-30km de espessura. Abaixo, há um oceano de 100km de profundidade que é mantido líquido pelo núcleo rochoso tectonicamente ativo da lua. Há pontos em que gêiseres irrompem do gelo, jogando água no espaço. Espera-se que a *Europa Clipper* possa coletar a água que sai desses dutos.

MAIS ÁGUA LÍQUIDA

As estimativas publicadas pela NASA em 2019 apontam que o oceano sob a superfície congelada da lua Europa, de Júpiter, contém cerca de 3bi de km^3 de água líquida, ou seja, mais que o dobro do que existe na Terra. Para estudar isso, em 14/10/2024, a NASA lançou a *Europa Clipper*, uma sonda espacial criada para procurar por sinais de vida. A *Europa Clipper* é a **maior nave a deixar o sistema Terra-Lua**, com uma massa de 6.065kg e um painel solar de 22m.

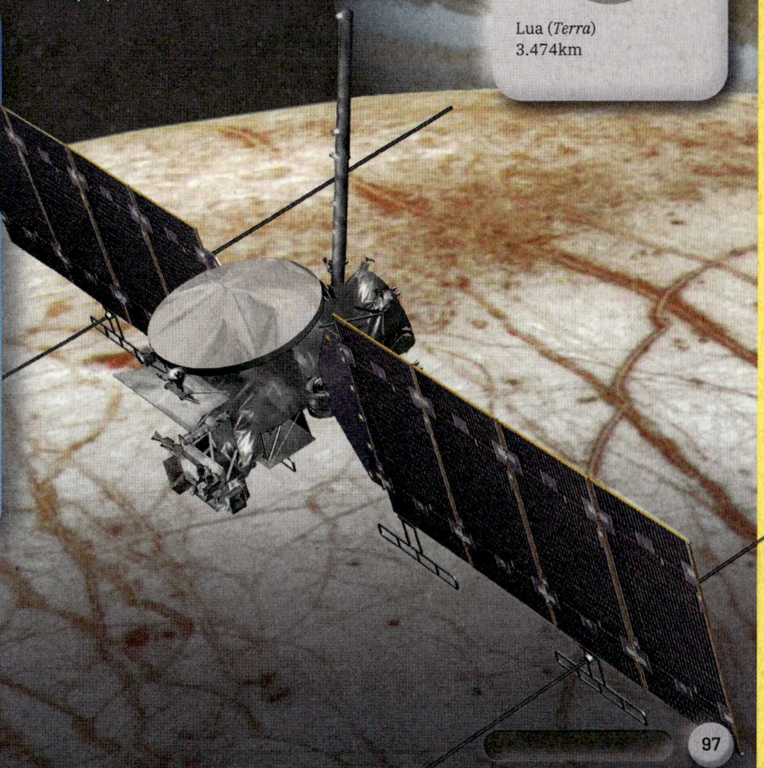

VOO ESPACIAL

Sarah Gillis e Anna Menon detêm juntas o recorde de **maior altitude alcançada (fem.)**.

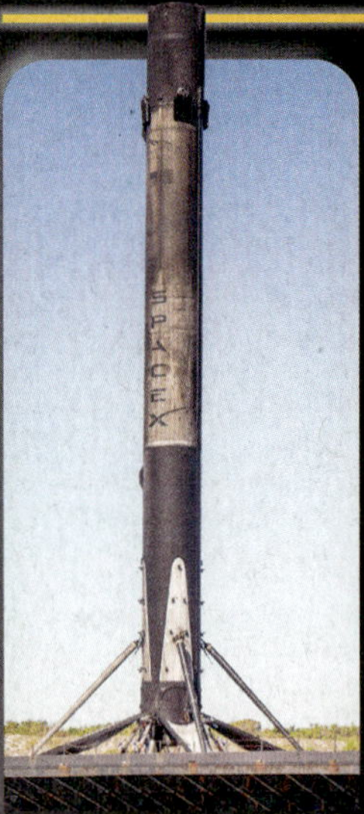

Mais missões feitas por um estágio de foguete
O propulsor B1067, do *Falcon 9*, construído pela SpaceX (EUA), lançou 26 missões orbitais desde jun/2021. A mais recente foi a do *Starlink 12-8*, que decolou e pousou em 15/2/2025.

Mais lançamentos orbitais em 1 ano
Entre 1/1-31/12/2024, 258 cargas foram lançadas para a órbita da Terra ou além. O número é 5x maior do que a taxa de lançamento anual de 20 anos atrás. Os EUA são o **país com maior número**, com 145 missões bem-sucedidas (158, se as 13 missões do Rocket Lab, com base nos EUA, mas que faz lançamentos da Nova Zelândia, forem computadas).

A maior contribuinte para esse recorde foi a provedora de serviços de lançamento SpaceX, cujo foguete *Falcon 9* (*ver à esq.*) fizeram 132 voos, sobretudo para ajudar na construção da Starlink, a **maior constelação de satélites**. Até 3/1/2025, havia 6.857 satélites ativos da Starlink em órbita terrestre baixa.

Menor foguete orbital
O *SS-520-5*, da Agência de Exploração Aeroespacial do Japão, colocou um pequeno satélite de 3kg em órbita terrestre baixa em 3/2/2018. O foguete tinha 9,54m de altura e pesava 2.600kg, menos de 0,05% da massa do **maior foguete** (*ver p. ao lado*).

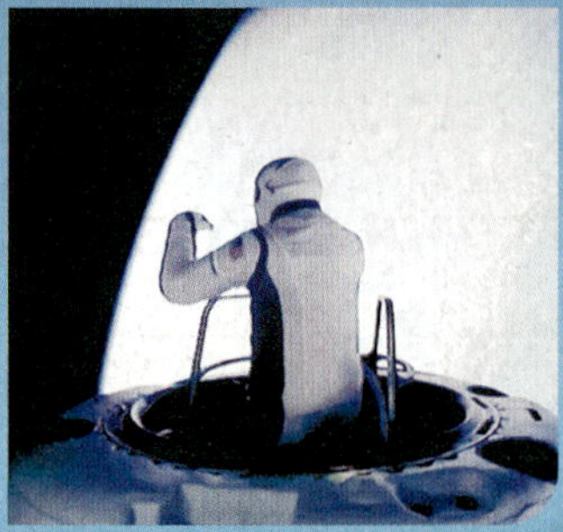

MAIOR ALTITUDE EM ÓRBITA TERRESTRE
Em 11/9/2024, a tripulação da missão privada Polaris Dawn (*na foto, da esq. para a dir.: Sarah Gillis, Jared Isaacman, Scott Poteet e Anna Menon*) foi impulsionada para uma órbita que atingiu 1.400km. No dia seguinte, Isaacman e Gillis fizeram a **1ª caminhada espacial por astronautas privados** (*à dir.*) para testar o desempenho do traje espacial da SpaceX fora da cápsula.

MAIS PESSOAS EM ÓRBITA SIMULTANEAMENTE
O lançamento da *Soyuz MS-26* (*tripulação na foto à dir.*) em 11/9/2024 fez com que o número das pessoas em órbita terrestre fosse para 19. Esse total incluía 9 na *ISS* (*no topo*), 3 na estação *Tiangong* (CHN, *acima*) e 4 na *Resilience*, da nave *Crew Dragon*, da Polaris Dawn (*acima, à dir.*). Essa multidão diminuiu em 15/9, quando a tripulação da Polaris Dawn retornou à Terra.

MAIOR CAMINHADA ESPACIAL
Às 4h51 de 17/12/2024, os astronautas (ou "taikonautas") Cai Xuzhe e Song Lingdong (CHN) saíram da câmara de descompressão da estação *Tiangong* para instalar proteções contra detritos e fazer manutenções. As tarefas demoraram mais do que o esperado, e a dupla só voltou para a câmara às 13h57 (um recorde de 9h6min).

Maior presença humana ininterrupta no espaço
A 1ª tripulação da *Estação Espacial Internacional* (*ISS*) começou a Expedição 1 em 2/11/2000. Desde então, há um mínimo de 2 pessoas na *ISS*. Um total de 280 indivíduos de 23 países visitaram a estação nos últimos 24 anos. Alguns permaneceram por semanas e outros por mais de um ano.

A estação é o **maior satélite artificial** da Terra, com uma massa de 450.000kg e uma estrutura principal de 109m. A NASA planeja que a *ISS* continue em uso até cerca de 2030. Espera-se que várias companhias privadas lancem estações espaciais nos próximos anos.

Todos os horários e datas estão em Tempo Universal Coordenado (UTC)

MAIOR TEMPO DE CAMINHADA ESPACIAL (FEM.)

A astronauta da NASA Sunita Williams completou sua 9ª caminhada espacial em 30/1/2025, aumentando o tempo que trabalhou no exterior da *ISS* para 62h6min. Com 59 anos e 133 dias, Williams (n. 19/9/1965) é também a **mulher mais velha a fazer uma caminhada espacial**. Engenheira e ex-pilota de testes da Marinha dos EUA, tornou-se astronauta em 1998 e foi pela 1ª vez à *ISS* em 2006.

Maior altitude alcançada por humanos
Em 15/4/1970, Jim Lovell, Fred Haise e Jack Swigert, da NASA, deram a volta pelo lado oculto da Lua na *Apollo 13*. A trajetória de "retorno livre", escolhida após uma explosão danificar a espaçonave, levou a tripulação a muito mais longe da Terra do que qualquer humano deste então, uma distância de 400,41km.

Maior espaçonave tripulada reutilizável
Os orbitadores do programa de Ônibus Espacial da NASA tinham uma massa em vazio de 78.844kg e uma massa de lançamento carregada de 110.000kg. Esses aviões espaciais tinham 37m de altura e envergadura de 24m. O 1º voo do ônibus espacial foi em 12/4/1981, e os 5 orbitadores construídos fizeram 135 missões até o fim do programa, em 21/6/2011.

Lançamento orbital mais rápido
Os foguetes modernos são feitos para entrar em órbita em cerca de 10min e, em geral, não submetem tripulações ou carga a mais de 4*g* de aceleração. No início da corrida espacial, porém, a combinação de cápsulas de tripulação pequenas e veículos de lançamento baseados em mísseis balísticos levaram a alguns voos de arrepiar os cabelos. *Mercury-Atlas 6*, que levou John Glenn (EUA) ao espaço em 20/2/1962, entrou em órbita em 5min1,4s, submetendo Glenn a 7,7*g* de aceleração.

MAIOR FOGUETE A FAZER UM POUSO CONTROLADO

Após diversas tentativas fracassadas, em 13/10/2024, a SpaceX retornou com sucesso seu propulsor Super Heavy para a torre de lançamento, pegando-o com um par de braços hidráulicos conhecidos como "chopsticks". O propulsor tinha 69m de altura e 9m de diâmetro e pesava mais de 276t ao retornar para a Terra (com os tanques quase vazios). A versão Block 1 do Super Heavy gerou 74.000kN de empuxo, tornando-o o **foguete mais potente**, e a versão Block 2, aperfeiçoada, é ainda mais poderosa. O foguete completo (*à dir.*), incluindo o Super Heavy e o estágio superior da *Starship*, tem 121m de altura e pesa cerca de 5.000t — o **maior foguete**.

A *Starship* precisa da maior torre de lançamentos já construída, 146m acima do complexo Starbase da SpaceX.

O que tem lá em cima?
Ao todo, havia 29.497 objetos em órbita catalogados até 31/12/2024, ou seja, 13.707t de materiais feitos por humanos.

Satélites ativos: 10.818

Satélites inativos: 3.156

Estruturas de foguetes: 2.000

Detritos operacionais (como coberturas e flaps descartados): 1.481

Outros detritos (sobretudo fragmentos de objetos maiores que se degradaram): 12.042

METEOROLOGIA

A estação meteorológica da abadia de Kremsmünster, AUS, está no mesmo parapeito desde 1762.

A fábrica de previsões
No final de *Weather Prediction by Numerical Process* (*ver p. ao lado*), Lewis Fry Richardson descreveu como seus métodos meticulosos podem ser ampliados para permitir previsões meteorológicas em tempo real.

Richardson sonhava com um enorme auditório construído para esse fim, uma "fábrica de previsões", onde milhares trabalhariam.

No centro, num grande pódio, ficaria o meteorologista principal, direcionando as operações como um maestro.

Ele seria auxiliado por 4 assistentes, responsáveis por interpretar resultados e redigir previsões.

As paredes seriam cobertas por um mapa-múndi gigante, dividido em quadrados de 60x60km.

Por trás de cada quadrado, haveria um escritório com 32 "calculadoras humanas", processando equações para sua seção.

Estação meteorológica mais antiga
Em 12/1/1733, o astrônomo sueco Erik Burman e seu aluno Anders Celsius montaram uma estação meteorológica simples no terreno da Universidade de Uppsala, SWE. Embora tenha mudado de lugar algumas vezes devido ao crescimento da cidade, a estação de Uppsala permanece em operação, e seus registros contêm mais de 303 anos de história climática do país.

1º mapa meteorológico em tempo real
A invenção do telégrafo elétrico, em 1844, possibilitou que notícias sobre o clima viajassem mais rápido que o próprio clima. Por volta de 1856, um mapa dos EUA foi instalado no saguão do Instituto Smithsonian em Washington, DC, por seu diretor Joseph Henry. Toda manhã, o mapa ganhava símbolos que correspondiam aos relatórios meteorológicos recebidos de telegrafistas de todo o país.

AVIÃO DE RECONHECIMENTO METEOROLÓGICO MAIS ANTIGO
Dois Lockheed WP-3D, conhecidos como *Miss Piggy* e *Caco*, foram construídos para a Administração Oceânica e Atmosférica Nacional (NOAA), dos EUA, como parte do programa "Caçadores de Furacão", em 26/2/1976. Nos 49 anos de serviço, entraram em mais de 100 ciclones tropicais. Embora sejam velhos, o equipamento que carregam está sempre atualizado. Hoje, ambos têm um radar de varredura horizontal (a protuberância sob o corpo do avião), um de varredura vertical (o cone na cauda) e dezenas de equipamentos menores, como dropspondes e drones (*ver abaixo*).

Em set/2024, a NOAA anunciou que *Miss Piggy* e *Caco* serão enfim aposentados em 2030.

VENTO MAIS RÁPIDO REGISTRADO POR AERONAVE NÃO TRIPULADA
Durante a estação das chuvas de 2024, os Caçadores de Furacão da NOAA foram usados com drones de reconhecimento SO feitos pela Black Swift (EUA). Em 25/9, em uma missão no furacão Helene, um SO registrou o **maior tempo de voo num furacão** (105min). O maior teste do sistema foi no furacão Milton, em que um SO sobreviveu a ventos que chegaram a 387km/h.

Previsão do tempo mais longa
Em out/1859, uma enorme tempestade varreu as Ilhas Britânicas, destruindo ao menos 343 navios e ceifando muitas vidas. Depois, Robert FitzRoy, diretor do recém-criado Meteorological Department of the Board of Trade (hoje UK Met Office), concluiu que essa tempestade poderia ter sido prevista, e os marinheiros, avisados com antecedência.

Seu trabalho subsequente (que se baseava em comparar dados em tempo real com padrões vistos no passado) resultou em 2 novos conceitos: o Storm Warning Service, que emitiu o 1º boletim em 6/2/1861 e é o ancestral da *Shipping Forecast* atual, produzido por 164 anos até 2025. O 2º foi o *Wind and Weather Report*, que introduziu a **1ª previsão do tempo diária** nos jornais britânicos em 1/8/1861 e durou 4 anos.

Organização científica internacional mais antiga
O campo da meteorologia foi um dos primeiros a abraçar a colaboração global em larga escala. A Organização Meteorológica Mundial, com sede em Genebra, SUI, tem origens no Comitê Meteorológico Permanente, fundado numa conferência em Viena, AUS, em 11/9/1873.

VENTO MAIS RÁPIDO REGISTRADO POR EMBARCAÇÃO AUTÔNOMA
A formação e o comportamento de ciclones tropicais são muito influenciados pelas correntes e temperaturas do oceano. Desde 2021, a NOAA tem uma frota de "Exploradores" robóticos, construída pela Saildrone (EUA), para monitorar esses fatores. Às vezes, esses veículos autônomos ficam presos nas tempestades. Em 30/9/2021, o *Explorer SD 1045* navegou por ventos de 203km/h, durante o furacão Sam (a foto no detalhe à esquerda é da câmera a bordo).

PRIMEIRA PREVISÃO DO TEMPO COMPUTADORIZADA
Os meteorologistas logo perceberam que os computadores tinham o potencial de revolucionar a previsão do tempo e foram alguns dos primeiros a adotá-los. Em 1950, um grupo liderado por Jule Charney (EUA) desenvolveu um programa para o computador ENIAC, que produziu uma previsão usando os métodos de Lewis Fry Richardson (*ver abaixo*). Isso reduziu o tempo de previsão para 12h, embora a maioria das previsões estivesse errada.

Maior rede voluntária de observação climática
Desde a instalação do 1º pluviômetro monitorado por voluntários em 1998, a CoCoRaHS (Community Collaborative Rain, Hail and Snow Network) cresceu e hoje conta com 26.500 estações de medição pela América no Norte. O projeto foi fundado pelo meteorologista Nolan Doesken, para acompanhar níveis de precipitação altamente localizados.

MAIOR FROTA DE VEÍCULOS DE RASTREAMENTO CLIMÁTICO
A Flexible Array of Radars and Mesonets, com base na Universidade do Alabama, nos EUA, tem 4 caminhões com radar Doppler, 3 mesonets (estações meteorológicas) móveis e veículos de apoio que usam "pods" ou instrumentos portáteis. A equipe do "Doppler sobre rodas" viaja por toda a América do Norte para estudar fenômenos climáticos extremos, como tornados.

1ª previsão numérica do tempo
Em 1913, o matemático Lewis Fry Richardson (RU) adotou numa nova forma de prever o tempo. Nas décadas anteriores, vários cientistas tinham concebido equações que modelavam as mudanças de pressão num determinado ponto da atmosfera, mas ninguém expandira o método para fazer previsões. Usando um conjunto de dados da manhã de 20/5/1910, Richardson determinou matematicamente o clima naquela tarde.

Os cálculos levaram quase uma década, por ele ter que fazer muitos cálculos de cabeça enquanto atuava como médico de campo na 1ª Guerra Mundial. Ele publicou seus métodos (quase todos corretos) e os resultados (que, infelizmente, estavam muito errados) no *Weather Prediction by Numerical Process*, em 1922 (*ver p. ao lado*).

Computador climático mais poderoso
Os maiores computadores dedicados ao clima e às previsões são o GURU e o MARU, supercomputadores do ThinkSystem SD650, operados pela Administração Meteorológica Coreana. Ambos têm um score LINPACK de 18 pentaflops/s, ou seja, fazem 18 quatrilhões de cálculos por segundo. Podem fazer num instante algo que levaria 1 dia em um computador comercial.

Modelo meteorológico de maior resolução
Modelos meteorológicos dividem o mundo em células, depois fazem cálculos para cada uma. Quanto menores forem essas células, mais detalhada a previsão. O IBM Global High-Resolution Atmospheric Forecasting System (GRAF) usa células que cobrem áreas de 3km^2.

ESTAÇÃO METEOROLÓGICA EM MAIOR ALTITUDE
Em 9/5/2022, uma equipe de cientistas e sherpas, liderados por Tenzing Gyalzen Sherpa (NEP), instalou uma estação meteorológica em Bishop Rock, no lado nepalês do Everest (ou Sagarmāthā, ou Chomolungma). A estação foi fundada como parte de uma expedição da National Geographic chamada "Retorno ao Everest" e fica a uma altura de 8.810m, a apenas 39m do cume da **montanha mais alta** (*ver p.84*).

LOUCOS POR VELOCIDADE

MAIOR VELOCIDADE ARRASTADO POR UMA MOTOCICLETA
Jonny Davies (RU) se agarrou a uma Kawasaki Ninja H2 SX que andava a 256,72km/h no Elvington Airfield, em North Yorkshire, RU, em 18/8/2024. O recorde anterior, que durara 25 anos, era de seu ídolo de infância, o piloto de acrobacias Gary Rothwell (RU).

CARRINHO DE MÃO MOTORIZADO MAIS RÁPIDO
John Loghry (EUA) alcançou 89,67km/h com seu *Wicked Wheelbarrow* em Mitchellville, Iowa, EUA, em 21/9/2024. A máquina caseira combina um motor de cortador de grama Predator 212 de 2020 com um carrinho de mão comum que estava em seu quintal.

TRATOR MAIS RÁPIDO
Em 23/10/2019, o piloto e engenheiro Guy Martin (RU) alcançou 217,57km/h em um JCB Fastrac modificado, no Elvington Airfield. As alterações incluíam um supercarregador elétrico atrás do turbocompressor principal e um intercooler com banho de gelo do tipo hot rod, permitindo que o veículo de 5t atingisse altas velocidades. "Eu simplesmente gosto de velocidade. Se for um pouco arriscado, estou dentro", disse Guy ao GWR.

Entre outros feitos velozes, Guy também alcançou a **maior velocidade em moto em uma Parede da Morte** (125,77km/h).

MOTOCICLETA ELÉTRICA MAIS RÁPIDA (ATÉ 150KG)
Em 6/8/2024, o engenheiro Louis--Marie Blondel (FRA) pilotou a Ohio State RW-5 Voxan a 289,78km/h em Bonneville, Utah, EUA. A moto foi projetada pela equipe Buckeye Current, da Universidade Estadual de Ohio (EUA), em parceria com a Voxan Motors, de Mônaco. A Voxan também construiu a detentora do recorde **geral**, a Wattman, de 300kg, que atingiu 455,73km/h em 1/12/2021, pilotada pela lenda da MotoGP Max Biaggi (ITA).

TAMANCO MOTORIZADO MAIS RÁPIDO
Em 4/4/2024, Klaas van Kruistum (NED) chegou a 112,74km/h em um tamanco motorizado no Aeroporto Internacional de Breda, NED. O calçado turbinado era feito de poliéster e fibra de vidro, montado sobre estrutura semelhante à de um kart elétrico. O recorde foi quebrado como parte de um desafio no programa de TV de Van Kruistum *Klaas kan alles* ("Klaas pode tudo").

Conhecidos como *klompen* na Holanda, os tamancos de madeira são usados no país desde a Idade Média.

HIPERCARRO ELÉTRICO A BATERIA MAIS RÁPIDO
Um Aspark OWL SP600 atingiu 438,73km/h em uma pista de testes em Papenburg, Baixa Saxônia, GER, em 31/10/2024. Produzido pela startup de veículos elétricos Aspark (JPN), o OWL é movido por 4 motores elétricos que geram, juntos, 1.500kW. Foi pilotado por Marc Basseng (GER).

GO-KART COM PROPULSÃO A JATO MAIS RÁPIDO
Scott Littledike (RU) dirigiu seu go-kart com motor a jato a 195,20km/h, em Elvington, em 5/8/2024. Engenheiro automotivo, ele passou 3 anos trabalhando nessa máquina, reconstruiu-a 6x e finalmente redesenhou tudo com um motor novo.

Embora seja, sem dúvida, mais seguro andar com todas as rodas sobre o chão, alguns profissionais aperfeiçoaram a arte de dirigir com apenas metade delas. O GWR apresenta a **maior distância sobre...**

Rodas laterais de carro: 371,06km, por Michele Pilia (ITA)

Roda dianteira de moto: 402,42m, por Jesse Toler (EUA)

Rodas laterais de caminhão: 16,4km, por Johann Redl (AUT)

Rodas traseiras de carro: 1.331m, por Nigel Benson (AUS)

Rodas traseiras de UTV: 1.226,72m, por Roger LeBlanc (CAN)

VEÍCULOS DE CONSTRUÇÃO

Conheça esses escavadores
Eles são grandes e em geral amarelos, mas o que são? Apresentamos aqui a taxonomia mais comum de veículos de construção.

Retroescavadeira
Esse veículo multifuncional tem uma pá na frente e um braço retroescavador numa carroceria de trator. Costumam ser chamados de "backhoes" nos EUA e "JCBs" no RU.

Guindaste de demolição
Tecnicamente veículos de *des*construção, essas máquinas têm uma bola de demolição de aço num guindaste giratório.

Caminhão basculante
Podem ser desde o tamanho de quadriciclos, usados em prédios pequenos, a monstros do tamanho de casas, usados em minas. Seu principal propósito é transportar material como terra, brita ou entulho.

1º veículo de construção motorizado
Construída em 1835 pelo inventor William Otis (EUA), de 21 anos, a Escavadeira Patenteada Otis (que não deve ser confundida com o Elevador Patenteado Otis, inventado por seu primo Elisha) tinha um braço escavador numa carruagem com um motor a vapor para fornecer energia. Foram construídas 7 delas, das quais 4 foram mandadas para a Rússia e 1 para o RU. As outras 2 permaneceram nos EUA, onde foram usadas em ferrovias, assim como no paisagismo do Central Park, de Nova York, e no Back Bay Fens, de Boston. A última Escavadeira Patenteada Otis funcionou até 1905!

Objeto mais pesado erguido por guindaste
Em 18/4/2008, a Yantai Raffles Shipyard, em Shandong, CHN, demonstrou a força de seu guindaste de pórtico *Taisun* ao erguer uma barca cheia d'água que pesava 20.133t.

VEÍCULO MAIS PESADO MOVIDO A BATERIA
O E-Dumper, construído em 2019 pela Kuhn Schweiz (SUI), pesa 45t. Foi convertido de um Komatsu HD605, quando engenheiros trocaram o motor a diesel de 23L por um motor elétrico movido a bateria de lítio-NMC de 4.500kg. O E-Dumper é usado numa pedreira da Suíça, em que a descida íngreme da área de carga permite que ele recarregue as baterias sobretudo por meio da frenagem regenerativa.

MAIOR MÁQUINA INDUSTRIAL MÓVEL
A Bagger 293 é uma escavadeira de roda de caçamba de 14.196t, projetada para uso em mineração a céu aberto. Foi construída pela TAKRAF (GER) entre 1985-1995 para ser usada na mina de carvão Hambach na Renânia do Norte-Vestfália, GER. A Bagger 293 tem 94,5m de altura, 220m de comprimento e requer conexão direta com uma usina de energia próxima.

1ª ESCAVADEIRA HIDRÁULICA
Em 1947, Vaino Holopainen e Roy Handy (ambos EUA) lançaram o Wain-Roy, ou "Ditch Digger". Construído na oficina deles em Hubbardston, Massachusetts, o inventivo braço hidráulico foi criado para encaixar no então popular trator Ford 8N. Em 1951, mecânicos do Holden Water Department adaptaram uma dessas máquinas para um Hough "Payloader", criando a **1ª retroescavadeira**.

A JCB anunciou a venda da sua milionésima retroescavadeira em 30/1/2025.

VIAGEM MAIS LONGA NUMA RETROESCAVADEIRA
Entre 11/1-13/2/2019, Norman Batie (AUS) dirigiu 5.649km numa JCB 4CX, de Brisbane, Queensland, a Canberra, AUS. Queria gerar publicidade e angariar fundos para a instituição de caridade infantil It's Not Your Fault 4 Kids.

MAIS BONÉS RETIRADOS POR ESCAVADEIRA EM 1MIN
Em 19/12/2022, o operador de escavadeiras Zhu Fei (CHN) removeu chapéus das cabeças de 15 voluntários no Autodromo Nazionale di Monza, perto de Milão, ITA. Retirou um boné a cada 4s, e os assistentes escaparam sem um arranhão. O recorde foi estabelecido numa noite fria de inverno em *Lo Show dei Record*, o programa do GWR da TV italiana.

Escavadeira de esteira
Cava buracos grandes e funciona em segurança em solo macio.

Manipulador telescópico
Empilhadeiras para todos os terrenos, são usadas para mover e erguer objetos pesados — como o palete de novas janelas no segundo andar de um edifício, por exemplo.

Rolo compressor
Têm um cilindro pesado de metal na dianteira, feito para nivelar terra, cascalho ou asfalto.

EQUIPE MAIS ANTIGA DE EXIBIÇÃO DE VEÍCULOS DE CONSTRUÇÃO
Em 1962, o empresário Joseph Cyril Bamford (RU), fundador da JCB, reuniu motoristas experientes para mostrar seu último modelo, o JCB 4. O grupo, que ficaria conhecido como Dancing Diggers, fez a 1ª aparição pública em fev/1962. A equipe ainda existia em fev/2025, 63 anos depois. Seus números coreografados são apreciados por milhões de pessoas, e eles já se apresentaram para a realeza.

Maior guindaste telescópico
O Liebherr 11200-9.1 é um guindaste móvel sobre rodas com uma base telescópica que pode chegar a 100m e acomodar extensões de treliça ainda mais longas. O veículo, feito na Suíça, foi lançado em 2007 para atender a empresas construtoras de grandes turbinas eólicas. Um deles foi usado, por exemplo, para montar a Max Bögl *Hybridturm*, em Stuttgart, GER, que foi a **turbina eólica mais alta** (178m) de 19/12/2017-11/9/2023, quando foi superada pelo protótipo da turbina Goldwind, de 185m, em Jiangsu, CHN.

Essa impressionante manobra (também vista na foto acima de 1962) é chamada de "Up and Over".

CIDADES

Ruas estranhas
Nem sempre ir de A a B torna uma jornada memorável. O GWR apresenta agora algumas das vias mais improváveis do mundo.

Rua mais íngreme
Baldwin Street em Dunedin, NZL. Gradiente: 34,8% ou 19°.

Rua mais estreita
Spreuerhofstrasse em Reutlingen, GER. Largura mínima: 31cm

Rua mais sinuosa
Lombard Street em São Francisco, Califórnia, EUA. Curvatura de 1.440° em 400m

Estrada congelada mais longa
A Tibbitt para Contwoyto (CAN). Comprimento: 568km, sendo 495km de lagos congelados

Primeiro shopping
O Fórum de Trajano em Roma, ITA, foi projetado por Apolodoro de Damasco e construído entre 100-112EC. Tinha 6 andares, com um mercado de 150 lojas e escritórios.

Primeiros semáforos
Em 1868, sinais de trânsito semelhantes a semáforos — com braços mecânicos que se levantavam e abaixavam — foram instalados na Praça do Parlamento, em Londres, RU. O 1º semáforo eletrônico foi inventado pelo policial Lester Wire (EUA), em 1912. Os protótipos baseados no design de Wire foram instalados no cruzamento da East 105th Street e da Euclid Avenue, no centro de Cleveland, Ohio, em ago/1914.

MENOR PARQUE
O Mill Ends Park fica situado no SW Naito Parkway, em Portland, Oregon, EUA. Apesar dos 60,9cm de largura, é de responsabilidade do Departamento de Parques & Jardins de Portland. Foi inaugurado em 17/3/1976, após a campanha de Dick Fagan, que sentiu que era preciso um espaço para "corridas de minhoca e leprechauns".

AEROPORTO URBANO MAIS CENTRAL
É difícil definir qual aeroporto fica localizado mais no centro, pois as definições do que é uma "cidade" variam, e a maioria das cidades não tem um "centro" definido. Usando a definição da European Comission ("assentamento com ao menos 50.000 habitantes"), o candidato mais provável ao título é o San Diego International Airport, na Califórnia, EUA, a apenas 1.705m da Civic Center Plaza.

Maior cidade por área
De acordo com a edição de 2023 do relatório *Demographia World Urban Areas*, a Região Metropolitana de Nova York tem área de 11.344km² e 21.396.000 moradores. A colossal conurbação abrange os estados de Nova York, Nova Jersey e Connecticut.

Também conta com a **maior população imigrante em área metropolitana**, com 5.881.000 cidadãos imigrantes (27% da população), de acordo com o Censo dos EUA de 2020.

Imóveis mais caros em uma cidade
De acordo com o *Wealth Report*, de Knight Frank de 2024, Mônaco é o **local com os imóveis residenciais mais caros:** US$1mi compra em média 16m² de área, que oferece espaço para uma cama super king size e um piano de cauda.

Mais espaços públicos em uma cidade
Até 2020, mais de 23,4% da área total de Belgrado, SRB, eram espaços públicos. Isso é quase o dobro da quantidade da rival mais próxima — Londres, RU, com 12,94%. Um espaço público aberto é definido como um terreno que pode ser acessado livremente, como um parque urbano ou uma praça.

RUA MAIS CURTA
Ebenezer Place, em Wick, Caithness, RU, tem 31cm de extensão, conforme verificado em 28/11/2006. A rua tem um endereço (nº 1), uma porta e até uma placa de pedra.

RUA MAIS LONGA
Variações no nome e na classificação tornam difícil atribuir esse título de forma definitiva, mas as candidatas mais fortes ficam todas em Ontário, CAN. A maior artéria de Toronto, Yonge Street (*foto*) se estende por 57km. A Bathurst Street, nas proximidades, tem 59km (embora isso dependa de como se classifica uma curva na estrada). Em Oshawa, a Simcoe Street tem 80km, mas o nome muda no meio do caminho. Por fim, a Airport Road, em Mississauga, se estende por 81km, até mudar de nome, mas alguns mapas a mostram com 96,1km.

MAIS ARRANHA-CÉUS NUMA CIDADE
Hong Kong, CHN, tinha 661 prédios de 150m ou mais até 5/12/2024, de acordo com o Council on Tall Buildings and Urban Habitat (CTBUH). A cidade, poderoso centro econômico no leste da Ásia, tem uma das maiores densidades residenciais do mundo: sua população de 7,5mi habita apenas 1.106,34km² de terra.

Em relação a prédios de mais de 300m (que o CTBUH classifica como "superaltos"), o recorde é de Dubai (31).

Cidade mais adaptada a ciclistas
Utrecht, NED, é a melhor cidade para bicicletas. Esse dado é baseado numa pesquisa de 2022 de 90 cidades por diferentes categorias — incluindo o clima, o uso de bicicletas, crime e segurança e esquemas de compartilhamento de bicicletas. Utrecht tem o maior número de ciclistas (94% das pessoas têm ao menos 1 bicicleta), 300km de ciclovias e semáforos que priorizam ciclistas.

Aeroporto urbano mais remoto
O perímetro do Chicago Rockford International Airport fica a 125,5km do Federal Plaza, no bairro Loop, no centro de Chicago, Illinois, EUA. Basicamente serve aos residentes da área metropolitana, com a companhia aérea Allegiant Air indo para destinos de férias. (Para o **aeroporto urbano mais central**, ver p. ao lado.)

Pior hora do rush
De acordo com o TomTom Traffic Index, em 2023, motoristas de Dublin, IRL, demoraram em média 66% a mais para se transportar no horário de pico, em comparação com o trânsito normal e fluido. Quem fazia uma viagem de ida e volta de 10km na hora do rush durante a semana gastava 158h a mais no carro!

MAIOR CONGESTIONAMENTO
Londres, RU, tem o tráfego mais lento e os piores engarrafamentos do mundo. De acordo com o TomTom Traffic Index, em 2023, uma viagem de 10km na capital britânica levava em média 37min20s, e a velocidade média na hora do rush era de 14km/h. O índice avalia 500 cidades em 62 países em 6 continentes, em relação a tempo médio de viagem e níveis de congestionamento.

MAIOR TÚNEL SOB UM RIO
O Thames Tideway se estende por 12km sob o rio Tâmisa, em Londres, RU. Com uma extensão total de 25km, é uma necessária expansão ao sistema de esgoto de 150 anos da cidade, criado para atender a uma população com metade do tamanho atual. O Thames Tideway foi conectado aos esgotos de Londres em 14/2/2025.

ROBÔS

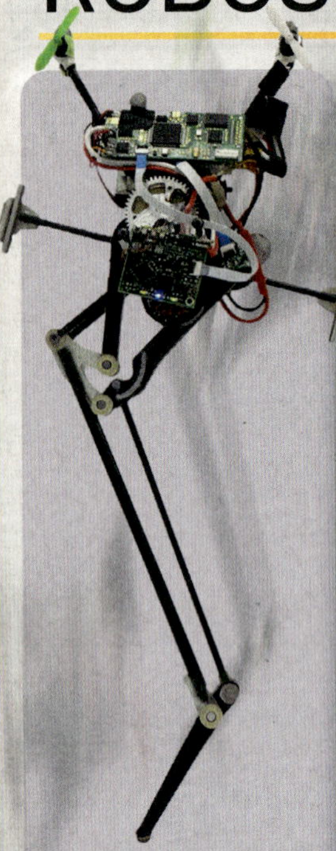

Menor tempo para completar uma corrida de obstáculos por robô quadrúpede
Em 11/2/2025, Jiawei Huang, da Unitree Robotics (CHN), levou um cão-robô Go2 a completar uma corrida de 14 obstáculos em 2min27,7s. O recorde foi quebrado no estúdio do seriado de TV do GWR *Lo Show dei Record*, em Milão, ITA. Além de túneis, barreiras e postes vistos em competições de cães reais, o Go2 ainda teve que realizar um salto mortal e passar por uma porta de lado ao se equilibrar nas "patas" dianteiras.

Resolução de cubo mágico mais rápida por robô
Em 21/5/2024, o TOKUFASTbot resolveu um cubo mágico de 3x3x3 em 0,305s (literalmente num piscar de olhos). O robô foi desenvolvido por uma equipe do Component Production Engineering Centre, da Mitsubishi Electric Corporation, em Amagasaki, Hyogo, JPN. Os robôs têm resolvido cubos mágicos mais rápido do que humanos desde o CubeStormer II, de 2011, que o fez em 5,27s, quebrando o então recorde humano de 6,65s, de Felix Zemdegs (AUS). Para o recorde de **resolução mais rápida de cubo mágico por humano**, ver a p. 154.

Robô com maior agilidade vertical
Desenvolvido em 2016 na Universidade da Califórnia, em Berkeley, Salto-1P é um robô monópode (de uma perna só) de 31cm de altura. Tem agilidade vertical (a altura cumulativa que pode saltar num determinado período) de 1,83m/s, ou seja, o equivalente a um humano igualar o recorde mundial de salto em altura 4x em 1s! O robô se estabiliza no ar usando 2 ventiladores e 1 braço de reação com peso.

PARTIDA DE TÊNIS DE MESA MAIS LONGA COM UM ROBÔ
Em 20/9/2021, um robô chamado Qiu participou de uma partida épica contra um de seus criadores, Ji Yunfeng (CHN), na Universidade de Xangai para Ciência e Tecnologia. Qiu deu 6.241 rebatidas bem-sucedidas em cerca de 2h, graças a um conjunto de câmeras que permitiam que ele acompanhasse o movimento da bola e previsse com precisão seu trajeto.

O 1º robô **industrial** foi o *Unimate*, um braço robótico instalado na fábrica da General Motors em Nova Jersey, EUA, em 1961.

Maior competição robótica
Ocorrida em Xangai, CHN, em 14-15/12/2024, a ENJOY AI Global Final reuniu 16.399 equipes de crianças em idade escolar primária e secundária. Os 28.460 participantes dos campeonatos eram de 34 países. O evento foi organizado em parceria com a fabricante de robôs educacionais WhalesBot (CHN), que pensou nos desafios usados nos eventos.

BRAÇO ROBÓTICO MAIS FORTE
Criado para uso em fábricas de carro e metalúrgicas, o M-2000iA/2300 Super-Heavy Payload Robot pode erguer até 2.300kg. Desenvolvido pela Fanuc Corporation (JPN) em 2016, o M-2000iA pode erguer objetos do tamanho de carros a uma altura de 4,6m e alcançar até 3,7m acima de sua base giratória. Ele pode fazer tudo isso de forma autônoma, sem parar, variando a posição em menos de 1mm.

TORNEIO DE SUMÔ DE ROBÔS MAIS LONGEVO

Criado pelo engenheiro Hiroshi Nozawa (JPN) em 1989, esse esporte consiste na luta de 2 guerreiros elétricos num *dohyō*, ou anel de sumô, de 1,54m. Os participantes são totalmente autônomos, então as lutas acontecem na velocidade da luz. O primeiro All-Japan Robot Sumo Tournament aconteceu em mar/1990 e em todos os anos desde então, atraindo equipes de engenheiros de todo o mundo.

A versão hidráulica do Atlas era poderosa, mas também barulhenta, de manutenção difícil e vazava óleo.

Protótipo de braço robótico mais forte

Desenvolvido pela RISE Robotics (EUA), o Beltdraulic Super Jammer Arm ergueu um peso de 3.181,95kg na sede da empresa em Somerville, Massachusetts, em 3/3/2025. O braço robótico de 6 eixos fora construído para demonstrar a tecnologia "beltdráulica" da companhia – uma alternativa eletrônica ao cilindro hidráulico.

O **menor braço robótico** foi apresentado por Kelton Serra (EUA), do canal do YouTube Build Some Stuff, em mai/2024. Esse braço, feito em impressora 3D, tem alcance de 44,5mm e pode erguer objetos como parafusos e peças de Lego. Tem 3 graus de liberdade, cada um deles impulsionado por um microsservomotor MG90S.

Robô mais pesado

AutoHaul é uma locomotiva autônoma que transporta minério de ferro das minas na região Pilbara, AUS, até o porto em Dampier, a cerca de 218km. A locomotiva (uma General Electric ES44DCi modificada) pesa 197t e pode transportar 28.000t de minério. O sistema foi desenvolvido pela Hitachi Rail para a empresa de mineração Rio Tinto.

Mais tempo cortando grama por um cortador de grama robótico

Um protótipo no estilo de carro esporte chamado Mr. Cyber passou 30h49min cortando grama no Guangzhou, Guangdong, CHN, entre 19-20/7/2024. O robô jardineiro foi criado pela Aquark Technology (CHN). De acordo com a International Federation of Robotics, cortadores de grama autônomos são o segundo tipo de robô doméstico mais comum após robôs aspiradores de pó.

1º SALTO MORTAL DE ROBÔ HUMANOIDE

Em 17/11/2017, a empresa de robôs Boston Dynamics (EUA) chocou o mundo ao lançar um vídeo de seu robô humanoide Atlas correndo, fazendo parkour e até dando um salto mortal. Essa versão do Atlas, que usava pistões hidráulicos como músculos, foi aposentada em 2024 e substituída por uma versão completamente elétrica (*à esq.*). O novo Atlas demonstrou sua capacidade de dar saltos mortais (vestido de Papai Noel) em dez/2024, mas seu desenvolvimento é focado na preparação de robôs para aplicações práticas do mundo real.

CESTA DE BASQUETE MAIS DISTANTE POR ROBÔ HUMANOIDE

Em 26/9/2024, a última versão do robô de basquete da Toyota, CUE6, fez uma cesta a 24,55m de distância em Nagakute, Aichi, JPN. Conseguiu na segunda tentativa, alinhando o lançamento perfeito com suas câmeras. Seu predecessor, CUE3, mantém o recorde de **mais lançamentos livres consecutivos por robô**, tendo atingido 2.020 deles sem um único erro em 17/5/2019. No entanto, nenhum dos robôs ameaçou o equivalente humano a esses recordes, que consistem em 5.221 para **lances livres** – por Ted St Martin (EUA) em 1996 – e **cesta mais distante** de 34,6m – por Joshua Walker (EUA) em 2022.

MENOR ROBÔ HUMANOIDE

O estudante de ciência da computação Tatsuhiko Mitsuya (JPN) ligou seu robô que cabe na palma da mão em 4/4/2024 em Nagoia, Aichi, JPN. Medindo 57,66mm da sola dos pés até a "cabeça", o robô tem braços e pernas articulados. Pode ser controlado por Bluetooth com um app de celular personalizado.

EDIFÍCIOS BIZARROS

Edifícios *têm* que ser quadradões? Contanto que as estruturas sejam firmes... não! O GWR traz os **maiores prédios no formato de...**

Moldura: Museu e observatório, o Dubai Frame (UAE) tem 150,2m de altura e 95,5m de largura.

Maçã: A Hello Kitty Apple House (JPN) tem 14m de diâmetro e 15,7m de altura até a ponta do talo.

Lanterna: Iluminando Xingning na China, a lanterna da baía Xihe tem 30m de altura e 22,5m de largura.

Sapato: Chiayi, em Taiwan, CHN, é a casa de uma igreja em forma de salto alto com 25m de extensão e 17,7m de altura.

Instrumento musical: O prédio Piano and Violin em Huainan, CHN, tem 16m de altura.

Edifício mais pesado

Acredita-se que o Palácio do Parlamento em Bucareste, ROU, seja o mais pesado do mundo. Estima-se que tenha sido construído com 700.000t de aço e bronze, além de 2,7mi de toneladas de mármore, 3.500t de cristais e 500.000t de madeira. O edifício neoclássico foi um projeto encomendado pelo ditador Nicolae Ceauşescu, nos anos 1980.

Edifício mais pesado movido intacto

A Hajinski House é uma mansão histórica de 6 andares no bairro de Sabail, em Baku, AZE. Em 2013, engenheiros do Bresser Group (NED) moveram todo o edifício de 18.000t com macacos hidráulicos por 10,5m para dar espaço à expansão de uma rodovia.

A **maior distância** que um edifício foi movido intacto é de 1.650km. Em ago/2006, a Warkentin Building Movers (CAN) conectou uma casa de um andar de 130m² a um trailer especial e a transportou pelo centro do Canadá, do vilarejo de Manson, Manitoba, até a nova cidade do dono da casa: Athabasca, Alberta.

Maior área interna de um edifício

A fábrica da Boeing em Everett, Washington, EUA, tem 398.000m² de área num prédio de mais de 1km de largura. Os espaços interligados, semelhantes a hangares, abrigam as linhas de montagem das maiores aeronaves da Boeing, como o 747, 777 e 787. A fábrica poderia abrigar a Disneylândia – até as torres do Castelo da Bela Adormecida caberiam tranquilamente sob os tetos de 27,4m!

MAIS ALTOS...

Prédio

O Burj Khalifa em Dubai, UAE, tem 828m de altura – mais ou menos o dobro do Empire State, em Nova York. Quando inaugurado em 4/1/2010, tinha o **elevador mais alto** (504m), o **restaurante mais alto** (441m) e o **deck de observação ao ar livre mais alto** (555,7m), embora tenha perdido os 2 primeiros para a Shanghai Tower, CHN.

Torres gêmeas

As Petronas Towers de 451,9m em Kuala Lumpur, MAS, são as torres gêmeas mais altas do mundo. Uma ponte de 2 andares entre os andares 41 e 42 liga as estruturas.

EDIFÍCIO MAIS FINO

A Steinway Tower (na West 57th Street, 111) tem 435,5m de altura, mas só 18m de largura, o que dá uma proporção de finura de 1:24. Fica no "Billionaire's Row" de Nova York, onde os custos imobiliários altíssimos tornam viável a construção de torres estreitas em lotes pequenos e de formatos estranhos.

MAIOR AMORTECEDOR DE MASSA SINTONIZADA

Elevando-se a 508m em Taiwan, CHN, o Taipei 101 foi o **edifício mais alto** de 2004 a 2010. Como fica numa cidade de terremotos e tufões, o projeto tinha que ter bastante resiliência. Para ficar estável, os engenheiros incluíram um pêndulo de 660t, conhecido como amortecedor de massa sintonizada, entre os andares 92 e 87. Quando o edifício oscila, o movimento do peso empurra amortecedores hidráulicos para o lado oposto ao movimento. Isso anula a energia de balanço e mantém o edifício estável. Foi concebido pela Motioneering, construído pela A+H Custom Machine (ambas CAN) e finalizado em 31/12/2004. Nos últimos anos, tornou-se uma atração turística e tem o próprio mascote, "Damper Baby" (*à dir. na foto*).

MAIOR AQUÁRIO

Batizado de Chimelong Spaceship e inaugurado em 15/9/2023, esse prédio foi a última adição ao enorme Chimelong International Ocean Tourist Resort em Zhuhai, CHN. A estrutura futurística abriga 38 aquários, totalizando 75,3mi de litros de água e 300 tipos de peixes, corais e plantas aquáticas.

MAIOR PRÉDIO EM FORMATO DE GALINHA

O hotel Manok ni Cano Gwapo tem 34,9m de altura e mede 28,1m do bico até as penas do rabo, conforme verificado em 8/9/2024. O hotel temático fica acima de um alojamento e possui quatro suítes sob as asas. Propriedade do empresário Ricardo Tan (PHI), paira sobre o Campuestohan Highland Resort em Talisay, Negros Occidental, PHI.

Edifício de madeira

Ascent, um prédio residencial de 86,6m em Milwaukee, Wisconsin, EUA, abriga uma estrutura moderna de madeira por trás da fachada comum. A torre foi concebida pela Korb+Associates e projetada pela Thornton Tomasetti (ambas EUA), que usaram vigas de madeira laminada coladas e colunas laminadas cruzadas para apoiar 20 andares de apartamentos sobre uma base de concreto de 5 andares. A construção foi concluída em 20/7/2022.

Prédio residencial

A Central Park Tower, de 472,4m de altura, fica no Billionaire's Row, em Nova York, EUA (*ver p. ao lado*). Conta com 179 apartamentos de luxo e suas comodidades. Foi encomendada pela Extell Development Company (EUA) e finalizada em 17/9/2019.

ESTRUTURA EM BALANÇO MAIS LONGA

As torres gêmeas de One Za'abeel (UAE) são conectadas por um "saguão aéreo" em balanço de 3 andares com 67,2m de comprimento, conhecido como The Link, destacando o prédio do horizonte luxuoso de Dubai. Situado a cerca de 100m de altura, acomoda restaurantes e bares e possui janelas amplas que oferecem vista de 360° da cidade. Desenhado pelos arquitetos da Nikken Sekkei (JPN), a estrutura espetacular também tem um lado prático: é cruzada por uma rodovia de 6 faixas, o que restringe as chances de abrigar instalações no nível do solo.

No topo do The Link, há uma piscina de borda infinita de 120m de comprimento (a maior dos UAE e aberta a todos).

ESTUFAS

5 países com maior % do total da área mundial de estufas

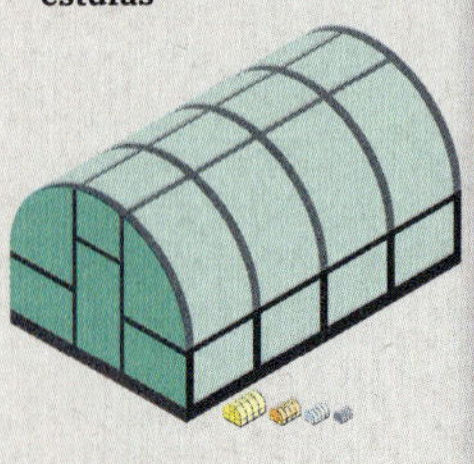

1. **China (60,4%)** 785.200ha
2. **Espanha (5,6%)** 72.800ha
3. **Itália (4,1%)** 53.300ha
4. **México (3,3%)** 42.900ha
5. **Turquia (2,4%)** 31.200ha

PAÍS COM MAIS ÁREA COBERTA POR ESTUFAS
Há cerca de 13.000km^2 de estufas espalhadas pelo mundo – suficiente para cobrir toda a Jamaica! Em 2024, cientistas da Universidade de Copenhague, DNK, calcularam que 60,4% delas ficam na China. Em geral, são organizadas em vastos complexos agrícolas, como o mostrado acima, localizado na periferia de Shouguang, província de Shandong.

MAIOR ESTUFA DE VIDRO COM ESTRUTURA DE FERRO
Os Reais Jardins Botânicos de Kew, em Londres, RU, são lar de várias estufas icônicas, incluindo a Temperate House (*acima*), com 4.880m^3. Com design de Decimus Burton, a construção tombada foi inaugurada em 1863 e passou por uma reforma de 5 anos.

MAIOR ESTUFA ÁRTICA COMUNITÁRIA
Há uma estufa comunitária de 1.486m^2 na cidade remota de Inuvik, nos Territórios do Noroeste do Canadá. Locais usam o antigo rinque de patinação para cultivar frutas e legumes orgânicos por 5 meses do ano; ela fecha no inverno, quando as temperaturas podem atingir mínimas de -50°C. Em 2024, a estufa celebrou 25 anos de jardinagem comunitária.

Primeiras estufas ativas

Estufas "ativas" recebem esse nome por permitir maior controle das condições internas. A pioneira, construída na Coreia nos anos 1450, usava aquecimento *ondol* no chão e camadas de *hanji*, papel oleado e translúcido, nas paredes e no teto inclinado. A umidade podia ser aumentada com a fervura de água numa fornalha adjacente.

A **1ª estufa passiva** – que apenas protege as plantas de climas extremos – surgiu no mínimo na Roma antiga. Havia *specularia* – floreiras baixas com cobertura de mica, um mineral translúcido – no terreno do palácio do imperador Tibério (r. 14-37 EC), que diziam ser fã de pepinos.

Estufas mais antigas

Estruturas de vidro mais complexas para cultivar plantas exóticas surgiram na Itália do séc. XIII. Na Renascença, já haviam evoluído para grandes orangeries (*abaixo*). O formato de hoje das estufas de vidro e metal surgiu nos anos 1800. Por serem estruturas tão frágeis, que quebram e precisam de reparos extensivos, é difícil encontrar as mais antigas ainda intactas. Excluindo construções de alvenaria com janelas amplas, uma das candidatas é a Palm House, de 1824, com o teto de meia cúpula, que fica no Nuffield Lodge (antes Grove House), no Regent's Park, Londres, RU. Foi construída pelo arquiteto pioneiro Decimus Burton (RU), que mais tarde criaria versões muito maiores nos Jardins de Kew (*acima*).

Maior estufa

O Flower Dome nos Gardens by the Bay (SIN) tem 1,28ha de área. Criada pelos arquitetos da WilkinsonEyre (RU), a construção de aço sem colunas e com 3.332 painéis de vidro foi finalizada em 2012.

Maior estufa piramidal

A Rainforest Pyramid nos Moody Gardens em Galveston, Texas, EUA, tem 43,13m de altura e área de 3.716m^2. Abriga cerca de 1.700 espécies exóticas de flora e fauna.

MAIOR ORANGERIE
Essa estufa em estilo barroco no Palácio de Schönbrunn em Viena, AUT, tem 189m de comprimento. Construída em 1754, é quase 20% mais comprida do que a colega de 1686 que fica em Versailles, FRA. O chão aquecido e as janelas enormes que permitem a entrada de muita luz eram propícios para as plantas exóticas colecionadas pela alta sociedade nos séculos XVII e XVIII.

MAIOR ESTUFA COMERCIAL EM TERRAÇO

A Lufa Farms (CAN), fundada por Mohamed Hage e Lauren Rathmell, opera um viveiro urbano de 15.217m² sobre um armazém em Ville Saint-Laurent, Montreal, Quebec, CAN. Inaugurada em ago/2020, pode produzir alimento para cerca de 10.000 famílias (2% da população da cidade). O principal cultivo é o de tomate.

PRIMEIRA ESTUFA SUBMARINA

O Jardim de Nemo é uma série de biodomos instalados além do litoral de Noli, ITA. Em 2012, Sergio Gamberini (ITA) tentou cultivar manjericão num pequeno domo de acrílico oxigenado. O local agora possui 9 domos similares a profundidades que chegam a 11m. Ervas e vegetais são regados pela condensação e aquecidos pelo mar; no inverno, lâmpadas de LED suplementam a luz solar.

O Projeto Éden em números

Visitantes (desde 2001)
Mais de 24mi

Visitas de estudantes
Mais de 30.000/ano

Sustentabilidade
Reciclagem de resíduos operacionais: 70%
Resíduos enviados para aterros: 0%

Número de espécies e cultivares
Mais de 5.000

Segmentos que formam as estufas
625 hexágonos
190 triângulos
16 pentágonos

MAIOR COMPLEXO DE ESTUFAS SEM VIDRO EM UM JARDIM BOTÂNICO

Celebrando o 25º aniversário em 2026, o Projeto Éden possui 8 domos geodésicos conectados que cobrem 2,25ha perto de St. Austell, na Cornualha, RU. O Bioma Floresta Tropical é o maior, com 55m no ponto mais alto e área de 15.590m². O Bioma Mediterrâneo (*abaixo*), menos úmido, tem 35m de altura, ocupa 6.540m² e é mantido a 6-25°C. Seus exemplares incluem cactos e pés de cítricos.

Desde 2023, o Projeto Éden usa energia geotermal retirada das profundezas da terra para aquecer seus biomas e um novo viveiro.

MODELISTAS

Maior coleção de ferramentas em miniatura
Em 1974, Germán Juárez (MEX) começou a colecionar ferramentas em miniatura enviadas para sua loja de ferragens na Cidade do México. Até 14/2/2020, a caixinha de ferramentas de Germán tinha 2.512 itens. Abaixo e na página ao lado, estão algumas peças da coleção mostradas em tamanho real.

Picareta

100%

Plaina manual nº 5

Colher de pedreiro

Menor navio em garrafa
Em 1956, Arthur Pedlar, de Southport, Lancashire, RU, montou um galeão de 3 mastros dentro de um frasco de remédio de apenas 23,8mm de comprimento e 9mm de largura. O navio foi inserido pela boca de 2mm de largura, em 28 peças posicionadas com a ajuda de um pedaço de fio de fusível colado num fósforo. Pedlar era vendedor de móveis, mas sempre amou ser palhaço. Começou a fazer e vender navios em garrafas para comprar um uniciclo customizado que usava em suas apresentações como seu alter ego, Vercoe, o Palhaço.

Maior maquete de ferromodelismo portátil
Na Model World Live 2024, em Birmingham, RU, o grupo The Railnuts (que inclui o compositor Pete Waterman) montou uma maquete modular com trilhos de 694,9m, baseada na West Coast Main Line, entre Londres e Birmingham.

MAIOR EXPOSIÇÃO DE MODELOS ARQUITETÔNICOS
De 10 a 14/11/2024, a exposição Cityscape Global, em Riade, KSA, mostrou modelos arquitetônicos que cobriram uma área total de 1.652m². O objetivo do evento era apresentar empreendimentos imobiliários da região. A maior maquete era o plano diretor do bairro de Al Khuzam, atualmente em construção em Riade.

MAIOR MAQUETE DE FERROMODELISMO
Os irmãos Frederik e Gerrit Braun têm adicionado detalhes à maquete desde o início, em 2001. Hoje, os trilhos de 15,7km dão voltas num diorama de 1.490m² chamado Miniatur Wunderlan. A maquete em escala HO (1:87) é uma atração turística de Hamburgo, GER, cidade dos irmãos Braun.

Menor motor V12 funcional
Em 2013, o mecânico naval aposentado José Manuel Hermo Barreiro (ESP) concluiu um motor de 12 cilindros funcional, com deslocamento de 12mL e que cabe na palma da mão. As 261 peças de ar comprimido foram feitas individualmente e depois finalizadas à mão. Barreiro estimou que o projeto levou 1.220h para ser finalizado, o equivalente a, em média, 3-4h de trabalho por dia durante um ano.

Maior mundo em miniatura
O parque temático Window of the World em Shenzhen, Guangdong, CHN, tem 48ha e réplicas em escala de 130 prédios, paisagens e Patrimônios Mundiais famosos. A maior miniatura é uma reprodução em escala 1:3 da torre Eiffel, com 108m de altura.

O **mundo em miniatura mais antigo** é o Bekonscot Model Village, localizado em Beaconsfield, Buckinghamshire, RU. O vilarejo inglês fictício foi construído nos anos 1920 pelo contador Roland Callingham para seus filhos. Abriu ao público em 9/8/1929.

MAIOR ESTRADA DE FERRO FUNCIONAL EM MINIATURA
A Train Mountain Railroad, localizada perto de Klamath Falls, em Oregon, EUA, tem 59,9km de trilhos de bitola 7,5 que percorrem 8,8km² de floresta. O lugar também é sede do Train Mountain Triennial, um encontro de engenheiros modelistas que reúne cerca de 400 locomotivas de escala 1:4 e 1:8 correndo pelos trilhos.

John Thorp passou anos criando um modelo detalhado em escala 1:100 da Londres do séc. XVI.

Mais antiga sociedade de modelismo em escala
A 1ª reunião do Model Railway Club ocorreu em Londres, RU, em 3/12/1910. Seus membros têm se encontrado regularmente nos últimos 115 anos. A sede do clube, perto da estação King's Cross, abriga 7 grandes modelos em várias escalas, oficinas e uma biblioteca com mais de 5.000 livros sobre modelos, trens e trens-modelos.

Maior miniatura
Nos anos 1990, os cientistas Nils Brenning e Gösta Gahm (SWE) criaram um modelo de escala 1:20.000.000 do Sistema Solar, que abrange toda a Suécia. O modelo foi inspirado pela Avicii Arena, de 110m de diâmetro, em Estocolmo, que foi o **maior prédio esférico** do mundo de 1989 até a inauguração da Las Vegas Sphere, em 2023.

A arena representa o Sol, cujo tamanho serve de escala para o restante da maquete. Mercúrio, Vênus e Terra ficam nas fronteiras da cidade de Estocolmo, Saturno, em Uppsala, e Netuno, em Söderhamn. O elemento mais distante é um prato que representa o choque de terminação (a extremidade do Sistema Solar), a cerca de 950km, em Kiruna.

EMPRESA DE MAQUETES MAIS ANTIGA
Faz 141 anos que a Thorp Model Makers, agora parte da Atom (RU) em Ascot, Berkshire, RU, tem construído modelos arquitetônicos em escala. A companhia foi fundada em 1883 pelo arquiteto britânico John Thorp (*acima, no centro*), cujo trabalho ajudou a estabelecer a produção de maquetes como parte da prática arquitetônica. Hoje, o arquivo de 12.000 itens está na Arts University Bournemouth (RU).

Muitas das maquetes encomendadas de Thorp foram de projetos que nunca ganharam vida. Essa maquete de 3,2m de largura de 1968 mostra o megaprojeto Sea City, que teria sido uma metrópole flutuante, casa de 30.000 pessoas no mar do Norte, entre o Reino Unido e a Dinamarca.

Chave inglesa

100%

Martelo

Pincel

MAIOR MAQUETE EM ESCALA PARA UM FILME
O épico *Titanic*, de James Cameron, de 1997, encomendou a construção de grandes maquetes em escala, chamadas *Glamor*, *Breakup*, *Plunge* e *Wreck*. A maioria foi construída em escala 1:20, mas *Plunge*, usada para a sequência de naufrágio (*abaixo*), era de escala 1:8. Embora só recriasse a parte de trás do malfadado navio, tinha 18,2m de comprimento, 3,6m de largura e 6,7m de altura. Todas foram feitas na Digital Domain, na Califórnia, EUA, por uma equipe liderada por Eugene Rizzardi e George Stevens.

Em *Titanic*, uma combinação revolucionária de maquetes e animação computadorizada deu vida ao navio.

VARIEDADES

MAIOR IMAGEM DE DRONE DE UM PONTO TURÍSTICO
Em 22/10/2024, a empresa Botlab Dynamics (IND) organizou uma exibição de 5.500 drones no céu de Vijayawada, em Andhra Pradesh, IND. O show contou com uma recriação de 38m de altura da estátua Dhyana Buddha.

Via ferrata mais alta
O Sky's Way to Sagarmāthā é uma rota fixa composta por placas de ancoragem, cabos e degraus, até a passagem Tashi Laptsa, NEP. O caminho, criado e instalado pela Explora Nunaat (ITA), tem altitude de 5.100m a 5.400m. *Via ferrata* (ou "caminho de ferro") foi o nome dado às rotas de montanhismo instaladas nos Alpes italianos durante a 1ª Guerra Mundial. Mais tarde, as escadas e trilhas fixas se tornaram populares entre montanhistas.

Monociclo mais rápido
Em 7/10/2024, o piloto Mark Foster e o UK Monowheel Team melhoraram o próprio recorde pela 3ª vez, agora para 139,92km/h, no Elvington Airfield, em North Yorkshire, RU. O design deles, em que o motor e o piloto ficam dentro de uma roda enorme, impossibilita Foster de frear ou acelerar muito sem correr o risco de transformar tudo numa "roda de hamster".

1º encontro virtual
Em nov/2024, a historiadora Alison Marsh publicou os detalhes de um encontro virtual esquecido do American Institute of Electrical Engineers (AIEE) em 16/5/1916. O evento envolvia 5.100 pessoas em 9 encontros simultâneos pelos EUA, todas conectadas através do sistema telefônico transcontinental da AT&T.

PRIMEIRA MISSÃO TRIPULADA EM ÓRBITA POLAR
Em 1/4/2025, os tripulantes da missão Fram2 se tornaram os primeiros humanos a observar os polos do espaço. A viagem foi organizada e custeada por Chun Wang (MLT, n. CHN), que voou com Jannicke Mikkelsen (NOR), Rabea Rogge (GER) e Eric Philips (AUS) na *Resilience* da Crew Dragon, da SpaceX. A Fram2 decolou do Kennedy Space Center, na Flórida, EUA, voando para o sul numa inclinação orbital de 90º. (Voos para a *Estação Espacial Internacional*, por exemplo, são lançados para o norte-leste, já que a estação tem inclinação de 51º.) A tripulação pousou no oceano Pacífico em 4/abr.

1ª MULHER ENGENHEIRA DE F1
Para a temporada de 2025 da Fórmula 1, a equipe do Haas F1 designou Laura Müller (GER) para a posição de engenheira de pista para o piloto Esteban Ocon. Müller estudou engenharia automotiva na Universidade Técnica de Munique e tem mais de uma década de experiência na F1, com carros de turismo e Le Mans.

Maior TV de tubo
A PVM-4300, da Sony (JPN), tinha uma tela de 43 polegadas. O modelo foi lançado em 1989. O seu preço de US$39.999 (cerca de US$100.180 em fev/2024) e tamanho enorme (tinha mais de 200kg) não favoreceram as vendas. Em dez/2024, foi revelado que um grupo de entusiastas de games retrô, liderados pelo YouTuber Shank Mods (EUA), recuperou o que se acredita ser o último exemplar sobrevivente da PVM-4300, de um restaurante que logo seria demolido em Osaka, JPN. A TV foi restaurada e agora funciona perfeitamente.

REBOCADOR ELÉTRICO MAIS POTENTE
O *Bu Tinah*, operado pelo Safeen Group (UAE), demonstrou uma força de tração de 78,2t no Khalifa Port em Abu Dhabi, UAE, em 23/10/2024. O rebocador de porto foi projetado pelo Damen Group (NED). Em operações normais, o *Bu Tinah* usa apenas seu conjunto de baterias de 2.782kW/h, mas também tem um gerador a diesel para transitar entre portos e fazer operações de maior demanda, como apagar incêndios marítimos.

MAIOR RÉPLICA DE SMARTPHONE
Os YouTubers britânicos Arun Maini (*à esq.*) e Matthew Perks (ou "Mrwhosetheboss" e "DIY Perks") se uniram em 2024 para criar esse iPhone enorme, de 2,05m de altura, com alto-falantes customizados, câmeras de tamanho real e uma lanterna de alta potência.

MAIS CARROS DESTRUÍDOS POR TANQUE EM 1H
Em 1/9/2024, 102 latarias foram destruídas por um tanque T-55 vintage no Museum of Military Technology, em Zbrosławice, POL. A tentativa aconteceu no anual "Tank Crash", organizado pela Garnizon Górnośląski Foundation. Os carros considerados precisavam ser amassados a menos da metade da altura original.

O **pit stop mais rápido da Fórmula 1** levou 1,8s (com 20-25 pessoas trabalhando no carro ao mesmo tempo).

PIT STOP SOLO MAIS RÁPIDO DE GT RACING
Em 14/2/2025, Elektra Beltrami (ITA) trocou os 4 pneus de uma Lamborghini Huracán em 1min11,3s. A mecânica de corridas de 14 anos que trabalha com carros com o pai desde os 4 anos obteve seu recorde em *Lo Show dei Record*, em Milão, ITA.

PONTE SUSPENSA PARA PEDESTRES MAIS LONGA
A ponte Zemplén723, inaugurada em 4/6/2024, cruza o vale de 723m entre as montanhas de Vár e Szár, no Zemplén Adventure Park, HUN. A queda da passarela de 1,2m de largura é de 84m no meio. A ponte é sustentada por 6 cabos, todos ancorados a 23m no leito rochoso em cada extremidade.

Estrada flutuante mais longa
Finalizada em 11/11/2024, a Fu Bridge faz uma curva de 2,7km pelo lago Tianfei na província de Zhejiang, CHN. A estrutura, projetada para suportar tufões, foi construída pela Shanghai Qihua Water Engineering para a Ningbo Dámei Bay Tourism Development Company (ambas CHN).

A **ponte flutuante mais longa** com uma estrada pública é a Evergreen Point, inaugurada em 2016 como parte da State Route 520 em Seattle, Washington, EUA. Ela se estende por 2.349,5m sobre o lago Washington, que é profundo demais para suportar pilares e propenso demais a terremotos para as torres de uma ponte suspensa.

Maior rede de passarelas para pedestres
O King Abdullah Financial District, em Riade, KSA, é cruzado por 15,46km de passarelas elevadas que unem os arranha-céus do bairro. As passagens com ar-condicionado — o que facilita a locomoção, mesmo no calor do verão — foram abertas ao público em 5/2/2025.

A **maior rede de passagens subterrâneas para pedestres** é a RÉSO (mais conhecida como *La ville souterraine*, ou "cidade subterrânea") em Montreal, Quebec, CAN. Esse labirinto de túneis e áreas comerciais subterrâneas — feito para ser uma área em que seja possível se locomover mesmo no inverno — tem extensão de 32km.

MAIOR TELA CONTÍNUA DE LED A CÉU ABERTO
Em ago/2024, a cantora Adele (RU) esgotou os ingressos para um show de 10 noites em Munique, GER. O local pop-up para a sua turnê contava com uma tela de vídeo de 244m de largura e 4.159m², feita pela Solotech (CAN). Mas o recorde só durou 4 meses, superado pela tela de 4.808m² do festival MDLBEAST Soundstorm em Riade, KSA.

OS HEMPLEMAN-ADAMS

ICON

Ter um explorador recordista na família já seria notável. Mas os Hempleman-Adams (todos RU) contam com uma 2ª geração imbuída do espírito de aventura. A história começa com David, o pai, que se encantou com a aventura ainda adolescente, no fim da década de 1960, ao escalar montanhas no País de Gales nas expedições do Prêmio Duque de Edimburgo.

Nos anos 1980 e 1990, realizou expedições de montanhismo, enfrentando os picos conhecidos como Sete Cumes, e se interessou pela exploração polar, tudo enquanto ajudava a administrar os negócios da família e criava as três filhas. Em 1998, tornou-se a **1ª pessoa a completar o Grand Slam do Explorador** (*ver abaixo*), para, em seguida, dedicar-se ao balonismo, área na qual bateria mais recordes.

Nos últimos anos, as filhas assumiram o legado. Alicia, a mais velha, seguiu os passos do pai no balonismo e já conquistou 7 recordes, e Camilla e Amelia mantiveram a tradição na exploração polar, esquiando até os polos Norte e Sul, respectivamente, ainda na adolescência. Em mar/2025, Camilla concluiu uma travessia solo e sem apoio da Akshayuk Pass na ilha de Baffin, no Ártico Canadense.

O espírito da família talvez seja melhor resumido pelo próprio David, em palavras que inspiram qualquer aspirante a recordista: "Apenas faça!".

BREVE BIOGRAFIA

Nome	Família Hempleman-Adams
Nacionalidade	RU
Títulos atuais do GWR	Vários recordes, incluindo: **1ª conclusão do Grand Slam do Explorador**, **1º voo transatlântico em cesto aberto, voo de balão mais longo, alto** e **distante (fem., classes AX-04** e **BX-03)**

Em 1983, David tentou uma jornada solo e sem apoio até o Polo Norte geográfico, mas caiu e fraturou duas costelas. Foi forçado a esperar o fim de uma tempestade de 10 dias. O objetivo polar só foi adiado. Afinal, este é o homem que intitulou sua autobiografia de *No Such Thing as Failure* (Desistir não existe).

David e o explorador Rune Gjeldnes (NOR) esperavam realizar a 1ª travessia sem apoio até o Polo Norte geográfico em 1997. Mas o equipamento os deixou na mão: "Não planejamos e não testamos o trenó direito", explicou Rune. No ano seguinte, eles foram mais bem-sucedidos...

Em 7/2/2020, Alicia realizou o **voo mais alto em um balão AX-04**: 4.628m. A aeronave Ultramagic H-31 (*acima*) tinha 13m de diâmetro. Ela escolheu Alberta, CAN, em parte, pelo clima frio que gera um ar mais denso e aumenta a sustentação do balão. O lado negativo? No cesto sem proteção, teve que suportar uma temperatura de -30°C.

David se tornou **a 1ª pessoa a completar o Grand Slam do Explorador** em mai/1998, quando chegou ao Polo Norte ao lado de Rune (*à dir.*). Estava acompanhado da esposa na época, Claire, e da filha Alicia, de 8 anos. O desafio envolve escalar os Sete Cumes, os picos mais altos de cada continente, e fazer expedições até os polos Norte e Sul. A jornada começou em 1980, ao escalar o monte McKinley/Denali, no Alasca, EUA.

Em 10/12/2024, o rei Charles III concedeu a Alicia, que estava com o tornozelo quebrado, a Medalha do Império Britânico (*à esq.*). Em 2017, David foi condecorado com o título de cavalheiro (*acima*). Todas as filhas amam aventura. Em 2008, Camilla (*à dir.*) esquiou os últimos 2° até o Polo Norte, aos 15 anos. Três anos depois, Amelia (*à esq. de David*), também com 15 na época, fez o mesmo no Polo Sul.

Em 3/7/2007, David decolou de St. John's, Terra Nova, CAN, em um balão Padelt G-37 (classe AA-06 da FAI), pousando 4 dias depois perto de Nolay, em Côte-d'Or, FRA. A aeronave de 1.000m^3 foi o **menor balão já usado em um voo transatlântico**. O cesto (*acima*) era tão apertado, que foi equipado com 2 "portinholas" para que ele se sentasse com as pernas para fora!

Conheça todos os ÍCONES do GWR em **guinnessworldrecords.com/records/icons**

JUMENTO MAIS ALTO

Derrick (também conhecido como Dynamic Derrick de Radcliffe) tem 1,67m de altura, conforme verificado em Huttoft, Lincolnshire, RU, em 24/2/2025. E ainda está crescendo! Assim como o antigo detentor do recorde, Romulus, ele é um Mammoth Jackstock americano, uma raça conhecida pela enorme estatura. Tracy Garton, proprietária do Santuário de Jumentos Radcliffe, onde Derrick reside, revela que o gigante é carinhoso e afetuoso, mas "corre para pular no seu colo, o que pode ser um pouco assustador. Tipo o Scooby-Doo". Ele consome muito feno (*ver à esq.*), mas seu lanche preferido são biscoitos de gengibre! O melhor amigo de Derrick no santuário é Bambou, que tem o próprio recorde no GWR (*ver à dir.*).

Abaixo, Derrick fica cara a cara com alguns dos jumentos de tamanho médio do santuário.

Derrick em números

Os pais de Derrick: Miss Ellie (1,568m) e Louis (1,612m)

200kg: quantidade de feno que Derrick consome em 1 semana

Residentes do santuário:

48 jumentos

2 zebroides e um zebrasno

1 mula

MAIORES ORELHAS EM UM JUMENTO

Bambou tem orelhas de 35cm em média, conforme confirmado no Santuário de Jumentos Radcliffe, em 24/2/2025. Adora brincar, principalmente com sua bola, a qual costuma chutar em Derrick! Ronca muito alto e, segundo Tracy, também tem o relincho mais barulhento! Bambou é um Baudet du Poitou francês, a **raça de jumento com pelos mais longos**, mas ameaçada de extinção. A pelagem pode ultrapassar os 15cm e, em geral, é deixada embaraçada, de modo a produzir o *cadenette*, semelhante aos cachos de cabelo humano.

CONTEÚDO

PETS EXTRAORDINÁRIOS

MAIS CÃES EM PASSEIO AO MESMO TEMPO
Mitchell Rudy (CAN) passeou com 38 filhotes resgatados em Goesan-gun, Chungcheongbuk-do, KOR, em 5/9/2024. O "passeio no parque" recordista foi organizado pelo braço de caridade da BONK, uma empresa de criptomoedas, e a Korean K9 Rescue.

"Há muitos estigmas sobre cães resgatados", diz Mitchell. "Eles são ótimos; só precisam de um pouco de amor."

ALPACA MAIS VELHA EM CATIVEIRO
Um macho de alpaca huacaya chamado Hawthornden Wainui (n. 2/1/1998) fez 27 anos em 2025, conforme verificado em Wainuiomata, NZL. Na foto, está com sua cotutora Vicki Cordier (NZL). Tirando a catarata e a artrite, sua saúde é boa. Alpacas em cativeiro vivem em média 15-20 anos.

MAIS SANGUE DOADO POR CACHORRO
Sharwood, um setter gordon, já doou 22,5kg de sangue desde a 1ª sessão em 2017. Em sua 40ª (e última) doação em 2024, ele recebeu uma medalha de ouro e uma cesta do Pet Blood Bank UK, que estimava que Sharwood tinha ajudado a salvar mais de 160 cães. Sua tutora é Sue Mitchell (RU).

DEZ METROS MAIS RÁPIDOS POR GATO EM SKATE
Bao Zi, um pelo curto americano, levou 12,85s para percorrer 10m de skate em Wenzhou, Zhejiang, CHN, em 4/4/2024. "Em casa, ele é uma bola de pelos preguiçosa, mas no parque é confiante e ousado, atravessando multidões com facilidade", revela seu tutor Li Jiangtao (CHN).

MAIOR RABO DE PÔNEI
Uma égua baia chamada Sweetie tem um rabo de 1,81m — quase o dobro da altura até sua cerrelha —, conforme verificado em 26/2/2024. Este só chegou ao chão em 2012, mas desde então tem tido um surto de crescimento. Sweetie está na foto com sua tutora, Risa Formisano (EUA).

MAIS IDENTIFICAÇÕES POR GALINHA EM 1MIN
Em 4/4/2024, uma galinha chamada Lacey bicou corretamente 6 itens de opções apresentadas por Emily Carrington (CAN), na ilha Gabriola, Colúmbia Britânica, CAN. A tarefa exigia que Lacey identificasse uma mistura de letras, números e cores. Emily treinou 6 galinhas e todas estrelam o canal do YouTube "The Thinking Chicken".

Embora sejam de continentes diferentes, lhamas (América do Sul) e camelos (África/Ásia) são parentes. Ambos são animais de carga há milênios, graças à sua força, resistência e habilidade de lidar com ambientes extremos.

SALTO MAIS ALTO POR LHAMA
Boateng de Oro saltou uma barra de 1,3m de altura, guiado por Walter Mair (ITA), em Bolzano, ITA, em 22/2/2023. A lhama quebrou o próprio recorde, estabelecido alguns dias antes, em 10cm. Boateng faz parte de uma equipe de lhamas treinadas que acompanham andarilhos nos Alpes italianos.

BOI MAIS ALTO
Um herculean holstein chamado Beef tinha 1,95m de altura até os ombros quando foi medido em Picture Butte, Alberta, CAN, em 18/12/2023. Isso é cerca de 30cm a mais do que a média da raça. O boi pesa cerca de 1.090kg e pode consumir mais de 1.130kg de alfafa premium todo mês. Na foto, Beef está com sua tutora, Jasmine Entz (CAN).

O Guinness World Records conversa com Vince Baran sobre Norbert, o porco skatista...

Qual é a raça de Norbert?
Ele é um juliana, um tipo de miniporco americano. São conhecidos por terem um porte mais "atlético" e mais musculoso.

Há quanto tempo você o tem?
Desde que ele tinha 6 semanas. Ele fez 5 anos em 27/12/2024.

Quando descobriu que ele gostava de skate?
Eu tinha o meu skate de quando era criança e pensei em testar com ele. Fui lá fora, coloquei o skate no chão e peguei amendoins sem sal para usar de recompensa. Em 15 minutos, ele já estava no skate e, em poucos dias, andando de skate pela rua.

Como você treinou Norbert para o recorde?
Quando fazia um dia agradável, colocávamos seu arreio e o levávamos para uma rua lateral perto de casa. Eu treinava com ele de 15 a 20min. Quando a tentativa do recorde estava chegando, treinamos por 1 semana.

Quando Norbert quebrou o recorde, como vocês comemoraram?
Ele foi recompensado com bananas cobertas de creme de amendoim, amendoim e maçãs. Foi tratado como um rei!

Há outros truques legais que você acha que Norbert pode tentar?
Eu gostaria de ver se ele poderia se tornar um "porcasso" e pintar com um pincel.

10M MAIS RÁPIDOS POR UM PORCO EM UM SKATE
Norbert, um miniporco americano, andou 10m de skate em 11,32s, em Buffalo Grove, Illinois, EUA, em 9/11/2024. "Tem aquela frase famosa 'Quando porcos criarem asas'... bom, eles não têm asas, mas podem andar de skate", diz o tutor Vince Baran (EUA). Para mais detalhes sobre esse prodígio porcino, veja a entrevista ao lado.

De acordo com Vince, "Norbert também é muito bom em se apoiar nas patas de trás, então talvez possa dançar."

BENS DE LUXO

As 3 substâncias mais valiosas
Muitos podem achar que o ouro é o material de peso mais caro. Mas, em abr/2025, o valor de 1g era de "só" US$103. De acordo com um relatório da BBC Science Focus, eis as 3 substâncias mais caras (com base em 1g).

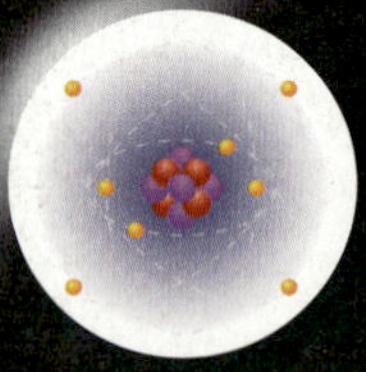

1. Antimatéria
US$59,8tri
O universo é feito de partículas chamadas de matéria, que existem lado a lado da antimatéria (com mesma massa, mas cargas opostas). Cientistas acreditam que esta pode ser usada como combustível em viagens interestelares.

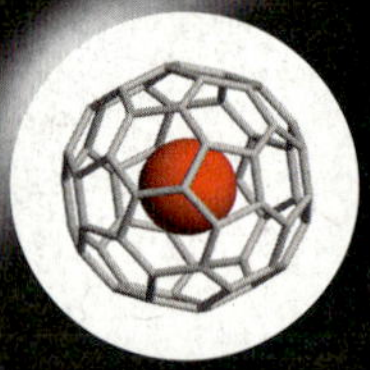

2. Endofulerenos baseados em átomos de nitrogênio
US$134mi
Esses fulerenos têm preço alto por causa de seus usos potenciais, como a criação de relógios atômicos pequenos, mas precisos, que são parte crucial do funcionamento dos sistemas GPS.

3. Califórnio-252
US$25,6
Sintetizado pela 1ª vez em 1950 no Lawrence Berkeley National Laboratory, EUA, esse isótopo radioativo é usado em detectores de metais e explosivos, reatores nucleares e aviões.

MEMORABILIA DE HARRY POTTER MAIS CARA (LEILÃO)
Após 4 anos de lances, a arte da capa original de *Harry Potter e a Pedra Filosofal*, de J.K. Rowling, foi vendida por US$1,92bi na Sotheby's de Nova York, EUA, em 26/6/2024. A ilustração a lápis e aquarela foi criada pelo artista Thomas Taylor, que tinha 23 anos em 1997 e foi uma das primeiras pessoas a ler o best-seller.

SORVETE MAIS CARO
Uma porção de 130ml do gelato Cellato, feito pela OMER (JPN), é vendida por US$6.696 em Tóquio, JPN, conforme verificado em 25/3/2023. Feita com raras trufas brancas e borras de saquê, a sobremesa vem com queijo parmesão, uma folha de ouro e azeite trufado.

JOIA MAIS CARA (LEILÃO)
Em 4/4/2017, o CTF Pink Star foi vendido por US$71,2mi na casa de leilões Sotheby's de Hong Kong, CHN. A pedra de 59,6 quilates é o maior diamante rosa vívido sem falhas internas já classificado pelo Gemological Institute of America. A joalheria Chow Tai Fook adicionou "CTF" ao nome da joia em homenagem ao seu fundador.

SUSHI MAIS CARO
O prato "Kiwami Omakase", do Sushi Kirimon, um restaurante de luxo em Osaka, JPN, custa US$2.475/pessoa, conforme verificado em 25/7/2023. Consiste em 20 sushis feitos com uma variedade de recheios, como atum, caranguejo-peludo--chinês, trufas pretas e caviar beluga.

REIS DO BRILHO

Em 2023, os joalheiros de luxo da Shiv Narayan (IND) roubaram alguns dos recordes mais brilhantes do GWR: **(1) pingente de diamante mais pesado** (457,2ct), **mais diamantes num pingente** (54.666) e **pingente mais pesado** (1.681,82g); **(2) mais esmeraldas num colar** (315) e **mais diamantes num colar** (1.971); **(3) estátua religiosa de diamante mais pesada** (494,06ct) e **mais diamantes numa estátua religiosa** (75.089); e **(4) lupa mais cara** (US$108.346). Abaixo, estão esses *objets d'art* quebradores de recordes em toda sua glória.

"Diamante" vem da palavra grega "adamas", que significa "invencível" ou "indestrutível".

1

Inspirado no Templo Rama em Ayodhya, Uttar Pradesh, IND, o pingente "Ram Darbar" levou 8,5 meses para ser feito e pesa o equivalente a 5 latas de sopa!

2

Medindo 41,07cm de comprimento e 29,46cm de largura, o colar Satlada, de 7 fileiras, pesa 566,9g.

Com 315 esmeraldas e 1.971 diamantes, o colar tem valor aproximado de US$567.000.

3

Esta estatueta de 18cm foi feita à mão em 2 meses por uma equipe de 32 joalheiros. Recria um ídolo do templo Shri Ananth Padmanabhaswamy, em Thiruvananthapuram, Kerala, IND.

Pesando 494,06ct no total, essa figura do Senhor Vishnu é adornada com 75.089 diamantes, 3.354 rubis e 1 esmeralda natural.

4

Esta lupa de 171g é decorada com 2.379 diamantes, 28 esmeraldas e 8 rubis.

PESSOAS MAIS RICAS

US$1bi se parece com o quê?
Você precisaria de bolsos bem fundos para carregar essa quantia por aí... Uma pilha de US$1mi, feita de 100 maços de 100 notas de US$100, forma um bloco de 30cm de profundidade, 33cm de largura e 12,7cm de altura. US$100mi seria o equivalente a um cubo de 140cm. Dez desses cubos dariam US$1bi.

US$1mi

US$100mi

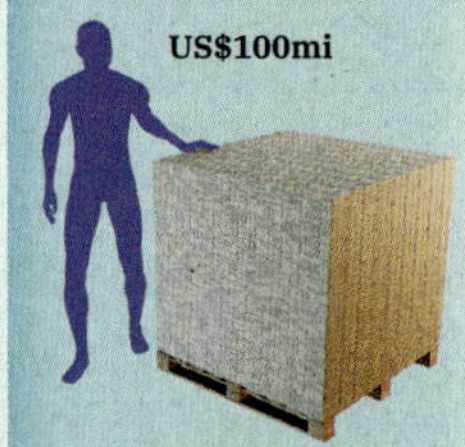

US$1bi

1ª milionária *self-made*
Em 1919, quando morreu, Madame CJ Walker (EUA; n. Sarah Breedlove) possuía um patrimônio que excedia US$1mi. Criou uma empresa bem-sucedida que vendia produtos de cabelo para afro-americanas como ela, cujas necessidades não eram atendidas pelas marcas tradicionais. Na época de sua morte, ainda possuía uma participação majoritária na firma, bem como bens imobiliários e investimentos. Considerando o tamanho da economia do país da época, a fortuna de Madame Walker era o equivalente a US$350mi em 2024.

1º centibilionário
De acordo com a lista anual da *Forbes* de "Bilionários 2018", publicada em 6/3/2018, o empresário de e-commerce e CEO da Amazon Jeff Bezos (EUA) foi a 1ª pessoa a chegar em US$100bi em riqueza pessoal, possuindo um patrimônio líquido estimado em US$112bi.

Pessoa *self-made* mais rica
Larry Ellison (EUA), cofundador e CEO de longa data da Oracle Corporation, companhia de software empresarial, tinha uma fortuna estimada de US$211,6bi até 9/10/2024. Ele cumpre 9 de 10 exigências do índice de pessoas *self-made* da *Forbes*, que avalia o grau que indivíduos construíram sua fortuna independentemente de heranças.

O recorde **feminino** (US$21,9bi) é de Diane Hendricks (EUA), crescida numa fazenda de laticínios, com pontuação de 9 na *Forbes*. Em 1975, ela e o marido, Ken Hendricks, fizeram um empréstimo para criar uma distribuidora de materiais para telhados chamada ABC Supply, que no começo atendia a empreiteiros no noroeste de Wisconsin, EUA. O casal administrou o negócio até a morte de Ken em 2007. Desde então, Diane mais que dobrou o tamanho da empresa.

PESSOA MAIS RICA RELATIVO AO PIB
A cantora e empresária barbadiana Rihanna (n. Robyn Rihanna Fenty) tinha um patrimônio líquido estimado em US$1,4bi até 9/10/2024, ou seja, 20,4% do PIB (produto interno bruto, ou produção econômica) do seu país de origem daquele ano. A maior parte da fortuna vem da participação dela na marca de cosméticos Fenty Beauty, a renda musical ficando num distante 2º lugar.

Bilionária mais jovem
Até 7/11/2024, Lívia Voigt de Assis (BRA, n. 10/7/2004), aos 20 anos e 120 dias, tinha uma fortuna de US$1,3bi. Ela é a maior acionista da WEG, uma empresa cofundada pelo avô que se tornou a maior produtora de motores elétricos da América Latina. Hoje, ela estuda psicologia na universidade e ainda não ocupa cargo na empresa.

Clemente Del Vecchio (ITA, n. 14/5/2004) detém o recorde **masculino**. Com 20 anos e 177 dias em 7/11/2024, ele tem um patrimônio líquido de US$5,3bi. O falecido pai era o presidente da EssilorLuxottica (a **maior empresa de óculos**) e tinha ações de bancos, seguros e bens imobiliários.

MULHER MAIS RICA
Alice Walton (EUA) tinha um patrimônio líquido estimado em US$89,9bi em 9/10/2024. A riqueza vem de sua participação no Walmart. Em 1949, o pai abriu o Five-and-Dime na cidade de Bentonville, Arkansas, EUA, a 1ª loja do que se tornaria o império Walmart (o **maior varejista**).

PESSOA MAIS RICA
A fortuna de Elon Musk (EUA, n. RSA) era de US$260,4bi em 9/10/2024. Sua riqueza vem de suas ações do X (antigo Twitter) e dos dois negócios a que ele é mais associado: a empresa de lançamentos de foguetes SpaceX e a fabricante de carros elétricos Tesla. As duas firmas são bem-estabelecidas nos seus campos, em especial a SpaceX, que domina o mercado comercial global de lançamentos de foguetes graças ao seu foguete de tecnologia revolucionária Falcon 9 (*ver p.98*).

MAIS PESQUISADO

10 pessoas mais ricas de todos os tempos

Fonte: Forbes, *a menos que outra seja indicada*

CIDADE COM MAIS BILIONÁRIOS
Até 8/3/2024, 110 bilionários informaram Nova York, EUA, como sua principal residência, embora os ultrarricos costumem ter casas em diferentes países e viver de forma bastante nômade. Acima, o "Billionaires' Row" em Midtown, Manhattan, conhecido por suas finas torres residenciais (*ver p.110*).

Cachorro mais rico?
Há uma lenda urbana de que a milionária Ella Wendel (EUA) tenha deixado cerca de US$68mi para seu cãozinho em 1931. Em 1933, o jornal australiano *The Argus* declarou que Tobey recebera a exata quantia, o que pode ter dado início ao rumor. O obituário dela do *New York Times* avaliou os bens da família em US$100mi, indicando que "a única criatura viva a quem Ella era próxima era um poodle francês chamado Tobey". Porém o principal beneficiário do testamento, a Universidade Drew, em Nova Jersey, EUA, confirmou que o cão não recebeu nada.

Cidade com mais milionários
Até 7/5/2024, Nova York, EUA, foi a casa de cerca de 349.500 indivíduos com patrimônio líquido de ao menos US$1mi, de acordo com a consultora financeira Henley & Partners. A companhia define milionários como aqueles com ao menos US$1mi em capital líquido (dinheiro ou ativos que podem ser trocados ou vendidos facilmente) e exclui a riqueza ligada a ativos ilíquidos, como bens imobiliários. Incluir propriedades aumentaria em muito o número de milionários, pois o valor médio de um imóvel na cidade custa em média US$800.000.

País com mais bilionários
Apesar do aumento de bilionários na China e no Oriente Médio, os EUA ainda são o país onde a maioria deles decide morar. Dos 78 países que são casa dos 2.781 bilionários do mundo, 813 vivem nos EUA. Até 3/4/2024, as riquezas combinadas desses indivíduos endinheirados somavam em média US$5,7tri, um aumento de US$1,2tri em comparação a 2023. Os recém-chegados da lista incluem o fenômeno pop Taylor Swift e a lenda da NBA Magic Johnson.

Maior aumento de patrimônio líquido em um ano
Em 4/11/2020, Elon Musk (*ver p. ao lado*) tinha um patrimônio líquido estimado em US$141,4bi. Um ano depois, esse valor cresceu para US$340bi, um aumento de US$198bi (ou pouco mais de 140%), sobretudo devido ao crescimento exponencial do preço das ações da Tesla, a fabricante de carros elétricos de Musk, que foram de US$30/uni. para US$300/uni. nos 12 meses até jan/2021.

Até 4/11/2022, porém, a fortuna de Musk diminuíra para cerca de US$208bi, uma queda de quase 39% (a **maior perda de patrimônio líquido em um ano**), devido à compra do Twitter (agora X) em 2022, por aproximadamente US$44bi, e à queda do preço das ações da Tesla. No início de jan/2023, o patrimônio líquido de Musk atingira seu menor valor: US$136bi, mais de US$200bi abaixo do auge.

PESSOA MAIS RICA DE TODOS OS TEMPOS (INFLAÇÃO AJUSTADA)
O cidadão mais rico da história (que não chefe de Estado) é um recorde difícil de calcular. O valor de moedas e bens muda com o tempo, complicando o processo de comparar o patrimônio de pessoas que podem ter vivido em diferentes séculos e lugares do mundo. O candidato mais forte é o barão do petróleo John D. Rockefeller (EUA, *à esq.*), que, no auge financeiro em 1913, tinha um patrimônio líquido de US$900mi. Isso equivale a US$623bi em 2024, quando a inflação é ajustada com base na "participação econômica" (representando a riqueza dele em relação ao tamanho da economia dos EUA na época). Outra possibilidade é o mercador alemão renascentista Jakob Fugger (*à dir.*), cuja riqueza lhe deu o poder de falir nações e mudar o curso de guerras. Quando morreu em 1525, seus bens valiam 2.032.652 florins renanos. Com as mudanças políticas e econômicas da Europa, é muito mais difícil estimar a riqueza de Fugger nos termos atuais, mas pode chegar a US$650bi.

ECONOMIA

Grandes negócios: as 5 maiores empresas globais
Há várias maneiras de determinar o valor de uma empresa; a mais comum é estabelecer seu valor no mercado de ações ("capitalização de mercado"). Isso é calculado ao multiplicar o número de ações pelo preço delas. Por esse critério, a gigante da tecnologia Apple foi líder no ano fiscal de 2024.

1. Apple
US$3,51tri

2. Nvidia Corporation
US$3,16tri

3. Microsoft
US$3,08tri

4. Amazon
US$2,42tri

5. Alphabet/Google
US$2,30tri

Valores atualizados até 7/2/2025

1ªs regulamentações financeiras
O Código de Hammurabi é um texto legislatório escrito na Babilônia (atual Iraque) por volta de 1750 AEC. Muitas das leis em documentos sobreviventes se referem a transações comerciais, empréstimos e investimentos. A maioria dos mais antigos fala sobre finanças, já que a escrita foi inicialmente usada por contadores e escriturários.

Maior queda do mercado de ações em 1 dia
O valor do índice Dow Jones da Bolsa de Valores de Nova York caiu 22,6% em 1 dia de negociações, em 19/11/1987. Na "Segunda-feira Negra", também houve uma queda de 14,8% da FTSE 100, de Londres, e uma queda de 11% do índice Hang Seng, de Hong Kong. Essa correção do mercado continuou até o fim do mês, com perdas cumulativas chegando a centenas de bilhões de dólares.

MAIOR GREVE
A Bharat Bandh foi uma greve de 24h organizada pela All India Trade Union Congress e outros grandes sindicatos trabalhistas em 8/1/2020. Estima-se que entre 150mi e 200mi de trabalhadores participaram, afetando indústrias e serviços por toda a Índia. O protesto foi incitado por grandes planos de privatização, além de legislação que reduziria a proteção trabalhista.

MAIOR EMPRESA
Os 5 maiores titãs de tecnologia competiram por esse título em 2024. A Microsoft (CEO Satya Nadella, *foto*) foi a maior empresa do mundo durante os 2 primeiros trimestres, com uma capitalização de mercado de US$3,32tri, mas a Apple passou na frente no terceiro trimestre. No fim do ano, ambas foram quase ultrapassadas pela fabricante de placas de vídeo Nvidia. No entanto, a incerteza sobre inteligência artificial desencadeou a **maior perda num único dia** em 27/1/2024, com corretores eliminando US$589bi do valor da Nvidia.

1ª ganhadora solo do Nobel de Economia
Em 9/11/2023, Claudia Goldin (EUA) se tornou a 1ª mulher a ganhar sozinha este prestigioso prêmio. Foi elogiada por seu trabalho como historiadora econômica e economista trabalhista, e sua compreensão profunda da inequidade e da participação feminina no local de trabalho.

Sociedade mais desigual
De acordo com o Banco Mundial, o país com a maior disparidade econômica é a África do Sul, com coeficiente de Gini de 63% até jun/2024. Essa avaliação mede a inequidade fiscal numa escala de 0 a 100%, em que 100% é o máximo de inequidade (um único indivíduo recebe toda a renda disponível) e "0", a equidade perfeita (todos os cidadãos têm a mesma renda). A **sociedade mais igualitária** é a Eslováquia, com Gini de 24,1%.

PROJETO DE INFRAESTRUTURA MAIS CARO
O sistema de estradas dos Estados Unidos custou US$500bi (valor de 2024, com a inflação ajustada). A construção dessa rede de estradas foi iniciada pelo Federal-Aid Highway Act de 1956. Os 1ºs contratos foram assinados em 2/8/1956, mas o projeto – que abrange 78.680km de estradas – só foi declarado como concluído em 1992.

Na foto, a paisagem da Interstate 70, diante das montanhas Rochosas. Ela cruza 10 estados, de Maryland a Utah.

MAIOR PACOTE DE AJUDA ECONÔMICA NO EXTERIOR
De 1948 a 1952, os EUA deram US$13,3bi para os estados devastados pela guerra da Europa Ocidental; foi o equivalente a 4% da economia dos EUA na época (cerca de US$1,3tri em 2024). Isso aconteceu sob o Programa de Recuperação Europeia, ou Plano Marshall (em homenagem ao secretário de Estado dos EUA, George Marshall). Na foto, Berlim, GER, em 1945.

Wall Street – lar da Bolsa de Valores de NY – foi nomeada por causa de um muro construído em 1653 para afastar indígenas, piratas e britânicos.

Maior programa incondicional de transferência de dinheiro
Até jul/2023, o Emergency Social Safety Net (ESSN) fornecera US$2,5bi em assistência financeira a 1.497.932 refugiados sírios vivendo na Turquia. Fundado pela União Europeia, o programa é considerado "incondicional" porque os destinatários não precisam cumprir condições para se qualificar, além de critérios básicos como status de vulnerabilidade.

O **maior programa *condicional* de transferência de dinheiro** é o Bolsa Família, do Brasil. Criado em set/2003, oferece pagamentos a famílias de baixa renda que cumpram condições relacionadas à frequência escolar e à saúde das crianças. Até mar/2023, ajudou 21,1mi de famílias, que recebiam US$130,88 mensais, com o objetivo de quebrar o ciclo de pobreza.

Maior taxa de imposto de renda pessoal
Na Costa do Marfim, os que ganham mais são obrigados a contribuir com até 60% de seus rendimentos para o Estado, de acordo com dados de 2024 de PricewaterhouseCoopers (PwC). Os **países com as menores taxas** são Barein e Catar, em que o imposto – independente da renda – é zero.

Maior taxa de imposto corporativo
Nos Emirados Árabes Unidos, empresas que lucram mais de US$1,36mi são tributadas em até 55%, de acordo com dados de impostos publicados pelo PwC em 2024.

BANCO EM OPERAÇÃO MAIS ANTIGO
O Banca Monte dei Paschi di Siena foi fundado em 4/3/1472, na República de Siena (hoje Siena, ITA). Operava como um tipo de agência de empréstimos de caridade conhecido como "monte de piedade", mas virou um banco comercial em 1624. A instituição ainda estava operante em 17/12/2024, impressionantes 552 anos e 288 dias após a fundação.

Os portos de carga da China tiveram 401.524 partidas e chegadas em 2024.

MAIOR PAÍS EXPORTADOR
Desde 2009, a China é o **maior exportador do mundo**, enviando cerca de US$3,73tri em bens físicos em 2022. O maior segmento das exportações é o que relatórios da alfândega chamam de "equipamentos e partes de processamento automático de dados" (ou seja, computadores, servidores, equipamentos de telecomunicação e similares).

LÍDERES MUNDIAIS

Estaturas poderosas
Alguns *premiers* estão acima de todos, literalmente. O **líder mundial mais alto** atual é o primeiro-ministro da Albânia, Edi Rama, retratado aqui com outros titulares gigantescos.

Titulares até 3/12/2024; alturas calculadas a partir de várias fontes

Maior reinado verificado
Luís XIV da França (n. 5/9/1638) governou por 72 anos e 110 dias, de 14/5/1643 a 1/9/1715. Sob o "Rei Sol", o reino se expandiu, o sistema financeiro foi reformado e o patrocínio às artes atingiu novos patamares.

Rainha com reinado mais longo
Pela 1ª vez em mais de 200 anos, não há rainhas no trono vivas. Embora antigas monarcas, como Beatrix (NED) e Margrethe II (DNK) ainda estejam vivas, até 18/2/2025, ambas abdicaram ao trono em 30/4/2013 e 14/1/2024, respectivamente. A **rainha com o reinado mais longo** foi Elizabeth II (RU, n. 21/4/1926), que subiu ao trono em 6/2/1952. Até sua morte, em 8/9/2022, Elizabeth II tinha reinado por 70 anos e 214 dias. Os tronos do RU e dos domínios da Comunidade das Nações passaram para seu primogênito e agora rei, Charles III, que também herdou o recorde dela de **chefe de Estado de mais países**. Até fev/2025, ele reinava em 15 domínios dentro dos 56 países da Comunidade das Nações.

Monarca mais velho (masc.)
Salman bin Abdulaziz Al Saud, rei da Arábia Saudita (n. 31/12/1935), tinha 89 anos e 49 dias até 18/2/2025.

O recorde **feminino** é de Nana Afia Kobi Serwaa Ampem II (*c.* 1907-2016), a 13ª Rainha Mãe do reino Ashanti, GHA, que viveu ao menos até os 109 anos.

Com 32 anos e 308 dias até 18/2/2025, o **monarca mais jovem** atual é o rei Oyo — ou Rukirabasaija Oyo Nyimba Kabamba Iguru Rukidi IV (n. 16/4/1992) — regente de Tooro, UGA. Ele chegou ao poder aos 3 anos, embora seu papel seja mais simbólico, já que Uganda é governada por um presidente eleito.

Os **monarcas mais jovens de todos os tempos** foram soberanos desde o momento em que nasceram. João I da França nasceu em 14/11/1316, 5 meses depois da morte do pai, Luís X, e foi nomeado rei ao nascer, mas morreu cinco dias depois. Afonso XIII da Espanha foi filho póstumo de Afonso XII e o sucedeu ao nascer em 17/5/1886.

Chefe de Estado não nobre com mais tempo de serviço
Fidel Castro (13/8/1926-25/11/2016), o revolucionário que se tornou governante, governou Cuba por 52 anos e 62 dias entre 16/2/1959 e 19/4/2011. Serviu nos 3 cargos mais altos do país: primeiro-ministro, presidente e primeiro-secretário do Partido Comunista.

Castro também teria sobrevivido a **mais tentativas de assassinato**. Em 2006, Fabián Escalante, um segurança designado para proteger o presidente, alegou que houvera 638 tentativas separadas de matá-lo. Charutos explosivos, roupas de mergulho corrosivas e sorvete envenenado estão entre os diversos planos fracassados da CIA para tentar matar Castro, que morreu de causas naturais aos 90 anos.

CHEFE DE ESTADO MAIS JOVEM
Kristrún Frostadóttir (ISL, n. 21/12/1988), antiga jornalista e economista, assumiu o cargo de primeira-ministra da Islândia em 21/12/2024. Até 18/2/2025, Frostadóttir — líder da Aliança Social Democrática desde out/2022 — é a líder mundial mais jovem em exercício, com 36 anos e 282 dias.

MONARCA REINANTE COM MAIS FILHOS
Até fev/2025, Mswati III de Essuatíni (antiga Suazilândia) tinha ao menos 36 filhos de 15 casamentos. Chegou ao trono aos 18 anos, em 1986, após a morte do pai, Sobhuza II, e é o último monarca absoluto da África.

1os GÊMEOS IDÊNTICOS CHEFES DE ESTADO E GOVERNO
A Polônia é o único país que foi liderado por gêmeos idênticos. Lech Aleksander Kaczyński (*à esq.*) foi presidente de dez/2005 até sua morte, em abr/2010. Em jul/2006, indicou o irmão, Jarosław, como primeiro-ministro, uma posição que este ocupou até nov/2007.

DINASTIA MAIS ANTIGA
A Dinastia Yamato — a Casa Imperial do Japão — teve uma sucessão de 126 imperadores que podem traçar sua linhagem até o 1º chefe de Estado de renome do país. O imperador atual do Japão, Naruhito (n. 23/2/1960), é descendente direto de Jimmu Tenno (*à esq.*). A tradição considera que seu reinado foi de 660 a 581 AEC, mas mais provavelmente foi de *c.* de 40-10 AEC.

Apenas 23 dos 193 estados da ONU são liderados por mulheres. Nesse ritmo, a igualdade de gênero só virá em 2154.

Presidente com mais tempo de serviço
Teodoro Obiang Nguema Mbasogo, da Guiné Equatorial, é tanto o atual como o **presidente com mais tempo de serviço da história**. Ele assumiu o cargo em 12/11/1982, o que lhe dá uma presidência de 42 anos e 129 dias até 18/2/2025.

Presidente mais velho
Paul Biya (n. 13/2/1933) é tanto o **mais velho presidente titular** hoje, como **da história**. Ele foi o 5º primeiro-ministro de Camarões (de 1975 a 1982) e serviu como 2º presidente de 1982 até hoje. Tinha 92 anos e 5 dias até 18/2/2025, o que também o torna o **chefe de Estado mais velho em serviço**.

O **presidente mais velho a assumir** foi Beji Caid Essebsi (n. 29/11/1926), que se tornou o 5º presidente da Tunísia em 21/12/2014 aos 88 anos e 32 dias. Serviu até sua morte em 25/7/2019, a 5 meses de completar o mandato. Já anunciara que não concorreria novamente.

RAINHA CONSORTE MAIS JOVEM
Até 18/2/2025, a rainha Jetsun Pema, do Butão (n. 4/6/1990), tinha 24 anos e 259 dias. Conhecida como *Druk Gyaltsuen* ("Rainha Dragão"), é a esposa do líder do país, Jigme Khesar Namgyel Wangchuck, com quem se casou em 13/11/2011, aos 21 anos e 131 dias. Eles têm três filhos (*da esq. para a dir.*): Jigme Namgyel, Jigme Ugyen e Sonam Yangden.

MAIS LÍDERES MUNDIAIS EM UM FUNERAL
O funeral de Elizabeth II, rainha do Reino Unido, aconteceu na abadia de Westminster, em Londres, em 19/9/2022. Estiveram presentes 120 monarcas, presidentes, primeiros-ministros e governadores-gerais. Representantes de 168 dos 193 estados-membros das Nações Unidas (ONU) compareceram ao funeral.

A **maior reunião de líderes mundiais** (*à dir.*) aconteceu de 14 a 16/9/2005, no World Summit da ONU, em Nova York, EUA. Um total de 154 líderes discutiram as principais questões globais, desde a pobreza e as mudanças climáticas até a proliferação nuclear.

Clinton na China: maior comitiva presidencial
Em 1998, em sua visita oficial à China, o presidente Bill Clinton (EUA) foi acompanhado pela esposa Hillary, a filha Chelsea e um séquito de 1.200 pessoas, que incluíam:

PARTICIPAÇÃO EM MASSA

Mais duplas alimentando um ao outro presencialmente e on-line ao mesmo tempo
Em 30/3/2025, pessoas de 282 duplas fecharam e deram dumplings umas às outras em Suzhou, Jiangsu, CHN, e on-line. A mastigação em massa foi supervisionada pela Suzhou Yingzhong Catering Management Co. (CHN). Na cultura chinesa, os dumplings simbolizam as reuniões familiares.

Mais pessoas usando luvas de espuma
Em seu 50º aniversário, o time de hóquei no gelo Kalamazoo Wings (EUA) juntou 3.414 pessoas para vestir luvas de espuma em Kalamazoo, Michigan, EUA, em 19/10/2024.

Mais pessoas mergulhando em água gelada
Em 1/3/2025, 2.461 pessoas entraram nas águas de 4°C do lago Most, na região de Ústecký, CZE. O mergulho congelante foi organizado pelo UNIQA Group e por David Vencl (ambos CZE) para promover os benefícios da terapia de imersão em água fria.

Mais duplas jogando "pedra, papel e tesoura" ao mesmo tempo
Numa tentativa organizada pela empresa de software SAP SE (GER), 594 duplas disputaram esse clássico em Frankfurt, GER, em 9/10/2024.

MAIS PESSOAS COM ROUPAS TRADICIONAIS CAZAQUES
Em 22/3/2025, 5.000 pessoas da região de Mangystau se reuniram em roupas tradicionais, num evento organizado pelas Akim, Nurdaulet Kilybai (todas KAZ). As mulheres usaram um *koylek* (vestido), *kamzol* (colete longo) e *saukele* (chapéu elaborado), e os homens, um *chapan* (robe longo) e chapéus como o *tymaq* (chapéu de pele).

MAIOR PASSEIO COM CÃES DACHSHUND
Um conjunto de 897 cães salsichas foram levados para passear em Ratisbona, GER, em 22/9/2024. O evento foi organizado pelo Dackelmuseum (GER), que se dedica a essa raça. O antigo recorde era de 342, em Londres, RU, pela empresa Agria Pet Insurance (RU, *abaixo*), apenas 4 meses antes.

Maior reunião de pessoas vestidas como Uncle Roger
Em homenagem ao personagem de comédia criado pelo YouTuber Nigel Ng, 388 cosplayers se apresentaram como Uncle Roger em Kuala Lumpur, MAS, em 14/9/2024. Ng, que também apareceu vestido de Uncle Roger, foi o anfitrião do evento na inauguração de seu 1º restaurante, FUIYOH! It's Uncle Roger, no shopping Pavilion KL da cidade.

Maior exercício de confiança simultâneo
Em 24/8/2024, 1.760 empregados do PwC Sverige (SWE) formaram duplas para um ato de fé coletivo, enquanto metade deles se jogavam para trás para serem pegos por seus colegas em Gotemburgo, SWE.

MAIOR REUNIÃO DE PESSOAS VESTIDAS DE STEVE DO *MINECRAFT*
Em 16/11/2024, a Microsoft México encorajou 794 fãs de game a se reunir na Cidade do México usando a cabeça cuboide de Steve e uma camisa azul, suas marcas registradas. Segundo as regras do GWR, cada Steve tinha que segurar um objeto pixelado como uma espada ou picareta. *Minecraft* é o **jogo mais vendido** (mais de 300mi de cópias até out/2023, conforme relatado pela Microsoft).

MAIOR REUNIÃO DE PESSOAS USANDO PIJAMAS DE 2 PEÇAS
Em 28/8/2024, a IKEA (SWE) reuniu 2.051 funcionários em trajes de dormir em Älmhult, condado de Kronoberg, SWE — lar da 1ª loja da marca, do museu e do hotel. Os pijamas exibiam características típicas da marca: as cores azul e amarelo e a versão vegetariana das almôndegas que ela vende. O dia marcou o início de uma campanha para promover um sono melhor.

MAIOR TORNEIO DE FLAG FOOTBALL
A USA Flag e a BODYARMOR Sports Nutrition (ambos EUA) reuniram 11.779 jogadores no Sportsplex de Tampa Bay na Flórida, EUA, em 18/1/2025. Nessa versão sem contato do futebol americano, os jogadores "roubam a bola" ao remover fitas do cinto da pessoa que está em posse da bola.

Maior imagem humana de um macaco
A Wuxi Bailian Outlets Co. (CHN) juntou 372 voluntários para formar uma silhueta simiesca em Wuxi, Jiangsu, CHN, em 8/12/2024. A Bailian adotou um macaco-dourado do Hongshan Forest Zoo em 2024 e queria promover a proteção da espécie, que está em risco.

Maior festa da pizza (vários lugares)
Em 12/7/2024, a Princess Cruises (USA) presenteou 11.445 pessoas com fatias de pizza a bordo dos seus navios na Europa, no Caribe e no Alasca, EUA. A tentativa celebrava sua parceria com o vencedor do World Pizza Champion por 13x, Tony Gemignani (EUA), que estabeleceu o recorde de **maior massa de pizza girada por 3min** (84,33cm) em Mineápolis, Minnesota, EUA, em 20/4/2006.

MAIS PESSOAS ATIRANDO CANHÕES DE CONFETE AO MESMO TEMPO
A St. Stephen's School (AUS) reuniu 2.013 estudantes para explodir confetes em Perth, AUS, em 19/4/2024. Em comemoração ao 40º aniversário da escola, o evento contou com a participação de crianças do ensino fundamental e médio.

Se você participou de uma tentativa bem-sucedida de recorde em grupo, agora pode comprar seu próprio certificado de participação na Loja GWR. Escaneie o QR code abaixo para pedir o seu!

MAIOR AULA DE LUTA COM PAUS
Em 15/11/2024, 284 pessoas aprenderam a arte marcial tradicional das Ilhas Canárias — o *juego del palo* — em Puerto del Rosario, Fuerteventura, ESP. A aula foi supervisionada pela Asociación del Juego del Palo Canario MAHO (ESP).

MAIS PESSOAS USANDO CHAPÉUS DE BANANA
O City Museum e o Explore St. Louis (ambos EUA) estabeleceram o recorde em 2/4/2024, quando 309 voluntários colocaram chapéus de banana. O grupo amarelo se reuniu no museu da cidade, no Missouri, EUA.

HERÓIS ECOLÓGICOS

1º disco tocável feito de plástico oceânico
Em 4/10/2019, Nick Mulvey (RU) lançou uma edição limitada do disco com sua música "In the Anthropocene". Em colaboração com a Sharp's Brewery (RU), o disco foi feito de plásticos de uso único recolhidos na costa da Cornualha. Wesley Wolfe (EUA), fabricante de vinis personalizados, deu vida a ele.

Anthropocene ("Antropoceno") descreve a era em que a humanidade passou a impactar os ecossistemas da Terra.

1ª ciclovia feita de plástico reciclado
Uma ciclovia de 30m foi inaugurada na cidade de Zwolle, província de Overijssel, NED, em 11/9/2018. Foi feita pelo equivalente a 500.000 tampinhas de garrafa plástica. A ideia foi de Anne Koudstaal e Simon Jorritsma (ambos NED), que colaboraram com a empresa de engenharia civil KWS, a fabricante de tubos Wavin e a companhia de energia Total.

Maior projeto de remoção de barragens
O Projeto de Renovação do Rio Klamath (EUA) resultou na demolição de 4 barragens hidrelétricas ao longo do rio Klamath, na fronteira entre a Califórnia e o Oregon, de out/2023 a ago/2024. Cerca de 640km da bacia hidrográfica do rio foram recuperados. Espera-se que os habitats naturais da região sejam restaurados e que isso traga de volta os peixes e outras espécies que existiam ali antes da construção da 1ª barragem, em 1918.

Mais pessoas limpando um rio
Um exército de 1.327 voluntários recolheu lixo das margens do Rio Taff, da nascente à foz, no País de Gales, RU, em 21/3/2025. A ação, chamada "Taff Tidy", foi liderada pela ex-triatleta Kate Strong (RU) e pelo ecologista de água doce Numair Masud (PAK). O dr. Masud declarou: "Os humanos gostam de soluções rápidas… e o Taff Tidy é isso. Mas o que Kate e eu estamos tentando criar é um legado, para que as pessoas se lembrem de que precisamos trilhar essa jornada juntos".

1º desodorante de spray recarregável
Em jan/2023, Gergely Zámbó e Andor Réti (ambos HUN) lançaram o Respray em uma farmácia em Budaörs, na região de Pest, HUN. O aerossol pode ser reabastecido em "estações de refil" até 5x, o que permite que uma embalagem dure até 1 ano. Réti comentou: "Pensamos que tínhamos que fazer a nossa parte para criar um mundo mais sustentável."

1º caso judicial bem-sucedido baseado nos Direitos da Natureza (RoN)
Em 30/3/2011, o rio Vilcabamba, ECU, venceu um processo judicial contra o governo provincial de Loja, que planejava construir uma estrada na vizinhança. A lei RoN, aprovada no país em 2008, graças aos esforços de grupos indígenas, determina que o meio ambiente tem status legal e pode figurar como autor em processos judiciais.

1º IMPOSTO SOBRE FLATULÊNCIA
Em 18/11/2024, para ajudar a atingir suas ambiciosas metas climáticas, a Dinamarca aprovou um imposto inédito sobre as emissões de metano provenientes de animais de criação. Até 2030, os fazendeiros terão que pagar 300 coroas por tonelada de metano produzida pelo gado (incluindo bovinos e suínos), aumentando para 750 coroas até 2035.

MAIS PAINÉIS SOLARES EM UMA EMBARCAÇÃO DE CARGA
A Wattlab (NED) instalou 312 painéis fotovoltaicos no teto de uma de suas barcaças, a *MS Helios*, como verificado em Roterdã, NED, em 6/9/2024. Fixados em escotilhas de alumínio, os módulos (que geram energia para abastecer cerca de 30 residências) podem reduzir o consumo de combustível em até 10%, beneficiando o meio ambiente e os custos dos transportadores.

MAIS MANGUEZAIS PLANTADOS EM 24H
Em 22/4/2024, Jimi Cohen (AUS) plantou 30.469 mudas em Shimoni, Kwale, KEN. Os manguezais servem como refúgio para a vida selvagem e ajudam a evitar a erosão costeira. Cohen é fundador da Treegens, uma empresa que recompensa quem planta árvores com tokens de criptomoeda.

PROTESTO CLIMÁTICO MAIS AO NORTE
A ornitóloga e ativista ambiental Mya-Rose Craig (RU) chamou atenção para a emergência climática ao protestar sobre uma placa de gelo em derretimento no meio do Ártico, a 82,4°N, ao norte de Svalbard, NOR, em 20/9/2020. Craig já participou de diversas manifestações e de um painel com Greta Thunberg na COP26, em 2021.

Categoria: Consertar o clima
Vencedor: Advanced Thermovoltaic Systems
Empresa dos EUA que converte calor residual industrial em eletricidade.

Categoria: Revitalizar os oceanos
Vencedor: High Ambition Coalition for Nature & People
Trabalha com 120 governos para promover a proteção de pelo menos 30% dos oceanos e terras do planeta até 2030.

MAIOR PRÊMIO AMBIENTAL

Até o início de fev/2025, o Prêmio Earthshot já havia concedido US$ 25,2mi a 20 vencedores. A iniciativa busca destacar e apoiar projetos que ofereçam soluções significativas para os desafios ambientais. O prêmio foi lançado em out/2020 pelo Príncipe William, Duque de Cambridge, e pelo icônico naturalista britânico Sir David Attenborough (*ver p.188*), e a 1ª cerimônia ocorreu em 2021. Todos os anos, há 15 finalistas e 5 vencedores para cada categoria. Projetos liderados por ex--finalistas do Earthshot evitaram, capturaram ou reduziram 420.000t de emissões de CO_2 entre 2021-2023. Na imagem (*abaixo*), os vencedores da cerimônia mais recente, realizada na Cidade do Cabo, RSA, em 6/11/2024.

Categoria: Construir um mundo sem resíduos
Vencedor: Keep IT Cool
Reduz o desperdício de alimentos e aumenta os lucros dos agricultores por meio de refrigeração e distribuição inteligente.

O GWR conversou com Joshua Amponsem, fundador da GAYO, um dos vencedores do Prêmio Earthshot de 2024.

Por que você fundou a GAYO?
Para capacitar jovens com habilidades práticas e oportunidades, promovendo liderança e criando soluções para questões ambientais urgentes, construindo comunidades resilientes e sustentáveis.

Fora o Prêmio Earthshot, qual foi sua maior conquista?
O Conselho de Juventude pelo Clima, que reúne jovens com recursos e oportunidades para se envolverem com formuladores de políticas. Hoje, existem Conselhos de Juventude pelo Clima em 10 países.

Como foi vencer o Prêmio Earthshot?
Foi um grande orgulho ver o trabalho por soluções sustentáveis, liderado pelos mais vulneráveis da sociedade (mulheres marginalizadas e jovens), ser reconhecido em um palco global.

Categoria: Proteger e restaurar a natureza
Vencedor: Altyn Dala Conservation Initiative
Ajuda a conservar a fauna das estepes do Cazaquistão (ex.: antílope saiga, detalhe).

Em 2024, 7 cavalos-de--przewalski foram reintroduzidos nas estepes após terem sido extintos na região.

Categoria: Purificar o ar
Vencedor: Green Africa Youth Organization (GAYO)
Ajuda comunidades a criar empregos e reduzir resíduos com práticas sustentáveis.

PATRIMÔNIOS MUNDIAIS

Itinerário rápido de Sujoy das Sete Maravilhas

Chichén Itzá, MEX
2/9/2024

Machu Picchu, PER
3/9/2024

Cristo Redentor, BRA
4/9/2024

Coliseu, ITA
5/9/2024

Grande Muralha, CHN
6/9/2024

Taj Mahal, IND
7/9/2024

Petra, JOR
8/9/2024

Menor tempo para visitar as Novas Sete Maravilhas do Mundo
Sujoy Kumar Mitra (IND, *abaixo*) visitou as maravilhas do mundo moderno em 5d17h8min, entre 2 e 8/9/2024, terminando em Petra, JOR (*veja todas as sete à esq.*). Essa seleção atualizada de lugares extraordinários – listados pela UNESCO como Patrimônios Mundiais – foi anunciada em 2007.

Maior igreja monolítica
Um dos primeiros Patrimônios Mundiais a ser listado (*ver p. ao lado*) foi Bet Medhane Alem, em Lalibela, ETH. Esculpida na rocha no século XII, essa igreja tem 33,5m de comprimento, 23,5m de largura e 11m de altura. Faz parte de um complexo de igrejas escavadas na rocha que atrai milhares de peregrinos todo ano.

! As *moai* também representam os chefes ancestrais da ilha, considerados descendentes dos deuses.

Maior concentração de *moai*
Rapa Nui (ou Ilha de Páscoa), CHI, abriga cerca de 1.000 estátuas, ou *moai*, feitas entre *c.* de 1250 e 1500. As estátuas estão espalhadas pela costa, mas a maior concentração – em média 50% – fica em Rano Raraku. O Parque Nacional Rapa Nui foi inscrito na UNESCO em 1995.

MAIS PATRIMÔNIOS MUNDIAIS VISITADOS EM 12H
Adam Leyton e Chris Fletcher (ambos RU, *acima*) fizeram um rápido tour por 15 monumentos históricos em 14/11/2019, terminando em Beemster, perto de Amsterdã, NED. O recorde de **24 horas** é do pai e filha Erik e Myrthe Sentener (ambos NED, *à dir.*), com 23 locais visitados entre 28 e 29/9/2021, culminando com a estação Wouda, em Lemmer, NED.

Patrimônio Mundial mais remoto
Localizada a 37,3ºS, 12,7ºW, a chamada Ilha Inacessível no Atlântico Sul fica a *c.* de 2.820km do Patrimônio Mundial mais próximo: a Península do Cabo, RSA. Foi reconhecida pela UNESCO, em 1995, como parte de uma reserva que inclui a ilha Gough; sua natureza intocada (sem mamíferos introduzidos por humanos) fazem dessas ilhas um paraíso para os ninhos das aves marinhas.

Patrimônio Mundial mais alto
O Parque Nacional Sagarmāthā, NEP, fica 8.848,8m acima do nível do mar, e seu pico é o cume do Everest (ou Sagarmāthā, ou Chomolungma) – a **montanha mais alta** da Terra. A importância da reserva natural foi reconhecida pela UNESCO em 1979.

PRIMEIROS PATRIMÔNIOS MUNDIAIS DA UNESCO

Até nov/2024, havia 1.223 Patrimônios Mundiais da UNESCO. Os 12 primeiros foram reconhecidos em 1978, e o 1º lugar a ser listado foram as ilhas Galápagos, na costa do Equador **(1)**. Esse arquipélago vulcânico e equatorial é famoso pela biologia diversa, incluindo o patola-de-pés-azuis (*Sula nebouxii*) e a iguana-marinha (*Amblyrhynchus cristatus*; *ver detalhes*), o **lagarto mais marinho**, capaz de mergulhar 30m e permanecer submerso por até 1h. Veja abaixo os outros locais que participaram dessa estreia.

OS PRIMEIROS PATRIMÔNIOS MUNDIAIS

Local	País
Cidade de Quito	ECU
Catedral de Aachen **(2)**	GER
Parque Nacional do Simien	ETH
Igrejas escavadas na rocha de Lalibela (*ver p. ao lado*)	ETH
L'Anse aux Meadows	CAN
Parque Nacional Nahanni	CAN
Ilha de Gorée	SEN
Parque Nacional de Mesa Verde	EUA
Parque Nacional de Yellowstone **(3)**	EUA
Centro histórico de Cracóvia	POL
Minas de sal de Wieliczka e Bochnia	POL

Fonte: UNESCO (azul = patrimônio cultural; lilás = patrimônio natural)

Mais Patrimônios Mundiais
Até 27/11/2024, a Itália se vangloriava de possuir 60 locais com mérito histórico e cultural de acordo com a UNESCO. O último patrimônio italiano a receber esse status foi a Via Appia (*acima*), em jul/2024. É a estrada mais antiga construída pelos romanos, de 312 AEC, conectando Roma a Brindisi. Por incrível que pareça, há seções que são usadas pelos locais até hoje.

MAIOR...

Anfiteatro
Inscrito em 1980 como parte intrínseca do Centro Histórico de Roma, ITA, o Coliseu — a antiga e icônica arena de gladiadores — tem área de 2ha e capacidade para 87.000 espectadores.

Templo budista
Borobudur tem 34,5m de altura e 123m² de base. Listado pela UNESCO em 1991, a estrutura de 3 níveis fica perto de Yogyakarta, em Java, IDN, e foi construída entre c. de 750-842 EC, durante a dinastia Śailēndra.

Área úmida tropical
O Pantanal (reconhecido em 2000) cobre cerca de 160.000km², sobretudo no sudoeste do Brasil, mas também Bolívia e Paraguai. Na estação das chuvas (dez--mai), 70-80% da região fica inundada. A rica biodiversidade conta com capivaras (*Hydrochoerus hydrochaeris*, o **maior roedor**) e araras-azuis-grandes (*Anodorhynchus hyacinthinus*, o **maior papagaio**).

Patrimônio Mundial mais profundo
A Área de Proteção das Ilhas Fênix fica 6.147m abaixo do nível do mar. Abrange todo o arquipélago das Ilhas Fênix — parte da nação insular de Quiribati, no Pacífico —, e sua rica fauna inclui 500 espécies de peixe e 200 tipos de coral.

Com 408.250km² — quase 4x o tamanho da Islândia —, este também é o **maior Patrimônio Mundial**.

HOTÉIS

The Strip
Os hotéis temáticos do Las Vegas Boulevard são inspirados em muita coisa, desde as pirâmides do Egito até a Torre Eiffel.

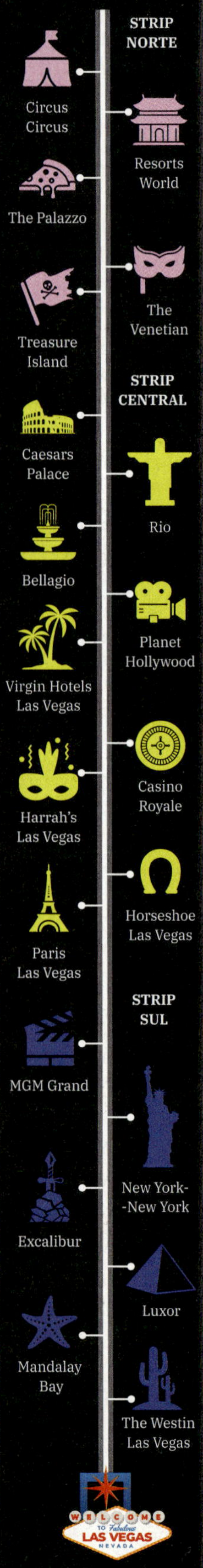

MAIOR TETO DOURADO CONTÍNUO
O teto do lobby do Hotel Kawakyu em Nishimuro, Wakayama, JPN, tem 1.056,97m² – quase o dobro do tamanho de uma quadra de basquete – e é finalizado com folhas de ouro de 22,5k. Uma equipe liderada pelo mestre artesão Fabrice Gohard completou o douramento em 2 meses, aplicando 190.000 folhas de ouro de 0,001mm de espessura.

Hotel mais antigo
O hotel de fontes termais Nishiyama Onsen Keiunkan em Yamanashi, JPN, está em operação desde 705 EC.

1º hotel submarino
O Jules' Undersea Lodge, em Key Largo, Flórida, EUA, foi inaugurado em 1986. Os hóspedes mergulham 9m até a hospedaria, que fica sobre palafitas a 1,5m do fundo do Emerald Lagoon. Construído para ser um laboratório de pesquisa, o lugar foi transformado em hotel por Ian Koblick e Neil Monney (ambos EUA).

1º hotel rotatório
Construído em 2005, o Hotel Marmara Antalya, TUR, tem um "andar rotatório" com 24 quartos, que proporciona aos hóspedes uma vista integral das Bey Mountains e do Mediterrâneo. Sobre 433,6t de água e movido por 6 motores de 1kW, o andar de 2.494t dá várias voltas ao dia. Desenhado pela Hillier Architecture com engenheiros MEP, o hotel de 18 andares custou US$22mi.

Piscina de borda infinita a céu aberto mais alta em um prédio
O Address Beach Resort em Dubai, UAE, tem uma piscina de borda infinita a 293,9m de altura. A **piscina de borda infinita pública a céu aberto mais alta em um prédio** (127,46m) faz parte do Sky Spa, de 31 andares, no Candeo Hotels Osaka The Tower, JPN, conforme verificado em 11/7/2024.

HOTEL MAIS ALTO
O Ciel Hotel, que em 2024 ultrapassou o Dubai Marina, UAE, tem 365,5m, de acordo com o Council on Tall Buildings and Urban Habitat. O prédio de 82 andares de concreto e aço possui mais de 1.000 quartos, com uma piscina de borda infinita no 76º andar e um deque de observação de vidro no 81º. A inauguração está prevista para 2025.

MAIOR CONCENTRAÇÃO DE HOTÉIS TEMÁTICOS
A "Strip" – um trecho de 6,8km do Las Vegas Boulevard em Clark County, Nevada, EUA – tem ao menos 20 hotéis com tema e conceito únicos (*ver à esq.*). Em média, a rua tem um hotel temático a cada 400m. A Las Vegas Strip é responsável por cerca de 20% do gasto de eletricidade da cidade, o equivalente ao uso de cerca de 320.000 casas. Mas, apesar do nome, não está dentro de Las Vegas, mas ao sul dos limites da cidade.

O primeiro Waldorf Astoria foi demolido para dar lugar ao Empire State.

QUARTO DE HOTEL MAIS ALTO

O quarto de hóspedes mais alto do hotel 5 estrelas Rosewood Guangzhou, em Guangdong, CHN, está localizado no 106° andar do Guangzhou CTF Finance Centre — a 484,3m acima do nível da rua. O apart-hotel de 606 quartos ocupa os 39 andares superiores do prédio de 530m.

O hotel em **maior altitude** é o Hotel Everest View sobre Namche Bazzar, NEP, a 3.962m.

HOTEL MAIS SETENTRIONAL

O Radisson Blu Polar Hotel fica lozalizado a 78°N em Longyearbyen, na ilha ártica de Spitsbergen, no arquipélago de Svalbard, NOR. Há opções de acomodação mais setentrionais, mas o Polar é o hotel completo mais ao norte. Spitsbergen fica a cerca de 1.300km do polo Norte.

Maior hotel

O First World Hotel, no Resorts World Genting, em Pahang Darul Makmur, MAS, possui 7.351 quartos divididos entre 3 torres de 155m e 36 andares, sendo que a mais recente foi inaugurada em 2015.

O **maior hotel de gelo** é o ICEHOTEL em Jukkasjärvi, SUI, com uma área de *c.* de 2.870m². É reconstruído todo verão, com 15-20 quartos, 12 suítes de luxo e um salão de festas.

O hotel e spa Palacio de Sal localizado no Salar de Uyuni, BOL, é o **maior hotel de sal**. Com 16 quartos e 4.500m², pesa 10.000t, e pisos, paredes, tetos, mesas, cadeiras, camas, piscina de água salgada e campo de golfe de nove buracos são todos feitos de sal. O hotel atual foi reconstruído em 2007.

MENOR HOTEL

O hotel Trafo-Haus em Bad Segeberg, Schleswig--Holstein, GER, ocupa uma área de 17,85m² — pouco maior que uma vaga de carro! Inaugurado em 2022, a *pensione* minúscula só tem lugar para 2 hóspedes.

Uma família de 3 pessoas preparadas para gastar US$30.601 *cada uma* em um único dia em um hotel deve ir (pelo elevador privativo, claro) até o 52° andar do Four Seasons:

Vista de 360°
As 4 varandas em balanço no 52° do "castelo nas nuvens" têm vista para Manhattan; as amplas varandas de vidro único, com grades de vidro, garantem vistas ininterruptas da cidade.

Spa privativo/Quarto zen
Com banheira infinita revestida de ônix chinesa e cromoterapia e vista para o Central Park.

Piano
Um baby grand Bösendorfer.

Interior de luxo
Paredes laqueadas à mão em caramelo com incrustações de madrepérola, arte original, cascata do teto ao chão, lustre de vidro, roupa de cama de seda tailandesa com fios de ouro 22k, teto catedral de 7,6m de altura no quarto principal.

VIDA DE LUXO

É difícil classificar o hotel mais luxuoso do mundo. "Custo por noite" é a métrica mais óbvia, mas só é possível saber o valor para as suítes mais exclusivas mediante solicitação. No entanto, até 22/4/2025, valores publicados estão passando de US$100.000. A cobertura de 5 quartos do hotel The Mark, na Madison Avenue, em Nova York, EUA (*à esq.*), por exemplo, começa com US$114.767, com impostos. Conta com 6 banheiros, 1 sala de estar, 1 salão de baile, 7,9m de pé-direito, e academia, biblioteca e terraço privativos. O café da manhã é por conta da casa! A diária na Cobertura Ty Warner do Four Season nas proximidades (*foto maior*) custa US$91.804, mas o local contém apenas 1 cama king (com cama extra opcional). Essa opção pode ser considerada mais cara, se medida pelo custo por hóspede. Para mais detalhes, veja à dir.

BIBLIOTECAS

Coleção de Assurbanípal
Embora tenha havido repositórios de material escrito anteriores, como os arquivos reais na cidade suméria de Ebla, a Biblioteca de Assurbanípal (*abaixo*) foi a 1ª a incluir características que associaríamos a uma biblioteca moderna.

As tabuletas da biblioteca tinham um carimbo na borda com título, número de registro e informações de arquivamento etc.

Pesquisadores descobriram bibliografias que Assurbanípal mandou para outras cidades, exigindo cópias de seus textos.

O maior tesouro da biblioteca é *A epopeia de Gilgamesh*, uma das obras literárias mais antigas remanescentes.

Biblioteca mais antiga em funcionamento
O Mosteiro de Santa Catarina, em Sinai, EGY, abriga uma coleção de textos cristãos desde sua fundação em aprox. 527 EC. Há cerca de 3.300 manuscritos copiados à mão em sua "Coleção Antiga", incluindo muitos palimpsestos — livros escritos em páginas reaproveitadas com traços de livros mais antigos e com frequência perdidos.

1ª biblioteca infantil
A Bingham Library for Youth foi fundada em 1803 em Salisbury, Connecticut, EUA, com uma doação de 150 livros do editor local Caleb Bingham. Embora existam bibliotecais mais antigas associadas a escolas e faculdades, esta é a 1ª instituição com material voltado para os mais jovens. Bingham disse que queria que crianças de sua cidade natal crescessem com acesso a mais livros do que ele em sua juventude.

Livro emprestado mais atrasado
Em 1668, o universitário inglês Robert Walpole pegou emprestado *Scriptores rerum Germanicarum septentrionalium, vicinorumque populorum diversi*, uma obra sobre a história alemã, da biblioteca da Sidney Sussex College, RU. Ele esqueceu de devolver o livro, que permaneceu em sua casa até 16/1/1956, quase 288 anos depois, quando seu descendente, George Cholmondeley, o levou de volta.

Para a sorte de George, a faculdade não cobrou multa. A **maior multa de um livro atrasado** é de US$345,14, que foi paga voluntariamente por Emily Canellos--Simms, em 13/11/2003. O livro em questão, uma antologia poética chamada *Days and Deeds*, fora pego emprestado por sua mãe da Kewanee Public Library em Illinois, EUA, e deveria ter sido devolvido em 19/4/1955. Os 48 anos de multa acumularam a uma taxa de 2 centavos por dia.

Livro de biblioteca mais contestado
De acordo com o relatório *Banned & Challenged Books* da American Library Association de 2023, a obra que recebeu mais pedidos de remoção foi *Gênero Queer: Memórias* (2019), de Maia Kobabe. A biografia liderou o ranking num ano em que mais livros foram proibidos ou contestados — cerca de 4.240 títulos, incluindo o *Guinness World Records*.

MAIOR BIBLIOTECA ACORRENTADA
Algumas bibliotecas medievais protegiam suas valiosas coleções instalando correntes e grilhões na capa dos livros. A Hereford Cathedral, RU, tem o maior exemplo remanescente, com 227 códices escritos à mão e 1.200 livros impressos, todos amarrados a trilhos de ferro nas prateleiras.

O guerreiro erudito
Assurbanípal tinha muito orgulho de sua educação e parece ter sido bastante culto para um governante da época. Era retratado com símbolos que se relacionavam a ambos os aspectos de sua personalidade, mostrando-o em batalhas com uma cunha de escriba enfiada no cinto. Acredita-se que ele possa ter sido destinado a uma carreira como sacerdote ou administrador antes de se tornar herdeiro do trono.

1ª BIBLIOTECA
Entre 668 e 631 AEC, o rei assírio Assurbanípal montou uma enorme biblioteca em seu palácio em Nínive (localizada no norte do Iraque atual). Ele empregou um exército de escribas para copiar textos e organizar a coleção, com cerca de 30.000 tabuletas de argila com escrita cuneiforme. As ruínas, com milhares de tabuletas ainda legíveis, foram descobertas por arqueólogos em 1849.

MAIOR BIBLIOTECA

Até nov/2021, a Biblioteca do Congresso Americano, em Washington, DC, tinha 173.731.463 itens catalogados, incluindo mais de 41mi de livros em 1.348km de prateleiras. O núcleo histórico da coleção é formado por milhares de livros fornecidos por Thomas Jefferson em 1812, mas a maior parte do acervo atual vem do processo de registro de copyright, que exige que as editoras enviem 2 exemplares de cada livro vendido no país. Na foto, a Sala de Leitura Principal, com 263 mesas, salas de leitura especiais (*detalhe*) e galerias com balaustradas em estilo clássico.

MAIOR REDE DE MICROBIBLIOTECAS

A Little Free Library (EUA) coordena uma rede de 175.000 caixas com livros administradas por voluntários em 121 países. Todas as comunidades funcionam em um esquema "pegue um livro e deixe outro", com um administrador da coleção. A organização foi fundada pelo falecido Todd Bol, professor que construiu a primeira Little Free Library no jardim de sua casa em Hudson, Wisconsin, EUA, em 2009.

MAIOR BIBLIOTECA DE...

Livros em braile

A National Library Service for the Blind and Print Disabled – parte da Biblioteca do Congresso (*acima*) – tinha 140.374 títulos em braile até 31/10/2024. Tecnologias como conversão de texto em voz e distribuição de impressão sob demanda estão levando a maioria das bibliotecas em braile a eliminar aos poucos suas edições físicas.

Horticultura

A Lindley Library está localizada na sede da Royal Horticultural Society em Londres, RU. Foi inaugurada em 1804 e hoje tem por volta de 50.000 livros sobre botânica, design de jardins, cuidados com plantas etc.

Magia e misticismo

Inaugurada oficialmente pelo autor de *O código Da Vinci*, Dan Brown, em 2017, a Bibliotheca Philosophica Hermetica, em Amsterdã, NED, tem cerca de 26.000 tomos sobre alquimia, hermetismo, maçonaria e as tradições místicas ou mágicas de várias religiões. Foi fundada pelo holandês Joost Ritman.

Espionagem

Localizada na sede em Langley, Virgínia, EUA, a Biblioteca da CIA é a **maior biblioteca secreta do mundo**, com uma coleção de 125.000 títulos que exigem autorização do governo para serem lidos.

Nas maiores bibliotecas, é difícil haver espaço para manter todos os livros em prateleiras acessíveis ao público. As enormes estantes acima, que fazem parte da **maior biblioteca universitária**, em Harvard, Massachusetts, EUA, são uma imagem típica dos bastidores da maioria das grandes bibliotecas.

CIDADES-FANTASMA

MAIOR ZONA DE EXCLUSÃO DE RADIAÇÃO
A "Zona de Alienação", criada após a falha catastrófica do reator nº 4 da usina nuclear de Chernobyl em 1986, tem 2.600km², no norte da Ucrânia. Dentro dessa área, fica a cidade de Pripyat – que já foi casa de 49.360 pessoas –, além de cidades menores e vilarejos. Nos últimos 39 anos, essas cidades, com os edifícios quadrados soviéticos e grandes prédios públicos, foram abarcadas pela natureza.

CAPITAL COM MAIOR POPULAÇÃO
Em 18/7/1995, o vulcão há muito dormente Soufrière Hills entrou em erupção, devastando a ilha caribenha de Monserrate. A capital, Plymouth, estava no caminho da erupção, e grandes áreas foram sepultadas sob diversos metros de pedra e lama. Hoje, o governo da ilha tem sede em Brades, na incólume costa norte, mas a capital oficial permanece Plymouth, com população zero.

Kalaupapa tinha correios, lojas e até mesmo escolas (para as crianças infectadas, que eram mandadas para lá sozinhas).

MAIOR CIDADE-FANTASMA MÉDICA
Em 3/1/1865, o rei Kamehameha V, do Havaí, assinou o "Ato para Prevenir a Propagação da Lepra", o que dava poder para oficiais médicos exilarem qualquer um com a doença (hoje conhecida como hanseníase) para Kalaupapa, na costa norte de Molokai. No início do séc. XX, cerca de 800 pessoas viviam nessa comunidade, a maioria havaianos nativos. A lei só foi derrubada em 1969, e os residentes (cuja doença já podia ser tratada) escolheram sair da cidade. Um grupo de 4 residentes bastante idosos permanecia numa unidade de cuidados no local até fev/2025, enquanto o restante da cidade é cuidado pelo National Park Service.

CIDADES-FANTASMA?

No início dos anos 2010, imagens de ruas vazias em Ordos Kangbashi (*acima*) — uma nova cidade construída na Mongólia Interior, CHN — viralizaram nas redes sociais. Jornalistas citavam "cidades-fantasma" construídas por toda a China por oficiais do governo na tentativa de ganhar pontos políticos, mas que ninguém queria habitar. Na verdade, elas foram a consequência de um desenvolvimento de terras bastante comum, mas executados na velocidade e escala exigidas por um país que se urbaniza rápido com uma população de 1,4bi. Hoje, Ordos Kangbashi é casa de cerca de 360.000 pessoas. Mas, na China, há vários casos bem-documentados de desenvolvedores deixando grandes projetos inacabados, sendo o mais notável deles o Goldin Finance 117 (*à dir.*), em Tianjin, que, com 595,5m, é o **prédio não ocupado mais alto**.

CIDADE-FANTASMA MAIS SETENTRIONAL

A cidade de mineração de carvão Pyramiden está localizada no arquipélago Svalbard, NOR, a 78,4°N. Em seu auge, nos anos 1960, Pyramiden tinha 2.500 habitantes, com famílias morando, trabalhando e frequentando escolas em instalações construídas pela corporação Arktikugol, da URSS. Pyramiden foi uma cidade-modelo financiada pelo governo, cheia de murais patrióticos de realismo socialista e com uma estátua de Vladimir Lênin. Com a queda da URSS em 1991, no entanto, Pyramiden se tornou financeiramente insustentável. A mina fechou e os últimos residentes saíram em 10/11/1998. O posto avançado polar está congelado no tempo desde então.

MAIOR CIDADE-FANTASMA DE MINERAÇÃO DE OURO

Os garimpeiros reivindicaram terras nas altas montanhas desérticas da Califórnia em 1859, fundando um assentamento chamado Bodie. Nos anos 1870, uma corrida do ouro fez com que aquele campo de mineração se transformasse numa cidade com mais de 8.000 pessoas (90% homens). Em 1879, Bodie tinha casas de ópio, um distrito da luz vermelha e mais de 60 saloons, mas nenhuma igreja. As minas logo se esgotaram, e a prosperidade terminou em 1881. Nos anos 1940, poucos fiéis permaneciam. Em 1962, a cidade e o distrito de mineração foram adquiridos pela California State Parks. Hoje, as 178 construções de Bodie e seus conteúdos são preservados num estado de "decadência interrompida".

DESASTRES

A escala de magnitude de momento (MW)

MAIS CUSTOSOS...

Granizo
A Tri-State Hailstorm, formada sobre o leste do Kansas em 10/4/2001, começou a lançar granizos do tamanho de cerejas ao passar pela cidade de Topeka, e então, ao ir para o leste em direção ao Missouri, seguiu a rota da Interstate 70 – uma das estradas mais movimentadas dos EUA –, estraçalhando janelas de automóveis. Terminou o massacre perto de St. Louis, passando sobre uma fábrica da Ford (onde milhares de carros novos estavam estacionados do lado de fora) e pelo aeroporto da cidade (onde danificou 22 aviões). Ninguém morreu, mas a tempestade causou perdas de US$1,5bi em seguros.

Tornado
A cidade de Joplin, Missouri, foi atingida por um tornado massivo EF5 (*ver p. ao lado*) em 22/5/2011. Ventos de mais de 360km/h obliteraram construções de madeira, tombaram caminhões e arrancaram postes do chão. Cerca de 1/4 dos prédios da cidade foi destruído, e o custo dos seguros foi estimado em US$2,8bi.

Ciclones tropicais
Em 29/8/2005, o furacão Katrina chegou ao litoral como uma forte tempestade de categoria 3 e levou ventos de 200km/h e uma tempestade de 3,6m à costa sul dos EUA. A tempestade devastou Nova Orleans, Louisiana, rompendo diques e inundando grande parte da cidade. Cerca de 1.800 pessoas morreram e dezenas de milhares ficaram desabrigadas. O Katrina causou US$125bi em danos à região e, mesmo em 2024, a população de Nova Orleans consistia em apenas 70% do que era antes da tempestade.

MAIS MORTAIS...

Naufrágio
Na noite de 30/1/1945, o navio alemão *Wilhelm Gustloff* foi atingido por 3 torpedos ao cruzar o mar Báltico, indo de Gotenhafen (atual Gdynia, POL) para Kiel, GER. Sobrecarregado com refugiados e soldados, o navio afundou rapidamente nas águas congelantes. Das 10.500 pessoas estimadas a bordo, apenas 1.252 sobreviveram.

O **naufrágio mais mortal em tempos de paz** foi o da barca filipina *Doña Paz* em 20/12/1987. A embarcação, que levava muito mais gente do que a capacidade máxima permitia, colidiu com um navio-petroleiro no estreito de Tablas. Uma comissão presidencial estimou os mortos em 4.385.

CICLONE TROPICAL MAIS MORTAL
Todos os ciclones mais mortais da história, exceto um, se formaram no leste do oceano Índico. O Bhola, de 1970, matou cerca de 300.000 pessoas ao atingir as ilhas densamente povoadas do delta do Ganges, BAN (então Paquistão Oriental).

ENCHENTE MAIS MORTAL
No verão de 1931, chuvas fortes fizeram com que 2 dos maiores rios da China (o Amarelo e o Yangtze) subissem a níveis recordes. Defesas contra inundações, negligenciadas por anos devido a turbulências civis, falharam de forma catastrófica, inundando uma área de 180.000km². Cerca de 140.000 pessoas se afogaram na inundação inicial, e o número estimado de mortos, incluindo os que morreram por doença, falta de abrigo ou fome, foi 2mi.

A cidade de Banda Aceh, IDN, em jun/2004.

Banda Aceh em jan/2005, mostrando a extensão da devastação.

TSUNAMI MAIS MORTAL
Por volta das 8h em horário local de 26/12/2004, um terremoto de magnitude 9,2MW dividiu o leito do mar na costa de Sumatra, IDN. A força do fenômeno enviou uma onda de 30m de altura, que se espalhou pelo oceano Índico e matou mais de 227.000 pessoas ao chegar à costa. As áreas mais afetadas foram o leste do Sri Lanka, o sul da Tailândia e a província Aceh, de Sumatra (*na foto*).

Em 2011, desastres naturais custaram à economia um valor recorde de US$380bi.

Avalanche
Como costumam acontecer longe de assentamentos humanos, é raro que avalanches causem mortes em massa, mas a avalanche do monte Marmolada, que irrompeu dos Alpes italianos em 13/12/1916, foi uma exceção. Na época, as montanhas eram um dos fronts da 1ª Guerra Mundial, então havia milhares de soldados na área. Um acampamento austríaco localizado na encosta foi soterrado, matando 270 homens.

Deslizamento de terra
Em 31/5/1970, um terremoto de magnitude 7-8MW abalou o centro do Peru, deslocando uma rocha do tamanho de um arranha-céu perto do cume do monte Huascarán. A queda causou mais deslizamentos e, quando entrou no vale Huaylas, tinha formado uma massa de 58mi de m^3 de pedra, lama, água e gelo, caindo a 300km/h. As cidades na base do vale (Ranrahirca, Matacoto e Yungay) desapareceram. Devido a um erro do Censo local, durante muito tempo foi relatado que 22.000 pessoas haviam morrido, mas, em 2009, o número foi revisto para 6.000.

Erupção vulcânica
A erupção do Tambora, em 1815, na ilha de Sumbawa, IDN, matou ao menos 120.000 pessoas. Essa erupção é considerada de nível 7, um evento "supercolossal" no Índice de Explosividade Vulcânica (2 níveis acima de "cataclismo"). Ejetou $45km^3$ de cinzas vulcânicas, o que alterou o clima global por anos.

PIOR DESASTRE NUCLEAR
A falha do reator nº 4 da Usina Nuclear de Chernobyl, no norte da Ucrânia, em 26/4/1986 liberou 10.900 petabecqueréis de radiação. Funcionários receberam doses de radiação de 16 Sievert (1 dose de 4-5 SV costuma ser mortal) e muitas pessoas foram expostas. As estimativas de mortes prematuras relacionadas ao acidente variam de 100 a 9.000.

DESASTRE DE AVIÃO MAIS MORTAL
Um total de 583 pessoas morreram em 27/3/1977 quando 2 Boeings 747 colidiram na pista do aeroporto Los Rodeos, na ilha espanhola de Tenerife. Desentendimentos entre as tripulações e o controle de tráfego aéreo fizeram com que um avião tentasse decolar antes que o outro deixasse a pista.

A Escala Fujita Melhorada é um método para quantificar a intensidade de tornados, baseada no dano causado.

EF0: Telhas perdidas, galhos pequenos quebrados.

EF1: Muitos telhados e galhos grandes quebrados.

EF2: Carros levantados do chão, telhados destruídos.

EF3: Estruturas abaladas, carros tombados.

EF4: Estruturas reduzidas a destroços, carros jogados.

EF5: Estruturas arrasadas, carros transportados por longas distâncias.

DESASTRE NATURAL MAIS CUSTOSO
A combinação de um terremoto de 9,1MW e um tsunami de 40m de altura devastou a região japonesa de Tōhoku, em 11/3/2011, matando 19.759 pessoas. As perdas de seguro associadas ao desastre foram estimadas em US$35bi e o custo econômico total pode ter chegado a US$300bi.

Sociedade

TRUE CRIME

Eis as 5 principais séries de TV de *true crime* avaliadas pela Parrot Analytics. Nos EUA, a classificação se baseia no multiplicador de interesse que geram comparadas a uma série de TV comum (*veja a p.188 para mais detalhes*).

1

The Jinx (HBO)
10,38x

2

As primeiras 48 horas (A&E)
8,83x

3

On Patrol: Live (Reelz)
8,42x

4

Wild Wild Country (Netflix)
6,44x

5

Mistérios sem solução (NBC)
5,51x

Maior assalto numa única rua
Às 9h38, em 2/5/1990, um funcionário foi roubado com uma faca em Londres. Ele estava voltando do Banco da Inglaterra com uma mala contendo US$479mi em títulos ao portador, que são certificados sem registros que podem ser vendidos ou trocados por dinheiro.

Descobriu-se que o assalto aparentemente aleatório fora organizado por uma gangue internacional, dando início a uma caça global. Os títulos foram descobertos com mensageiros e revendedores em cidades distantes, como Nova York, mas os mandantes nunca foram capturados.

REDE DE ASSASSINAS MAIS PROLÍFERA
Entre 1911-1929, ao menos 40 (mas possivelmente chegando a 80) envenenamentos mortais aconteceram no vilarejo húngaro de Nagyrév. As autoras eram um grupo de mulheres entitulado de "Criadoras de Anjos", que recebiam arsênico da parteira local, Zsuzsanna Fazekas. A conspiração envolveu ao menos 30 mulheres, embora apenas 16 tenham sido acusadas.

JULGAMENTO MAIS ASSISTIDO
Uma média de 5,5mi de americanos assistiram ao julgamento televisionado de OJ Simpson, que durou de 24/jan a 3/11/1995. O processo resultou na absolvição do ex-astro de futebol americano pelo assassinato da ex-esposa Nicole Brown e seu amigo Ron Goldman.

***Serial killer* mais prolífero (masc.)**
O infanticida Luis Garavito (COL) declarou-se culpado das 189 acusações de assassinato em nov/2001, para crimes cometidos entre 1992-1999. Há outros que podem ter cometido mais assassinatos — como o médico Harold Shipman (RU), que foi associado a até 275 mortes, impossíveis de provar.

Desconsiderando a história da condessa Erzsébet Báthory (HUN), cujo reino de terror (com rumores que incluem banhos de sangue literais!) de 1590-1610 é impossível verificar e possivelmente exagerado, o recorde **feminino** deve pertencer à enfermeira Jane Toppan (EUA), que confessou o envenenamento de 31 pessoas entre o final dos anos 1880 e 1901.

Fraude mais lucrativa
Por ao menos 20 anos, o investidor Bernie Madoff (EUA) realizou uma fraude conhecida como esquema de pirâmide

MAIOR ROUBO DE OBRA DE ARTE
Na noite de 18/3/1990, 2 homens vestidos de policiais entraram no Isabella Stewart Gardner Museum, em Boston, Massachusetts, EUA, e subjugaram os guardas. Levaram 13 objetos avaliados em cerca de US$500mi. A identidade dos ladrões permanece um mistério e as obras nunca foram recuperadas.

SEEKING INFORMATION

STOLEN MUSEUM ARTWORK

ISABELLA STEWART GARDNER MUSEUM
MARCH 18, 1990 BOSTON, MASSACHUSETTS

REWARD

DETAILS

por meio de sua empresa, a Bernard L. Madoff Investment Securities. Clientes investiram US$19bi com a firma ao longo dos anos e recebiam dividendos impressionantes em troca. Em segredo, Madoff transferia o dinheiro para sua conta pessoal e documentava apenas o necessário para passar desapercebido.

O esquema desmoronou na crise financeira de 2008, quando clientes tentaram sacar seus saldos. Madoff precisava pagar US$7bi dos ativos reivindicados de sua empresa de US$64bi, mas só tinha US$300mi, após gastar todo o restante. Ele foi sentenciado a 150 anos de prisão, onde morreu em 2021.

País com maior taxa de homicídios
De acordo com o Escritório das Nações Unidas sobre Drogas e Crime (UNODC), a Jamaica registrou 52 assassinatos para cada 100.000 pessoas em 2021 (o ano mais recente com dados globais abrangentes), número quase 8x maior do que a taxa dos EUA, e mais de 60x a média da União Europeia.

1º SEQUESTRO DE AVIÃO
Franz Nopcsa foi um paleontólogo, antropólogo húngaro e potencial rei da Albânia. Em mar/1919, esse excêntrico aristocrata ficou preso em Budapeste durante uma breve revolução comunista. Ele forjou alguns documentos e deixou a cidade como passageiro de um biplano militar de 2 assentos. Ao se aproximar da fronteira austríaca, apontou uma pistola para o piloto e ordenou que pousasse em Viena, onde pediu asilo.

Estatísticas globais consistentes para cidades individuais são mais difíceis de reunir, e o UNODC não faz isso desde 2016. Na época, a **cidade com a maior taxa de homicídios** foi La Ceiba, HON, com 130 mortes a cada 100.000 pessoas. Pesquisas mais recentes da ONG mexicana Consejo Ciudadano para la Seguridad y Justicia reportaram que Colima, MEX, registrou 182 homicídios a cada 100.000 habitantes em 2022.

1º carro de fuga
O uso documentado mais antigo de um automóvel na prática de um crime aconteceu em Santillana del Mar, ESP, em 14/2/1904. Ladrões roubaram 200kg de prataria de uma igreja abandonada de madrugada e fugiram num "carro rápido", provavelmente a uma velocidade de 25km/h.

1º LIVRO DE *TRUE CRIME*
John Reynolds (RU) publicou *The Triumphs of God's Revenge Against the Crying and Execrable Sinne of (Wilful and Premeditated) Murther* em 1621, uma coletânea de contos de assassinatos e traições, supostamente para instrução moral, que ele alegava terem sido retirados de fontes reais. O livro foi um best-seller, e ele escreveu mais 6 edições nos 15 anos seguintes.

1º USO DO TERMO "*SERIAL KILLER*"
Por muitos anos, acreditou-se que o conceito do *serial killer* tivesse tido origem com o agente do FBI Robert Ressler, nos anos 1970. No entanto, pesquisas mais recentes mostram que suas raízes remontam a 1930 e o caso de Peter Kürten, hoje mais conhecido como inspiração para o thriller de assassinato *M, o Vampiro de Düsseldorf* (1931; *à dir.*). O detetive alemão Ernst Gennat (*detalhe*) pediu a repórteres para usarem o termo *serienmörder* ("assassino em série"), em vez de descrições mais sensacionalistas.

VARIEDADES

MAIOR DISTÂNCIA PERCORRIDA NA PASSARELA POR MODELO
Ololade Ayelabola (NGA) andou 125,11km em Lagos, NGA, em 1/10/2024. Disseram que ela era baixa demais para a Fashion Week Lagos, então ela decidiu criar o próprio evento com um elenco diverso, incluindo modelos com albinismo, marcas tribais e corpos não magros.

Estudo de primatas selvagens de maior duração
O ano de 2025 marca o 65º aniversário do estudo Gombe Stream Chimpanzee Reserve, que começou com a primatologista dra. Jane Goodall (RU), em 14/7/1960, no que hoje é o Gombe National Park da Tanzânia, e continua sob os auspícios do Jane Goodall Institute. Localizado às margens do lago Tanganyika – o lago **mais longo** do mundo (673km) –, Gombe é um dos menores parques nacionais da Tanzânia, mas é o habitat vital de 100-150 chimpanzés (*Pan troglodytes*), entre outras espécies.

Maior pontuação EPI (atual)
Produzida pelas universidades Yale e Columbia, dos EUA, desde 2002, o Índice de Desempenho Ambiental (EPI) avalia 180 países com base em critérios como saneamento, ar limpo e biodiversidade. Em 2024, a Estônia ficou no topo, com uma nota de 75,7. A **menor pontuação EPI** foi do Vietnã, com 24,6.

Rato que detectou mais minas terrestres
Ronin, um rato-gigante-africano da Tanzânia treinado e utilizado pela ONG belga APOPO, farejou 109 minas enterradas no Camboja entre ago/2021-fev/2025.

MAIS TEMPO EM UMA HABITAÇÃO SUBMARINA
Rudiger Koch (GER) passou 120 dias em uma cabine submersa na costa norte do Panamá, saindo em 24/1/2025. Localizado a cerca de 11m abaixo das ondas, o lugar tinha 1 cama, 1 banheiro, 1 TV e 1 bicicleta ergométrica. "Estamos tentando provar que o mar é um ambiente viável para a expansão humana", explicou ele. Rudiger levou um exemplar do romance de Jules Verne *Vinte mil léguas submarinas*, de 1870, para ler por lá.

MAIOR BARRA DE OURO
A Emirates Minting Factory (UAE) fez uma barra de 24k que pesava 300,12kg – tão pesada quanto um piano de cauda –, conforme verificado em Dubai, UAE, em 10/11/2024. Na época da fundição, esse gigantesco tijolo de ouro, mais ou menos 50kg mais pesado do que o antigo recorde, valia cerca de US$25,9mi.

MENOR E MAIOR
Em 5/4/2025, o GWR conseguiu reunir o **maior** e o **menor** cães em Idaho Falls, Idaho, EUA. Reginald mede 100,7cm até o ombro. Apesar das proporções prodigiosas de Reggie, o tutor do dogue alemão – Sam Johnson Reiss (EUA) – o descreve como um gigante gentil que ainda age como um filhote!

No outro extremo, Pearl, da Flórida, EUA, mede 9,14cm. Embora tenha 1/10 da altura de Reggie, a pequena chihuahua tem muita personalidade: sua tutora, Vanesa Semler (EUA) diz que ela é "uma diva".

Maior coleção de moedas com erro
Sankara Rao Kondapaneni (IND) tem 7.369 moedas cunhadas com erros o que foi verificado em 5/3/2024. O dinheiro está estocado em Hyderabad, Telangana, IND.

Mais prêmios em uma tômbola
Karen Woodley (RU) organizou uma rifa com 6.036 prêmios em Eaglescliffe, County Durham, RU, em 1/6/2024. Os ganhos foram doados para a caridade em nome do seu falecido filho Alex.

MAIOR SELO ESPECIAL
Sua Santidade, o dr. Sri Ganapathy Sachchidananda Swamiji (IND) apresentou um selo enorme de 13,104m² em Avadhoota Datta Peetham, Mysuru, IND, em 13/12/2024. A imagem mostra o Nada Mantapa, uma sala de concertos localizada no local sagrado.

Até 31/8/2024, a parkrun Bushy teve 96.264 participantes, que cobriram uma distância de 4.153.040km.

Mais corredores em parkrun
A parkrun Bushy, do Bushy Park, Londres, RU, é uma corrida semanal gratuita de 5km que começou há 20 anos, com 13 participantes. Em 31/8/2024, na 1.000ª edição, um recorde de 6.204 pessoas cruzou a linha de chegada. Destas, 1.892 eram novatas. O objetivo do evento é encorajar a participação social e a prática de exercícios.

Maior doação de sapatos em 24h
O Youth Philanthropy Council e o Evolution Design Lab (ambos EUA) coletaram 21.604 pares de sapatos para pessoas necessitadas em San Diego, Califórnia, EUA, em 7/12/2024.

Mais refeições prontas feitas em 24h
Os fornecedores da Thomas Franks (RU) prepararam 79.591 pratos em Taunton, Somerset, em 23/10/2024. A empresa ajuda jovens vulneráveis em todo o RU.

Salva-vidas mais velho (mar aberto)
Edward Kiziukiewicz (EUA, n. 21/11/1942) ainda estava trabalhando em Nova Jersey, EUA, com 81 anos e 286 dias, em 2/9/2024. Começou em 1962, e é um membro antigo da United States Lifesaving Association.

MAIOR REDE VOLUNTÁRIA DE CONSERVAÇÃO CIENTÍFICA
A IUCN Species Survival Commission (SSC) tinha 10.072 membros até 1/5/2024. Fundada em 1948 e agora baseada na Suíça, conta com um exército global de cientistas para reunir informações sobre conservação da biodiversidade, auxiliando na composição da lista de espécies ameaçadas da IUCN. Na foto, uma cobra pitão-verde-arborícola (*Morelia viridis*) — espécie que é alvo do comércio de animais exóticos e cujo habitat na floresta tropical está ameaçado pela exploração.

MAIOR AGLOMERAÇÃO DE *DIYAS*
Exatas 2.512.585 lamparinas de barro abastecidas com biocombustível iluminaram as margens de um afluente do Ganges em Ayodhya, IND, em 30/10/2024. O evento foi supervisionado pelo Uttar Pradesh Department of Tourism, pela Ayodhya District Administration e pela Dr. Rammanohar Lohia Avadh University (todos IND) para o Deepotsav'24 — uma grande celebração do Diwali, o Festival das Luzes Hindu.

Carreira mais longa como professora de idiomas
Ye Yuying (CHN, n. 16/12/1943) começou a ensinar mandarim em 1960 e só se aposentou em 1/4/2024, totalizando 64 anos e 33 dias. Ela morava em Lishui, Zhejiang, CHN.

Mais tempo como dono de um veículo comprado zero
Harold Lehman, de Monticello, Indiana, EUA, é dono do mesmo Chevrolet 210 azul por 67 anos e 314 dias, até 9/7/2024. O Chevy ficou parado entre 1966-2015, quando o processo para restauração começou. Harold voltou a dirigi-lo.

Dragão-barbudo mais velho
Barti (n. 2003) tinha pelo menos 20 anos e 155 dias até 3/3/2024, em Viena, AUS. Sua tutora é Cornelia Häusler (AUT).

Mais países visitados em carro elétrico (uma só carga)
Entre 22-23/6/2024, Umit Sabanci, Ian Joynson e Mikhail Nahorny (todos RU) dirigiram por 9 países sem parar para recarregar. Viajando num Lucid Air Grand Touring eVehicle impulsionado por uma bateria de 112kWh, eles percorreram 808km, dos Países Baixos à Itália.

MAIS MUSEUS VISITADOS EM 24H
Para celebrar a variedade dos museus de Londres, RU, Ben Melham (RU) visitou 42 deles em 25/10/2024. Entre alguns favoritos, como o Museu de História Natural (*acima*) e o London Transport Museum (*à dir.*), também foi a instituições menos famosas, como o Mithraeum — um templo romano em ruínas no porão de um prédio comercial.

1ª EXPEDIÇÃO DE CARRO ELÉTRICO DO POLO NORTE MAGNÉTICO AO POLO SUL GEOGRÁFICO
O casal Chris e Julie Ramsey (ambos RU) chegou ao polo Sul em 15/12/2024 (*abaixo*), após percorrer cerca de 33.800km e cruzar 14 países. Saíram do ártico canadense em 23/mar daquele ano, em um Nissan Ariya e-4ORCE modificado. Os últimos 1.246km da viagem também representam a **mais longa jornada de carro elétrico na Antártida**.

ICON

AEVIN DUGAS

O cabelo volumoso faz de Aevin Dugas (EUA) uma das recordistas do GWR mais reconhecíveis.

A cabeleira de Aevin é o **maior black power (fem.)** já ratificado pelo GWR, com incríveis 165cm de circunferência quando medido em 2022. Ela detém o recorde quase continuamente desde 2010.

A jornada de Aevin com seu cabelo é longa. Ela se lembra de acordar um dia e se perguntar o porquê de estar alisando os fios. "Por que tanta química? Por que esconder a textura do meu cabelo?" Desde então, levou mais de 25 anos para que o cabelo de Aevin alcançasse o tamanho atual. "O recorde não tinha a ver só com o título", revela ela. "Eu queria passar uma mensagem, especialmente para meninas negras. Queria que soubessem que são lindas como são." O cabelo recordista de Aevin precisa de cortes e manutenção constantes. "Comecei a fazer tratamentos com óleos quentes, ou a hidratar meu cabelo com cremes que preparo antes de lavar com xampu e fazer o penteado. Faço isso a cada 7 dias, no mínimo."

Aevin é muito próxima da irmã mais nova, Sarah – que, de certa forma, foi quem a colocou na jornada do recorde: depois que Sarah postou uma foto do black power de Aevin na internet, uma amiga sugeriu que ela se inscrevesse no GWR...

BREVE BIOGRAFIA

Nome	Aevin Dugas
Data de nasc.	30/10/1975
Local de nasc.	Thibodaux, Louisiara, EUA
Ocupação	Chefe de operações numa organização para mulheres com deficiências intelectuais
Título atual do GWR	**Maior black power (fem.)**: 25cm de altura e 165cm de circunferência

Na foto de turma do ensino médio, Aevin está com o cabelo alisado. No entanto, ela passou a ter medo de usar químicos potencialmente prejudiciais para "relaxar" os fios e parou de alisá-los em 1999. "Não decidi cultivar o black power, só deixei meu cabelo ao natural", afirma ela. Aevin agradece o apoio da família. A mãe, Deborah (à dir., na foto de cima, junto da avó de Aevin, Louise E. Banks), usava o penteado quando era mais nova.

Ao longo desses muitos anos, ela adorou conhecer outros membros da família GWR — incluindo o companheiro herói capilar Kazuhiro Watanabe (JPN), com seu **moicano mais alto** da época (1,23m) e a **mulher mais baixa** do mundo, Jyoti Amge (IND, *ver p.43*), que usou uma peruca de black power durante o encontro como homenagem.

Aevin não usa black power o tempo todo — afinal, atrapalha sua visão, impedindo que ela dirija direito. Além disso, "Não quero esfregar o cabelo na cara das pessoas quando entrar num lugar lotado". Ela experimentou vários penteados, de tranças e franjas até duplas de coques volumosos. "Ache um penteado que não precise ser tocado, desembaraçado ou refeito todo dia", aconselha ela. "E não fique mexendo no cabelo. Minha mãe falava isso o tempo todo!"

Conheça todos os ÍCONES do GWR em **guinnessworldrecords.com/records/icons**

WORLD **AFRO DAY**
15 SEPTEMBER

Em 2025 temos orgulho de estar trabalhando com o World Afro Day® (Dia Mundial do Black Power). Estabelecido no RU em 2017, em todo 15/set o movimento celebra o black power, contribuindo para o fim da discriminação capilar — algo que muitas pessoas de ascendência africana ainda enfrentam. Saiba mais em **worldafroday.com**.

Aevin mora perto de Nova Orleans, lugar que adora pela cultura peculiar. Na foto, ela está diante de um dos tradicionais barcos a vapor da região. Mas o clima local não é muito bom para seu penteado registrado: "É quente. Não dá para ficar assim no calorão da Louisiana", diz ela.

KIDS

ZONA DAS CRIANÇAS

AARYAN (P.157)

É hora de conhecer nossos mais recentes Jovens Prodígios, que possuem um monte de talentos, de pintura e apresentação a manobras de skate e resolução de cubos mágicos. Pela 1ª vez, estamos apresentando-os como estrelas de quadrinhos, afinal são heróis! Também recebemos muitos outros jovens habilidosos em nossa família de recordes este ano e, já que a lista de títulos sub-16 só aumenta, será que você é o próximo? Escaneie o QR code para saber mais sobre essas conquistas e sobre como se juntar a eles.

JAKE (P.160)

MIA (P.156)

YIHENG (P.154)

DIANA (P.161)

ACE-LIAM (P.159)

CONTEÚDO

BIANCA (P.155)

ANEESHWAR (P.158)

CONHEÇA OS ARTISTAS

Pan Cook é famoso por suas tirinhas sobre saúde mental e justiça social.

Steve May é um diretor de animação e ilustrador que ama fazer livros infantis.

Inko Ai Takita cresceu lendo mangás, e agora ela os ilustra!

Debbie Tung usa seu estilo pictórico para retratar histórias de vida.

Brian Williamson já trabalhou para grandes editoras de quadrinhos, como a Marvel.

the illustrators

Os ilustradores podem fazer animações, caricaturas e muito mais.

YIHENG WANG

YOUNG ACHIEVERS

Quando Yiheng Wang (CHN) ganhou um cubo mágico aos 5 anos, mal sabia que quebraria recordes com ele! Agora, graças a dedicação e treinos diários, o garoto já faz parte da realeza do speedcubing!

Ilustração de Inko Ai Takita

BIANCA CIOCIRLAN

A estrela de *Romania's Got Talent* aprendeu cedo umas das lições mais importantes da vida: nunca desistir. Ao se abrir para mudanças após um acidente feio de patinação artística no gelo, a garota de 13 anos superou até seus sonhos mais insanos!

Ilustrações de Pan Cooke

MIA KRETZER

Mia Kretzer (AUS, n. 5/10/2014), sensação autodidata do skate, bateu 3 recordes dos X Games em jun/2024. Aos 9 anos e 269 dias, ela se tornou a **atleta, medalhista** e **medalhista de ouro mais nova** da competição.

Ilustração de Inko Ai Takita

AARYAN SHUKLA

Após vencer a Copa do Mundo de Cálculo Mental, o "matleta" Aaryan Shukla (IND) focou no objetivo seguinte: conquistar um título do GWR. Em fev/2024, ele somou um certificado do GWR à sua estante de troféus, que não para de crescer.

Ilustração de Brian Williamson

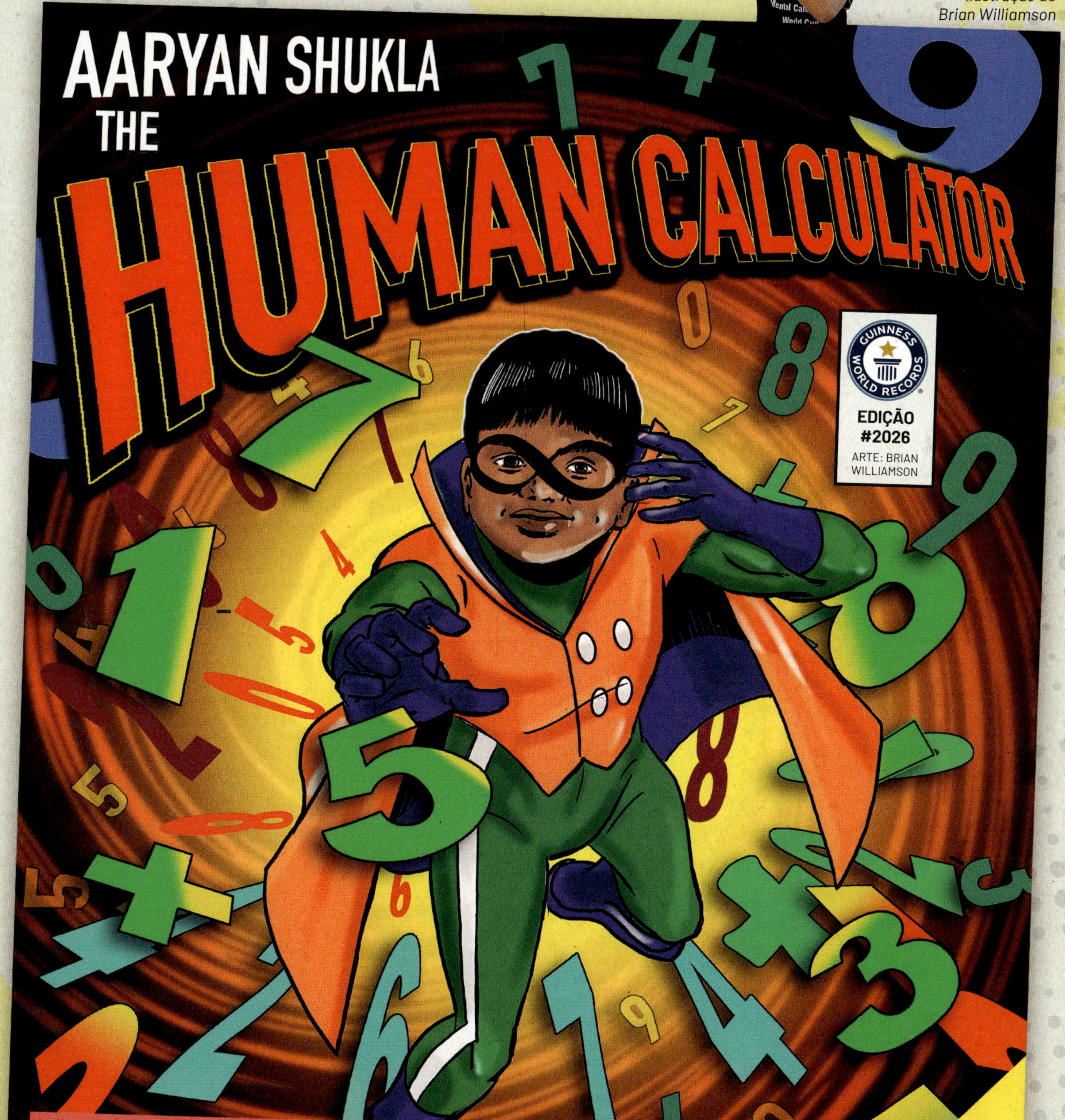

Aaryan começou a praticar aritmética mental aos 6 anos. Em 8 meses, descobriu seu superpoder de somar números rapidamente de cabeça. O prodígio matemático treina de 2 a 3 horas todos os dias, e representa com muito orgulho seu país em eventos globais. Em 29/2/2024, a "Calculadora Humana" foi ao programa de TV *Lo Show dei Record* e bateu o recorde de **menor tempo para somar mentalmente 50 números de 5 dígitos** (25,19s). Isso equivale a uma soma a cada meio segundo!

"MEUS PAIS E AMIGOS NUNCA PRECISAM FAZER CÁLCULOS COM O CELULAR QUANDO ESTOU POR PERTO."

ANEESHWAR KUNCHALA

Aneeshwar Kunchala (RU, n. 2015) é o **apresentador de documentários mais jovem**, com 7 anos e 288 dias. Para proteger o planeta, ele incentiva outras pessoas a fazer o mesmo na TV, na internet e em impressos (*ver p. 162*).

Ilustrações de Steve May

ACE-LIAM ANKRAH

YOUNG ACHIEVERS

Quebrar um recorde já é impressionante, mas fazer isso com 1 ano e 152 dias é outro nível! Como o **artista profissional mais jovem do mundo**, Ace-Liam Ankrah (GHA, n. 16/7/2022) é realmente um prodígio da pintura!

Ilustrações de Debbie Tung

JAKE ABELSON

Jake Abelson (EUA) entrou na água pela 1ª vez com apenas 2 anos e meio, e, 14 anos depois, o prodígio do esqui aquático realizou seu sonho: quebrar um recorde mundial (2x em 2 meses!).

Ilustrações de theillustrators.com.au

DIANA KYDYSIUK

Estrela das redes sociais, Diana Kydysiuk (EUA, n. UKR) detém os recordes **femininos** de **mais inscritos no YouTube** (132 mi) e **mais visualizações** (112,6 bi). O mais impressionante de tudo? Conquistou tudo isso antes dos 10 anos!

Ilustrações de Pan Cooke

CRIANÇAS EM MISSÃO

Guerreiros ecológicos, uni-vos!
Ajude a proteger o planeta tentando quebrar recordes ambientais — todos para menores de 16 anos!

Plantação de 10 sementes mais rápida (dupla)
Junte-se a um amigo e plante as sementes do sucesso. Cada uma é um passo em direção a um mundo mais verde.

Confecção mais rápida de 3 alimentadores de pássaro feitos com papel higiênico
Cubra rolos de papel higiênico vazios com sementes e torne-se um recordista!

Separação mais rápida de um saco de recicláveis
Você pratica a reciclagem? Corra contra o relógio para colocar 25 itens em lixeiras separadas.

Escaneie para saber as regras e como se inscrever

COLUNISTA DE JORNAL MAIS JOVEM (MASC.)
O eco-herói Aneeshwar Kunchala (RU, n. 2015) tinha 8 anos e 76 dias quando sua coluna sobre animais em perigo de extinção estreou no *First News*, em 7/4/2023. Em 2024, ele escreveu mais de 60 artigos repletos de curiosidades e ilustrações próprias. Para saber mais, veja a p.158.

MAIS PESSOAS PRODUZINDO PAPEL COM EXCREMENTOS DE ANIMAIS
Você sabia que empresas chinesas transformam cocô de panda em papel há anos? Em 10/1/2024, 369 estudantes aprenderam a fazer isso, com a ajuda da Ocean Park Corporation (CHN), em Hong Kong, CHN. Havia bastante cocô disponível no parque, já que um panda gera mais de 10kg de fezes por dia!

MAIS LACRES DE LATINHA COLETADOS PARA RECICLAGEM EM 1 ANO
Em 15/8/2023, Jace Weber, de Mildmay, Ontário, CAN, concluiu a missão de reunir mais lacres de alumínio em 1 ano. O "Garoto dos Lacres", de 10 anos, juntou 1.654,7kg, que vendeu para um ferro-velho. Com o dinheiro, comprou uma cadeira de rodas, que doou para uma instituição de caridade local.

PALESTRANTE MOTIVACIONAL MAIS JOVEM
Caleb Stewart (EUA, n. 22/5/2014) tinha 3 anos e 307 dias ao discursar sobre a autoconfiança na ALARM International Church em Tallahassee, Flórida, EUA, em 25/3/2018. Para ajudar outras crianças a melhorar a proficiência em leitura, ele gerencia a Discovery Library do Mestre Caleb — uma biblioteca itinerante sem fins lucrativos que distribui livros para jovens carentes.

MAIOR QUANTIA ARRECADADA ACAMPANDO
Entre 28/3/2020-1/3/2023, Max Woosey (RU) passou as noites em uma barraca, onde arrecadou US$ 845.000 para um hospital de cuidados paliativos em Devon, RU. Queria agradecer à equipe por cuidar do vizinho falecido Rick Abbott, que lhe deu a barraca e pediu: "Prometa que vai viver muitas aventuras com ela".

Ativista anti-bullying mais jovem
Cavanaugh Bell (EUA, n. 20/11/2012) tinha 6 anos e 45 dias quando fundou a Cool & Dope, organização sem fins lucrativos de prevenção ao bullying e ao suicídio, em Gaithersburg, Maryland, EUA, em 4/1/2019. Aos 12, quer erradicar o bullying até fazer 18 anos, utilizando o esporte e a mensagem de que todos podem ser atletas, independentemente do físico.

O que o inspirou a se posicionar contra o bullying aos 6 anos?
Eu frequentei uma pré-escola de imersão em chinês e, como era a única criança que não falava o idioma, todos zombavam de mim. Isso prejudicou minha autoestima e eu senti muita coisa ruim. Fundei a Cool & Dope porque não queria que outros sentissem a mesma angústia.

Conte uma das conquistas de que mais se orgulha.
Em 2019, convenci o prefeito de Gaithersburg a instituir o dia 21/fev como o Dia da Conscientização sobre o Bullying. Escolhi a data porque era o aniversário de Gabriel Taye, que cometeu suicídio após sofrer bullying.

Que mensagem você quer deixar para crianças que sofrem bullying, especialmente no esporte?
Mantenha a cabeça erguida! Melhore 1% a cada dia e, até o fim do ano, você estará muito melhor. Mantenha a paixão pelo que faz e nunca permita que alguém roube sua alegria ou seu amor pelo esporte.

PALESTRANTE DO TEDx MAIS JOVEM (FEM.)
Com 5 anos e 96 dias, a autora Anvi Vishesh Agrawal (IND, n. 1/10/2019) deu a palestra "A criatividade é o superpoder de uma criança" em Faridabad, Haryana, IND, em 5/1/2025.

O recorde **masculino** pertence a Bennett Haried (EUA, n. 31/12/2018), que fez história no TEDx como o **palestrante mais jovem**, aos 4 anos e 296 dias, em Downers Grove, Illinois, EUA, em 23/10/2023. Defendeu o poder das crianças de "sonhar o impossível" e persistir diante dos desafios.

MAIOR BUSCA POR NURDLES
A Grande Caça Global aos Nurdles de 2024, organizada pela ONG ambiental Fidra (RU), contou com mais de 1.300 voluntários, além de escolas e grupos de escoteiros, em 257 buscas em set/2024. Se ingeridos, os nurdles podem ser prejudiciais a animais e humanos, pois possuem substâncias tóxicas.

Nurdles são microplásticos do tamanho de lentilhas usados na indústria. Todos os anos, toneladas escapam para o meio ambiente.

KIDS HORA DO ESPORTE

Estabeleça um recorde esportivo!
Os recordes abaixo não têm um detentor ainda. Por que não tentar quebrar um... ou todos?

100m mais rápidos com 4 pés
Forme uma equipe com 2 amigos e ande o mais rápido possível — todos amarrados pelos pulsos e tornozelos.

Mais batidas de bola de tênis na raquete em 1min
Se você é um profissional no controle de bola com raquete de tênis, esse pode ser o seu recorde!

100m mais rápidos na corrida de saco
Pule até a chegada o mais rápido que puder. Só não caia de cara no chão!

100m mais rápidos na corrida de ovo na colher
Mantenha a mão firme e você pode quebrar esse recorde... e, com sorte, não quebrar o ovo!

Escaneie para saber as regras e como se inscrever

MAIS ARREMESSOS DE TRÊS PONTOS EM 1MIN (DUPLA)
Os irmãos Cole e Caleb Krueger (ambos EUA; *da esq. para a dir.*) acertaram 20 arremessos de 3 pontos em Genoa, Illinois, EUA, em 13/12/2024. Superaram os 16 das lendas do Harlem Globetrotters. Isso aconteceu 4 meses depois que os 2 bateram o recorde de **mais passes de basquete em 1min (dupla, sub-16)**: 80.

MAIS PESSOAS PULANDO CORDA CONSECUTIVAMENTE (CORDA ÚNICA)
Os 582 alunos da Otori Junior High School (JPN) pularam corda em Sakai, Osaka, JPN, em 11/11/2022. O extraordinário evento beneficente aconteceu no playground.

20M MAIS RÁPIDOS EM UM ROLAMENTO DE CONTORCIONISMO
Em 10/2/2022, Sofia Tepla (UKR), filha de Maryna, levou 10,49s para rolar por 20m nessa posição em Milão, ITA, e inspirou alguns colegas a tentarem conquistar os próprios títulos do GWR (*ver p.168*).

MAIS PESSOAS REALIZANDO UM ROLAMENTO DE CONTORCIONISMO
Em 17/8/2024, 55 alunos da Escola de Dança e Artes Circenses Gracia (UKR) contorceram-se em Odessa, UKR, supervisionados pela fundadora da escola, Maryna Tepla.

INSTRUTOR DE IOGA MAIS JOVEM
Pratyaksh Vijay (IND, n. 22/12/2017) deu sua 1ª aula como professor de ioga certificado aos 5 anos e 337 dias em Kota, Rajastão, IND, em 24/11/2023, depois de se qualificar no mês anterior.

Praanvi Gupta (IND, n. 15/6/2015) detém o recorde **feminino**: professora de ioga desde os 7 anos e 165 dias.

MAIS BURPEES EM 1MIN (AA2, MASC.)
Ben Yuechen (CHN), que não tem o antebraço esquerdo, realizou 21 burpees em Zhangjiakou, Hebei, CHN, em 18/8/2024. Com 8 anos, competia no Campeonato Mundial Spartan Kids, um evento de corrida com obstáculos, quando decidiu tentar um título do GWR!

MAIS PESSOAS LANÇANDO BOLAS DE FUTEBOL AMERICANO
Em 25/10/2019, 950 alunos e professores de escolas em Ada, Ohio, EUA, lançaram as "peles de porco", todas agarradas por um exército de receptores voluntários. As bolas foram doadas pela Wilson, fornecedora oficial da NFL desde 1955 (o mesmo ano em que o Guinness World Records foi criado!). Além dos alunos e professores (que usavam o roxo do time local, os Bulldogs), o evento contou com a participação de pessoas da Wilson (de vermelho), do Liberty National Bank (de azul) e da Universidade do Norte de Ohio (de laranja).

HORA DE BRINCAR

Intérpretes de emoji
Você é bom em decodificar emoji? Dê uma olhada nos emoji abaixo e tente decifrar quais títulos do GWR eles representam. Dica: todos esses recordes têm uma conexão com algo amarelo, assim como todos os outros que aparecem nesta sessão.

Escaneie para mais jogos e brincadeiras
Teste seus conhecimentos sobre tudo, de dinossauros gigantes a pés longos, no site do GWR Kids.

1. VERDADEIRO OU FALSO?
Há uma espécie de fungo chamada *Spongiforma squarepantsii*, em homenagem à estrela do desenho Bob Esponja Calça Quadrada (*ver p.188*).

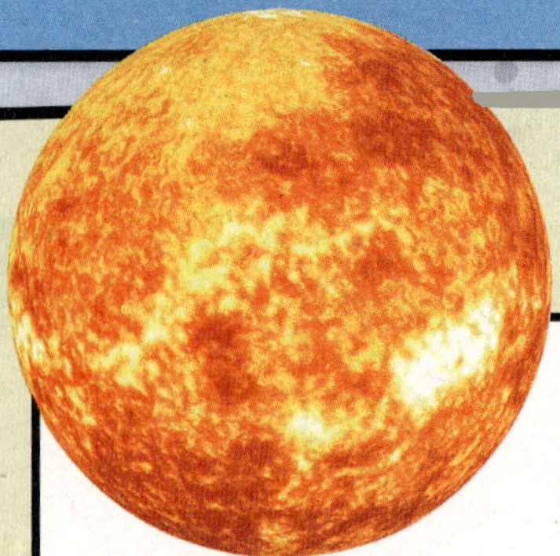

2. O Sol é a **estrela mais próxima** da Terra. Que tipo de estrela ele é?
A) Anã amarela
B) Gigante amarela
C) Supergigante dourada

3. VERDADEIRO OU FALSO?
Quel fromage! O **maior queijo-quente** era maior do que uma cama king size.

4. Composta por 351 pessoas, a **maior imagem de PAC-MAN com humanos** foi organizada pela Sony Pictures Entertainment, em Tóquio, JPN, em 2015. Qual comida serviu de inspiração?
A) Torta
B) Pizza
C) Biscoito da sorte

5. VERDADEIRO OU FALSO?
Os polvos-de-anéis-azuis — os **mais venenosos** da classe — têm as mesmas toxinas que os baiacus, os **peixes mais venenosos** (*ver p.25*).

6. VERDADEIRO OU FALSO?
O Pikachu foi o **1º Pokémon** desenhado.

7. A **série de filmes de animação de maior bilheteria** é a franquia *Meu malvado favorito* (*ver p.182*). Quem são os minions principais?
A) Kevin, Stuart e Bob
B) Kevin, Steve e Doug
C) Bob, Carl e Stuart

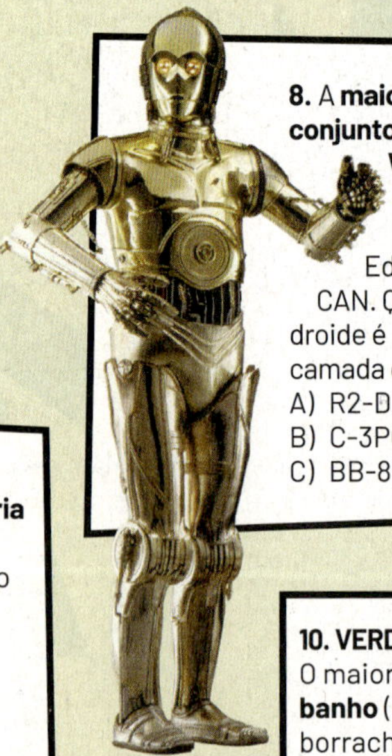

8. A **maior coleção de conjuntos LEGO® Star Wars** (932) pertence a Fredrick Oliver de Edmonton, Alberta, CAN. Qual personagem droide é conhecido por sua camada de ouro brilhante?
A) R2-D2
B) C-3PO
C) BB-8

9. A série *Os Simpsons* venceu **mais prêmios Emmy por uma série de animação de TV** (37), até 2024. Em qual cidade fictícia a série se passa?
A) Adventure Bay
B) Danville
C) Springfield

10. VERDADEIRO OU FALSO?
O maior **brinquedo de banho** (um pato de borracha gigante) é maior que uma quadra de tênis.

JOGO DOS ERROS
Você sabia que comer bananas ajuda a enxergar melhor? Vamos colocar seus olhos à prova e ver se encontra as 5 diferenças entre essas fotos do **carro-banana personalizado mais longo** (*ver p.62-3*) e seu dono, Steve Braithwaite.

Bumblebee — o **traje de cosplay móvel mais alto** — precisa da sua ajuda! Você pode guiar o Transformer perdido por este labirinto para pegar o certificado GWR dele com seu construtor Thomas DePetrillo (EUA)?

Todas as respostas estão na p.253

*Recordes sub-16

MAIS...

Sapatos empilhados em 1min*
Mathanky Kanagasundaram (SRI) construiu uma torre de 10 sapatos em Kodikamam, SRI, em 20/5/2024.

Bonecos LEGO® montados em 1min*
Em 12/9/2024, Leo Capotosto (CAN), de 10 anos, montou 7 bonecos de LEGO® em 60s em Pickering, Ontário, CAN.

Mais lançamentos de panqueca em 1min*
Colin Barré, de 13 anos, lançou para cima uma panqueca 110x durante 60s em Le Touvet, FRA, em 31/5/2024.

Mais baranis em cama elástica em 1min
O superastro autodidata Liu Zeen (CHN) deu 88 baranis em Tianjin, CHN, em 24/5/2024. A técnica consiste em um salto mortal para a frente seguido de uma meia-volta.

Mais bonés equilibrados na cabeça em 1min*
Em 12/7/2024, Ryan Preuss (EUA) exibiu uma pilha de 25 bonés no Comstock Park, Michigan, EUA.

Pares de banquinhos separados na posição de espacate em 1min
A ágil Zhang Sixuan (CHN), de 9 anos, conquistou o 1° título do GWR ao separar 22 banquinhos enquanto na posição de espacate, em Wuxi, Jiangsu, CHN, em 29/11/2024. No início daquele ano, foi nomeada Estrela Mundial do Kung Fu Shaolin de 2024, nos Jogos Shaolin.

Peças de dominó enfileiradas e derrubadas em 30s (dupla)*
Em 1/12/2024, os irmãos irlandeses Cillian e Casey O'Connor derrubaram 34 peças de dominó em Mornington, Meath, IRL. A proeza familiar veio um mês após Cillian melhorar o recorde de **mais truques de mágica em 30s*** (35), em Londres, RU.

TEMPO MAIS RÁPIDO PARA RESOLVER UM CUBO MÁGICO (DUPLA)
Geng Xuanyi e Cao Qixian (ambos CHN) surpreenderam a plateia no estúdio da *Cross-times Competition* ao resolverem um cubo mágico em 10,72s, em Tianjin, CHN, no dia 23/11/2024. Após analisarem o objeto, resolveram cada um com uma mão no cubo.

AS CAMPEÃS DO CONTORCIONISMO
Em 17/8/2024, alunas da Escola de Dança e Artes Circenses Gracia (UKR) estabeleceram recordes em Podilsk, Odessa, UKR. Varvara Kogyt (*acima, à esq.*) realizou **mais rotações completas com o corpo em posição de ponte em 1min** (30). Margarita Tabachnuk conquistou o recorde de **mais flexões para trás com o peito tocando o chão em 30s** (17). Ksenia Kushnirenko também se destacou, com **mais flexões para trás contorcidas em 30s** (18).

Um mês depois, Ulyana Efimova (*acima*) adicionou mais um certificado do GWR à coleção do grupo ao mover **mais blocos de ioga em posição de ponte em 30s** (20). Para mais evidências de que as alunas da Gracia *se desdobram* para bater recordes, ver a p.164.

***Recordes sub-16 do GWR**
Você sabia que o GWR tem uma lista crescente de recordes para jovens? Todos abaixo (além daqueles marcados com um *) foram pensados para aspirantes a quebradores de recordes. Para saber como tentar, acesse o site Kids através do QR code.

Menor tempo para...	Tempo	Nome
Fazer 3 foguetes de origami	27,88s	Bethany Mulford (RU)
Construir uma pirâmide de copos	17,67s	Charley Wareing (RU)
Construir uma pirâmide de papel higiênico	6,68s	Abdur Rahman Siam (BAN)
Fazer um hat-trick com um goleiro no *FIFA 23*	1min9,57s	Alfie Conroy (IRL)
Colocar fronha em 3 travesseiros	24,91s	Scarlett Contreras-Montesano (EUA)
Embrulhar um *GWR* para presente	15,28s	David Dabach (EUA)
Colocar o cadarço em um par de sapatos	48,28s	Arghamaan Dutta (IND)
Preparar uma mochila para a escola	12,52s	Jovana Teres Jobi (IND)
Vestir 5 camisetas	8,31s	Aarohi Vithalani (IND)

Atualizado até 29/4/2025

PESSOA MAIS JOVEM A VOAR EM GRAVIDADE ZERO

Jack Martin Pressman (EUA, n. 11/3/2016) experimentou a sensação de peso zero em um avião comercial modificado (conhecido como "cometa do vômito") sobre Long Beach, Califórnia, EUA, aos 8 anos e 34 dias, em 14/4/2024.

INSTRUTORA DE TAEKWONDO MAIS JOVEM

Samyuktha Narayanan (IND, n. 17/11/2016) tinha 7 anos e 271 dias ao dar a 1ª aula de taekwondo em Madurai, Tamil Nadu, IND, em 14/8/2024. Inspirada pelos pais – Shruthy e Narayanan (*à dir.*), que dirigem a Academia de Taekwondo de Madurai –, foi da faixa branca à preta antes dos 5 anos e, hoje, influencia outras crianças de sua cidade a praticar essa arte marcial.

MAIS JOVEM...

Atleta do X Games (masc.)
Ema Kawakami (JPN, n. 8/9/2014) tinha 9 anos e 294 dias quando competiu nos X Games Ventura, na Califórnia, EUA, em 28/6/2024. Descubra quem conquistou o recorde **feminino**, no mesmo evento, na p.156.

Gerente de estação de rádio
Com 10 anos e 262 dias, Martha Sheehan (RU, n. 24/7/2013) produziu jingles, criou playlists e apertou o botão vermelho para lançar a Fun Kids "Space Station" no Centro Espacial Nacional, em Leicester, RU, em 11/4/2024. Antes, ajudou os DJs a planejar o conteúdo temático sobre espaço para a estação.

Jogador a derrotar um grande mestre em um torneio de xadrez
Aos 8 anos e 195 dias, Ashwath Kaushik (SIN, n. IND, 7/8/2015) venceu um enxadrista profissional de 37 anos em Burgdorf, SUI, em 18/2/2024.

Atleta a correr 1 milha em menos de 4min
Sam Ruthe (NZL, n. 12/4/2009) correu 1 milha em 3min58,35s no Mount Smart Stadium, em Auckland, NZL, em 19/3/2025. Apesar da pista molhada, tornou-se o 1º com menos de 16 anos a alcançar o feito.

MAIS CUBOS MÁGICOS RESOLVIDOS EM PERNAS DE PAU EM 1H

Em 9/3/2025, Micah Kingham (RU) realizou um de seus maiores sonhos: estabelecer um recorde mundial! Combinando 2 de seus passatempos favoritos, o garoto de 13 anos resolveu 172 cubos mágicos ao se equilibrar em pernas de pau, em Bradford, West Yorkshire, RU. Por trás de Micah estavam sua família e a Fundação Make-a-Wish, instituição de caridade que ajuda jovens com condições críticas, como o câncer, a transformar os sonhos em realidade.

MAIS PESSOAS CONSTRUINDO CANHÕES DE PIPOCA SIMULTANEAMENTE

Em 8/2/2025, 157 inventores se reuniram para construir canhões de pipoca durante o evento *The Invention Show*, no Gulliver's Valley Theme Park, em Sheffield, South Yorkshire, RU. A atividade foi liderada por Ruth Amos, do canal do YouTube "Kids Invent Stuff", que disse ao GWR: "Ver todo mundo construindo canhões de pipoca e disparando-os foi fantástico. A energia e a alegria foram o final perfeito para nosso show!".

Para fazer um canhão, amarre um balão e corte-o ao meio. Prenda a metade com o nó em um tubo de papel higiênico e encha o tubo com pipoca. Para disparar, é só puxar o nó.

MARIO

Em 1981, quando a Nintendo apresentou Mario como personagem secundário em *Donkey Kong*, quem imaginaria que ele se tornaria o **personagem mais vendido de videogame** de todos os tempos? O prodígio bigodudo foi criação do designer Shigeru Miyamoto e originalmente se chamava "Mr. Video". Mais tarde o chamaram de "Jumpman", mas então Miyamoto o renomeou em homenagem a Mario Segale, um corretor americano que alugava escritórios para a Nintendo. A 1ª aparição do nome Mario foi em *Donkey Kong Jr.* (1982), e o 1º jogo a ter o nome dele no título foi *Mario Bros.* (1983).

Nas últimas três décadas, Mario trocou os esgotos por uma vida cheia de agitação no Reino dos Cogumelos, botando as mãozinhas enluvadas para fazer de tudo, inclusive pintar e correr de kart. Até fev/2025, tinha aparecido em 255 jogos, o que faz dele o **personagem de videogame mais onipresente**. Mario se arriscou até mesmo no cinema (*abaixo*), provando que é mesmo uma megaestrela dos jogos de outro nível!

BREVE BIOGRAFIA

Nome	Mario Mario
Local de Nasc.	Brooklyn, Nova York, EUA
Profissão	Encanador
Recordes atuais do GWR	Vários, incluindo **personagem de videogame mais vendido** (807,62mi de unidades*)
Jogo de Mario mais vendido	*Mario Kart 8 Deluxe* (67,35mi de unidades*)

** até 31/12/2024*

MARIO NO CINEMA

Em 1993, *Super Mario Bros.* (EUA), com Bob Hoskins como Mario, se tornou o **1º filme live--action baseado num videogame**. Trinta anos depois, um reboot em animação levou apenas 1 semana para se tornar o **filme baseado em videogame com maior faturamento**. Até 27/9/2024, a arrecadação mundial tinha saltado para US$1.359.146.628, conforme verificado pelo The Numbers. A continuação deve vir em 2026.

A evolução de Mario

1981

Donkey Kong
Mario estreou em *Donkey Kong*, o **1º jogo de plataforma**, como um carpinteiro chamado "Jumpman". Sua missão era salvar sua namorada, Pauline, do gorila.

1983

Mario Bros.
O jogo de plataforma foi o primeiro da franquia a trazer o irmão de Mario, Luigi. A missão dos dois encanadores italianos era livrar os esgotos de koopas e caranguejos.

1988

Super Mario Bros. 3
O 3º jogo na série *SMB* apresentou novas habilidades e personagens. Mario e Luigi aprenderam a voar, e os filhotes de Bowser, os koopalings, apareceram pela 1ª vez.

1992

Super Mario Kart
Esse sucesso de 1992 marcou o início da série *Mario Kart*. Após ter vendido 8,76mi de unidades desde o lançamento, é o **jogo de SNES mais vendido**, de acordo com o VGChartz.

1996

Super Mario 64
No 1º jogo 3D de Mario, o encanador começou a parecer mais com a versão atual. Foi o 1º lançamento em que falou, dublado por Charles Martinet.

Nos anos 1980, quando tinha apenas 16x16 pixels, Mario usava macacão para que seus braços ficassem mais visíveis.

PARENTES, AMIGOS E INIMIGOS DE MARIO

1. Bowser	Cuidado com o arqui-inimigo de Mario e seu bafo de fogo! Seu objetivo é conquistar o Reino dos Cogumelos.	4. Donkey Kong	O gorilão e sua família amante de bananas lutou tanto ao lado quanto contra Mario ao longo dos anos.
2. Yoshi	Mario sempre pode confiar no amigo dinossauro para engolir inimigos com sua língua comprida e transformá-los em ovos.	5. Luigi	O fiel irmão de Mario fica nervoso na presença de fantasmas, mas sabe pular alto, correr rápido e atirar bolas de fogo.
3. Princesa Peach	Saúdem a líder do Reino dos Cogumelos! Quando não está ocupada governando, Peach adora praticar esportes.	6. Toad	Doce, porém desafortunado, faz de tudo para proteger a Princesa Peach, mas geralmente precisa pedir a ajuda de Mario.

MESTRES DO *MARIO KART*
Em 25/2/2024, StervtL (NED) bateu o 1º recorde inferior a 1min e conquistou o **menor tempo para completar o GBA Mario Circuit em *Mario Kart 8 Deluxe* (200cc)**, conforme verificado pelo MK8DX. Na categoria de recordistas sub-16, Alfie Conroy (IRL), 13 anos, fez a **maior pontuação numa partida de Bob-omb Blast em 1min** (8 pontos) em 7/4/2024.

2004

Super Mario 64 DS
Esse jogo, o 1º de Mario a ser desenvolvido para o Nintendo DS, foi um remake do clássico para N64, e trouxe personagens, colecionáveis e minijogos adicionais.

2007

Super Mario Galaxy
Conforme verificado pelo Metacritic em 18/10/2024, *Super Mario Galaxy* é o **jogo de plataforma mais aclamado pela crítica**, com um Metascore de 97 de 200 baseado em 73 resenhas.

2008

Mario Kart Wii
No 3º jogo de Mario mais vendido de todos os tempos, é possível correr por 32 pistas e atirar cascos de tartaruga, cascas de banana e Bob-ombs nos corredores rivais!

2015

Super Mario Maker
Em 2015, nosso encanador italiano favorito se aventurou pelo mundo da construção, ajudando jogadores a criar, jogar e compartilhar as próprias fases inspiradas nas da série *Super Mario Bros.*

2023

Super Mario RPG
Recriando o jogo de 1996 *Super Mario RPG: Legend of the Seven Stars* exclusivamente para Switch, os personagens apareceram como eram no original, mas num formato 3D mais vívido.

Conheça todos os ÍCONES do GWR em **guinnessworldrecords.com/records/icons**

Deadpool* dominando!** Todos os 3 títulos de *Deadpool* estão entre os **5 filmes de maior bilheteria com classificação R, ao lado de *Coringa* (EUA, 2019; 2º lugar) e *Oppenheimer* (EUA/RU, 2023; 3º lugar), de acordo com o The Numbers em 30/1/2025.

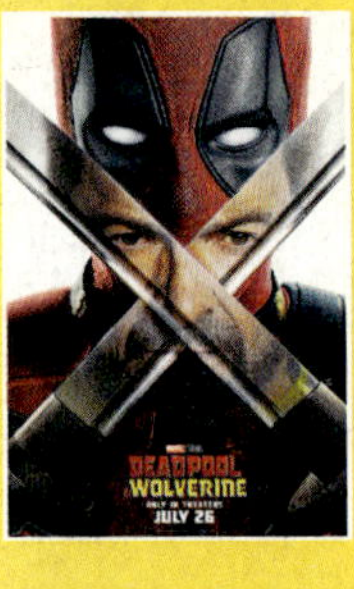

1. Deadpool & Wolverine (2024)
US$1.338.071.348

4. *Deadpool 2* (2018)
US$786.362.370

5. *Deadpool* (2016)
US$781.947.691

Considerada o "cão mais feio da Grã-Bretanha" em 2023, Peggy fez sua estreia como atriz em *Deadpool & Wolverine*.

*Filmes com classificação R (nos EUA) são para maiores de 17 anos (menores precisam estar acompanhados de um adulto).

CONTEÚDO

FILME DE MAIOR BILHETERIA COM CLASSIFICAÇÃO R*

Entre 24/7/2024 e 30/1/2025, *Deadpool & Wolverine* da Marvel (EUA) obteve uma arrecadação global de US$1.338.071.348, de acordo com o The Numbers. O filme, estrelado por Ryan Reynolds e Hugh Jackman, viu os super-heróis deixarem de lado suas personalidades antissociais para tentar salvar o universo de Deadpool da extinção.

Antes mesmo de o sucesso chegar às telonas, conquistou o recorde de **trailer de filme mais visto em 24h**, acumulando 365mi de reproduções em 11-12/2/2024. E em seus 1os quatro dias de lançamento, o filme — o 3º da franquia — alcançou a **maior bilheteria de fim de semana de estreia de um filme com classificação R** (US$445,4mi).

POKÉMON

Mais rápido
Regieleki
Velocidade-base: 200

Mais pesado
Cosmoem (*acima*), Celesteela
Peso: 999,9kg

Mais alto
Wailord
Altura: 14,5m

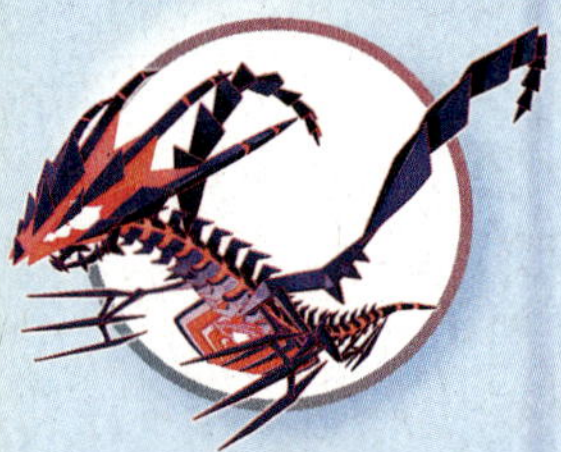

Mais forte
Eternatus (versão de chefão especial)
Base stat: 1.125

1º Pokémon
Pokémon foi lançado em 1996 como um jogo de RPG criado por Satoshi Tajiri, fundador da Game Freak Inc. O principal artista responsável pelo design dos monstrinhos era Ken Sugimori, cuja primeira criação foi o Rhydon (*acima*). Mistura de dinossauro e rinoceronte, Rhydon apareceu em vários outros jogos, mangás e programas de TV da franquia.

Jogo de Pokémon mais vendido
As versões de *Pokémon Red* e *Blue* originais da Game Freak (1996) ainda são os maiores sucessos da franquia, tendo vendido 31,38mi de unidades até mar/2024. Originalmente chamado de *Pocket Monsters: Red & Green* no Japão, o RPG está entre os 20 títulos mais vendidos de todos os tempos. Para a surpresa de ninguém, Pokémon é também a **série de RPG mais vendida**, com 485,3mi de jogos adquiridos até dez/2024.

Carta de Pokémon mais valiosa
As cartas colecionáveis de Pokémon lançadas no Japão em out/1996, 9 meses depois do jogo, foram uma febre. Gary Haase, ou "King Pokémon" (EUA), começou a colecioná-las em 1998, e em 2022 seu patrimônio já valia estimados US$10mi. Haase, que começou importando cartas do Japão antes de estarem disponíveis nos EUA, agora tem espaços de armazenamento cheios em 3 estados... e não quer parar tão cedo!

CARTA DE POKÉMÓN MAIS CARA VENDIDA NUMA TRANSAÇÃO PARTICULAR
Em 22/7/201, o astro e lutador Logan Paul (EUA) voou até Dubai, UAE, para comprar a única carta PSA Grade 10 Pikachu Illustrator que existe, por US$5.275.000. Em 1998, foram produzidas 39 delas, mas essa é a única conhecida que ainda está em perfeitas condições ("Gem Mint"). Quando Paulo estreou na WWE em 2022, entrou no ringue com a carta pendurada no pescoço.

Maior coleção de cartas de Pokémon
Owen e Conner Gray (ambos RU) possuem 48.339 cartas, conforme verificado em Harlow, Essex, RU, em 11/7/2024. Desde que foram lançadas no RU em 2000, os irmãos adquiriram a maior parte dos lançamentos, incluindo milhares de cartas japonesas exclusivas.

Mais Pokémon identificados pelo número da National Pokédex em 1min.
Em 26/2/2024, Kennet Tan (SIN) reconheceu 103 dos monstrinhos com base apenas em seus códigos de identificação.

Sete meses depois, em 21/10/2024, Noelle Suske (CAN), de 8 anos, quebrou o recorde de **mais Pokémon identificados em 1min (sub-16)**. A pequena fã acertou 37 monstros, em Mississauga, Ontário, CAN.

Havia apenas 151 Pokémon em 1996, mas até nov/2024, já existiam 1.025 de acordo com a National Pokédex.

FRANQUIA DE MÍDIA MAIS VENDIDA
Pokémon, que celebra seu 30º aniversário em 2026, arrecadou em média US$147bi até abr/2024. Isso graças a um vasto império, que vai de jogos a filmes, produtos e até mesmo pinturas em aviões jumbo. Os monstrinhos implacáveis bateram inúmeros recordes, incluindo **série de anime mais longeva baseada num jogo** (28 anos, de 1997 a 2025).

1º JOGADOR A ALCANÇAR O NÍVEL 50 EM *POKÉMON GO*
Depois de andar 20.614km (equivalente a 488,5 maratonas!), o streamer australiano da Twitch FleeceKing (Daniel Amos) alcançou o nível máximo do jogo de celular da Niantic de 2016. Bateu o recorde às 3h da manhã em 26/1/2021, 16min antes de Laura Lolly (n. Lauren Bertoni, AUS) também conseguir o feito.

MAIOR COLEÇÃO DE ITENS DE POKÉMON
Lisa Courtney (RU) levou o lema "Temos que pegar!" a sério desde criança. Na última contagem oficial em ago/2016, ela tinha 17.127 itens em Welwyn Garden City, Hertfordshire, RU. Lisa fez várias viagens ao Japão para expandir a coleção, voltando a cada vez com 8-12 caixas de itens, desde roupas e cartas a pelúcias e pôsteres.

1º filme live-action de Pokémon
Pokémon: Detetive Pikachu (EUA, 2019) conta a história de Tim Goodman, de 21 anos, que convoca o personagem do título, dublado por Ryan Reynolds, para o ajudar a encontrar seu pai desaparecido. Em abr/2020, alcançou a posição de **filme de maior faturamento baseado num jogo** ao arrecadar US$433mi, mas perdeu o recorde em 2023 (*ver p.170*). Há boatos de que tem uma sequência vindo aí.

1º jogo de videogame na capa da revista *TIME*
A prestigiosa revista *TIME* geralmente reserva sua capa para as pessoas mais influentes da sociedade, de presidentes a celebridades. Em 22/11/1999, porém, dedicou uma edição a Pokémon. Foi a 1ª vez que uma única franquia de jogos ocupou o lugar de destaque.

Mais spin-offs de uma série de videogame
Começando com *Pokémon: The First Movie* (JPN) em 1998, a franquia inspirou 25 filmes. A contagem inclui 24 animações em longa-metragem e 1 filme *live-action* (*à dir.*).

Mais lento
Shuckle (*acima*), Munchlax, Pyukumuku
Velocidade-base: 5

Mais leve
Gastly (*acima*), Flabébé, Haunter, Cosmog, Kartana
Peso: 100g

Mais baixo
Joltik (*acima*), Flabébé
Altura: 10cm

Mais fraco
Caterpie (*acima*), Wishiwashi
Base stat: 175

EUROVISION

A edição júnior do Eurovision, voltado para cantores de 9-14 anos, começou em 2003. A **vencedora mais jovem** é María Isabel (ESP), que tinha 9 anos e 321 dias quando venceu em 20/11/2004.

Lantejoulas e glitter na mão! O Festival Eurovision da Canção (ESC, sigla em inglês) celebrará seu 70º aniversário em 2026. Desde a 1ª transmissão, em 24/5/1956, é a **competição anual e internacional de música mais longa da história da TV** e um dos eventos mais aguardados dos fãs pelo mundo.

Primeiro vencedor do ESC
A edição de estreia — conhecida como *Gran Premio Eurovisione 1956 della Canzone Europea* — foi realizada em Lugano, SUI. Felizmente para a sede, sua representante Lys Assia (n. Rosa Mina Schärer, *à esq.*) triunfou sobre outros 6 países, todos apresentando 2 músicas. Refletindo a sociedade bilíngue da Suíça, Lys cantou "Das alte Karussell" ("O Velho Carrossel") em alemão e a balada vencedora "Refrain" ("Refrão") em francês.

Maior pontuação de um artista
Quando Salvador Sobral (POR) conquistou o 1º troféu do ESC, em Kiev, UKR, em 13/5/2017, recebeu 758 pontos pela canção "Amar pelos dois", sendo 382 do júri e 376 do público, incluindo 30 pontuações máximas de 12 pontos. Na mesma noite, o vice-campeão Kristian Kostov (BGR), com Mess conseguiu 615 pontos, superando também o recorde anterior de 534 pontos, de Jamala (UKR), com "1944", em 2016. Veja as 5 maiores pontuações na p. ao lado.

MAIS PARTICIPANTES DO EUROVISION EM UM FILME
O filme da Netflix *Festival Eurovision da Canção: A Saga de Sigrit e Lars* (EUA, 2020) contou com a participação de 11 ex-concorrentes do ESC entre 2009 e 2019, ao lado dos protagonistas Will Ferrell e Rachel McAdams. O elenco incluiu Bilal Hassani (2019), Jamala (2016), Loreen (2012), John Lundvik (2019), Jessy Matador (2010), Elina Nechayeva (2018), Netta (2018), Anna Odobescu (2019), Alexander Rybak (2009 e 2018), Salvador Sobral (2017) e Conchita Wurst (2014).

Qual das músicas que você apresentou no ESC é a sua favorita?
Com "Euphoria" foi a 1ª vez que confiei na minha intuição ao se tratar de criatividade. Houve muitas forças contra essa música, então, quando venci, fiquei muito impactada. Foi o início de uma jornada muito bonita de autoconhecimento. Mas "Tattoo" é a minha favorita, porque foi quando me senti completamente conectada à minha energia divina.

Por que você acha que a Suécia tem tanto êxito?
Quando um artista sabe o que quer fazer e comunicar, o povo sueco o apoia e faz de tudo para que isso aconteça. Na indústria, acho que é muito raro ter pessoas que realmente apoiam ideias únicas e inovadoras.

Gostaria de representar a Suécia novamente?
Se a oportunidade surgisse e eu tivesse algo importante para compartilhar com as pessoas, claro que sim. Nunca é sobre a vitória, mas sobre as pessoas.

ARTISTA COM MAIS VITÓRIAS
Apenas 2 artistas venceram o concurso 2x: Johnny Logan (IRL, n. Seán Sherrard, AUS) e Loreen (SWE, n. Lorine Talhaoui). Logan venceu em 1980 e 1987, com as músicas "What's Another Year" e "Hold Me Now", e Loreen, em 2012 e 2023, com "Euphoria" e "Tattoo".

Até 2024, a Suécia e a Irlanda estavam empatadas em vitórias no Eurovision, com 7 títulos cada.

Compositor mais prolífico
Entre 1974-2017, Ralph Siegel (GER) trabalhou em 24 músicas do Eurovision. Seu maior sucesso veio com "Ein bisschen Frieden" ("Um Pouco de Paz"), que Nicole (n. Nicole Seibert) levou ao 1º lugar nas paradas europeias em 1982.

Maior rede de fãs do Eurovision
A OGAE (*Organisation Générale des Amateurs de l'Eurovision*) foi fundada na Finlândia, em 1984, por Jaripekka Koikkalainen, para conectar fãs e compartilhar notícias. A OGAE International, uma versão expandida da organização, foi inaugurada em Paris, FRA, em 2011 e hoje conta com cerca de 17.000 membros em 44 clubes nacionais.

Artista mais vendido do Eurovision
Céline Dion (CAN) havia vendido mais de 200,5mi de álbuns pelo mundo até 30/7/2024. Alcançou a fama nos anos 1980, vencendo o ESC de 1988 pela Suíça com "Ne partez pas sans moi" e, mais tarde, lançou sucessos como "My Heart Will Go On", tema do filme *Titanic*.

País com mais participações
Entre 1956-2024, a Alemanha (Alemanha Ocidental até 1990) participou de 67 das 68 edições do Festival Eurovision da Canção. A exceção foi em 1996, quando não conseguiu passar da fase de pré-qualificação. Ao todo, 52 países já participaram do evento, incluindo a Austrália, que estreou em 2015.

VENCEDOR MAIS JOVEM

Sandra Kim (n. Sandra Caldarone, em 15/10/1972) tinha apenas 13 anos e 200 dias quando conquistou a única vitória da Bélgica no ESC em Bergen, NOR, em 3/5/1986. Em 1990, foi determinado que menores de 16 anos não poderiam mais competir. O **vencedor mais velho** foi Dave Benton (n. Efrén Benita, 31/1/1951), que tinha 50 anos e 101 dias quando venceu pela Estônia, em 12/5/2001, com a música "Everybody", ao lado de Tanel Padar e 2XL.

PAÍS COM MAIS "PONTUAÇÕES NULAS"

Tanto a Noruega (1963, 1978, 1981, 1997) como a Áustria (1962, 1988, 1991, 2015) receberam a temida nota de nenhum ponto em 4 ocasiões. A mais recente aconteceu de forma ainda mais dolorosa, em casa, na 60ª edição do ESC, em Viena, AUT, 23/5/2015, quando o trio austríaco The Makemakes (o cantor Dominic Muhrer, *acima*) não conseguiu despertar entusiasmo com "I Am Yours".

Top 5 maiores pontuações do Eurovision
(Desde 2016, quando o sistema de pontuação mudou)

758

"Amar pelos dois",
Salvador Sobral
(POR, 1º lugar, 2017)

631

"Stefania",
Kalush Orchestra
(UKR, 1º lugar, 2022)

615

"Beautiful Mess",
Kristian Kostov
(BUL, 2º lugar, 2017)

591

"The Code",
Nemo
(SUI, 1º lugar, 2024)

583

"Tattoo",
Loreen
(SWE, 1º lugar, 2023)

Música mais vendida

Apesar de ter ficado em 3º lugar no ESC de 1958, "Nel blu, dipinto di blu" ("No Azul, Pintado de Azul"), mais conhecida como "Volare", de Domenico Modugno (ITA) tornou-se a canção mais lucrativa da história do Eurovision. Até 30/7/2024, havia vendido cerca de 22mi de cópias pelo mundo e continua sendo o único sucesso do ESC a ganhar um Grammy (na verdade, 2: Gravação do Ano e Canção do Ano, ambos em 1959).

Música mais reproduzida no Spotify

Até 16/7/2024, a faixa vencedora de 2019, "Arcade", de Duncan Laurence (NED, n. Duncan de Moor), havia acumulado 1.202.986.950 streams, colocando-a entre as 500 músicas mais ouvidas na plataforma.

O recorde equivalente para uma **artista feminina** pertence a "SNAP", da armênia Rosa Linn (n. Roza Kostandyan), que, apesar de ter ficado em 20º lugar na final de 2022, alcançou 1.067.475.259 reproduções.

Artista com mais participações consecutivas

Para alguns músicos, representar seu país no ESC é uma oportunidade única, mas 4 tiveram essa honra por 3 anos consecutivos: a suíça Lys Assia, Cornelia Brokken, NED (ambas 1956-58), Udo Jürgens, AUT (1964-66) e Valentina Monetta, SMR (2012-14).

MAIOR SUCESSO COMERCIAL DO EUROVISION (GRUPO)

Desde que conquistou o 19º Festival Eurovision da Canção com "Waterloo", em 6/4/1974, o grupo ABBA (SWE) já vendeu mais de 166,3mi de discos pelo mundo. A banda lançou 9 álbuns de estúdio entre 1973-2021, e, até jul/2024, sua coletânea de 1992, *Gold: Greatest Hits*, sozinha já havia vendido 34mi de cópias.

O recorde de **mais músicas do ABBA reconhecidas a partir do play em 1min** é 21, por Akarsh Chalasani (RU), em 30/5/2024.

AS LENDAS DOS GAMES

• *Top 100 personagens de videogame* • *10 destaques especiais* • *Todos os prêmios*

EDIÇÃO GAMER

O best-seller mundial sobre videogame está de volta — e, este ano, foca nos 100 maiores personagens de jogos de todos os tempos. Do início da era do fliperama ao sucesso dos consoles atuais, o *Guinness World Records Edição Gamer 2026* está cheio de construtores com blocos, exploradores de tumbas, lutadores de rua e... bem, encanadores. Aqui, sem ordem, damos uma espiada nas lendas do Top 10. Qual você acha que é a sequência?

HOMEM-ARANHA

Peter Parker, astro do **jogo de super-herói mais vendido**, se balança em teias há 40 anos, em 38 jogos e 8 gerações de console. Mas ele está mais jovem do que nunca! Sua participação de maior sucesso foi em *Marvel's Spider-Man* (Insomniac Games, 2018), que vendeu mais de 20mi de cópias.

CHUN-LI

A **1ª** e **mais longeva personagem feminina jogável numa série de jogos de luta** está na batalha desde *Street Fighter II*, de 1991, até *Street Fighter 6*, de 2023 (ambos da Capcom). No total, Chun-Li, a favorita dos fãs, apareceu em 105 jogos.

! SABIA?

Em mandarim, Chun Li significa "bela primavera".

SONIC

O ouriço azul que faturou US$1bi já correu em mais de 70 títulos. O de maior sucesso continua sendo o jogo de plataforma de 1991, *Sonic the Hedgehog*, **título mais vendido da SEGA** (mais de 14mi de unidades).

SQUAD

Aliados de Sonic: Knuckles, a equidna; Miles Prower (ou Tails), a raposa; e Amy Rose, a ouriço.

SAMUS ARAN

A órfã caçadora de recompensas — cujo gênero foi revelado ao fim do *Metroid* original (Nintendo, 1986) — protagoniza o **jogo em 1ª pessoa mais aclamado pela crítica**. Até 14/1/2025, *Metroid Prime* (Retro Studios, 2002) tinha pontuação de 97 no Metacritic, com base em 70 resenhas.

“ Eu odeio aquele ouriço! ”
Dr. Robotnik

LINK

9 games capitaneados por *The Legend of Zelda* aparecem no Top 100 jogos com melhor avaliação no Metacritic, fazendo de Link o **personagem mais aclamado pela crítica**. O herói de Hyrule é também protagonista do **jogo mais aclamado pela crítica**: *Ocarina of Time* (Nintendo, 1998), com Metascore de 99.

LARA CROFT

O sucesso da franquia *Tomb Raider*, criada pela desenvolvedora britânica Core Design em 1996, tornou a protagonista Lara na queridinha da casa e na **heroína de videogame com mais vendas**. Os 30 títulos nos quais ela aparece venderam, até out/2024, mais de 100mi de unidades.

PIKACHU

O Pokémon mais famoso estreou em 1996 em *Pocket Monsters Red & Green* (JPN, Game Freak) e agora é o personagem de RPG mais onipresente. Apareceu em 79 jogos, sem falar no anime e nos filmes, programas de TV e curtas. Também ajudou *Pokémon* a gerar uma receita de mais de US$100bi.

STEVE

Minecraft (Mojang, 2011) é o **jogo mais vendido de todos os tempos** — fenômeno cultural que, em out/2023, se tornou o **1º game a emplacar mais de 300mi de cópias**. O mascote (e skin-padrão original) do sucesso de construção com blocos é o icônico Steve.

Mario é tão onipresente que tem até um dia especial no calendário. O MARIO DAY é celebrado pela Nintendo e por fãs de Mario todos os anos em 10/mar, desde 2015.

MASTER CHIEF

O suboficial John-117 é mascote não apenas da séria *Halo* (Bungie/Halo Studios), mas do Xbox no geral. Master Chief apareceu no 1º jogo, *Halo: Combat Evolved*, em 2001 — título que, até 4/4/2025, continuava sendo o **jogo de tiro do Xbox mais aclamado pela crítica**, com Metascore de 97.

MARIO

A lenda dos games e ícone do GWR (*ver p.170-71*) apareceu pela 1ª vez como Jumpman no jogo de fliperama *Donkey Kong* (Nintendo, 1981). Desde então, Mario Mario se tornou o **personagem de videogame mais onipresente**, participando de 429 títulos até 4/4/2025. Em 2023, apareceu pela 1ª vez como elefante em *Super Mario Bros. Wonder* (Nintendo).

“O extraordinário está no que fazemos, não no que somos.”
Lara Croft

VIRANDO O JOGO

Prêmios prodigiosos
Qual título de eSports oferece os prêmios mais lucrativos?

1. *Dota 2*
US$370.896.784

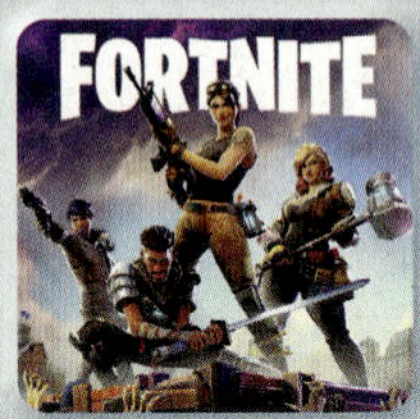

2. *Fortnite*
US$193.241.928

3. *Counter-Strike: Global Offensive*
US$192.747.246

4. *League of Legends*
US$117.941.905

5. *Arena of Valor*
US$109.438.707

Fonte: Esports Earnings; prêmio total em dinheiro até 18/4/2025

Jogador de eSports com mais ganhos
Apesar de não jogar competitivamente desde 2021, até 18/4/2025, N0tail, ou Johan Sundstein (DNK), permaneceu sendo o nº 1 no ranking do Esports Earnings, com ganhos de carreira de US$7.184.163. O maior ganhador de 2024 foi UMA, ou Wang Yuan-hao, de Taiwan, CHN, que fez US$1.001.476.

A **jogadora de eSports com mais ganhos**, Scarlett, ou Sasha Hostyn (CAN), ainda ocupa o 1º lugar com conquistas de carreira de US$472.111 de 283 torneios, mas ela não foi a maior ganhadora do ano-calendário de 2024... essa honra, na verdade, foi para Shinoa (PHI, *ver à dir.*).

O **país com mais ganhos em eSports** é a China, cujos jogadores profissionais acumularam US$322.365.095 ao competirem em 4.968 torneios até 18/4/2025.

EQUIPE DE JOGADORAS DE ESPORTS COM MAIS GANHOS (ATUAL)
A Omega Empress (PHI) foi a equipe feminina de maior sucesso em 2024, faturando US$180.000 no *Mobile Legends: Bang Bang* Women's Invitational, KSA. Shinoa, ou Sheen Perez (*na frente, à esq.*), ganhou um extra de US$50.000 como MVP, tornando-se a **jogadora com mais ganhos**.

MAIOR PRÊMIO DE ESPORTS
A 1ª Copa do Mundo de eSports na Arábia Saudita (3/7--25/8/2024) ofereceu um prêmio de US$62,5mi. O evento envolveu 23 torneios, e o Club Championship de US$7mi foi para os sauditas Team Falcons. O prêmio de 2025 vai ultrapassar US$70mi.

JOGADOR DE GAME DE LUTA COM MAIS GANHOS
Kakeru, especialista em combate do Japão, levou para casa o 1º prêmio de US$1mi da Capcom Cup 11, em Tóquio, em 3/3/2025, aumentando seus ganhos ao jogar *Street Fighter* para US$1.455.614, de acordo com Esports Earnings.

EQUIPE DE ESPORTS COM MAIS GANHOS
O Team Liquid, com pessoas de várias nacionalidades (fundado em 2000), arrecadou US$54.522.884 em 2.949 torneios, de acordo com Esports Earnings. As maiores contribuições vêm de jogar *Dota 2*, que já lhes rendeu mais de US$31,7mi.

O Team Liquid ergue o cobiçado troféu Aegis of Champions após a vitória em The International, 13/9/2024.

CONCLUSÃO MAIS RÁPIDA DE *SUPER MARIOS BROS.* (QUALQUER %)
Em 10/1/2025, o speedrunner dos EUA, Niftski, terminou o clássico do NES de 1985 em 4min54,565s, melhorando em 0,66s o próprio recorde. "Estou 18 frames (0,3s) abaixo da perfeição", contou Niftski, cujos batimentos cardíacos no final da tentativa chegaram a 177bpm!

MAIS VISUALIZAÇÕES SIMULTÂNEAS PARA UM EVENTO DE ESPORTS

As visualizações do *League of Legends* World Championship de 2024, ou Worlds 2024, chegaram ao pico em 2/11/2024, quando 6.941.610 de espectadores on-line assistiram à final melhor de 5 entre o Bilibili Gaming (CHN) e o T1 (KOR). O evento foi transmitido da O2 Arena, em Londres, RU, onde o T1 foi consagrado campeão, levando para casa o prêmio de US$450.000 (*detalhe*). Mais de 191mi de horas foram assistidas durante as 109h do torneio no ar.

A série *FIFA* continua sendo a **franquia de futebol mais vendida**, superando vendas de 325mi de cópias desde 1993.

GOL MAIS RÁPIDO NO *FIFA 16* (NÍVEL LENDÁRIO)

Andrew Guerin (RU), torcedor do Borussia Dortmund, estava jogando com seu time favorito no *FIFA 16*, da EA Sports, quando fez um gol em 9,77s. Bateu o recorde em 21/5/2024, na dificuldade "Lendária", usando a faixa *Die Schwarzgelben* ("amarelo e preto").

Mais troféus PlayStation conquistados
Até 18/4/2024, dav1d_123 (CAN) alcançou o topo do placar de classificação do PSNProfiles, após reunir 378.079 troféus de jogos (quase 30.000 a mais que seu rival mais próximo). Também detém os recordes de **mais troféus de bronze** (164.680), **de prata** (88.341), **de ouro** (110.815) e **de platina** (14.063).

Eliminação de maior distância em *Fortnite* usando um telescópio
Em 27/11/2024, MrSavage, ou Martin Foss Andersen (NOR), jogou *Fortnite*, mas com um porém: ele e seu PC estavam a mais de 1km de distância da tela. Para tornar as coisas mais difíceis, ele jogava (a céu aberto) em Ørsvågvær, dentro do Círculo Ártico da Noruega. Com um telescópio poderoso, ele enfim localizou seu alvo, registrando um acerto direto a 1,16121km de distância.

Fim de semana de maior arrecadação de adaptação de videogame
Um filme Minecraft (EUA, 2025) estreou em 4/4/2025 e arrecadou US$313mi de bilheteria global em 3 dias. O tempo dirá se vai ultrapassar os US$1,35bi arrecadados pela **adaptação de game mais lucrativa**, *Super Mario Bros.: O filme* (EUA, 2023; *ver p.170*).

MAIOR MARIONETE DE PERSONAGEM DE VIDEOGAME

A "Abominação" aterroriza jogadores na série de zumbis *Call of Duty*. Em 27/8/2024, antes do lançamento do *Black Ops 6*, a Activision (EUA) mostrou uma recriação em tamanho real de 6,18m nas ruas de Washington, DC, EUA. A "Abby" totalmente articulada – até com línguas de fora – foi feita pela ARCH NYC (EUA).

Tyler Bahl, VP sênior da Activision, aceitou o certificado GWR na frente de "Abby", que requer ao menos 5 marionetistas.

GAME BASEADO NUM ROMANCE CLÁSSICO COM VENDAS MAIS RÁPIDAS

Black Myth: Wukong (Game Science) – um RPG de ação baseado no livro clássico chinês *Jornada ao Oeste* – foi lançado em 20/8/2024 e vendeu 20mi de cópias no 1º mês. No lançamento, registrou mais de 2,2mi de jogadores simultâneos na Steam, tornando-o o **jogo single-player mais bem-sucedido** da plataforma.

ANIMAÇÃO

O 1º longa da Aardman foi *Fuga das galinhas*. Apesar de trabalhar num frame por vez, o estúdio já voltou às telonas muitas vezes. Aqui estão seus stop-motions mais lucrativos de sucesso.

1. *Fuga das galinhas* (RU/EUA/FRA, 2000): US$227,7mi – ainda o **filme de stop-motion de maior faturamento**

2. *Wallace & Gromit: A batalha dos vegetais* (RU/EUA, 2005): US$197,5mi

3. *Piratas pirados!* (RU/EUA, 2012): US$136,1mi

4. *Shaun, o carneiro* (RU, 2015): US$101,8mi

SÉRIE DE ANIMAÇÃO PARA TV MAIS LONGEVA
Sazae-san (JPN) estreou em 5/10/1969 e, até 2024, ficou no ar por 55 anos. A protagonista Sazae Fuguta foi dublada por Midori Katō (JPN) – **a carreira mais longa dublando o mesmo papel numa série de animação para TV.**

PRIMEIRO FILME DE ANIMAÇÃO
The Humpty Dumpty Circus (EUA, 1897), da Vitagraph, foi o 1º filme a usar a técnica de stop-motion para criar a ilusão de movimento. Foi uma ideia de Albert E. Smith (EUA), que animou acrobatas e animais do circo em miniatura da filha tirando fotos dos personagens.

SÉRIE DE FILMES DE ANIMAÇÃO DE MAIOR FATURAMENTO
A franquia *Meu malvado favorito/Minions*, do estúdio Illumination (EUA, 2010-24) arrecadou US$5.618.817.246. A série é protagonizada por um supervilão aposentado, Gru, e seus capanguinhas amarelos. Dos 6 filmes lançados até hoje, *Minions* (2015) foi o maior sucesso, rendendo US$1.157.271.759.

ESTÚDIO DE FILMES DE STOP-MOTION COM MAIOR FATURAMENTO
Além dos sucessos de CGI, os stop-motion feitos pela Aardman Animations (RU) renderam US$ 756.529.838. Além disso, a Aardman produziu **mais filmes de animação em modelagem** (8), sendo o último *Wallace & Gromit: Avengança* (RU, 2024, *detalhe*). Devido ao processo complicado, 30 animadores conseguiam produzir apenas 127s do filme por semana. A Aardman também criou curtas vencedores do Oscar, como *Wallace & Gromit: A tosquiadela* (1995).

*Fonte para os faturamentos de bilheteria: The Numbers, em 23/4/2025.

Wallace & Gromit: A batalha dos vegetais foi o filme a usar mais plasticina num longa (2.844,9kg!).

Já percebeu que muitos personagens de animação têm só 4 dedos? Isso acelera os processos de desenho e animação.

Em 2006, a Walt Disney Company comprou a Pixar Animation Studios por cerca de US7,4bi.

MAIS OSCARS DE MELHOR FILME DE ANIMAÇÃO

A Pixar Animation Studios (EUA) levou 11 dos 23 Oscars de Melhor Filme de Animação desde que a categoria foi criada em 2002. Os vencedores foram *Procurando Nemo* (2003), *Os Incríveis* (2004), *Ratatouille* (2007), *WALL-E* (2008), *Up: Altas aventuras* (2009), *Toy Story 3* (2010), *Valente* (2012), *Divertida Mente* (2015), *Viva : A vida é uma festa* (2017), *Toy Story 4* (2019) e *Soul* (2020).

Em 2026, a Pixar celebra seu 40º aniversário. O estúdio, criado pelo cofundador da Apple, Steve Jobs, começou a criar curtas como *Tin Toy* (EUA, 1988), o **1º filme de animação a vencer um Oscar**. Até hoje, a Pixar lançou 28 longas, e vários bateram os próprios recordes.

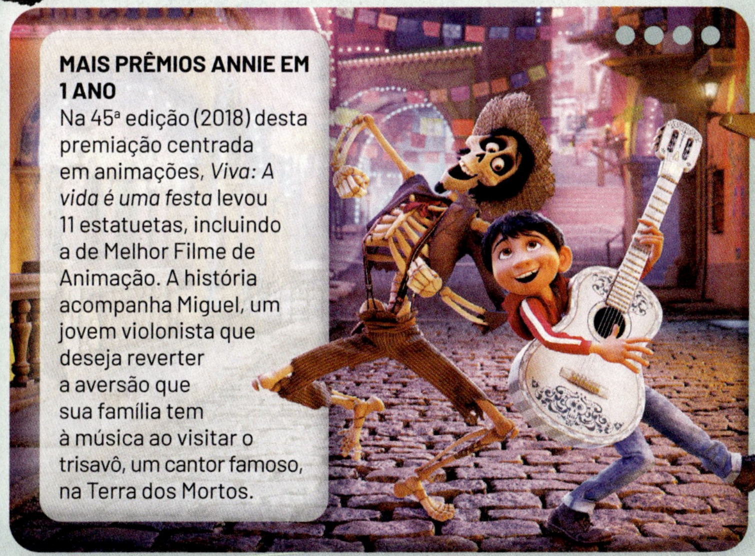

MAIS PRÊMIOS ANNIE EM 1 ANO

Na 45ª edição (2018) desta premiação centrada em animações, *Viva: A vida é uma festa* levou 11 estatuetas, incluindo a de Melhor Filme de Animação. A história acompanha Miguel, um jovem violonista que deseja reverter a aversão que sua família tem à música ao visitar o trisavô, um cantor famoso, na Terra dos Mortos.

1º LONGA ANIMADO POR COMPUTADOR

Realizado durante mais de 4 anos, *Toy Story* (EUA, 1995) marcou não só a estreia da Pixar nas bilheterias, como o nascimento de longas de animação. O diretor John Lasseter recebeu um Oscar de Contribuição Especial em 1996 pelo que a organização do prêmio descreveu como "sua liderança inspiradora da equipe de *Toy Story*".

ANIMAÇÃO COM MAIOR FATURAMENTO

Divertida mente 2 (EUA, 2024) faturou US$1.698.831.782 nos cinemas. O sucesso de bilheteria conta a história de Riley, cujas emoções personificadas já existentes — Alegria, Tristeza, Medo, Nojinho e Raiva — precisam lidar com sentimentos novos, como a Ansiedade e a Inveja, conforme ela entra na adolescência. Em mar/2025, esse recorde foi batido por outra sequência: *Ne Zha 2* (CHN, *detalhe*), que faturou US$1,97bi até então.

Os filmes da Pixar estão entre as animações de maior sucesso (até de crítica) da história. Mas você sabe quem são as estrelas do estúdio? Coloque seu conhecimento à prova ao tentar identificar os 5 heróis da Pixar abaixo. As respostas estão na p.253.

1

2

3

4

5

TERROR

O terror é cheio de objetos amaldiçoados, mas qual é o **objeto mais frequentemente amaldiçoado**? Eis as 5 coisas a evitar ao se fazer compras em antiquários e brechós.

1. Anéis encantados, em especial alianças (188 aparições em filmes)

2. Bonecas assustadoras, como Annabelle de *Invocação do mal* (75 aparições)

3. Livros amaldiçoados e grimórios diabólicos (57 aparições)

4. Espelhos encantados maléficos que revelam coisas terríveis (27 aparições)

5. Estátuas possuídas e artefatos sinistros (18 aparições)

1º filme de terror
O solar do diabo (ou *The Haunted Castle*, em inglês) estreou em Paris, FRA, em 24/12/1896. O filme mudo de 3min foi trabalho do pioneiro cinematográfico Georges Méliès (FRA). Ele usou vários truques de edição para invocar fantasmas e demônios e aterrorizar o herói que explora uma casa mal-assombrada.

No ano seguinte, Méliès revisitou o gênero para produzir o **1º remake de terror**, *Le Château Hanté* (*The Haunted Castle*, em inglês, o que é confuso). Esse filme segue a mesma premissa do original, mas é menor, focando só nos efeitos especiais mais impressionantes. O impacto visual aumentou quando Méliès decidiu pedir à ilustradora Élisabeth Thuillier para colorir à mão o filme de 45s.

INDÚSTRIA CINEMATOGRÁFICA MAIS FOCADA EM TERROR
Os 433 filmes de terror produzidos na Indonésia desde 2000 representam 25,8% da produção de filmes do país. O terror indonésio ganhou status cult pelo mundo, com lançamentos como *Fortuna maldita* (2018, *acima*), cativando plateias com sua mistura de ansiedade moderna e as tradições populares do país, cheias de fantasmas e demônios.

FILME DE TERROR MAIS LUCRATIVO (INFLAÇÃO AJUSTADA)
O exorcista (1973) foi o 1º grande sucesso de terror feito a partir do boca a boca. Auxiliado por histórias de plateias correndo assustadas, os 30 locais do lançamento inicial logo estavam tendo que lidar com filas enormes. Depois de ganhar distribuição geral, a história de possessão demoníaca permaneceu nos cinemas por 2 anos, faturando o equivalente a US$1,2bi, ajustado para a inflação de jan/2025.

GÊNERO COM MENOS INDICAÇÕES AO OSCAR
O terror conta com apenas 57 indicações ao Oscar, e quase metade delas para categorias técnicas, como cenografia, efeitos visuais e maquiagem. Apenas 6 filmes ganharam uma indicação de Melhor Filme, o mais recente sendo *Corra!* (2017), com Daniel Kaluuya (*foto*).

Autor de terror mais adaptado
Os fãs de terror talvez fiquem surpresos ao saber que este recorde não é do eterno Stephen King (*veja p. ao lado*), mas do poeta e contista do século XIX Edgar Allan Poe (EUA). Seus contos góticos inspiraram ao menos 80 longas até out/2024. O trabalho mais adaptado de Poe é "O coração delator" (1843), um terror psicológico que foi filmado 14x. Com 52 adaptações para o cinema, King está, na verdade, em 3º lugar, atrás de Poe e do especialista em terror cósmico H. P. Lovecraft (com 62).

Personagem de terror mais retratado
Faz muito tempo que conde Drácula, o vampiro da Transilvânia, escapou dos limites de seu material de origem. Embora o livro de 1897 de Bram Stoker tenha sido adaptado para os cinemas 21x, Drácula apareceu em inúmeras sequências, spin-offs e paródias, totalizando 162 representações em filmes de terror até 2024. Além de clássicos como *Drácula* (1931), com Bela Lugosi, o conde também apareceu em esquisitices como o faroeste de terror *Billy the Kid vs Dracula* (1966), o *blaxploitation* de terror *Blacula, o vampiro negro* (1972) e a paródia com Leslie Nielsen, *Drácula: Morto, mas feliz* (1995).

Gênero em que a crítica menos importa
Em geral, a recepção crítica de um filme é um jeito bem confiável de prever como ele vai se sair na bilheteria. Se compararmos as pontuações do Metacritic com a lucratividade, o coeficiente de correlação de Pearson seria de 0,8-0,9 (em que 0 não representa nenhuma conexão e 1 é uma relação direta). O terror é uma exceção, com uma correlação de apenas 0,17, sugerindo que o desempenho comercial de um filme do gênero, normalmente, não tem nada a ver com a crítica.

Não é difícil adivinhar que o terror é o gênero menos assistido em aviões. Só 1% dos viajantes quer ver *Premonição* antes de chegar ao seu destino!

O mesmo acontece no orçamento das produções. Numa indústria em que é preciso gastar dinheiro para fazer dinheiro, o terror, mais uma vez, é um caso atípico, com uma correlação de apenas 0,5 entre orçamento e lucro (comparado a 0,75 para musicais, por exemplo). Pelo jeito, plateias de filmes de terror valorizam mais originalidade e autenticidade do que coisas como diálogos realistas e cenários que não balançam.

Filme de terror mais caro
A múmia, blockbuster sobrenatural de 2017, estrelando Tom Cruise, teve um orçamento de US$195mi. A intenção era que o filme servisse como porta de entrada ao "Dark Universe" (Warner Bros.), uma série de filmes de terror interconectados no estilo dos filmes da Marvel. O longa foi uma decepção crítica e comercial, obtendo uma pontuação no Metacritic de 34 e gerando uma perda estimada de US$60-90mi (incluindo orçamentos de distribuição e marketing).

Mais filmes de terror produzidos em 1 ano
Em 2022, foram produzidos 1.531 filmes de terror mundo afora. Com exceção de uma leve queda durante a pandemia, o número aumentou dramaticamente todos os anos desde o início da década de 2000.

Isso aconteceu porque, com o advento das câmeras digitais, as barreiras financeiras para aspirantes a diretores de terror são muito baixas. De fato, é o **gênero mais barato**, com 53% dos filmes lançados nos cinemas tendo sido feitos com menos de US$20mi (e 22% com menos de US$5mi). Não dá para fazer um musical ou um filme de ação com pouco dinheiro, mas dá para colocar algumas câmeras fixas numa casa (como em *Atividade paranormal*, 2007) ou mandar atores para a floresta com câmeras (como em *A bruxa de Blair*, 1999) e acabar fazendo bastante sucesso.

Edição mais lenta (média)
Em geral, o objetivo de um bom diretor de terror é construir uma sensação de tensão e inquietude. Assim, filmes de terror têm os planos mais longos, com a câmera se demorando em média 15,7s entre cortes. Filmes de ação, por contraste, costumam pular entre cenas ou ângulos de câmera a cada 4s (média).

O recorde de **edição mais rápida** é do filme de ação *Agente biológico* (2002), com Jean-Claude Van Damme, cujo tempo de plano tinha uma média atordoante de 1,53s.

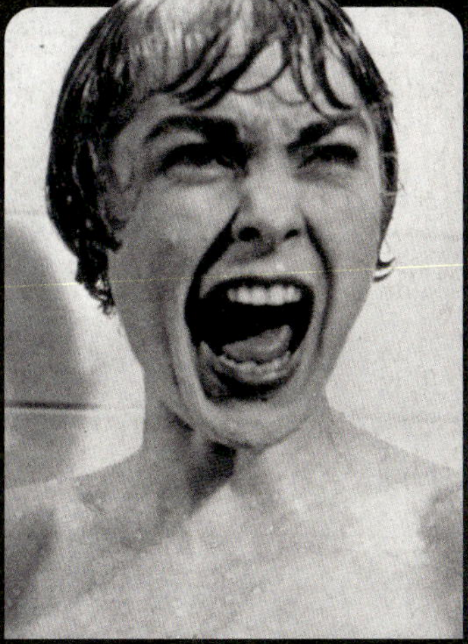

FILME DE TERROR MAIS BEM AVALIADO PELA CRÍTICA
Com uma pontuação de 97 no Metacritic, *Psicose* (1960), de Alfred Hitchcock, ficou em 1º lugar até out/2024. A história de loucura e assassinato estrela Janet Leigh, como a secretária condenada, e Anthony Perkins, como o dono de motel Norman Bates. A forma como foi filmado e editado tem influenciado o gênero desde então — cerca de 580 filmes contêm homenagens deliberadas a *Psicose*, o que o torna o **filme mais referenciado**.

FILME DE TERROR MAIS LUCRATIVO
Cobrindo a 1ª metade do livro gigantesco de Stephen King, o blockbuster *It: A coisa* (2017) arrecadou US$701mi na bilheteria mundial até 30/1/2025, de acordo com The Numbers. O filme, que retrata um grupo de crianças investigando uma entidade sinistra que habita a cidade natal delas e muda de forma, foi produzido durante quase 10 anos, em que roteiristas e diretores se esforçaram para condensar o épico de King para as telas. A 2ª metade foi lançada como *It: Capítulo Dois*, em 2019, acumulando outros US$467,5mi até a mesma data.

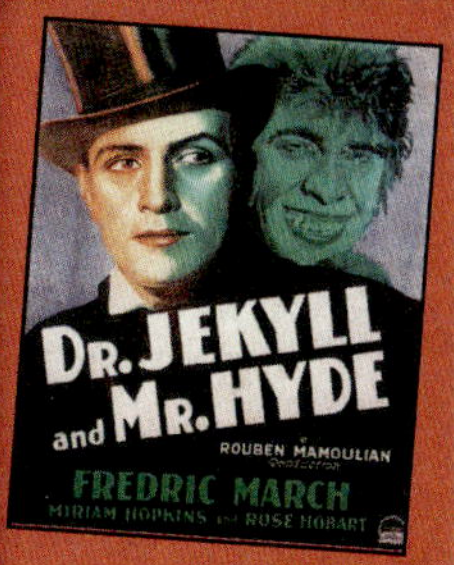

O livro de Robert Louis Stevenson *O médico e o monstro* (1886) é a **história mais adaptada** do gênero de terror, com 28 longas até 2024. A produção de 1931, estrelada por Fredric March em ambos os papéis principais, é uma das interpretações mais conhecidas. Os efeitos usados para sua transformação (*abaixo*) tiveram grande influência no gênero.

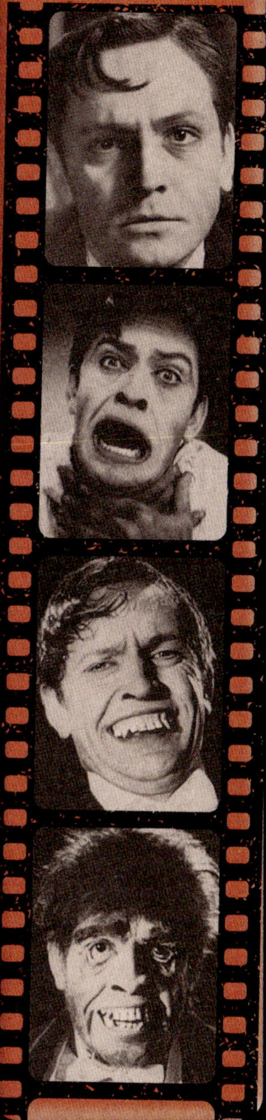

SCI-FI

IDIOMA FICTÍCIO MAIS FALADO
Até 31/3/2025, 7 filmes de sci-fi tinham diálogos em klingon. Esse idioma foi desenvolvido pelo linguista Marc Okrand (EUA) para *Star Trek III: À procura de Spock* (1984, *acima*). Ele o baseou em frases sem sentido ditas pelo ator James Doohan durante a produção de *Star Trek: O filme* (1979). O idioma foi falado em 6 filmes de Star Trek e na comédia de sci-fi de 2011, *Paul: O alien fugitivo*, além de fazer aparições fora do gênero, em geral usada para zombar dos fãs de sci-fi.

HAL 9000

Vilões do sci-fi
Embora na ficção científica nossos inimigos mais comuns sejam outros humanos (em cerca de 50% dos filmes), o gênero coloca pessoas contra uma variedade de perigos externos. Aqui estão alguns dos antagonistas mais comuns no sci-fi.

Monstros
Mutantes gigantes, despertados pela radiação, poluição ou guerra, como em *Godzilla* (1954), com um réptil enorme, e *O mundo em perigo* (1954), com formigas radioativas gigantes.

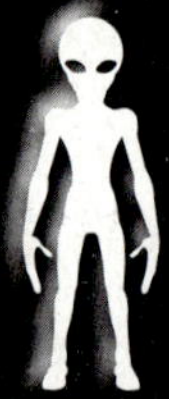

Alienígenas
Seres inteligentes de outros mundos, que ou viajam para a Terra ou atacam exploradores que os encontraram por acaso. Exemplos incluem os invasores de *Independence Day* (1996) e o xenomorfo de sangue ácido de *Alien, o oitavo passageiro* (1979).

Inteligência artificial
Robôs malévolos e sistemas de IA que se voltam contra seus criadores. Exemplos incluem o inexpressivo computador HAL 9000 de *2001: Uma odisseia no espaço* (1968) e o androide assassino viajante no tempo T-800 de *O exterminador do futuro* (1984).

1º filme de ficção científica
Assim como o terror (*ver p.184-85*), as origens do cinema de ficção científica (ou sci-fi) podem remontar ao trabalho do cineasta Georges Méliès. Embora existam curtas anteriores que explorem temas de sci-fi — como *La Charcuterie Mécanique*, dos irmãos Lumière, de 1895, que contava com uma máquina que transformava animais em cortes de carne de forma instantânea —, o 1º filme que focou no que hoje reconhecemos como parte do gênero foi o longa mudo de Méliès de 1902, *Viagem à Lua*.

O filme conta a história de um grupo de cientistas que viajam para a Lua numa espaçonave e então precisam escapar de uma raça alienígena. Como se tornaria marca registrada do gênero, *Viagem à Lua* estreou vários efeitos especiais, misturando filmagens live-action com pinturas, animações e miniaturas.

Planeta mais visitado
Cerca de 185 filmes de sci-fi usaram Marte como cenário para ao menos algumas cenas. Apesar de Vênus ser mais próximo da Terra, fica num 2º lugar distante, com 44 aparições. A preeminência planetária de Marte talvez não seja surpreendente; enquanto a superfície de Vênus ainda é quase um mistério total, escondida sob nuvens densas de gás tóxico, Marte é bem conhecido por nós. De fato, o planeta é, de certa maneira, conhecido *demais* — enquanto se mantém um cenário popular para exploradores humanos fictícios, marcianos são um povo em declínio, cujas aparições na tela têm diminuído desde os anos 1980. Agora que temos atualizações e fotos diárias de rovers e satélites (*ver p.94-95*), fica difícil acreditar nos alienígenas do Planeta Vermelho.

Pôster de filme de sci-fi mais caro
Em 15/11/2005, um colecionador pagou US$690.000 por 1 dos 4 pôsteres sobreviventes de *Metrópolis*, de Fritz Lang (*ver à dir.*). A obra incrível foi criada pelo designer gráfico Heinz Schulz-Neudamm. A figura em 1º plano é Maschinenmensch, robô criado pelo vilão do filme.

FILME DE SCI-FI MAIS ACLAMADO PELA CRÍTICA
O filme mudo *Metrópolis* (GER, 1927) tinha uma pontuação Metacritic de 98 até 31/3/2025. Essa visão de um futuro distópico, dirigida por Fritz Lang, foi um fracasso comercial, mas desde então se tornou um clássico. Arquivistas passaram décadas reconstruindo o filme a partir de fragmentos do mundo todo.

AUTOR DE SCI-FI MAIS ADAPTADO
O trabalho do influente e prolífico autor de sci-fi Philip K. Dick (EUA) foi adaptado para a tela 12x até 13/3/2025. Exemplos notáveis incluem *O vingador do futuro* (1990, *acima*), baseado no conto "Lembramos para você a preço de atacado"; *Blade Runner, o caçador de androides* (1982, *à esq.*), adaptação do livro *Blade Runner*; e *Minority Report: A nova lei* (2002, à dir.), inspirado no livro homônimo de Dick.

OBJETO DE CENA MAIS CARO

Em 21/11/2017, Robby, o Robô (*acima*) arrecadou US$5,37mi na Bonhams em Nova York, EUA. Esse exemplo icônico de futurismo de 1950 foi feito para *Planeta proibido* (1956), mas reapareceu em filmes e programas de TV nos anos 1950 e 1960. Não pode competir, no entanto, com o **objeto de cena de sci-fi mais filmado**, que é a Modern Props' 195--290-1 (*à dir.*) — apelidada de "aparelho mais importante do universo" pelos fãs, que já apareceu em mais de 200 programas de TV e filmes.

FILME DE SCI-FI COM MAIOR BILHETERIA

O épico 3D de James Cameron *Avatar* (2009) arrecadou US$2,92bi na bilheteria mundial, de acordo com o The Numbers. Os lucros de *Avatar*, que incluem um relançamento em 2022 em apoio à sequência *O caminho da água*, chegam a US$4,25bi quando a inflação é ajustada. Isso o coloca à frente de *Star Wars* (1977) e não muito longe do **filme com maior bilheteria da história** com a inflação ajustada — *E o vento levou* (1939), que arrecadara o equivalente a US$4,5bi em 2025.

Fonte mais usada em filmes de sci-fi
Os contornos distintos da Eurostile — uma fonte sem serifa desenvolvida por Aldo Novarese em 1962 — podem ser vistos em ao menos 37 filmes de sci-fi. Sua popularidade foi celebrada pelo designer americano Dave Addey, no livro *Typeset in the Future* (2018). Exemplos notáveis da Eurostile incluem a interface de usuário do computador HAL 9000 em *2001: Uma odisseia no espaço*, a logo da Weyland--Yutani Corporation na franquia *Alien* e no painel da máquina do tempo DeLorean em *De volta para o futuro* e suas sequências.

1º sci-fi a ganhar Melhor Filme no Oscar
Em 12/3/2023, a comédia dramática *Tudo em todo lugar ao mesmo tempo* (2022) foi indicado ao Oscar de Melhor Filme. A obra concorria em 11 categorias, batendo também o recorde de **mais indicações para um filme de sci-fi** — uma honra que antes era detida por *Star Wars: Episódio IV — Uma nova esperança* (1977), *Gravidade* (2013), *Mad Max: Estrada da fúria* (2015) e *Duna* (2021), todos com 10 indicações cada.

Arma de cena mais cara
O BlasTech DL-44 Heavy Blaster, usado por Han Solo na franquia *Star Wars*, foi vendido por US$1.057.500 no Rock Island Auction, em Illionis, EUA, em 30/8/2022. A arma foi criada pela empresa londrina de objetos cênicos Bapty, em 1976, usando uma pistola Mauser C96 real, uma mira de rifle vintage, o cano de uma metralhadora e peças de aeromodelos.

FRANQUIA DE SCI-FI COM MAIOR BILHETERIA

Até abr/2025, foram lançados 12 filmes da franquia *Star Wars*, acumulando US$10,32bi de bilheteria global, de acordo com o The Numbers. Isso inclui a trilogia principal, que começou com *Star Wars: Episódio IV — Uma nova esperança* (*foto*), e filmes spin-off, como *Rogue One* (2016).

FILME SCI-FI MAIS PARODIADO

Star Wars também tem a honra duvidosa de ter sido referenciado ou parodiado em cerca de 150 outros filmes até 31/3/2025, de acordo com o IMDB. Esse número inclui de homenagens breves a paródias completas, como o clássico cult de Mel Brooks *S.O.S.: Tem um louco solto no espaço* (*à dir.*). Por sinal, a comédia de Brooks tinha o dobro do orçamento que George Lucas teve para usar no filme original.

TV

Mais assistidos...
A empresa de ciência de dados Parrot Analytics avaliou o interesse do público por um programa por meio de números de visualização/streamings e cobertura nas redes sociais, em comparação com a média global de 1/2/2024 a 31/1/2025.

O **programa de TV mais assistido** do ano passado ainda foi *Game of Thrones*, da HBO, com um score de 89x, ou seja, 89x mais popular do que a média. *Stranger Things* recuperou a categoria de **drama de sci-fi**, com 53,8x, e *13 Reasons Why* é o **drama adolescente** mais bem avaliado, com 16,1x.

Rick and Morty leva o recorde de **sitcom**, com 47x, e *Yeh Rishta Kya Kehlata Hai*, IND, detém o da categoria **novela**, com 22,5x.

Série animada: *Hotel Hazbin* — 74x

Série de estreia: *Heeramandi: O bazar de diamantes* — 74,9x

Série de TV com mais Emmys
Saturday Night Live (NBC, EUA) ganhou 101 Emmys até fev/2025. O show de esquetes humorísticos foi ao ar em 1975, com o título *NBC's Saturday Night* e ganhou os primeiros troféus em 1976.

Drew Barrymore (EUA, n. 22/2/1975) tinha apenas 7 anos e 271 dias quando o apresentou em nov/1982, o que a torna a **apresentadora mais jovem de um show de esquetes humorísticos da TV**.

Carreira mais longa como apresentador de TV
O amado naturalista da TV (e Ícone do GWR) Sir David Attenborough (RU) apareceu pela 1ª vez nas telas em *Animal Disguises*, da BBC, em 2/9/1953. Sua série mais recente, *Asia*, também da BBC, acabou em 15/12/2024, rendendo-lhe um período de 71 anos e 104 dias como apresentador.

Carreira mais longa como apresentador do mesmo game show
Pat Sajak (EUA) apresentou *Roda da fortuna* (EUA) por 40 anos e 275 dias, até 7/7/2024. Ganhou 4 Emmy como Melhor Apresentador de Game Show do programa, que foi uma das produções de maior audiência da TV dos EUA por muitos anos.

SÉRIE MAIS VISTA NA NETFLIX EM 1 SEMANA
A 2ª temporada do thriller distópico sul-coreano *Round 6* foi lançada na Netflix em 26/12/2024 e, até 29/dez, tinha sido vista 68mi de vezes. Também se tornou a série nº 1 em 92 países. *Round 6* ultrapassou a audiência do antigo detentor do recorde — o spin-off de *A família Addams*, *Wandinha* (2022) —, que teve 50,1mi de espectadores na semana de estreia.

Espaço de anúncio mais caro
Anunciantes pagaram mais de US$7mi por 30s durante a exibição do Super Bowl LIX, em 9/2/2025.

Série de TV infantil mais assistida
De acordo com o Parrot Analytics, *Bob Esponja* (Nickelodeon, EUA) é 50,3x mais popular do que a média. A série apresenta as aventuras do personagem-título (*à esq.*) e seus amigos na cidade submersa da Fenda do Biquíni. (À esquerda, há mais detalhes de programas mais assistidos.)

MAIS EMMYS PARA SÉRIE DE COMÉDIA NUMA TEMPORADA
The Bear (FX, EUA; 2022-presente) ganhou 11 estatuetas no Emmy de 2024, em Los Angeles. Também conseguiu **mais indicações em um ano** (23). Na foto (*da esq. para a dir.*), os astros Jeremy Allen White, Liza Colón-Zayas e Ebon Moss-Bachrach.

SITCOM ANIMADO COM MAIS EMMYS
Até hoje, o sitcom animado *Os Simpsons* (FOX, EUA) ganhou 37 Emmys. A última estatueta recebida foi por Melhor Programa de Animação — a 12ª vitória na categoria — apresentada no 75th Emmy Awards, em Los Angeles, Califórnia, EUA, em 7/1/2024.

SÉRIE DE AÇÃO E AVENTURA MAIS PROCURADA
The Boys (Amazon Prime, EUA) tem uma taxa de demanda global de 67,8x. A série satírica acompanha um grupo disfuncional de vigilantes que luta contra super-heróis (ou "Supes"), que abusam de seus poderes.

1ª SÉRIE NÃO FALADA EM INGLÊS A GANHAR O EMMY POR MELHOR SÉRIE DRAMÁTICA
Xógum (FX, EUA), que tem principalmente diálogos japoneses, ganhou esse cobiçado prêmio no Emmy de 2022, em 15/9/2024. A primeira temporada de 10 episódios conquistou 18 das 25 indicações.

Entre os vários recordes do GWR, está o **maior copo de plástico**. Equipes ganhavam pontos ao jogar bolas no receptáculo de 3m.

No episódio 5, Mua Speight ("Jogadora 952") ganhou uma ilha privativa no valor de US$1,8mi! Na foto acima, ela está chocada e alegre após abrir uma mala com a escritura da ilha de 60 acres no Panamá, às custas de Brennan Moore ("Jogador 711", *à esq.*).

No 1º episódio, os participantes tinham que escolher entre se sacrificar para salvar sua fileira ou correr o risco de toda a fileira ser eliminada. Os azarados sofriam uma queda de 3m por um alçapão até um poço cheio de espuma.

O ganhador Jeffrey Allen ("Jogador 831") recebeu US$10mi. Planeja usar o dinheiro para pesquisar a deficiência do transportador de creatina, uma condição que aflige seu filho mais novo, Lucas (*acima*); seu outro filho, Jack, o convenceu a se inscrever no programa.

As filmagens ocorreram sobretudo em Las Vegas, Nevada, EUA (para a "Beast City") e Toronto, Ontário, CAN (para a "Beast Island").

SOLTE SUAS FERAS!
O *Beast Games* foi criado pelo Ícone do GWR e sensação das mídias sociais MrBeast (ou Jimmy Donaldson, EUA) — a **pessoa com mais inscritos no YouTube**, com mais de 384mi de fãs até abr/2025. Seu reality show lançado no Amazon Prime em 19/12/2024 acumulou 44 títulos GWR, incluindo vários dos prêmios em dinheiro, como o **maior prêmio em dinheiro num reality show competitivo** (US$10mi) e **maior prêmio em dinheiro no set** (US$5mi). Na foto, estão Jimmy e Emma Salt, do GWR.

Beast Games
O programa tem uma série de recordes de diversas categorias. Abaixo, mostramos alguns para **reality show competitivo**:

Mais participantes em uma temporada: 2.000

Mais participantes eliminados em um episódio: 1.000

Mais microfones de lapela em um episódio: 1.000

Mais câmera full-frame em uma temporada: 43

Mais câmeras gravando simultaneamente: 1.107

Mais dinheiro ganho em um episódio: US$2,02mi

Mais dinheiro ganho ou perdido em cara e coroa: US$5mi

VARIEDADES

SAPATOS DE FILME MAIS CAROS VENDIDOS EM LEILÃO

Descritos como o "Santo Graal da memorabilia de Hollywood", 1 dos 4 pares sobreviventes dos sapatos de rubi usados por Judy Garland em *O Mágico de Oz* (EUA, 1939) foi vendido por US$32,5mi no Texas, EUA, em 7/12/2024. Escaparam de um roubo no Judy Garland Museum em 2005.

MAIOR BARRA DE CHOCOLATE POR ÁREA

Em 2/12/2024, o YouTuber especializado em comida Nick DiGiovanni se juntou ao Blue Stripes Cacao (ambos EUA) para criar uma barra de chocolate de 416,34m² em Guaiaquil, ECU, numa tentativa de destacar a sustentabilidade na indústria do cacau. A barra foi cortada em 100.000 pedaços e distribuída em escolas e centros comunitários.

Ator de maior bilheteria que nunca retornou para uma sequência
Apesar de seus filmes terem faturado US$7,4bi na bilheteria global, Leonardo DiCaprio (EUA) nunca reprisou um papel numa sequência ou prequela. Numa entrevista para a *Variety*, o ator de *Titanic* declarou: "Para mim, cada filme que fiz foi uma obra de arte individual".

Programa sobre futebol mais longevo
Apesar dos planos de ser uma série única em 1964, *Match of the Day* (RU), da BBC, continua sendo exibido aos fins de semana nas televisões britânicas. O programa celebrou seu 60º ano no ar em 22/8/2024.

Ator/dançarino mais prolífero da indústria cinematográfica indiana
Konidela Chiranjeevi, ou Mega Star (IND), estrelou 143 filmes até 20/9/2024. Além de filmes, também dançou energicamente em mais de 500 clipes musicais!

MAIS INSCRITOS DO YOUTUBE POR UM GRUPO À CAPELA

Os vocais potentes e puros da banda americana Pentatonix (ou PTX) fisgaram 205mi de fãs até 11/4/2025. O quinteto ganhador do Grammy tem uma estrela na Calçada da Fama em Hollywood, e seu vídeo mais popular — um cover de "Hallelujah", de Leonard Cohen — atingiu mais de 768mi de visualizações.

DISCURSO DO OSCAR MAIS LONGO

No Oscar 2025, em 2/mar, Adrien Brody (EUA) falou por 5min36s após ganhar o Oscar de Melhor Ator por seu papel em *O brutalista* (EUA/RU/CAN, 2024). O tempo aumenta para 5min40s se os beijos que ele mandou para a plateia forem considerados.

MAIS PERSONAGENS INTERPRETADOS POR UM ATOR NUM FILME

Em 30/1/2024, o ator/diretor estoniano Mart Sander cumpriu seu sonho de bater um recorde do GWR ao interpretar 48 personagens no filme *Dr. Sander's Sleep Cure* (EST, 2024). Quando começou a escrever o filme de terror, achava que 16 papéis bastariam, mas, após perceber que a marca a ser superada era 45, Sander modificou o enredo, adicionando mais personagens nas sequências de sonho.

MAIS INDICAÇÕES AO GLOBO DE OURO PARA UM MUSICAL
Em 9/12/2024, *Emilia Pérez* (FRA, 2024) recebeu 10 indicações, incluindo Melhor Atriz (Karla Sofía Gascón, *à esq.*) e Melhor Atriz Coadjuvante (Zoë Saldaña e Selena Gomez, *no centro e à dir.*). Na cerimônia, em jan/2025, tornou-se o **1º filme não falado em inglês a ganhar um Globo de Ouro de Melhor Filme — Musical ou Comédia**.

Em 2024, apenas em TVs, usuários do YouTube fizeram streaming de mais de 1bi de horas de conteúdo por dia.

Maior bilheteria de filme biográfico baseado em jogo
Com US$117.862.107 de bilheteria até 17/4/2025, *Gran Turismo* (EUA, 2023) conta a história de Jann Mardenborough (interpretado por Archie Madekwe), um gamer adolescente que se tornou piloto de corridas profissional.

Mais filmes assistidos em festival de cinema
Entre 5-15/9/2024, Eric Tisch (CAN) viu 78 filmes no Toronto International Film Festival, em Ontário, CAN.

MAIOR CARREIRA COMO PERSONAGEM LIVE-ACTION DA MARVEL
Wesley Snipes (EUA) interpretou o personagem Blade por 25 anos e 340 dias até 26/7/2024. Mais conhecido pela trilogia *Blade* (EUA, 1998-2004), Snipes fez um retorno surpresa em *Deadpool & Wolverine* (EUA; *ver p.172-73*) em 2004 — o **maior intervalo entre aparições em filmes da Marvel** (19 anos e 231 dias).

Maior coleção de ingressos de cinema
Desde 2003, Debanjan Seal (IND) juntou 1.034 ingressos de cinema, conforme verificado em Calcutá, Bengala Ocidental, IND, em 5/9/2024. Visitou mais de 130 cinemas, incluindo o 1º cinema 4D de Calcutá, que distribuiu raspadinhas para os espectadores, para que estes pudessem sentir o cheiro de certos itens que apareciam na telona!

Maratona de jogo de esportes mais longa
Jephthah Osarfo Appiah (GHA) jogou uma seleção de títulos do *FIFA* durante 100h7min na Ilha Victoria, Lagos, NGA, entre 1-6/5/2024.

Maior projeção de sombra
Para comemorar o lançamento de *Sonic 3* (EUA, 2024), a Paramount Pictures, a MAP360 Collective e a BML-Blackbird (todas EUA) projetaram uma silhueta de 285,67m² do vilão do filme, Shadow, no shopping East Rutherford's American Dream em New Jersey, EUA, em 18/12/2024.

PESSOA MAIS JOVEM EM PAPEL PRINCIPAL A SER INDICADA PARA O BAFTA TV AWARDS
Com 20 anos e 177 dias, Bella Ramsey (RU, n. 25/9/2003) foi indicade para Atriz Principal em 20/3/2024, para o 70th British Academy TV Awards, por interpretar Ellie em *The Last of Us* (HBO Max/Sky Atlantic, 2003). A 2ª temporada foi ao ar em abr/2025.

*Fonte para números de bilheteria: The Numbers

MAIOR SET DE FILMAGEM
A vila de Hobbiton e seus arredores, criada para a trilogia *O senhor dos anéis* (NZL/EUA, 2001-03) e depois reformada para a série *O hobbit* (NZL/EUA, 2012-14), tem 5,5ha na Ilha Norte, NZL. Localizado numa fazenda, o set consiste em 44 tocas de hobbit, uma pousada com telhado de palha e moinho de água, além de jardins pitorescos.

A recriação da estalagem Dragão Verde oferece aos visitantes a chance de provar uma cerveja do Condado!

USAIN BOLT

ICON

Às vezes, um atleta surge em cena e reescreve a história, quebrando recordes de longa data e ganhando as manchetes. Um passo (ou melhor, um sprint) à frente, Usain Bolt (JAM).

Ele era apaixonado por esportes na juventude e poderia ter se destacado no críquete ou no futebol. Mas um treinador astuto sugeriu que o jovem tentasse o atletismo; aos 15 anos, Bolt já era campeão mundial júnior. Chegou ao estrelato em 16/8/2008, nas Olimpíadas de Pequim. Fez 9,69s, marcando, à época, os **100m mais rápidos**. Superou concorrentes tanto em estatura (com 1,96m) quanto em velocidade, e comemorou antes de cruzar a linha de chegada, batendo no peito e diminuindo o ritmo. Quatro dias depois, correu os **200m mais rápidos** de então, apenas para quebrar ambos os recordes no Campeonato Mundial de 2009 em Berlim, GER.

Bolt dominou o atletismo por uma década, conquistando muitos feitos, incluindo o **1º triplo-duplo olímpico de velocidade em pista** (venceu os 100m e os 200m em 3 Jogos, finalizando no Rio 2016). Na última corrida de 100m, em Londres, RU, em 2017, despediu-se em grande estilo, com um par de tênis personalizados com a inscrição "Fastest" ("mais rápido", inglês) em um pé e "Forever" ("para sempre") no outro (*abaixo*). Um ícone do esporte, do início ao fim.

BREVE BIOGRAFIA

Nome	Usain St. Leo Bolt
Data de nasc.	21/8/1986
Local de nasc.	Sherwood Content, JAM
Medalhas	• Olímpicas: 8 • Campeonatos Mundiais: 14 11 2 1
Recordes atuais do GWR	Vários, incluindo **100m mais rápidos** (9,58s) e **200m mais rápidos** (19,19s)

Em jul/2002, Bolt venceu os 200m no Campeonato Mundial Júnior em Kingston, JAM, terminando em 20,61s diante de 36.000 pessoas. O feito o tornou o **mais jovem campeão mundial júnior** até então, aos 15 anos e 332 dias.

Bolt celebrou as vitórias nas pistas das Olimpíadas de Pequim de 2008 com o que se tornou sua comemoração característica: o "Raio". Também conhecida como "To Di World". A pose teria sido influenciada pelas danças nos clubes jamaicanos da época.

Nas Olimpíadas de Londres 2012, Bolt venceu de novo as provas de 100m e 200m. Complementou os triunfos solo com o **revezamento 4x100m mais rápido** (36,84s). Ao lado da equipe jamaicana vencedora: (*da esq. para a dir.*) Yohan Blake, Michael Frater e Nesta Carter.

O sucesso de Bolt lhe rendeu **mais Prêmios Atleta Mundial do Ano** (6), entre 2008-2016. É fotografado (*à esq.*) recebendo o último troféu do presidente da IAAF, Sebastian Coe. Em 13/8/2017, o velocista fez a última reverência no encerramento do Campeonato Mundial de Atletismo em Londres, marcando o fim de uma das carreiras mais extraordinárias da história do esporte. Os pais, Jennifer e Wellesley, estavam lá para um abraço comemorativo (*à dir.*).

O velocista não descansou após a aposentadoria, dedicando-se à música (*ver à dir.*) e trabalhando em sua instituição de caridade. A Fundação Usain Bolt visa a aumentar as oportunidades de crianças por meio de melhorias na educação e iniciativas culturais. Em nov/2020, doou US$2,2mi em suprimentos para 21 instituições de educação infantil na zona rural da Jamaica, o que foi bem-recebido pelos alunos!

Em 16/8/2009, Bolt quebrou o próprio recorde ao correr os **100m mais rápidos** (9,58s) no Campeonato Mundial de Atletismo em Berlim, GER. A vitória veio 12 meses após o ouro nas Olimpíadas de Pequim. Venceu com folga, mas Tyson Gay (EUA), que ficou em 2° lugar, com 9,71s, teve o consolo de ter feito o 3° melhor tempo da história.

O single de estreia de Bolt, "Living the Dream", e o álbum *Country Yutes* (2021) contaram com a participação de Nugent Walker, ou "NJ".

Conheça todos os ÍCONES do GWR em **guinnessworldrecords.com/records/icons**

MAIOR PROJETO DE BORDADO COLABORATIVO
De 2009 a 2023, 380 pessoas – a maioria mulheres – bordaram o Red Dress, um projeto da artista Kirstie Macleod (RU). Composto por 87 peças de seda Dupion, o vestido (na imagem, em Lekazia Turner, uma bordadeira jamaicana) viajou pelo mundo por 14 anos, sendo exibido em galerias e museus e produzido por todo tipo de gente, desde refugiados e solicitantes de asilo a profissionais de estúdios de costura.

O projeto proporcionou aos colaboradores – muitos de grupos desfavorecidos ou marginalizados – uma oportunidade de expressar a identidade pessoal e cultural. Todos receberam pagamento, além de uma porcentagem do valor arrecadado nas exposições. Para alguns, aprender a bordar também resultou em uma renda regular.

À esquerda, um padrão floral feito por 3 mulheres turcas que vivem no Reino Unido, apoiadas pelo Swansea, grupo de apoio a mulheres exiladas e refugiadas. A flor amarela abaixo foi criada em Varsóvia, POL, por um grupo de refugiadas ucranianas que achava a cor brilhante um símbolo da alegria e da esperança.

1
vestido

380
bordadeiras

51
países

14
anos

6,8
kg

A fundadora do projeto, Kirstie Macleod, deixando o Deserto do Sinai, EGY, onde 50 mulheres beduínas de Jabalia, todas da instituição social FanSina ("Arte do Sinai"), contribuíram com seus bordados. Ela estava a caminho do Cairo, com o vestido na mala.

CONTEÚDO

À esquerda, um círculo improvisado no estúdio da artesã Zenaida Aguilar, MEX. Acima, Amanda Wright costura um pássaro preto, inspirado na ave que costuma pousar do lado de fora da galeria dela e do marido, no País de Gales.

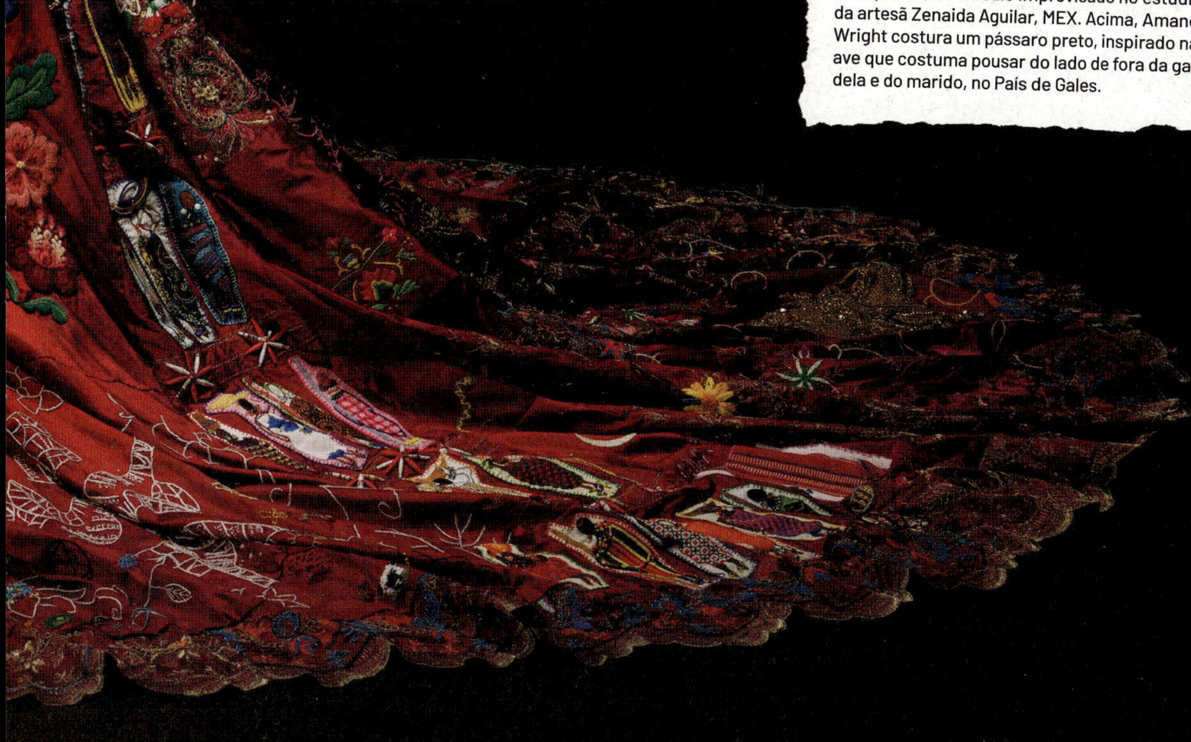

MÚSICA AO VIVO

Músicos, avante!
Em 2024, artistas talentosos se muniram de seus instrumentos preferidos para participar dos **maiores conjuntos** do mundo:

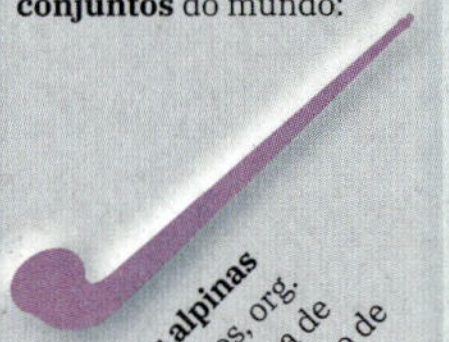

Trompas alpinas
1.006 músicos, org. Associação Suíça de Iodel (SUI), na estação de esqui Klewenalp-Stockhütte

Contrabaixos
338 músicos, pela "Orquestra porta-aviões de contrabaixos" (CHN)

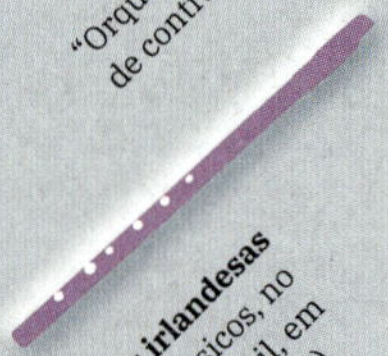

Flautas irlandesas
2.516 músicos, no Fleadh Cheoil, em Wexford (IRL)

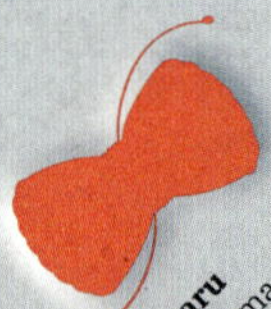

Tambores damaru
1.390 músicos, em uma procissão religiosa, org. pelo Templo Mahakaleshwar (IND)

1º festival de música pop
Hoje conhecido como Reading Festival, o National Jazz & Blues Festival foi realizado pela 1ª vez em Surrey, RU, em 26-27/8/1961. Era focado no revival do "trad jazz" popular britânico da época, com atrações como Chris Barber e Johnny Dankworth. Ao longo dos anos 1960, as bandas de jazz deram lugar a grupos como The Rolling Stones, Pink Floyd e The Who. O Reading foi cancelado em 1984-85 devido a obras no local e perdeu o título de **festival mais longevo continuamente** (*abaixo*).

Turnê musical de maior bilheteria por uma artista latina feminina
Realizada entre América e Europa de 10/8/2023 a 23/7/2024, a turnê *Mañana Será Bonito*, de Karol G. (COL), contou com 62 apresentações e arrecadou US$ 313.320.445.

MAIOR PÚBLICO EM UM SHOW GRATUITO DE UMA ARTISTA
Em 4/5/2024, 1,6mi de fãs de Madonna (EUA) lotaram a Praia de Copacabana, no Rio de Janeiro, BRA, para assistir à "Rainha do Pop" encerrar sua *Celebration Tour*. Ela iniciou o show dizendo: "Estamos no lugar mais bonito do mundo", e recebeu no palco as artistas Anitta e Pabllo Vittar (ambas BRA) para cantar "Vogue" e "Music", respectivamente.

TURNÊ DE MAIOR BILHETERIA POR UM GRUPO DE K-POP (ANO ATUAL)
O sul-coreano SEVENTEEN arrecadou US$ 98,4 milhões com a venda de 865.000 ingressos para 24 shows durante o período de monitoramento do Billboard Boxscore de 2024 (de 28/10/2023 a 19/10/2024). O grupo de 13 integrantes se apresentou no Japão, Tailândia, Filipinas, China e Coreia do Sul.

Festival de música com menor emissão de carbono
Em 25/8/2024, o Act 1.5 em Bristol, RU, reduziu as emissões relacionadas à energia em 98% em comparação com eventos semelhantes, segundo o Tyndall Centre for Climate Change Research. O show de retorno do grupo de trip-hop Massive Attack conseguiu isso usando baterias, veículos elétricos e servindo apenas comida vegana.

Mais apresentações de um músico no Madison Square Garden
Billy Joel (EUA) celebrou sua 145ª apresentação na icônica arena de Nova York em 9/2/2024. O "Piano Man" estreou no MSG em dez/1978.

FESTIVAL DE MÚSICA POP ANUAL MAIS LONGEVO CONTINUAMENTE
Começando como um evento de 1 dia e evoluindo para 3, o Pinkpop é realizado na província de Limburg, NED, há 54 anos, com exceção da pausa forçada de 2 anos durante a pandemia de COVID-19. Fundado em 1970, o festival hoje comporta 70.000 pessoas por dia. Justin Timberlake, Olivia Rodrigo e Muse estavam confirmados como atrações para 2025.

Desde 1970, mais de 900 atrações já se apresentaram pelo menos 1x no Pinkpop, como The Cure, Rammstein e Bruno Mars.

MAIOR DISTÂNCIA PERCORRIDA NO PALCO DURANTE UMA APRESENTAÇÃO MUSICAL

Durante um show de 3h, o cantor e rapper Feid (COL, n. Salomón Villada Hoyos; também conhecido como Ferxxo) percorreu 10,03km no Estádio Atanasio Girardot, em Medellín, COL, em 8/12/2024. Ele se tornou o 1º artista a conquistar esse título do GWR e recebeu seu certificado da juíza Natalia Ramirez, na última noite de sua série de 3 shows.

A ciência comprova que música ao vivo desencadeia emoções mais intensas do que a ouvida por meio de um dispositivo eletrônico.

MAIS SHOWS PRINCIPAIS EM 24H

Viajando cerca de 800km pelo RU, Frank Turner (RU) se apresentou em 15 cidades entre os dias 4 e 5/5/2024. Disse ao GWR: "Além do desafio físico, minha principal lembrança é a parceria, entre mim e minha equipe, com os locais e com o público torcendo por mim".

Mais shows assistidos em 1 ano

David James Young (AUS) assistiu a 257 apresentações pela Austrália entre 5/1/2023 e 5/1/2024. O jornalista acompanhou uma mistura eclética de artistas, de Elton John e The Doobie Brothers a Lauryn Hill e Harry Styles. Já o recorde de **mais festivais de música frequentados em 1 mês** pertence a Greg Parmley (RU), com 26 festivais entre 24/6 e 23/7/2011. Começando pelo Glastonbury RU, ele percorreu 8.850km de moto para ir a eventos em toda a Europa, como o Montreux Jazz Festival (SUI), Pohoda (SVK) e Rock for People (CZE).

Grupo musical mais jovem a fazer show principal em uma arena

Com média de 14 anos e 164 dias, o KIDZ BOP (EUA/RU) realizou seu maior show no RU na OVO Arena Wembley, em Londres, em 8/3/2025. Os integrantes, com idade entre 11 e 16 anos, cantaram versões para crianças de sucessos como "Espresso" (Sabrina Carpenter) e "Dance the Night" (Dua Lipa).

TURNÊ DE MAIOR BILHETERIA

Ícone do GWR, Taylor Swift (EUA) iniciou, em 17/3/2023, a 1ª turnê musical de mais de 1bi de dólares. A *Eras Tour* arrecadou US$ 2.077.618.725, com 149 shows, até 8/12/2024. Os ingressos custaram cerca de US$ 204,33.

MAIOR PÚBLICO EM UMA TURNÊ MUSICAL

Até nov/2024, o Coldplay (RU) havia vendido cerca de 10,3mi de ingressos para a turnê *Music of the Spheres World Tour*. A série de 225 shows começou em San José, CRC, em 18/3/2022, e está programada para terminar no Estádio de Wembley, em Londres, RU, em 8/9/2025. Em 25 e 26/1/2025, a banda se apresentou para 111.581 e 111.989 fãs no Estádio Narendra Modi, em Gujarat, IND, os **maiores shows em estádios do séc. XXI** até agora.

FRANK TURNER - TURNÊ DE TENTATIVA DE RECORDE MUNDIAL

- **12h** – Jacaranda Baltic, Liverpool
- **14h** – Parish, Huddersfield
- **16h** – Boom, Leeds
- **18h** – Foundry, Sheffield
- **19h** – Gasoline, Chesterfield
- **21h** – Saltbox, Nottingham
- **22h30** – RMBL, Birmingham
- **0h** – Temperance, Leamington Spa
- **2h** – The Crooked Crow Bar, Leighton Buzzard
- **4h** – The Underworld, Londres
- **6h** – Banquet Records, Kingston upon Thames
- **7h** – West End Centre, Aldershot
- **9h** – Staggeringly Good Brewery, Portsmouth
- **10h** – The Railway Inn, Winchester
- **12h** – The Brook, Southampton

FAZENDO MÚSICA

Extremos na orquestra
Eis aqui um resumo dos altos e baixos de uma orquestra sinfônica normal.

Posição com volume mais alto
Em apresentações normais, o primeiro trompete é exposto a uma média de 89,9dBA, cuja maior parte vem do próprio instrumento.

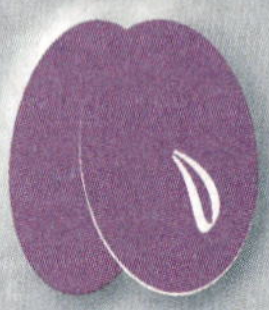

Posição com volume mais alto (pico)
Os percussionistas têm os instrumentos mais altos de uma orquestra, capazes de gerar picos de 146dBC de perto. Por sorte, as batidas de prato e caixa são bem infrequentes.

Posição com volume mais baixo
Os contrabaixos são instrumentos relativamente silenciosos, e ficam distante dos trompetes e trombones. O contrabaixista médio é exposto a 84,3dBA durante uma apresentação.

Nota mais aguda
O pequeno piccolo gera a nota mais aguda de qualquer instrumento da orquestra, com um alcance que vai até o C8 (4.186Hz) — 4 oitavas acima do C (C4).

Nota mais grave
Com uma extensão, o contrafagote pode atingir notas muito graves, como o Bb0 (29,1Hz) ou até o A0 (27,5Hz) — o mesmo que a nota mais baixa de um piano.

COLECIONADOR DE CANÇÕES FOLCLÓRICAS MAIS PROLÍFICO
O músico e folclorista Alan Lomax (EUA, *à esq.*) fez mais de 17.000 gravações ao longo da carreira de seis décadas. Começou a gravar ainda adolescente, em 1934, enquanto ajudava o pai, o musicólogo John Lomax. Viajou por todo o mundo em busca de tradições folclóricas que desapareceram com o surgimento do rádio, gravando em diversos lugares, como Haiti, Escócia e o Sul dos EUA.

MAIOR ÓRGÃO
O Boardwalk Hall Auditorium Organ, localizado em Atlantic City, Nova Jersey, EUA, tem 33.112 tubos, que vão de um piccolo de 17,7cm a um diafone de 19,5m. São controlados por uma consola (*acima*) com 7 teclados e 1.235 registros. Foi construído entre 1929-1932 pela Midmer--Losh, mas foi gravemente danificado por um furacão em 1944. Um grupo de voluntários está trabalhando para restaurá-lo.

Instrumento musical mais antigo
Acredita-se que duas flautas de ossos descobertas na caverna Geissenklösterle, localizada em Bade-Vurtemberga, GER, tenham sido entalhadas há *c.* de 43.000 anos. Essas flautas simples pertenciam à cultura Aurignaciana, a mesma população responsável por outras artes humanas, como as pinturas da caverna de Chauvet e as estatuetas de pedra como a Vênus de Hohle Fels. O **instrumento mais antigo que ainda pode ser tocado** é outra flauta de osso encontrada no assentamento paleolítico chamado Jiahu, em Henan, CHN. A flauta de sete buracos, que data de cerca de 6000 AEC, toca uma escala parecida àquelas usadas na música tradicional chinesa.

Instrumento musical mais ouvido
Não é possível identificar com certeza o detentor desse recorde, mas há bons candidatos. A caixa, por exemplo, foi usada por Ringo Starr nas gravações dos Beatles a partir de "She Loves You" (1963). Mas, o candidato mais provável é o "Trident Piano", um piano de cauda Bechstein usado nos Trident Studios, de Londres, entre 1968 e 1981. Nesse tempo, ele foi usado em gravações de "Hey Jude", dos Beatles, e álbuns multiplatina por David Bowie, Carly Simon e Elton John, entre outros.

Maior pedal de guitarra
Em 9/7/2019, o YouTuber Rob Scallin e a Sweetwater Sound (ambos EUA) reuniram 319 pedais de efeito único em Fort Wayne, Indiana, EUA. Scallin tocou cada um deles e então criou uma parede de som ao acionar todos de uma vez.

MAIOR ORQUESTRA
Em 13/11/2021, uma orquestra com 8.573 participantes tocou a "Marcha eslava", de Tchaikóvsky, em Caracas, VEN. A apresentação foi organizada por El Sistema, uma fundação de educação musical que apoia orquestras e corais de jovens pelo país. Foram selecionados jovens entre cerca de 700.000 inscritos nos programas de El Sistema, alguns com 12 anos.

Cerca de 40% dos nºs 1 da *Billboard* de 1988 usaram o mesmo preset (E PIANO 1) do sintetizador Yamaha DX7.

1º processo por plágio de música
O julgamento D'Almaine vs. Boosey ocorreu na Court of Exchequer, em Londres, RU, em 2-3/3/1835. O juiz James Scarlett decidiu a favor dos requerentes, a D'Almaine & Company, estabelecendo o precedente legal de que melodias eram cobertas por copyright e que um compositor poderia ter plagiado outro mesmo que não se tratasse de uma cópia nota por nota.

Maior instrumento de corda
Em 25/10/2014, o músico e inventor William Close (EUA) montou uma "Earth Harp" no complexo de condomínios D'Leedon, SIN. O instrumento tem 16 cordas de cobre, cada uma com 291,7m de extensão e ancorada no telhado de um prédio próximo. A Earth Harp foi tocada por Close usando luvas cobertas de resina.

O **maior instrumento de corda usado numa orquestra** é o octobaixo, desenvolvido em meados do séc. XIX. Esta viola de 3,48m de altura precisa de 2 músicos para ser tocada e foi feita para soar uma oitava abaixo do contrabaixo. Apenas uma peça foi escrita especificamente para o octobaixo: a "St. Cecilia Mass", de Charles Gounod, que não fez sucesso.

Mais pessoas tocando um contrabaixo
Eclipsando o octobaixo de 2 pessoas, em 13/11/2000, um único contrabaixo foi tocado simultaneamente por 22 músicos da BBC National Orchestra of Wales. Com diversos músicos usando arcos, outros tocando pizzicato e muitos outros pressionando as notas, o grupo apresentou a música "Boléro", de Maurice Ravel.

MAIOR COMPLEXO DE ESTÚDIOS DE GRAVAÇÃO
Inaugurado em 26/11/2022, o Merwas Studios, em Riade, KSA, tem 22 estúdios e salas de mixagem numa área de 4.023m². Além de produzir música, o local de última geração também possui instalações para podcasts e edição de vídeo.

O **maior estúdio feito para gravação de músicas**, no entanto, continua sendo o Studio One (*abaixo*) na Abbey Road, em Londres, RU, com uma área de 450m². Esse lugar famoso foi um dos primeiros estúdios construídos para gravar músicas, inaugurado pelo compositor Edward Elgar, em 12/11/1931.

Feito para acomodar uma orquestra sinfônica completa e um coro, hoje ele é mais usado para gravação de trilhas sonoras para filmes, programas de TV e videogames.

Instrumento musical mais caro vendido em leilão
Um violino Lady Blunt foi vendido por US$15,8mi em Londres, RU, em 20/6/2011. Foi feito pelo lendário luthier Antonio Stradivari em 1721 e batizado em homenagem à antiga dona, Lady Anne Blunt (1837-1917). Os instrumentos de Stradivari são muito procurados, e o Lady Blunt é um exemplo excepcionalmente bem preservado.

Todos os instrumentos são preparados frescos na manhã de um concerto e depois transformados em sopa.

ORQUESTRA VEGETAL COM MAIS CONCERTOS
Até 11/12/2024, a Vegetable Orchestra (AUT) fez 344 apresentações públicas pelo mundo. O conjunto musical incomum de 10 peças foi fundado em 1998 para mostrar os sons únicos feitos por marimba de cenoura, violino de alho-poró e trompete de pastinaga.

ARTES CÊNICAS

Maiores danças
Dançar sozinho ou em dupla é muito bom, mas, em termos de espetáculo, nada supera o movimento *en masse*.

Ardah
Dança com espada tradicional saudita exclusiva para homens
633, da Royal Commission for Riyadh City e Emirate of Riyadh Province (KSA)

Tajaraste
Dança folclórica animada das Ilhas Canárias (ESP)
507, do Ayuntamiento de San Cristóbal de La Laguna (ESP)

Kathak
Dança narrativa indiana clássica
1.484, do Departamento de Culto do Governo de Madhya Pradesh (IND)

Valli Kummi
Dança folclórica tâmil que reconta a história da deusa Valli
11.428, do Kongunadu Kalai Culoo (IND)

MAIOR PEÇA DE TEATRO IMERSIVA
Ambientada durante o glamour decadente da Xangai dos anos 1930, as histórias entrelaçadas de *SAGA City of Light* contam com um cenário luxuoso de 12.110m². O show — no qual a plateia avança no próprio ritmo, explorando as cenas da peça — foi produzido pela companhia de entretenimento ao vivo Puy du Fou (FRA), com um elenco de 150 atores. O GWR confirmou o recorde durante a pré-estreia no Shanghai Everbright Convention & Exhibition Center, CHN, em 29/5/2024.

Maior bilheteria de um stand-up
Ricky Gervais (RU) ganhou US$1,78mi por seu show *Armageddon*, no Hollywood Bowl, em Los Angeles, Califórnia, EUA, em 6/3/2023.

Maior bilheteria semanal de show solo na Broadway
O ilusionista El Mago Pop (ou Antonio Díaz Cascajosa, ESP) ganhou US$2.717.000 por seu show solo no Ethel Barrymore Theatre, em Nova York, EUA. De 21 a 27/8/2023, ele se apresentou para 12.765 pessoas no teatro, que funcionou com 96% de capacidade.

Maior palco
O Great Qin Theatre, construído sob medida, foi inaugurado em Xian, Xianxin, CHN, em 8/11/2024. No épico histórico, *O grande Qin*, o palco é de 38,1m de largura e se estende por 113,4m a partir da 1ª fileira. Após cada cena, a seção mais frontal do palco afunda até o chão e as seções atrás dela se reconfiguram com grandes elementos de cenário em movimento, quando os assentos se movem para a frente, levando a plateia para mais perto da ação.

MUSICAL COM MAIS PRÊMIOS LAURENCE OLIVIER EM 1 ANO
Quatro musicais ganharam 7 estatuetas Olivier — o mais recente foi o revival de 2023 de *Sunset Boulevard*, no West End, cujos prêmios incluíram Melhor Ator e Atriz para Tom Francis e Nicole Scherzinger (*foto*), e outro para o diretor Jamie Lloyd. O espetáculo foi indicado a 11 categorias e compartilha esse recorde com: *Roald Dahl's Matilda: The Musical* (2012, com 9 indicações); *Hamilton: An American Musical* (2018, com 13 indicações) e *Cabaret* (2022, com 11 indicações).

MAIOR HAKA
Num momento de grande orgulho nacional, 6.467 pessoas fizeram a haka "Ka Mate" no Eden Park em Auckland, NZL, em 29/9/2024. O evento foi organizado pelo Raukatauri Music Therapy Trust (NZL), que ajuda pessoas com necessidades especiais. O termo "haka" se refere a todas as danças cerimoniais dos māori.

Eden Park é a casa do time nacional de rugby "All Blacks", que faz a "Ka Mate" antes de todas as test matches.

O Globe Theatre é o único prédio do centro de Londres, RU, com permissão para ter um telhado de palha.

Maior festival de artes cênicas
O Edinburgh Festival Fringe, fundado em 1947, sediou mais de 3.700 shows entre 2 e 26/8/2024. Mais de 2,6mi de ingressos foram vendidos para a edição de 2024. O evento de 3 semanas de acesso livre permite que tanto artistas respeitados quanto iniciantes se apresentem na cidade, seja em teatros, pubs ou até ônibus.

MAIS MUDANÇAS DE FIGURINO DO PAPEL PRINCIPAL
Enquanto estrelava a produção de *Our House*, do National Youth Music Theatre Ltd, Des Coghlan-Forbes ("Joe Casey") trocou de figurino 37x. Foi auxiliado pela figurinista Molly Fraser (*segunda à esq.*) e a assistente Lucy Vickers (todos RU, na foto com Craig Glenday do GWR). O musical, dirigido por Nick Evans, foi apresentado no Southwark Playhouse, em Londres, RU, em ago/2024.

Maior reunião de dragões dançantes
Em 7/1/2024, 362 marionetes de dragões – todas operadas por equipes de 10 ou mais pessoas – se apresentaram em Yueyang, Hunan, CHN. A apresentação foi organizada pela Hunan Tianyue Mufu Mountains Tourism Development (CHN). Dragões dançantes são considerados símbolo de boa sorte, e o evento foi realizado antes do ano-novo chinês.

Peça com menor tempo em cartaz
Na história do teatro londrino, 2 peças têm a reputação de terem encerrado sua exibição no meio da noite de estreia: *Ecarté*, escrita pelo lorde Francis Needham e cujo 1º ato virou um caos em 4/12/1870; os atores foram descritos como "ruins em tudo, mas com muita confiança", e o único membro do elenco que recebeu qualquer aplauso foi um cão; e *The Intimate Revue*, um musical de comédia que estreou (e acabou) em 11/3/1930. As críticas relataram atores esquecendo as falas, ajudantes brigando, e a banda e um cenário tão grandes que o coro quase caía do palco.

Maior apresentação de *street dance* (vários lugares)
A Street Dance Alliance (CHN) organizou apresentações de 4.034 dançarinos em 28 cidades da China em 4/8/2024.

Peça com mais indicações ao Tony
Stereophonic, escrita por David Adjmi (EUA), estreou no John Golden Theatre, da Broadway, em abr/2024, e recebeu 13 indicações ao Tony, das quais 5 se converteram em vitórias, por Melhor Peça, Direção, Ator, Cenografia e Design de Som. Ambientada dentro de um estúdio de música, a peça é sobre uma banda de rock fictícia dos anos 1970 às voltas para gravar o 2º álbum.

Maior bilheteria de filme baseado em peça
Wicked (EUA, 2024) encantou o público e arrecadou US$697.615.000 até 13/1/2025, de acordo com o The Numbers. A peça foi baseada no livro *Wicked*, de Gregory Maguire (1995), que foi adaptado para os palcos por Stephen Schwartz e Winnie Holzman. O musical estreou na Broadway em 2003 e no West End em 2006 e tem sido uma presença constante em ambos os locais desde então.

PEÇA HÁ MAIS TEMPO EM CARTAZ
A peça de mistério *The Mousetrap*, escrita pela lendária escritora policial Dame Agatha Christie, revelou seu assassino pela 30.000ª vez em 19/3/2025. Famosa pelas reviravoltas, fez sua estreia no Ambassadors Theatre, no West End de Londres, em 25/11/1952. Foi transferida para o St. Martin's Theatre em 1974, onde é encenada desde então (com exceção de um hiato durante a pandemia de COVID-19). O produtor Brian M. Fenty disse ao GWR: "Todos os dias, me lembro do gênio eterno por trás do trabalho de Agatha Christie e suas histórias de mistério divisoras de águas. É uma honra continuar esse legado, prova de que narrativas podem unir plateias por gerações e durar décadas".

No fim da peça, pede-se para que a plateia mantenha a identidade do assassino em segredo, para não estragar a surpresa.

MÁSCARAS

Tipos de máscaras
Estas 7 categorias foram criadas pelo Second Face Museum of Cultural Masks, na Pensilvânia, EUA, que nos auxiliou nesta seção. Todas são exemplificadas com um modelo de seu tipo.

Rosto completo: Máscara de cação dos Haida, CAN. Usada em cerimônias "potlatch".

Meio rosto: Máscara Diablesa, BOL. Usada no carnaval La Diablada.

Prancha: Máscara Toussian Loniaken, BFA. Usada em rituais fúnebres e de iniciação da vida adulta.

Capacete: Máscara do deus Namsrai, MNG. Parte da dança Tsam.

Capuz: Máscara Waq'ollo, BOL. Usada na dança Qhapaq Q'olla.

Elmo: Máscara Tigre, MEX. Usada na Danza del Calalá.

Corpo: Máscara Det, PNG. Aparece em cerimônias funerárias.

MAIOR ESCULTURA DE MÁSCARA DE TEATRO
I'll Be Your Mirror é uma coleção de 510 espelhos ovais criada por Joana Vasconcelos (POR) em 2018. Com 6,82m de extensão e 5,37m de altura, tem o formato de uma máscara de meio rosto "Colombina", com as fitas de amarração em bronze fundido.

Máscara de várias pessoas mais longa
A *shishi gashira* ("máscara do leão") usada em danças da ilha Sado, JPN, se estende por ao menos 5m e comporta até 11 pessoas em fila. Simboliza uma besta que afasta doenças, espíritos malignos e fome. A máscara pode ser usada por 1 pessoa, mas, quando outras participam, o 1º dançarino a segura na frente do rosto, manipulando a boca com as mãos. A dança *shishimai* é performada em dias de festa por todo o país. Máscaras de leão cerimoniais semelhantes aparecem em países próximos, como a China e a Coreia do Sul.

MAIOR MÁSCARA
O travesso Karagiozis, figura do folclore grego, foi a inspiração para essa máscara de 12,7m de altura criada de poliestireno, pelo artista Fotis Stergiou (GRE). Com superfície de 72,29m², ela foi apresentada no Thracian Folk Festival, em Xanthi, GRE, em 5/3/2011.

MAIOR COLEÇÃO PRIVADA DE MÁSCARAS
Gerold Weschenmoser (GER, *abaixo à dir.*) tinha 5.635 máscaras únicas até dez/2024. Começou sua coleção em 1957 e adquiriu máscaras de todo o mundo, pessoalmente ou com a ajuda de amigos e conhecidos. O tesouro de máscaras faciais de Gerold está em exposição em seu próprio museu em Starzach, GER.

ADEREÇOS DE TEATRO MAIS ANTIGOS
O Museu Nacional de Tóquio, JPN, abriga um par de máscaras de madeira do teatro Noh que datam do século XIV. Retratando "Chichinojou" (um velho animado) e "Enmeikaja" (um jovem), elas foram usadas pela trupe Konparu até os anos 1950. Embora existam réplicas mais antigas de máscaras de teatro gregas, acredita-se que as do teatro Noh sejam os 1ºs exemplos a serem usados por atores.

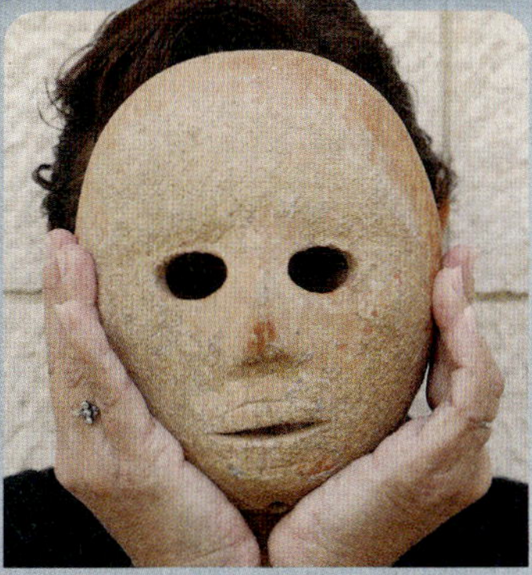

MÁSCARAS MAIS ANTIGAS

Máscaras neolíticas de pedra datadas de c. de 9.000 anos atrás foram descobertas no deserto e nas montanhas de Israel e Palestina, a oeste do mar Morto. Foram criadas em uma época que os humanos estavam mudando de caçadores-coletores nômades para sedentários agricultores, e podem simbolizar espíritos ancestrais. O exemplo acima, esculpido em cascalho amarelo--rosa, foi encontrado em 2018.

Máscara ritualística utilizável mais larga

As coberturas faciais de borboleta e falcão da cultura Bwa de Burkina Faso e Mali medem até 2,5m. Conhecidas como *yehoti*, as pranchas de madeira costumam ter padrões geométricos e repetitivos. São usadas em danças e cerimônias de contação de histórias para personificar personagens folclóricos. Borboletas são vistas como um sinal da renovação da primavera, e as máscaras são associadas à fertilidade e aos festivais agrícolas.

Na Idade Média, os médicos usavam máscaras com bicos cheios de ervas para evitar doenças como a praga.

CULTURA DE MÁSCARAS MAIS SETENTRIONAL

Chegando a até 77,8°N, os inuítes Kalaallit são o povo mais setentrional a usar máscaras ritualísticas. Em uma tradição de contação de histórias de 4.000 anos conhecida como *uaajeerneq*, um membro do grupo coloca uma máscara — geralmente um rosto distorcido e assustador (*à dir.*) — para cantar e dançar. Em geral, a máscara é feita de madeira, pelo de animais e ossos de baleia.

A **cultura de máscaras mais austral** é a Yámana (ou Yaghan), que vive até 56°S na Tierra del Fuego, CHI. Durante a *kina* — cerimônia de iniciação à vida adulta masculina —, os membros personificam um espírito pintando-se com listras brancas e usando uma máscara de couro ou casca de árvore (*à esq.*).

Máscara ritualística utilizável mais alta

As *sirige*, da sociedade Awa — parte da cultura Dogon, MLI — podem medir até 6m de altura. São usadas durante o raro festival Sigi (Sigui) e representam uma família estendida. As *sirige* costumam ser vermelhas, brancas e pretas.

Sirige (*acima*) são produzidas com 1 peça de madeira de árvores conhecidas localmente como *ga* e *togodo*.

Às vezes, pode haver outro intérprete sentado em cima da *dadak merak*!

MÁSCARA RITUALÍSTICA UTILIZÁVEL MAIS PESADA

Pesando de 50 a 80kg, as máscaras *dadak merak* são usadas pelos intérpretes *pembarong* na Reog Ponorogo de Java, IDN. Os ornamentos extraordinários, que incluem uma cabeça felina e uma coroa de cerca de 1.500 penas de pavão, retratam o mítico Rei Tigre (*Singo Barong*). A maior parte do peso é suportado pelos dentes através de um pedaço de madeira (o *cokotan*).

TÊNIS

A ascensão do tênis esportivo

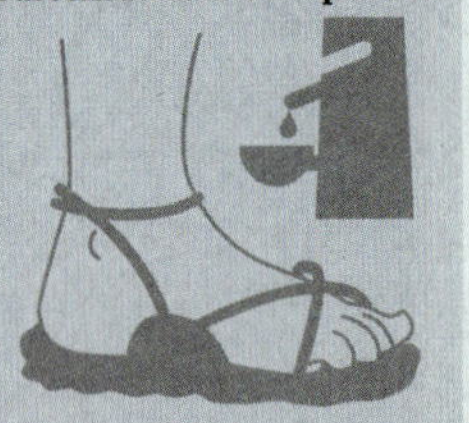

c.100 AEC.: Olmecas mesoamericanos extraem borracha e confeccionam sandálias rudimentares.

1839: Charles Goodyear consegue deixar a borracha mais durável.

Anos 1860: John Dunlop fixa lona em solas de borracha e cria os calçados "plimsolls"; a empresa Peck & Snyder vende "tênis" similares nos EUA.

1916: A US Rubber Co. lança o Keds — tênis de cano alto inspirado nos saltos altos femininos.

1917: A Converse lança seus tênis antiderrapantes para esportes de quadra.

1921: O jogador Chuck Taylor se junta à Converse.

1924: Os calçados de corrida da JW Foster & Sons fazem sucesso nas Olimpíadas; Adi e Rudi Dassler começam a fabricar tênis em casa.

1932: Lançamento do modelo All Star, do Chuck Taylor.

1936: Os tênis com travas dos irmãos Dassler impulsionam Jesse Owens à vitória nas Olimpíadas.

1958: Fundação da Reebok.

1964: Fundação da Blue Ribbon Sports, que mais tarde será chamada de Nike.

1966: Fundação da Vans; seus tênis se tornam moda entre os skatistas.

1985: Lançamento do Air Jordan; os tênis se tornam um fenômeno da cultura pop.

PATROCÍNIO MAIS LUCRATIVO DE TÊNIS

Em 26/10/1984, o astro do basquete Michael Jordan (EUA) assinou um contrato de patrocínio de US$2,5mi com a Nike para lançar um tênis exclusivo: o Air Jordan. Em 2020, a *Forbes* estimou que o jogador já faturara mais de US$1,3bi com o acordo.

MAIOR COLEÇÃO DE TÊNIS CONVERSE

No último levantamento oficial, em 2019, Joshua Mueller (EUA) possuía 2.630 pares da Converse — o suficiente para usar um por dia por mais de 7 anos! Uma recontagem não oficial em 2025 estima que o número tenha chegado a 3.196. Joshua se qualifica para a **maior coleção de tênis**, mas o closet do produtor musical dos EUA e autodeclarado "apaixonado por tênis" DJ Khaled supostamente abriga mais de 10.000 pares, avaliados em cerca de US$8mi.

Primeiros tênis

Os experimentos com solas moldadas à prova d'água provavelmente começaram após a invenção da vulcanização da borracha, em 1839. Essa técnica, descoberta pelo químico Charles Goodyear (EUA), consiste em aquecer a borracha com enxofre para endurecê-la e torná-la mais estável.

Os calçados mais antigos que se assemelham ao que consideramos "tênis" surgiram no final da década de 1860 no RU e nos EUA. A New Liverpool Rubber Company (RU), de John Dunlop, lançou sapatos com sola de borracha e cabedal de lona, que passaram a ser conhecidos como "sandshoes". Mais tarde, receberam o nome de "plimsolls", inspirado na linha de carga Plimsoll, vista em navios cargueiros, pois a junção entre borracha e lona lembrava a marcação. Ao mesmo tempo, nos EUA, a empresa de artigos esportivos Peck & Snyder começou a vender "croquet sandals" com solado de borracha — calçados de amarrar com cabedal de lona.

Um detalhe curioso sobre esses primeiros tênis é que eram feitos com formas "retas" (não anatômicas), ou seja, o par esquerdo e o direito eram idênticos.

Primeiro uso da palavra "sneaker"

De acordo com o Oxford English Dictionary, o 1º uso impresso da palavra "sneaker" data de 1887, no *Boston Journal of Education*: "Apenas o professor exausto compreende a pertinência do nome que os meninos dão aos tênis: *sneakers*."

Tênis mais caro (disponível comercialmente, sem revenda)

Em 14/4/2025, a Louis Vuitton (FRA) vendia seu modelo LV Maxi — tênis de couro preto premium com estampa de cristais — por US$6.250.

MAIOR TÊNIS

Em abr/2013, no lançamento da marca Superga em Hong Kong, CHN, a distribuidora Electric sekki (CHN) encomendou uma réplica de 2,39m de comprimento do modelo Superga 2750. O calçado de lona é o presente perfeito para alguém com 16m e apenas a perna esquerda!

MAIOR ESCULTURA DE TÊNIS

Um monumento ao Nike Ja 1 — tênis criado para a estrela da NBA Ja Morant — foi inaugurado no NBA All-Star Weekend, em Salt Lake City, Utah, EUA, em fev/2023. Com 16,5m, foi projetado pelo Hovercraft Studio e esculpido em espuma, para imitar a neve, pela WhiteClouds (ambos EUA).

O tênis gigante era a entrada de uma loja em formato de iglu, onde o novo Ja 1 foi lançado.

1. CHUCK TAYLOR ALL STAR

2. ADIDAS SUPERSTAR

3. NIKE MOON SHOE

4. NIKE AIR JORDAN XIII

5. PROTÓTIPO DO NIKE AIR JORDAN 1

6. THE DYNASTY COLLECTION

1. Os Chuck podem ser considerados fruto do **patrocínio mais antigo de tênis esportivo**. A Converse lançou o All Star em 1917, mas, quando o jogador de basquete Chuck Taylor entrou para a empresa como vendedor, em 1921, aprimorou o design e revitalizou a marca, acrescentando seu nome ao emblema no tornozelo em 1932.

2. O **1º patrocínio de tênis fora do esporte** ocorreu em 1986, quando o trio de hip-hop Run-DMC (EUA) assinou um contrato de US$1,6mi com a marca alemã adidas. O grupo ficou famoso por usar o Superstar de bico de concha — sem cadarço e com a língua para fora — e provocou uma mudança radical no marketing global dos tênis.

3. Um par de tênis Nike Moon Shoe de 1972 foi vendido por US$437.500, em 23/7/2019, tornando-se o **par de tênis nunca usado mais caro leiloado**. Segundo a Sotheby's, foram feitos à mão pelo cofundador da Nike Bill Bowerman, após ele "brincar com a máquina de waffle da esposa e despejar borracha no molde para criar o primeiro protótipo da sola".

4. Os **tênis mais caros já vendidos em leilão** são um par do Nike Air Jordan XIII usado por Michael Jordan num jogo de 1998, arrematado pela Sotheby's em Nova York, EUA, por US$2,2mi, em 11/4/2023.

5. O **pé de tênis mais caro** foi um Air Jordan 1 preto e vermelho para o pé esquerdo, arrematado por US$50.000 na Sotheby's em 14/1/2022. O protótipo é de 1984 — um ano antes de ser lançado ao público. Foi vendido pelo colecionador Jordan Geller (EUA), o responsável pela venda do Moon Shoe em 2019 (ver nº3).

6. A **coleção de tênis usados em jogo mais cara leiloada** foi a "The Dynasty Collection", composta por 6 pés de Air Jordans exclusivos (#6, 7, 8, 11, 12 e 14), que chegou a US$8,03mi na Sotheby's, em 2/2/2024. Foram usados nos jogos decisivos de cada um dos 6 campeonatos conquistados por Michael Jordan com o Chicago Bulls, que também recebeu o prêmio de jogador mais valioso das finais.

De acordo com o relatório de 2024 do IMARC Group, o mercado global de tênis esportivos está estimado em US$94,1bi. O setor é dominado pela Nike. Fundada em 1964 como Blue Ribbon Sports e rebatizada de Nike em 30/5/1971, é a **marca do setor esportivo mais valiosa**.

Vendas de tênis, 2024

1. Nike (EUA) US$43,89bi

2. adidas (GER) US$19,3bi

3. Skechers (EUA) US$8,92bi

4. New Balance (EUA) US$5,92bi

5. PUMA (GER) US$5,9bi

6. ANTA (CHN) US$5,6bi

7. ASICS (JPN) US$5,21bi

8. VF Corp. (EUA) US$4,64bi

9. On AG (SUI) US$3,86bi

10. Li-Ning Co (CHN) US$2,87bi

ESCALA
= US$1bi

ARTES TÊXTEIS

Cachecol mais longo... Seja tricotando ou fazendo crochê, a parte mais difícil de fazer um cachecol é saber quando parar. Eis alguns recordistas que certamente não passarão frio no inverno.

Tricotado enquanto corria uma maratona 3,7m; David Babcock (EUA)

Crochetado por 1 pessoa 299,3m; Daisy Ptak (EUA; *à dir., acima*)

Tricotado por 1 pessoa 4.565m; Helge Johansen (NOR)

Crochetado por uma equipe 35,5km; Golden Triangle Chamber of Commerce (RSA)

Tricotado por uma equipe 54,2km; Apoiadores do Tŷ Hafan Children's Hospice (RU)

CACHECOL DE CROCHÊ MAIS LONGO FEITO POR 1 PESSOA
Em 1/4/2024, pouco mais de 2 anos depois de pegar numa agulha de crochê pela 1ª vez, Daisy Ptak (EUA) finalizou um cachecol com impressionantes 299,3m. A ideia surgiu em fev/2023 e, desde então, ela levou novelos e agulhas para todo canto. Trabalhava no trem, no dentista e até no cinema.

MAIOR PEÇA FEITA DE SEDA DE ARANHA
Apresentado por Simon Peers (RU) e Nicholas Godley (EUA) em 2012, este manto foi confeccionado com a seda da aranha-dourada *Nephila*. Foram utilizados 7,48m² de tecido, produzido em Madagascar, além de fios de seda de aranha para o bordado. O material não recebeu tingimento nem tratamento.

1º TERNO FEITO DE PELOS DE BIGODE
Este terno foi apresentado em nov/2021 para promover a campanha de saúde masculina *Movember*. A ideia foi da artista Pam Kleemann--Passi (AUS), que trabalhou com várias barbearias para coletar os pelos de bigode, unidos em camadas de tule preto fino. O tecido foi enviado ao modelista Michael Tellis e ao alfaiate Nico Manoli, que confeccionaram o elegante, embora meio áspero, terno de um botão.

MAIOR BORDADO FEITO POR 1 PESSOA
Entre as décadas de 1970 e 1990, Margaret Pollard (RU) bordou uma releitura de *As crônicas de Nárnia*, de C. S. Lewis, em um painel de 407,8m de comprimento, no estilo da Tapeçaria de Bayeux. Michael Maine, na época corista na igreja onde Pollard tocava órgão, deu a sugestão. Hoje, Maine é vigário e ainda guarda a peça.

PESSOA MAIS JOVEM A SER DESIGNER DE UM DESFILE DE MODA
Em 18/11/2023, Max Alexander (EUA, n. 25/2/2016) apresentou sua mais recente coleção na Denver Fashion Week, no Colorado, EUA. Apesar de ter apenas 7 anos e 266 dias, o desfile foi totalmente autoral. Ele desenhou todas as peças, costurou os looks, escolheu os modelos, a trilha sonora e colaborou com estilistas e maquiadores para dar vida à sua visão artística.

Maior tricô francês
Edward Hannaford (RU) descobriu sua paixão pelo tricô francês em 1989. Continuou a produzir seu tubo colorido até falecer, em 2017, quando a peça já tinha mais de 32km de comprimento.

MAIOR DOSSEL DE CROCHÊ
Este espetacular toldo de lã foi erguido em 4/10/2019, no centro histórico de Etzatlán, uma cidade que fica cerca de 90km a oeste de Guadalajara, MEX. Uma equipe de 200 voluntários locais passou 8 meses fazendo o crochê dos painéis coloridos, que cobrem uma área de 2.833m². O trabalho foi finalizado a tempo das celebrações do santo padroeiro da cidade.

NEON

10
Ne
Neônio

O neônio (derivado de "novo" em grego) foi identificado pela 1ª vez pelos químicos britânicos William Ramsay e Morris Travers, em 1898. A maior parte desse elemento – o 5º mais abundante por massa no universo – é gerado durante a fusão nas estrelas.

Parte natural do ar, o neônio pode ser extraído em instalações de separação criogênica de ar. Com base nos dados de 2022, a Ucrânia é o **maior produtor de gás neônio** do mundo, responsável por 50-70% da produção global.

2 He Hélio

18 Ar Argônio

36 Kr Criptônio

54 Xe Xenônio

86 Rn Radônio

118 Og Oganessônio

O neônio faz parte da família dos "gases nobres", que formam o grupo 18 na tabela periódica. Todos, menos um (o oganessônio, o **elemento mais pesado**, sintetizado pela 1ª vez em 2002), são considerados quimicamente inertes – ou seja, não são reativos, pois possuem camadas externas completas de elétrons.

100%

1º selo a usar arte em neon
Encomendado pelos correios dos EUA, o selo "Festeje!" tem arte de Michael Flechtner (EUA) e foi emitido em 25/3/2011. A obra está no Smithsonian National Postal Museum.

1ºs tubos luminosos comerciais
Nos anos 1850 – antes da descoberta do neônio –, o soprador de vidro Heinrich Geissler (GER) fez experimentos com eletricidade por cilindros cheios de gás para criar efeitos que capturavam a imaginação das pessoas. Daniel McFarlan Moore (EUA) expandiu essa tecnologia nos anos 1890, intensificando a luminosidade para torná-los uma fonte de luz mais prática. A 1ª comissão de um "tubo de Moore" foi para a galeria de arte Theodore C. Marceau, na Quinta Avenida, em Nova York, em 1903.

Acredita-se que a **1ª placa comercial de neon** foi criada em 1909 por John Madine e Russell Trimble (ambos EUA), enquanto trabalhavam para Moore. A placa dizia "Ingersoll" em tubos de 8mm cheios de gás neônio e era exibida nos escritórios da Ingersoll Watch Company, em Newark, Nova Jersey, EUA. Precedeu os mais famosos trabalhos do início dos anos 1910 do desenvolvedor e divulgador do neônio Georges Claude (FRA).

A placa do cavalo voador foi perdida em 2000, e, depois, encontrada e reinstalada em 2015.

MAIOR PLACA DE NEON DE ANIMAL
Esse pégaso de 12,2x9,8m, com cerca de 305m de tubos de neon, ilumina um estacionamento em Dallas, Texas, EUA. O cavalo mítico era a logo da Magnolia Petroleum Company (uma antepassada da ExxonMobil) e ficou no topo do Magnolia Hotel de Dallas, com 122m de altura, de 1934 a 2000.

Placas de neon mais antigas
Dos primeiros experimentos com neônio, poucas palavras feitas de tubos de neon em placas de madeira sobreviveram. Elas foram desenvolvidas pelo físico Perley Nutting e pelo artesão de vidro Edward Sperling (ambos EUA). Exemplos (em diversos estados de conservação) podem ser encontrados no Smithsonian Institution, em Washington, DC, e no National Institute of Standards and Technology, em Gaithersburg, Maryland, EUA.

PRIMEIRO MUSEU DE ARTE EM NEON
O Museum of Neon Art (MONA) foi criado pela artista Lili Lakich e pelo estudante Richard Jenkins, em Los Angeles, Califórnia, EUA, em 1981; foi realocado para Glendale, Califórnia, em 2014. Abriga a **menor placa de neon** (*à dir.*): uma maquete do Sands Hotel que fez parte de um cenário em miniatura para o filme de 1982 *O fundo do coração* (EUA). Foi criada por Larry Albright e Bill Concannon (ambos EUA), usando tubos de 2mm, da espessura do grafite de um lápis.

MAIOR TUBO DE MESMER
O artista de plasma Wayne Strattman (EUA) usa o gás nobre xenônio em seus "tubos de Mesmer". Esses cilindros de vidro reforçados são revestidos com tintas contendo fósforos fluorescentes. *Dream Engine* (2021), sua obra com maior diâmetro, tem 0,5m de largura e 1,52m de altura.

MAIOR PLACA DE NEON RETIRADA AINDA ACESA
A Tetra Neon Exchange (CHN) busca preservar a herança de neon, que está desaparecendo em Hong Kong, ao coletar placas indesejadas. Em 15/8/2020, a equipe recuperou uma de 8,5m de altura, do restaurante Tsui Wah. Para destacar seu respeito pela tradição do neon, eles concluíram a extração com o letreiro ainda aceso.

? O neon aceso é vermelho--alaranjado. Outras cores são obtidas ao usar outros gases nobres ou tubos tingidos.

MAIOR ESCULTURA ESFÉRICA DE NEON
A obra de arte *Hot Spot* – que recria a Terra usando uma estrutura de metal e tubos de neon vermelhos – tem cerca de 2,23m de diâmetro. Cocriada pela artista britânico-palestina Mona Hatoum e o soprador de vidro britânico Nick Malyon, foi apresentada na galeria White Cube, em Londres, RU, em 2006.

1ª arte em neon
A iluminação por tubos cheios de gás é quase sempre associada a usos publicitários e utilitários, mas o meio também foi abraçado por artistas. O primeiro a desencadear a tendência foi o escultor tcheco Zdeněk Pešánek. Em 1936, ele criou uma série de obras inspiradas na figura humana, usando resina e luz neon, e que foram exibidas em Paris no ano seguinte.

Maiores placas de neon animadas
Embora não seja tão grande quanto o pégaso (*ver p. ao lado*), a Anheuser-Busch Eagle, que fica na fachada da cervejaria Budweiser, em Newark, Nova Jersey, EUA, tem uma envergadura de 10m. O sinal rotativo conta com cerca de 1.372m de tubos e, graças a camadas que se iluminam em momentos diferentes, parece que as asas da águia estão batendo.

Galeria de arte em neon em operação há mais tempo
Let There Be Neon, localizada no SoHo, em Manhattan, Nova York, EUA, abriu suas portas em 1972. O primeiro curador foi Rudi Stern (f. 2006), mas, desde 1991, é gerenciada por Jeff Friedman (ambos EUA).

Criador de placas de neon mais velho
Dean Blazek (EUA, n. 11/2/1934) começou a soprar vidros e criar placas de neon em out/1952. Até 19/12/2024, com 90 anos e 312 dias, ainda trabalhava com isso e ensinava o ofício a outros em Antigo, Wisconsin, EUA. Os filhos de Dean, Michael e Jay, e sua neta Clare seguiram seus passos.

Humano de neon mais alto
Las Vegas, Nevada, EUA, é talvez o local mais associado a placas de neon, e "Vegas Vic", o caubói da Fremont Street, é um dos ícones da cidade desde 1951. No começo, Vic tinha 12,2m, mas o chapéu foi diminuído em 0,6m nos anos 1990 para dar lugar à cobertura da Fremont Street.

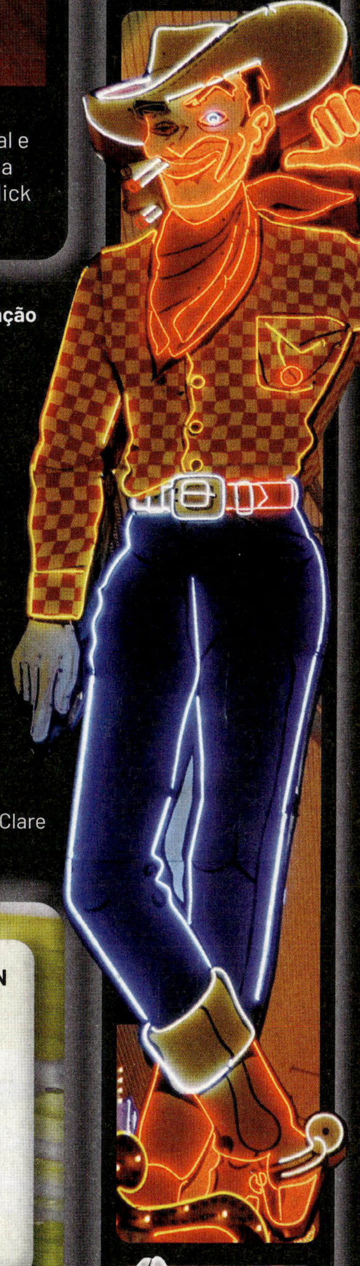

MAIOR INSTALAÇÃO ARTÍSTICA EM NEON
Passageiros do Aeroporto Internacional O'Hare em Chicago, Illinois, EUA, veem *Sky's the Limit* quando vão do terminal B ao C por uma passagem subterrânea. A obra, que é acompanhada por um áudio calmante, tem 466 tubos cheios de gás de 79 cores diferentes e se estende por 226,8m. É um trabalho de Michael Hayden (CAN), auxiliado por sua esposa Kristina Lucas (EUA).

Las Vegas também é a casa de "Vegas Vickie", de 6m de altura e 7,6m de diâmetro, que se casou com Vic em 1994!

ESCULTURA

O totem mais alto
Dedicado à cultura Kwakwaka'wakw, este totem titânico em Alert Bay, Colúmbia Britânica, CAN, tem 52,7m de altura. É composto por 2 troncos de árvore e atualmente tem cabos de sustentação.

Totens são monumentos simbólicos que refletem as crenças, a história e a cultura dos povos originários da América do Norte.

COMPETIÇÃO DE ESCULTURA AO AR LIVRE MAIS ANTIGA
A Bienal de UBE fez 62 anos em mar/2024. Realizada a cada 2 anos na cidade de Ube, Yamaguchi, JPN, o evento exibe cerca de 100 obras de artistas do mundo todo. Na imagem, o prefeito da cidade, Keiji Shinozaki, mostra seu certificado do GWR em frente à escultura *Ant Castle* (1962), de Ryokichi Mukai, antiga vencedora que hoje mora em Ube.

ESCULTURA DE PALITOS DE FÓSFORO MAIS ALTA
Richard Plaud (FRA) construiu um modelo da Torre Eiffel de 7,18m apenas com palitos de fósforo. O recorde foi confirmado em Saujon, Charente-Maritime, FRA, em 7/1/2024. A réplica, feita em escala 1:45, levou cerca de 8 anos para ser concluída e precisou de mais de 700.000 palitos de fósforo.

MAIOR ESCULTURA DE BATATA CHIPS
A marca Lay's e a rede Carrefour trabalharam juntas para criar esta obra de 4m de altura, feita com sacos de batatas chips. O recorde foi verificado no Ibn Battuta Mall, em Dubai, UAE, em 6/6/2024. A escultura conta com 2.004 pacotes de salgadinho sabor pimenta e sal e celebra a nova receita e a reformulação das embalagens.

MAIOR DRAGÃO FEITO DE BALÕES
Os artistas Sze Tai Pang e Kun Lung Ho (ambos CHN) apresentaram uma criatura inflável de 41,77m de comprimento no tmtplaza, em Hong Kong, CHN, em 24/1/2024. Com a ajuda de 20 colegas, a dupla criou o dragão mitológico em comemoração ao ano do dragão, usando cerca de 3.800 balões biodegradáveis.

MAIOR CASTELO DE AREIA

Em 2/7/2021, a cidade de Blokhus, DNK, virou lar de uma fortaleza de areia com 21,16m de altura, encomendada pela Kulturhuset & Skulpturparken Blokhus (DNK). A escultura conta com mais de 5.805t de areia e foi projetada por Wilfred Stijger, que trabalhou com uma equipe de escultores. A obra tem motivos marítimos, incluindo barcos, um farol e diversas criaturas do mar.

? Para garantir a estabilidade, a areia tinha cerca de 10% de argila e recebeu uma camada de cola no final.

Estátua mais alta
A Estátua da Unidade, com 182m de altura, é inspirada no estadista Sardar Vallabhbhai Patel e está localizada em Gujarat, IND. É quase 4x mais alta que a Estátua da Liberdade em Nova York e tem cerca de 100x a altura de um homem médio.

MAIS INSTALAÇÕES ARTÍSTICAS SUBAQUÁTICAS

O artista Jason deCaires Taylor (RU) criou 14 instalações submersas, compostas por centenas de esculturas. Seu projeto A World Adrift destaca a vulnerabilidade dos estados insulares ao aumento do nível do mar provocado pelas mudanças climáticas. Concluído em out/2024, está localizado perto da ilha caribenha de Granada, não muito longe da 1ª instalação: o Parque de Esculturas Subaquáticas de Molinere Bay, de 2006. Todas as obras de Taylor são feitas com materiais sustentáveis.

Além de atrair mergulhadores, as obras servem como habitat para a fauna e flora marinha e são um substrato para corais (*detalhe*).

VARIEDADES

Maior pintura a óleo profissional
A *Grande Toile* tem 243,38m² de área, conforme verificado em Niikappu, Hokkaido, JPN, em 14/11/2024. Foi criada por Gérard Di-Maccio (FRA) e comissionada pelo Di-Maccio Art Museum, The Forest of Taiyo — uma galeria gerenciada pelo colecionador de arte Isao Tanimoto —, onde é exibida hoje. O trabalho, que é quase 600x maior do que a *Mona Lisa*, de Leonardo da Vinci, imagina um universo paralelo, de acordo com o artista.

Mais tempo autografando livros
Ashish A. Bhalani (IND) passou 30h32min assinando 30.303 exemplares de seu livro *Happy Hanuman Chalisa*, em Surate, Gujarat, IND, em 3-4/12/2024.

O recorde de **mais livros autografados em 12h (diversos títulos)** é de 11.088, por Eloy Moreno (ESP), em Madrid, ESP, em 8/2/2025. A maioria era de exemplares de seus trabalhos *Invisible* e *Redes*.

Maior tela de arte
Kanyeyachukwu Tagbo-Okeke (NGA) usou tinta acrílica para criar *Impossibility is a Myth*, uma obra de arte de 12.303,87m², em Abuja, NGA, em 26/11/2024. O artista, na época com 14 anos, tem autismo e foi auxiliado pela Zeebah Foundation, que oferece educação e cuidados para crianças no espectro autista.

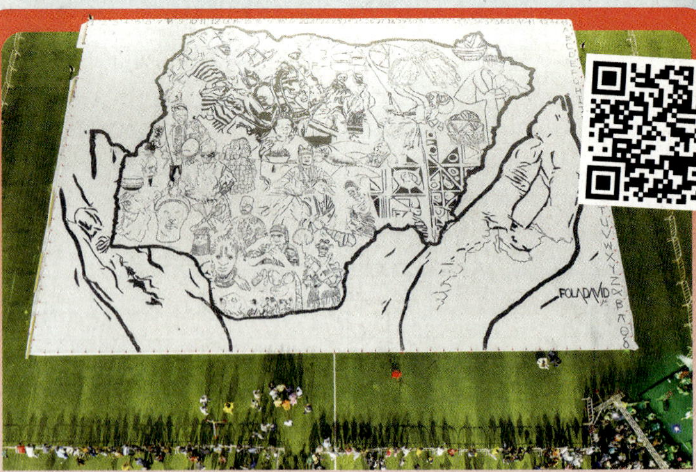

MAIOR DESENHO POR UMA PESSOA
Fola David-Tolaram (NGA) desenhou um mapa da Nigéria de 1.004,7m² na maior cidade do país, Lagos, em 21/7/2024. Com cerca de 4x o tamanho de uma quadra de tênis, a obra retrata os diversos grupos étnicos do país. O artista, ex-médico, disse que o recorde foi sua forma de usar a arte para encorajar a união em uma nação culturalmente diversa.

MAIOR COLEÇÃO DE ENFEITES DE TECIDO PARA CAIXA DE CORREIOS
Clare Suttie, Candy Stuart, Lucy Dronfield e St. Albans Postboxes (todas RU) apresentaram 102 enfeites em St. Albans, Hertfordshire, RU, em 26/11/2024. Fazem isso todo Natal desde 2018 para arrecadar dinheiro para caridade.

MAIS GRAMMYS RECEBIDOS POR UMA PESSOA
Em 2/2/2025, a lenda Beyoncé (EUA, n. Beyoncé Knowles) ganhou mais 3 gramofones no 67º Grammy, totalizando 35. As vitórias incluem Melhor Álbum por *Cowboy Carter*, que também ganhou o de Melhor Álbum Country. Queen Bey também acumulou **mais indicações** ao prêmio anual (99).

Mais vitórias de Melhor Vídeo do Ano no MTV Video Music Awards
Taylor Swift (EUA) levou seu 5º Video of the Year no MTV Video Music Awards (VMAs) em 11/9/2024. Ela ganhou o mais prestigioso prêmio do VMAs por "Fortnight" (com Post Malone — ver abaixo).

Mais bailarinos *en pointe*
Uma trupe de 353 dançarinos se equilibrou na ponta dos pés num evento coreografado pelo Youth America Grand Prix (EUA) no Plaza Hotel de Nova York, EUA, em 17/4/2024.

Mais tempo costurando
Armado com fazendas de tecido e apenas uma agulha e linha, Oluwaseun Kuforiji (NGA) costurou por 106h55min20s entre 22-26/1/2025 em Ijebu-Ode, Ogun, NGA. Completou 22 peças, incluindo roupas tradicionais iorubás.

MAIS RIAA DIAMONDS SINGLES RECEBIDOS
Até 19/3/2025, o rapper/cantor Post Malone (EUA, n. Austin Post) tinha 9 Recording Industry Association of America (RIAA) Diamond singles, de "Congratulations", em 2019, a "Wow.", em 2024. O prêmio reflete as vendas e os números de streaming equivalentes a pelo menos 10mi de unidades. Drake (8), Rihanna (7) e The Weeknd (7) são seus rivais mais próximos.

MAIOR COLEÇÃO DE RELÓGIOS DE NEON
Gen Tarumi (JPN) tinha 421 relógios brilhantes no QG da sua empresa de roupas Seilin & Co., em Meguro, Tóquio, JPN, em 17/1/2025. Começou a colecionar relógios de neon nos anos 1970, mais ou menos na época que fundou seu negócio.

ARTISTA DE K-POP COM MAIOR POSIÇÃO NA PARADA DE ÁLBUNS DOS EUA (FEM.)
Rosie, o álbum de estúdio de estreia de Rosé (NZL/KOR, n. Roseanne Park/Park Chae--young) entrou na 3ª posição do *Billboard* 200 em 21/12/2024.

Em 4/1/2025, Rosé se tornou a **1ª artista de K-pop a entrar no Top 10 de músicas da *Billboard* Radio**, com "APT." (ft. Bruno Mars).

Maior relógio de neon
O Colgate Clock, de 11,6m, sobre a antiga fábrica da Colgate-Palmolive--Peet Company em Jeffersonville, Indiana, EUA, está em operação desde 1923. Adjacente ao rio Ohio, ele é visto até mesmo em Louisville, do estado vizinho de Kentucky. O marco histórico local foi consertado em 2023 para celebrar seu centenário.

Maior design de marchetaria
Leo Elzein e Artezenni (ambos ESP) criaram um trabalho de 17,02m² de folheados de madeira natural em 73 tons, verificado em Valência, ESP, em 17/3/2025. Intitulado *Alchemy of Marquetry*, é uma obra de arte única que mostra três cavalos galopando.

Mais pessoas pintando leques
Um grupo de 2.025 pessoas se juntou para adornar leques no AsiaWorld-Expo Centre, em Hong Kong, CHN, em 22/1/2025. O evento, organizado pelo Hong Kong Education Bureau (CHN), reuniu crianças das escolas primárias de toda a cidade. As decorações foram baseadas em plantas, frutas e animais relacionados ao calendário chinês.

Maior coleção de origami...
- **Cachorros**: 2.013, por Gowtham Selvaraj e Tamil Iniyan A. (ambos IND).
- **Pavões**: 3.400, por Shivali, Kavita e Anil Srivastava (todos IND).
- **Tubarões**: 12.479, pelo hotel lyf Cebu City (PHI).
- **Estrelas**: 100.000, pelo hotel lyf Malate Manila (PHI).

Na antiga China, os leques transmitiam status e eram usados em rituais e danças.

MENOR ESCULTURA FEITA À MÃO DE PERSONAGEM DE TV
O escultor David A. Lindon (RU) criou seu Bob Esponja de 1mm de altura e 0,74mm de largura, verificado em 12/3/2025.

Lindon já fez muitas maravilhas pequenininhas, incluindo uma rã de 0,4x0,5mm (*detalhe, na ponta de uma agulha*) — a **menor escultura feita à mão de um anfíbio**.

MAIOR GALERIA DE ARTE EM SUCATA (INTERNA)
Metartworld é um espaço de exposição de 2.984,5m² em Melbourne, Vitória, AUS, dedicado a trabalhos feitos sobretudo de metal reciclado, como confirmado em 16/6/2024. De propriedade da Metart Entertainment (AUS), tem mais de 400 obras. Lá, os visitantes são encorajados a tirar fotos, tocar, segurar, sentar, andar e até dirigir as obras!

ICON

KATIE LEDECKY

Nas Olimpíadas de 2024, em Paris, Katie Ledecky (EUA) fez história ao conquistar a 9ª medalha de ouro nos Jogos, igualando o recorde mundial feminino.

Começou a competir aos 6 anos e fez a estreia olímpica aos 15 em 2012, em Londres. Estabeleceu os primeiros recordes mundiais no Campeonato Mundial de Esportes Aquáticos de 2013 em Barcelona.

Katie quebrou 16 recordes mundiais na piscina, tornando-se a rainha das provas de fundo da natação. Perdeu apenas uma disputa dos 800m livre em 13 anos, e ninguém chegou a ficar a menos de 18s de seu **1.500 livre mais rápidos**: 15min20,48s. Ela possui os 20 tempos mais velozes dessa prova.

Mesmo com um currículo tão impressionante, Katie não vai desacelerar. Sua dedicação e seu esforço nos treinos são lendários. "Eu adoro ir à piscina todos os dias", diz. "Amo a sensação de estar na água." E com as próximas Olimpíadas em casa, Los Angeles, em 2028, quem duvida que ela não vai conquistar mais medalhas?

BREVE BIOGRAFIA

Nome	Katie Ledecky
Data de nasc.	17/3/1997
Local de nasc.	Washington, DC, EUA
Educação	Universidade Stanford
Títulos atuais do GWR	4, incluindo **mais medalhas de ouro olímpicas (fem.)**, com 9
Medalhas	• Olimpíadas: 14 (9 ouro, 4 prata, 1 bronze) • Campeonatos Mundiais: 26 (21 ouro, 5 prata)

Em 3/5/2024, Katie recebeu a Medalha Presidencial da Liberdade, a maior honraria civil dos EUA. Tornou-se a 2ª atleta mais jovem a ganhá-la, atrás de Simone Biles. A medalha, entregue pelo então presidente Joe Biden, deixou Katie "sem palavras".

O fenômeno explodiu nas Olimpíadas de Londres 2012. Com apenas 15 anos, Katie conquistou o ouro nos 800m livre, deixando Mireia Belmonte García e a então recordista mundial, Rebecca Adlington, em 2° e 3° lugares.

Nas Olimpíadas do Rio de 2016, Katie conquistou 4 ouros e 1 prata. Estabeleceu recordes mundiais nos 400m e nos 800m livre, em que terminou quase 5s e 12s, respectivamente, à frente da competidora mais próxima.

Ela venceu 9x a categoria "Atleta Feminina do Ano" no Golden Goggle Awards, que celebra as conquistas dos atletas da Seleção dos EUA. O 9° prêmio, em 2023, foi compartilhado com Kate Douglass.

Em 2020, Katie viralizou com um vídeo nadando enquanto equilibrava um copo de achocolatado na cabeça!

Katie também ganhou **mais medalhas em Campeonatos Mundiais de natação (fem.)** (26), uma marca que inclui **mais ouros (fem.)** (21). Na edição de 2023 em Fukuoka, JPN, adicionou o recorde de **mais ouros individuais em Campeonatos Mundiais** (16), superando o grande Michael Phelps.

Em 3/8/2024, Katie conquistou o ouro na final dos 800m livre nas Olimpíadas de Paris, igualando o recorde de 60 anos estabelecido pela ginasta Larisa Latynina para **mais medalhas de ouro olímpicas (fem.)**: 9. Foi a 4ª vitória seguida – **mais ouros consecutivos em uma prova de natação olímpica (fem.)**.

Conheça todos os ÍCONES do GWR em **guinnessworldrecords.com/records/icons.**

O Tour de France (TdF) premia com camisetas coloridas os ciclistas líderes em 4 categorias:
1. Classificação geral (líder geral)
2. Classificação por pontos (melhor velocista)
3. Rei das Montanhas (melhor piloto em subidas categorizadas)
4. Classificação de jovens ciclistas (melhor ciclista com 25 anos ou menos)

1 

2 

3 

4 

5 de 35: DESTAQUES DE CAV NO TdF

9/7/2008: Cavendish conquista sua 1ª vitória em uma etapa do TdF no trecho de 232km entre Cholet e Châteauroux.

12/7/2008: Em seguida, vence a 2ª etapa em Toulouse, passando por um sprint final na chuva.

26/7/2009: Cavendish conquista sua 6ª vitória de 2009 na etapa final em Paris, terminando bem à frente os outros.

2/7/2016: A vitória na Etapa 1 lhe dá a honra de usar a camiseta amarela na Etapa 2 no dia seguinte.

9/7/2021: Cav faz um retorno vitorioso ao TdF em 2021, vencendo 4 etapas e a camiseta verde da classificação por pontos.

CONTEÚDO

MAIS VITÓRIAS EM ETAPAS DO TOUR DE FRANCE
Em 3/7/2024, Mark Cavendish, da Ilha de Man, conquistou sua 35ª vitória de etapa na corrida mais ilustre do ciclismo. O atleta de 39 anos venceu em um sprint final em Saint-Vulbas e superou o recorde que compartilhava com Eddy Merckx, 5x vencedor da corrida geral entre 1969 e 1974. A vitória de Cavendish marcou o final emocionante do TdF para o "Manx Missile". Uma vez descrito como o "maior velocista da história do Tour", ele voltou atrás em sua decisão de se aposentar em 2023 para enfrentar a corrida pela última vez com a equipe Astana Qazaqstan.

WNBA

A temporada de 2024 foi inesquecível para a Liga Profissional de Basquete Feminino dos EUA (WNBA). Novas estrelas brilharam, o público aumentou, e um calendário maior deu às atletas mais oportunidades para bater recordes.

MAIS PONTOS EM UMA PÓS-TEMPORADA
Napheesa Collier marcou 285 pontos em 12 partidas nos playoffs da WNBA em 2024. Liderou a pós-temporada em pontos, rebotes, roubos de bola e tocos. Contra o Phoenix Mercury, em 25/set, igualou o recorde de pontos de Angel McCoughtry e Breanna Stewart em uma única partida de pós-temporada (42).

MAIS LANCES LIVRES CONVERTIDOS EM UMA TEMPORADA
Em 2023, Jewell Loyd acertou 254 de 286 lances livres. A estrela do Seattle Storm, conhecida como "Gold Mamba", quebrou ainda o recorde de **mais arremessos tentados em uma temporada** (770), com 35 em um **único jogo**, contra o Minnesota Lynx, em 29/6/2023.

*Todas as recordistas são dos EUA.

MAIS PONTOS EM UMA TEMPORADA
A'ja Wilson, do Las Vegas Aces, marcou 1.021 pontos em 2024, tornando-se a 1ª a ultrapassar os 1.000 em uma única temporada. Também estabeleceu marcas de **mais arremessos convertidos** (385) e **mais rebotes** (451). Foi eleita a jogadora mais valiosa por unanimidade, a 2ª da WNBA a receber a honraria, depois de Cynthia Cooper em 1997.

MAIS MEDALHAS DE OURO OLÍMPICAS NO BASQUETE
Nos Jogos de 2024, Diana Taurasi conquistou o 6º ouro seguido com a equipe dos EUA, igualando o recorde do esgrimista Aladár Gerevich (HUN) de **mais medalhas de ouro olímpicas consecutivas**. Após 20 temporadas com o Phoenix Mercury, alcançou a marca de **mais pontos na WNBA** (10.646 pontos). Anunciou sua aposentadoria em fev/2025.

MAIS REBOTES
Tina Charles acumulou 4.014 rebotes ao fim da temporada de 2024. A pivô de 1,93m registrou **mais duplos-duplos** (dígito duplo em 2 das 5 categorias estatísticas) na história da liga (194). Conquistou as marcas na vitória do Atlanta Dream sobre o New York Liberty por 78-67, em 19/9/2024. É vice-líder em pontos na WNBA, com 7.696, atrás de Diana Taurasi (*ver p. ao lado*).

A 1ª enterrada na WNBA foi de Lisa Leslie, do Los Angeles Sparks, em 30/7/2002 — 6 anos após a criação da liga.

MAIS ASSISTÊNCIAS EM UMA TEMPORADA
Em 2024, Caitlin Clark deu 337 assistências pelo Indiana Fever. A estrela universitária e 1ª escolha do draft fez jus às expectativas na estreia inesquecível. Em 17/7/2024, quebrou o recorde de **mais assistências em um jogo** (19) contra o Dallas Wings. Eleita a Novata do Ano da WNBA, marcou **mais pontos em uma temporada por uma novata** (769) incluindo **mais cestas de 3 pontos por uma novata** (122).

MAIS PONTOS EM UM ALL-STAR GAME
Em 20/7/2024, Arike Ogunbowale marcou 34 pontos na vitória do Time WNBA sobre o Time EUA por 117-109 no Footprint Center, em Phoenix, Arizona. Na 4ª participação no All-Star Game, a armadora do Dallas Wings fez 21 pontos no 3° quarto e 13 no 4°.

A chegada de Clark à WNBA aumentou o público presencial e a audiência televisiva. A média de espectadores do Indiana Fever em casa deu um salto de mais de 300%.

MAIS DUPLOS-DUPLOS CONSECUTIVOS
Angel Reese, do Chicago Sky, registrou um duplo-duplo em 15 jogos seguidos de 2024. Escolhida na 1ª rodada do draft, a "Bayou Barbie" brilhou na sua estreia na WNBA, conquistando o recorde de **mais rebotes ofensivos em uma temporada** (172) e garantindo uma vaga no quinteto ideal dessa temporada.

ESPORTES DOS EUA

Maior média de rebatidas da MLB
Em 28/5/2024, a Major League Baseball anunciou que inserira as estatísticas históricas das Ligas Negras nos seus registros. Assim, Josh Gibson substituiu Ty Cobb como líder em média de rebatidas da liga, com 372 pelo Memphis Red Sox, o Homestead Grays e o Pittsburgh Crawfords, entre 1930-1946.

MLB

Menos jogos para rebater 300 home runs
Em 14/8/2024, Aaron Judge, do New York Yankees, acertou o 300º home run em seu 955º jogo na MLB. Quebrou o recorde de Ralph Kiner, em incríveis 132 partidas a menos.

Menos jogos para conquistar uma temporada "40/40"
Shohei Ohtani (JPN) levou 126 jogos da MLB em 2024 para rebater 40 home runs e roubar 40 bases – 21 confrontos a menos do que qualquer outro atleta. Chegou à marca com estilo, com um grand slam vencedor no triunfo do LA Dodgers contra o Tampa Bay Rays, em 23/8/2024.

Maior contrato da MLB
Juan Soto (DOM) assinou um contrato de 15 anos com o New York Mets, no valor de US$ 765mi, conforme divulgado em 8/12/2024. O defensor externo ex-jogador do Yankees vencera 5 prêmios Silver Slugger consecutivos.

NFL

Mais vitórias na temporada regular
O Green Bay Packers venceu 810 jogos da NFL desde 1921. Tornou-se a 1ª franquia a alcançar 800 vitórias em 15/9/2024, ao derrotar o Indianapolis Colts por 16-10, no Lambeau Field.

Mais recepções de wide receiver novato em uma temporada
Malik Nabers recebeu 109 passes na 1ª temporada com o New York Giants, em 2024. Foram 1.204 jardas recebidas e 7 touchdowns.

Outra temporada memorável foi a de Jayden Daniels, do Washington Commanders, que teve **mais jardas corridas por um quarterback novato** (891).

Mais passes completados em um jogo
O quarterback Jared Goff, do Detroit Lions, completou os 18 passes que tentou na vitória por 42-29 sobre o Seattle Seahawks, em 30/9/2024.

MAIS TRIPLO-DUPLOS NA NBA
Russell Westbrook registrara 203 triplo-duplos (2 dígitos em 3 das 5 categorias estatísticas) até 17/3/2025. O armador do Denver Nuggets se tornou o 1º a alcançar a marca de 200, em 19/11/2024, com 12 pontos, 10 rebotes e 14 assistências contra o Memphis Grizzlies.

MAIS JOGOS SEGUIDOS COM HOME RUN EM WORLD SERIES
Freddie Freeman, do LA Dodgers, mandou a bola para fora do campo em 4 partidas da World Series de 2024, aumentando a sequência para 6 jogos. Rebateu também o 1º grand slam decisivo em uma World Series, contra o New York Yankees, e igualou o recorde de Bobby Richardson de **mais corridas impulsionadas em uma World Series** (12).

MAIS HITS EM UM JOGO DA NHL
Em 6/4/2024, Brady Tkachuk deixou sua marca em 16 adversários na partida do Ottawa Senators contra o New Jersey Devils. É o maior número de hits de um jogador em uma partida, de acordo com os registros da NHL (desde 2005/06). O capitão dos Sens marcou um gol, mas isso não impediu a derrota.

MAIS PASSES RECEBIDOS EM SUPER BOWLS
Travis Kelce, do Kansas City Chiefs, recebeu 4 bolas no Super Bowl LIX, em 9/2/2025, elevando o total na carreira para 35. O tight end também aumentou o próprio recorde de **mais recepções nos playoffs** para 178. O Super Bowl LIX foi uma decepção para o Chiefs, que perdeu para o Philadelphia Eagles por 40-22.

> As 3 equipes esportivas mais pesquisadas no Google em 2024 foram, nesta ordem: New York Yankees, LA Dodgers e Inter Miami.

NHL

Mais gols
Em 6/4/2025, Alex Ovechkin (RUS) marcou o 895º gol pelo Washington Capitals, superando a lenda Wayne Gretzky e conquistando um dos recordes mais icônicos do hóquei no gelo. Primeiro geral do draft de 2004, fez 40 gols ou mais em 14 das 20 temporadas com os Capitals e liderou a equipe na conquista da única Stanley Cup da franquia na temporada 2017/18.

Mais gols em shootout
Patrick Kane marcou 53x em disputas de shootout na NHL. Bateu o recorde na vitória do Detroit Red Wings por 5-4 sobre o Seattle Kraken, em 4/2/2025, superando Jonathan Toews.

NBA

Mais arremessos de 3 pontos convertidos em um jogo
O Boston Celtics acertou 29 arremessos de 3 na vitória de 132-109 sobre o New York Knicks em 22/10/2024. Igualou a marca do Milwaukee Bucks contra o Miami Heat em 29/12/2020. O recorde de **duas equipes** é de 48, de Dallas Mavericks e Golden State Warriors, em 15/12/2024.

Mais pontos de uma equipe no All-Star Game da NBA
A equipe da Conferência Leste derrotou os rivais do Oeste por 211-186 em 18/2/2024. Damian Lillard, do Leste, foi eleito o MVP.

MAIS MINUTOS JOGADOS EM TEMPORADA REGULAR DA NBA
Em 19/12/2024, LeBron James jogou 34min, elevando o total em temporada regular para 57.471 e superando o recorde de Kareem Abdul-Jabbar, de 57.446. São cerca de 40 dias em quadra. "King James" é o **maior cestinha** da NBA, com 42.184 pontos, e continua ampliando sua coleção de recordes. Em 2024, igualou a marca de Vince Carter de **mais temporadas na NBA** (22).

ARREMESSO MAIS RÁPIDO DA MLB PARA STRIKEOUT
Em 3/9/2024, Ben Joyce, do LA Angels, arremessou uma bola rápida de 169,76km/h para eliminar o rebatedor Tommy Edman, do LA Dodgers. Chegou perto do **arremesso mais rápido da MLB** desde o início dos registros, em 2008: 170,27km/h, de Aroldis Chapman (CUB), do Cincinnati Reds, em 24/9/2010.

MAIS JARDAS CORRIDAS POR UM QUARTERBACK DA NFL
Lamar Jackson correu 6.173 jardas em 7 temporadas com o Baltimore Ravens. Bateu o recorde da NFL na vitória de 31-2 sobre o Houston Texans em 25/12/2024, ultrapassando Michael Vick (6.109 jardas). Também completou **mais jogos de 100 ou mais jardas corridas por um quarterback** (14).

*Todos os recordistas são dos EUA, exceto quando apontado.

FUTEBOL

MAIS BOLAS DE OURO (FEM.)

Em 28/10/2024, Aitana Bonmatí (ESP) foi eleita a melhor jogadora de futebol do mundo pelo 2° ano consecutivo. Igualou o recorde da compatriota e colega de clube Alexia Putellas. O prêmio coroou um ano extraordinário, com a conquista da quádrupla coroa pelo Barcelona e da Liga das Nações da UEFA com a Espanha.

Mais partidas na Eurocopa

Cristiano Ronaldo (POR) ampliou o recorde de partidas na Euro para 30 na edição de 2024, na Alemanha, chegando às quartas de final.

O rival mais próximo é o companheiro de equipe Pepe, com 23. Em 5/7/2024, o zagueiro (n. 26/2/1983) tornou-se o **jogador mais velho a atuar em uma Eurocopa**, ao entrar em campo contra a França, aos 41 anos e 130 dias.

Jogador mais velho a marcar um gol em Eurocopa

Luka Modrić (n. 9/9/1985) tinha 38 anos e 289 dias ao balançar as redes para a Croácia contra a Itália, em 24/6/2024, em Leipzig, GER.

O **jogador mais velho a marcar um gol em Copa América** é Luis Suárez (URU, n. 24/1/1987). *El Pistolero* tinha 37 anos e 171 dias em 13/7/2024 ao anotar o gol contra o Canadá.

MAIS TÍTULOS OLÍMPICOS (FEM.)

Nos Jogos de Paris 2024, os EUA conquistaram o ouro pela 5ª vez, vencendo o Brasil por 1x0 na final disputada em 10/ago. A atacante Mallory Swanson (*à esq.*) marcou o gol da vitória no 2° tempo no Parc des Princes. Os EUA conquistaram o 1° título olímpico do futebol feminino em 1996 e 3 consecutivos entre 2004 e 2012.

Mais gols na Liga das Nações da UEFA

Erling Haaland (NOR, n. RU) marcou 19 gols na Liga das Nações. Fez o 1° pela Noruega em partida da Liga B contra a Áustria, em 4/9/2020, e chegou a 19 com o hat-trick contra o Cazaquistão em 17/11/2024. Aos 24 anos, superou os 33 gols de Jørgen Juve e se tornou o maior artilheiro da seleção norueguesa.

Mais títulos da Liga dos Campeões da CAF

Em 25/5/2024, o Al Ahly (EGY) foi campeão africano de clubes pela 12ª vez. Os "Diabos Vermelhos" do Cairo venceram o Espérance (TUN) na final disputada em dois jogos.

Mais títulos da Liga dos Campeões da OFC

O Auckland City (NZL) se consagrou campeão da Oceania pela 13ª vez em 12/4/2025, após vitória de 2x0 sobre o Hekari United (PNG). Venceu os 7 títulos entre 2011-2017.

Menos jogos para marcar 50 gols na Bundesliga

Em 22/11/2024, o atacante do Bayern de Munique Harry Kane (RU) anotou um hat-trick contra o Augsburg, totalizando 50 gols em 43 jogos na liga alemã. O capitão da seleção inglesa superou o recorde de Erling Haaland, pelo Borussia Dortmund, na temporada 2020/21.

MAIS TÍTULOS DA COPA AMÉRICA

A Argentina foi coroada campeã sul-americana pela 16ª vez em 14/7/2024, ao vencer a Colômbia por 1x0 na prorrogação. Superou o Uruguai e tornou-se a seleção recordista.

Na partida de estreia da mesma edição, o capitão Lionel Messi (*à dir.*) ultrapassou Sergio Livingstone (CHI), como o **jogador com mais partidas na Copa América** (39).

MAIS TÍTULOS CONSECUTIVOS NA 1ª DIVISÃO INGLESA
O Manchester City (RU) conquistou o 4º troféu seguido da Premier League em 19/5/2024, ao vencer o West Ham United por 3x1 na última rodada da temporada, terminando 2 pontos à frente do Arsenal. Foi o 1º time a alcançar a marca desde a temporada inaugural da Football League em 1888/89.

Entre os jogadores que disputaram a Copa do Mundo da FIFA e sua versão no futsal, estão Brian Laudrup (DNK), Jeff Agoos (EUA) e Lakhdar Belloumi (ALG).

MAIS TÍTULOS DA COPA DO MUNDO DE FUTSAL DA FIFA
A 10ª edição do torneio de futsal da FIFA ocorreu em 2024 no Uzbequistão, com o Brasil alcançando o recorde de 6 títulos. Derrotou a grande rival Argentina por 2x1 na final em 6/out, com gols de Ferrão e Rafa Santos. Venceu as 7 partidas, anotando 40 gols e sofrendo 6.

MAIS TÍTULOS DA CHAMPIONS LEAGUE/TAÇA DOS CLUBES CAMPEÕES EUROPEUS
O Real Madrid (ESP) conquistou o 15º título do principal torneio europeu de clubes em 1/6/2024, ao vencer o Borussia Dortmund por 2x0. Ganhou 6 Taças dos Clubes Campeões Europeus entre 1956-1966 e 9 Champions League desde 1998.

Mais gols na temporada regular da National Women's Soccer League
Lynn Biyendolo (EUA, n. Williams) tornou-se a maior artilheira da NWSL em 2024, com 80 gols. A atacante do NJ/NY Gotham FC superou o recorde de Sam Kerr (78) em 19/mai, com um gol de cabeça contra o Chicago Red Stars.

A atacante malauiana Temwa Chawinga estabeleceu o recorde de **uma temporada** em 2024, com 20 gols em 25 jogos pelo Kansas City Current.

Jogador mais jovem na Major League Soccer
Cavan Sullivan (EUA, n. 28/9/2009) tinha 14 anos e 293 dias ao atuar pelo Philadelphia Union contra o New England Revolution em 17/7/2024. O meio-campista — que deve se transferir para o Manchester City após completar 18 anos — entrou aos 85min.

Mais assistências na Premier League por um defensor
Até 10/4/2024, Trent Alexander--Arnold (RU) tinha dado 64 assistências para os companheiros do Liverpool. Assumiu o recorde isolado em 4/12/2024, superando o colega de clube Andy Robertson.

O recorde de **mais assistências na Premier League por um goleiro** é de Ederson (BRA), do Manchester City, com 7. Chegou à marca com o passe para o gol de James McAtee contra o Crystal Palace em 12/4/2025.

Yamal se tornou o **jogador mais jovem** da Euro na estreia da Espanha contra a Croácia, aos 16 anos e 338 dias.

MAIS JOVEM A MARCAR UM GOL NA EUROCOPA
Lamine Yamal (ESP, n. 13/7/2007, *à dir.*) tinha 16 anos e 362 dias quando anotou o 1º gol da Espanha na vitória de 2x1 sobre a França na semifinal, em 9/7/2024. Cinco dias depois, derrotou a Inglaterra por 2x1 na decisão (*acima*). Foi o 4º troféu de *La Roja*, após 1964, 2008 e 2012 — **mais títulos da Eurocopa**. A equipe quebrou o recorde de gols em uma edição (15).

ATLETISMO

Os 1os atletas do salto com vara usavam varas de madeira, substituídas por de bambu no início do século XX. A introdução das de fibra de vidro, mais flexíveis, na década de 1960, gerou marcas inéditas. Os recordes mundiais femininos só foram oficialmente ratificados em 1994. Abaixo, uma linha do tempo dos principais marcos masculinos.

2025: 6,27m Armand Duplantis
"Mondo" (*abaixo*) quebrou o recorde 4x em 12 meses.

1994: 6,14m Sergey Bubka (UKR)
27 recordes mundiais indoor e ao ar livre.

1970: 5,49m Christos Papanikolaou (GRE)
O 1º homem a saltar mais de 5,48m.

1942: 4,77m Cornelius Warmerdam (EUA)
Este recorde durou quase 15 anos.

1912: 4,02m Marc Wright (EUA)
O 1º recorde mundial do salto com vara reconhecido pela World Athletics.

100m mais rápidos (T38, masc.)
Jaydin Blackwell (EUA) conseguiu o ouro paralímpico e o recorde em 31/8/2024 em Paris, chegando em 10,64s. Com paralisia cerebral, ele superou a própria marca de 10,72s do mês anterior.

O recorde dos **100m mais rápidos (T38, fem.)** também caiu em 31/ago, com Karen Palomeque (COL) chegando em 12,26s.

200M MAIS RÁPIDOS (T44, MASC.)
Nas Paralimpíadas de 2024 em Paris, em 7/set, Mpumelelo Mhlongo (RSA) fez os 200m em 22,62s — quebrando o recorde mundial na categoria T44. Três dias antes, saltou 7,12m, estabelecendo o **salto em distância mais longo (T44)**.

400M MAIS RÁPIDOS EM PISTA COBERTA (FEM.)
Femke Bol (NED) completou 2 voltas em uma pista de 200m em 49,17s no Campeonato Mundial de Atletismo em Pista Coberta em Glasgow, RU, em 2/3/2024. A 4x campeã mundial conquistou o primeiro ouro olímpico em 3/8/2024, fazendo uma volta final sensacional no revezamento 4x400m misto e levando seu país à vitória.

Mais medalhas de ouro olímpicas nos 1.500m (fem.)
Faith Kipyegon (KEN) conquistou seu 3º título olímpico consecutivo nos 1.500m em Paris, em 10/8/2024. Ganhou também a prata nos 5.000m no mesmo evento.

Em 7/7/2024, quebrou o próprio recorde dos 1.500m, com 3min49,04s em um encontro da Diamond League em Paris.

3.000m mais rápidos (masc.)
Em 25/8/2024, Jakob Ingebrigtsen (NOR) cruzou a linha de chegada em 7min17,55s em Chorzow, POL. Superou a marca de Daniel Komen de 7min20,67s, que durou quase 28 anos.

60m com barreiras mais rápidos (masc.)
Em 16/2/2024, Grant Holloway (EUA) fez 7,27s no Campeonato Nacional Indoor dos EUA em Albuquerque, Novo México. Foi sua 60ª vitória consecutiva na prova, sequência que começou quando ele tinha 16 anos. O recorde para **60m com barreiras (fem.)** também caiu em 2024. A velocista das Bahamas Devynne Charlton correu em 7,65s em 3/3, no Campeonato Mundial de Atletismo em Pista Coberta em Glasgow, RU.

Arremesso de peso mais longo (F20, fem.)
Sabrina Fortune (RU) lançou o peso a 15,12m em 1/9/2024 para conquistar sua 1ª medalha de ouro paralímpica.

Duplantis é o 2º campeão olímpico da categoria a conquistar o ouro 2x, após Bob Richards em 1952 e 1956.

SALTO COM VARA MAIS ALTO (MASC.)
Armand Duplantis (SWE, n. EUA) saltou 6,27m em um evento do World Athletics Indoor Tour, em Clermont-Ferrand, FRA, em 28/2/2025. Foi a 11ª vez que Duplantis quebrou o recorde mundial do salto com vara, superado os 6,25m na final olímpica em Paris em 2024 (*à dir.*).

As atletas do atletismo foram impedidas de competir nas primeiras 7 Olimpíadas, até 1928.

400M COM BARREIRAS MAIS RÁPIDOS (FEM.)
Sydney McLaughlin-Levrone (EUA) conquistou o ouro olímpico em 50,37s em Paris, em 8/8/2024. Passou 5 anos invicta, quebrando o recorde mundial 6x e diminuindo seu tempo em 1,79s.

SALTO EM ALTURA MAIS ALTO (FEM.)
Em 7/7/2024, Yaroslava Mahuchikh (UKR) saltou 2,10m durante um encontro da Diamond League em Paris. Quebrou o recorde de Stefka Kostadinova (BUL) de 2,09m, que perdurou por 37 anos. Campeã mundial indoor e ao ar livre, conquistou o 1º título olímpico no mês seguinte.

LANÇAMENTO DE DISCO MAIS LONGO (MASC.)
Em 14/4/2024, Mykolas Alekna (LTU) quebrou o recorde mais antigo do atletismo masculino, com um lançamento de 74,35m em Oklahoma, EUA. A marca anterior, de Jürgen Schult, era de 1986 (16 anos antes de Alekna nascer!).

Meia maratona mais rápida (masc.)
Jacob Kiplimo (UGA) correu 21,08 km em 56min42s, em Barcelona, ESP, em 16/2/2025. Superou o recorde anterior em 48s — o maior aumento de desempenho na história do evento. O recorde **feminino** é de 1h2min52s, de Letesenbet Gidey (ETH), em 24/10/2024, em Valência.

Meia maratona mais rápida (masc.)
Na competição de Valência de 2024, em 27/10, Yomif Kejelcha (ETH) correu 21,08km em 57min30s. O bicampeão mundial em pista coberta dos 3.000m superou a marca de Jacob Kiplimo de 2021 em Lisboa, POR, por 1s.

MAIS PESQUISADO

Mais vezes que um país sediou os Jogos Olímpicos

MAIS MEDALHAS DE OURO OLÍMPICAS NO HEPTATLO
Nafissatou Thiam (BEL) conquistou seu 3º ouro olímpico no heptatlo nos Jogos de Paris, com 6.880 pontos após os 7 eventos. Tornou-se a 2ª mulher, depois da lançadora do martelo Anita Włodarczyk (POL), a ganhar 3 ouros olímpicos consecutivos no atletismo.

10.000M MAIS RÁPIDOS (FEM.)
Beatrice Chebet (KEN) quebrou o recorde mundial dos 10.000m com 28min54,14s em Eugene, Oregon, EUA, em 25/5/2024, tornando-se a 1ª atleta a correr abaixo de 29min.

Chebet também detém o recorde dos **5km mais rápidos**, com 13min54s, estabelecido em Barcelona, ESP, em 31/12/2024.

CRÍQUETE

MAIS CORRIDAS EM UMA PARTIDA DA CHAMPIONS TROPHY DA ICC
Em 26/2/2025, o abridor Ibrahim Zadran (AFG) marcou 177 corridas em 146 bolas, incluindo 6 sixes e 12 fours em uma partida da fase de grupos da Champions Trophy da ICC contra a Inglaterra. Quebrou o recorde do abridor Ben Duckett (RU), que marcara 165 corridas em 143 bolas contra a Austrália 4 dias antes, no mesmo estádio: o Gaddafi em Lahore, PAK.

Primeiro One-Day International com apenas lançamentos de rotação
Em 18/2/2025, o anfitrião Omã e os EUA se enfrentaram na Liga 2 da Copa do Mundo de Críquete Masculino, no Al Amerat Cricket Ground, que teve 61 overs de rotação, sem nenhum lançamento rápido/de costura. Nove lançadores participaram, e Nosthush Kenjige (EUA) se destacou, com 5 wickets para 11 corridas. Os EUA venceram por 57.

Centena mais rápida no T20 Internacional (masc.)
Em 17/6/2024, Sahil Chauhan (EST, n. IND) alcançou a centena em 27 bolas contra o anfitrião Chipre no Happy Valley Ground, em Episkopi. É a mais rápida do T20 sênior, superando Chris Gayle, que precisou de 30 bolas contra o Pune Warriors, no Royal Challengers Bangalore, pela Indian Premier League, em 23/4/2013. Terminou a entrada com 144 não eliminados – **mais sixes em uma entrada** (18) na história da modalidade.

Centena mais rápida no Teste (fem.)
Nat Sciver-Brunt (RU) conseguiu uma centena em 96 bolas no 1º dia da partida de teste único contra a África do Sul, em 15/12/2024, no Mangaung Oval, RSA. No 3º wicket de 174, se uniu à estreante Maia Bouchier, que alcançou sua centena em 124 bolas, a 4ª mais rápida em um Teste feminino.

MAIS WICKETS EM UMA ENTRADA DA PREMIER LEAGUE (FEM.)
Ellyse Perry (AUS) alcançou 6 wickets em 15 corridas pelo Royal Challengers Bengalore, contra o Mumbai Indians, em 12/3/2024. Tornou-se a 1ª jogadora a chegar às centenas e a alcançar 6 wickets nas 3 modalidades do críquete.

MAIOR PONTUAÇÃO EM UMA PARTIDA DE TESTE (EQUIPE; FEM.)
A Índia venceu a entrada com 603 corridas para 6 wickets em uma partida de teste única contra a África do Sul, no Estádio MA Chidambaram, em Chennai, IND, entre 28-29/6/2024. No 1º dia, a abridora Shafali Verma marcou 100 corridas nos 32 overs – **mais corridas por uma rebatedora em partida de teste única**.

MAIS CORRIDAS NA COPA DO MUNDO FEMININA T20
Suzie Bates (NZL) marcou 1.216 corridas em 42 partidas entre 2009-2024. Anotou 32 na final da Copa do Mundo T20 de 2024, quando derrotou a África do Sul e conquistou seu 1º título. Até 26/3/2025, detinha o recorde de **mais partidas no críquete de seleções (fem.)**: 348.

Bates também jogou basquete pela Nova Zelândia, participando das Olimpíadas de 2008.

MAIS CENTENAS NO T20 INTERNACIONAL (MASC.)
Rohit Sharma (IND) e Glenn Maxwell (AUS) conseguiram 100 corridas ou mais 5x no T20 até 26/3/2025. Sharma (*abaixo*) alcançou a 5ª marca em 17/1/2024, com 121 pontos contra o Afeganistão em Bangalore, IND. Maxwell (*à dir.*) igualou o recorde com uma entrada de 120 corridas em 55 bolas contra as Índias Ocidentais em Adelaide, AUS, além de deter a maior pontuação entre os dois: 145 contra o Sri Lanka.

O críquete voltará às Olimpíadas em 2028. Na única participação, em 1900, a Grã-Bretanha venceu a França na final por 158 corridas.

MAIOR PONTUAÇÃO DE UM TIME NA INDIAN PREMIER LEAGUE
O Sunrisers Hyderabad marcou 287 corridas por 3 contra o anfitrião Bangalore no Estádio M. Chinnaswamy em 15/4/2024. Travis Head liderou com 102 corridas, e Aiden Markram (RSA, *acima*) adicionou 32 em 17 bolas. O Sunrisers quebrou o recorde estabelecido 19 dias antes, de 277 por 3 contra o Mumbai Indians.

Maior parceria no Teste de equipe visitante
Harry Brook e Joe Root somaram 454 corridas pela Inglaterra contra o anfitrião Paquistão no Estádio de Críquete de Multan, entre 9-10/10/2024 – a maior parceria entre dois rebatedores visitantes numa partida de Teste. Root fez a melhor pontuação da carreira (262 corridas), e Brook anotou 317. A dupla superou o recorde de 90 anos de Don Bradman e Bill Ponsford: 451 corridas no 2º wicket pela Austrália contra a Inglaterra, no The Oval, em 18/8/1934.

Maior sequência de vitórias em séries de Teste em casa (masc.)
A Índia venceu 16 séries de partidas de Teste consecutivas em casa entre mar/2013 e 26/10/2024, quando a Nova Zelândia ganhou o Segundo Teste em Pune por 113 corridas, na vitória por 3-0 na série – a 1ª derrota da Índia em uma série em casa em quase 12 anos.

Maior pontuação de equipe no T20 Internacional (masc.)
Em 23/10/2024, o Zimbábue anotou 344 corridas em 4 wickets no Pré--Qualificatório Sub-Regional da África para a Copa do Mundo T20 contra a Gâmbia em Nairóbi, KEN. Sikandar Raza fez 133 em 43 bolas, com 15 sixes. A Gâmbia foi eliminada por 54 corridas. Essa é a **maior margem de vitória por corridas no T20I (masc.)**: 290.

Menor pontuação de equipe no T20 Internacional (masc.)
A Costa do Marfim foi eliminada em 7 corridas em 7,3 overs contra a anfitriã Nigéria, em Lagos, em 24/11/2024. O abridor Ouattara Mohamed (4) foi o único a anotar mais de uma corrida.

Mais corridas em um único over no T20 Internacional (masc.)
Em 20/8/2024, Darius Visser (n. NZL, SAM) marcou 36 corridas em um over contra o vanuatuense Nalin Nipiko, no Faleata Oval Nº 2, em Apia, SAM. Rebateu 6 sixes em um over de 9 bolas, que também incluiu 3 no-balls, totalizando 39 corridas.

Jogador mais caro da IPL
O Lucknow Super Giants contratou Rishabh Pant (IND) por US$ 3,21mi no leilão de jogadores da IPL em 24/11/2024. Com 27 anos, ele marcara 5.022 corridas no T20 em 191 entradas no críquete doméstico e de franquia.

Mais wickets na Copa do Mundo Feminina T20
Megan Schutt (AUS) alcançou 48 wickets em 29 partidas em Copas do Mundo Femininas T20 entre 2016-2024. Ajudou a Austrália a vencer 3 edições seguidas do torneio (2018, 2020 e 2023), conquistando 10, 13 e 10 wickets, respectivamente. Detém o recorde de **mais wickets no T20I (fem.)**: 151.

MAIS WICKETS POR UM LANÇADOR DE BOLA RÁPIDA EM TESTE
James Anderson (RU) se aposentou pouco antes dos 42 anos do Teste Críquete, em 12/7/2024, com 704 wickets. Ocupava o 3º lugar entre os tomadores de wicket no Teste, atrás dos spinners Muttiah Muralitharan (SRI, 800) e Shane Warne (AUS, 708). O rival mais próximo entre os lançadores rápidos é Stuart Broad, com 604 wickets em 167 partidas entre 2007-2023.

Anderson realizou 40.037 lançamentos ao longo da carreira no Teste Críquete, que durou 21 anos e 188 partidas.

ESPORTES DE RAQUETE

MAIS TÍTULOS DO PSA SQUASH TOUR FINALS (FEM.)
Nouran Gohar (EGY) conquistou o 3º título do torneio de fim de temporada, em 2024, um recorde, ao derrotar a compatriota Nour El Sherbini por 7-11, 11-2, 11-9 e 11-10 na final, em 22/jun, em Bellevue, Washington, EUA. Foi a 5ª taça seguida no circuito, incluindo o Aberto Britânico e o Campeonato Mundial.

CAMPEÃO DE SIMPLES MAIS VELHO NO ATP TOUR
Gaël Monfils (FRA, n. 1/9/1986) tinha 38 anos e 132 dias ao vencer o Aberto de Auckland, na Nova Zelândia, em 11/1/2025. Derrotou Zizou Bergs (BEL) por 6-3 e 6-4 na final, conquistando o 13º título no ATP Tour, criado em 1990.

Até jan/2025, Monfils, 52º do mundo, é o jogador mais velho entre os 100 melhores do ranking de simples da história do ATP Tour.

Mais títulos do Campeonato Mundial de Badminton por Equipes (fem.)
A China conquistou a Uber Cup 16x desde que a competição foi criada, em 1957. A vitória mais recente foi em 5/5/2024, quando derrotou a Indonésia por 3-0 na final, em casa, em Chengdu. O recorde **masculino** é da Indonésia, com 14 títulos entre 1958 e 2021.

Mais títulos da Laver Cup
Ao final da 7ª edição da Laver Cup, em Berlim, GER, entre 20 e 22/9/2024, o time Europa (com Björn Borg, SWE, capitão) venceu o time Mundo (com John McEnroe, EUA, capitão), ampliando a vantagem de títulos para 5-2. Em disputa acirrada na Uber Arena, os europeus — com Carlos Alcaraz (ESP) e Daniil Medvedev (RUS) — venceram por 13-11.

Maior prêmio em dinheiro em um torneio de tênis
O nº 1 do mundo, Jannik Sinner (ITA), levou para casa US$ 4.881.100 após vencer o ATP Finals de 2024, em Turim, ITA. Derrotou o cabeça de chave nº 5, Taylor Fritz (EUA), por 6-4, 6-4 na final, em 17/nov, tornando-se o 1º homem a vencer o torneio sem perder um set desde Ivan Lendl (EUA, n. CZE) em 1986. Conquistou o prêmio 8 dias após Coco Gauff (EUA) ter estabelecido o recorde anterior de maior premiação no WTA Finals (*à dir.*).

Mais aces em uma partida da ATP (melhor de 3 sets)
Em 17/6/2024, Milos Raonic (CAN, n. MNE) disparou 47 saques indefensáveis contra Cameron Norrie na 1ª rodada do ATP 500 de Queen's, em Londres, RU. Avançou com parciais de 6-7, 6-3, 7-6, após salvar 2 match points, ganhando 86% dos pontos com o 1º saque. O canadense é o 9º maior sacador da história da ATP, com 8.445 aces.

MAIOR PRÊMIO EM DINHEIRO EM TORNEIO DE TÊNIS (FEM.)
Cori Gaulg, ou "Coco" (EUA), embolsou US$ 4.805.000 após vencer o WTA Finals de 2024 em Riade, KSA. A jovem de 21 anos superou Zheng Qinwen em uma final de 3h, em 9/nov, tornando-se a campeã de simples mais jovem do WTA Finals desde Maria Sharapova (RUS) em 2004.

Jogador com ranking mais baixo a ser campeão no ATP Tour
Marin Čilić (CRO, n. BIH) venceu, em 2024, a 1ª edição do Aberto de Hangzhou, na China, sendo o 777º do mundo. O ex-nº 3 retornava após a temporada 2023/24 repleta de lesões. Derrotou 3 dos 10 cabeças de chave no torneio ATP 250 e venceu o favorito da casa, Zhang Zhizhen, na final por 7-6, 7-6.

MAIS MEDALHAS OLÍMPICAS NO BADMINTON (MASC.)
Viktor Axelsen (DNK) defendeu o título de simples nos Jogos de Paris 2024, totalizando 3 medalhas olímpicas (1 bronze no Rio 2016). Igualou a marca de outros 5 jogadores: Kim Dong-moon (KOR), Lee Chong Wei (MAS), Fu Haifeng, Zhang Nan e Chen Long (todos CHN).

MAIS TÍTULOS MUNDIAIS NO RAQUETEBOL (FEM.)
Paola Longoria (MEX) conquistou o 6º título mundial em 29/8/2024, ao vencer Gabriela Martínez (GUA) na final em San Antonio, Texas, EUA. Também é 5x campeã nas duplas femininas, ao lado da compatriota Samantha Salas.

Campeão olímpico mais velho no tênis (masc.; era aberta)
Novak Djokovic (SRB, n. 22/5/1987) tinha 37 anos e 74 dias quando derrotou Carlos Alcaraz (ESP) na final de simples dos Jogos Olímpicos de Paris, em 4/8/2024. Completou o "Golden Slam" e os 15 títulos "Big", que incluem Grand Slams, ATP Finals, Olimpíadas e Masters 1000, e conquistou o único grande título que lhe faltava desde que se tornou profissional em 2003.

! Rafael Nadal venceu a 1ª partida no ATP Tour no Aberto de Maiorca de 2002, aos 15 anos.

MAIS PARTIDAS DE SIMPLES ENTRE DOIS JOGADORES NO ATP TOUR
Rafael Nadal (ESP, *à dir.*) e Novak Djokovic (SRB) se enfrentaram 60x no circuito entre 2006 e 2024. O sérvio liderou o confronto por 31-29, apesar do espanhol ter vencido 14 dos primeiros 18 duelos. A 60ª e última partida foi nas Olimpíadas de Paris, em 29/7/2024, quando Djoko venceu o "Rei do Saibro" por 6-1, 6-4 e seguiu para conquistar a medalha de ouro e o Golden Slam. A rivalidade de 18 anos terminou com a aposentadoria de Nadal em out/2024.

DJOKOVIC X NADAL: CARA A CARA

	Novak	Rafael
Aberto da Austrália	2	0
Roland Garros	2	8
Wimbledon	2	1
Aberto dos EUA	1	2
ATP Finals	3	2
Masters 1000	16	13
Copa Davis	0	1
Olimpíadas	1	1
Outros	4	1
Vitórias no confronto	31	29

MAIS FINAIS DE GRAND SLAM SEM DERROTA NO TÊNIS (FEM.; ERA ABERTA)
Em 8/6/2024, Iga Świątek (POL) derrotou Jasmine Paolini (ITA) e garantiu o Torneio de Roland Garros, mantendo o recorde de 5 vitórias em 5 finais de Grand Slam. Também venceu na França em 2020, 2022 e 2023, além do Aberto dos EUA de 2022, somando 22 títulos no circuito da WTA.

Campeã mais jovem de WTA 1000
Em 22/2/2025, Mirra Andreeva (RUS, n. 29/4/2007) venceu o ATP de Dubai aos 17 anos e 299 dias. Derrotou Clara Tauson (DNK) na final por 7-6, 6-1.

Primeiro tenista a ganhar o ouro olímpico em duplas mistas e do mesmo gênero (era aberta)
Kateřina Siniaková (CZE) conquistou a medalha de ouro em Tóquio 2021 (com Barbora Krejčíková nas duplas femininas) e em Paris 2024 (com Tomáš Macháč nas mistas). É a única competidora a vencer em ambas as modalidades desde o início da era aberta, em 1968.

As 145 partidas invictas de De Groot foram encerradas por Xiaohui Li (CHN) na Copa do Mundo por Equipes, em 11/5/2024.

MAIS TÍTULOS DE SIMPLES CONSECUTIVOS DE TÊNIS EM CADEIRA DE RODAS (FEM.)
Diede de Groot (NED) conquistou, em Wimbledon, em 13/7/2024, o 15º título seguido de simples. A sequência começou no Aberto da Austrália de 2021, e venceu todos os Grand Slams até 2024, com exceção do Aberto dos EUA, do qual não participou.

ESPORTES AQUÁTICOS

Maior onda surfada (masc.) – 26,21m, por Sebastian Steudtner (GER), em 29/10/2020.

Maior onda surfada (fem.) – 22,4m, por Maya Gabeira (BRA), em 11/2/2020.

A Praia do Norte, em Nazaré, POR, tornou-se o destino favorito para os surfistas de ondas grandes. Os espectadores no farol com vista para o oceano Atlântico testemunham as maiores já surfadas. As conquistas foram ratificadas pela Liga Mundial de Surfe.

MAIS RÁPIDOS

100m livre (masc.)
Pan Zhanle (CHN) conquistou a medalha de ouro olímpica com 46,40s em 31/7/2024. Melhorou o recorde em 0,4s – a maior melhoria na prova desde 1976. Esse foi um dos 4 recordes mundiais de natação batidos na Paris La Défense Arena durante os Jogos.

200m livre (fem.)
Nas seletivas de natação australiana olímpica de 2024 em Brisbane, Queensland, em 12/jun, A. Titmus (AUS) chegou em 1min52,23s. A 2ª colocada, M. O'Callaghan, também bateu o recorde mundial anterior.

400m medley (fem.)
Em 16/5/2024, Summer McIntosh (CAN) aniquilou o próprio recorde por quase 1,5s nas seletivas canadenses, em Toronto, Ontário. A jovem de 17 anos venceu os 400m medley individual em 4min24,38s.

4x100m medley (misto)
A equipe dos EUA, formada por Torri Huske, Nic Fink, Gretchen Walsh e Ryan Murphy, registrou 3min37,43s nas Olimpíadas de Paris em 3/8/2024.

No dia seguinte, os EUA venceram a prova **feminina** com 3min49,63s. O quarteto era composto por Huske, Walsh, Lilly King e Regan Smith.

Bobby Finke conquistou mais um ouro para o país em 4/ago, com os **1.500m (masc.)**, em 14min30,67s. Defendeu o título da prova de Tóquio 2020.

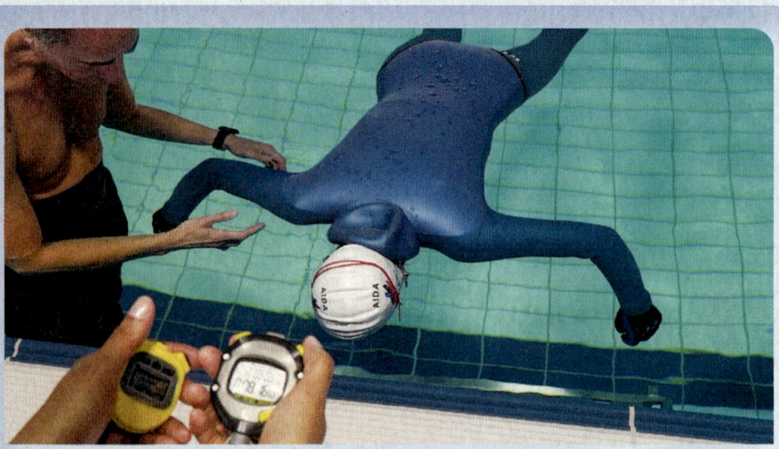

MAIOR DURAÇÃO DE APNEIA ESTÁTICA (FEM.)

Em 27/6/2024, a mergulhadora Heike Schwerdtner (GER) prendeu a respiração sob a água por 9min7s em Caunas, LTU. A professora de enfermagem de 54 anos quebrou o recorde de 11 anos da lenda Natalia Molchanova (RUS) por 5s no 32º Campeonato Mundial de Apneia. Foi o único recorde do evento. A conquista histórica foi ratificada pela Associação Internacional para o Desenvolvimento da Apneia (AIDA).

50m borboleta (S5, masc.)
Guo Jincheng (CHN) conquistou um de seus 4 ouros paralímpicos em Paris com o tempo de 30,28s em 6/9/2024. Nascido sem braços, também quebrou o recorde dos 50m livre S5 com 29,33s.

100m livre (S9, fem.)
Alexa Leary (AUS) bateu 59,53s na final paralímpica em 4/9/2024. Ex-triatleta, sofreu um acidente de bicicleta durante um treino em 2021, que a deixou com uma lesão cerebral. Passou 6 meses internada e teve parte do crânio removido – os médicos disseram que ela talvez não voltasse a andar ou falar.

2.000m skiff simples leve (masc.)
Em 18/8/2024, Niels Torre (ITA) venceu sua bateria no Campeonato Mundial de Remo de 2024 com 6min39,56s em St. Catharines, Ontário, CAN. Na final, conquistou o bronze.

Na mesma competição, em 24/8, Katarzyna Wełna e Jessika Sobocińska (ambas POL) completaram os **2.000m par sem timoneiro leve (fem.)** (7min17,02s).

2.000m double skiff (PR2, misto)
Lauren Rowles e Gregg Stevenson (ambos RU) venceram sua bateria paralímpica em Paris com 7min56,92s em 30/8/2024.

MAIS MEDALHAS DE OURO OLÍMPICAS NA CANOAGEM

Lisa Carrington (NZL) conquistou 3 ouros nas Olimpíadas de Paris de 2024, totalizando 8 durante a carreira e igualando o recorde de Birgit Fischer (GER) entre 1980-2004. A lenda conquistou títulos em 4 modalidades de caiaque em 4 Jogos.

A 1ª competição olímpica de salto ornamental, em 1904, incluiu o "mergulho à distância". Os atletas pulavam de cabeça e tentavam flutuar o mais longe possível sem mexer braços e pernas.

MAIS MEDALHAS DE OURO OLÍMPICAS NO SALTO ORNAMENTAL (MASC.)
Em 10/8/2024, Cao Yuan (CHN , *acima*) conquistou o ouro na plataforma de 10m masc., totalizando 4 medalhas em 4 Olimpíadas. Nesse ano, a China venceu todas as 8 provas de mergulho em Paris. Igualou a marca olímpica de Greg Louganis (EUA, *à esq.*), que venceu as provas masculinas (trampolim 3m e plataforma 10m) em 1984 e 1988.

100M LIVRE MAIS RÁPIDOS (S6, FEM.)
Jiang Yuyan (CHN) conquistou a medalha de ouro paralímpica com 1min9,68s em 4/9/2024. Foi a competidora mais bem-sucedida em Paris, com 7 ouros e o **100m costas mais rápidos (S6)** (1min19,44s).

Maior pontuação geral no esqui aquático (masc.)
De acordo com a Federação Internacional de Esqui Aquático e Wakeboard, em 28/4/2024, Joel Poland (RU) obteve 2.704,19 pontos na Travers Cup em Sunset Lakes, Flórida, EUA. Passou por duas boias no slalom com um cabo de 10,25m a 58km/h, fez 12.030 pontos em manobras e saltou 69,6m.

Maior onda surfada na remada (fem.)
De acordo com a Liga Mundial de Surfe, Laura Enever (AUS) surfou uma onda de 13,3m no Outer Reef de Oahu, no Havai, EUA, em 22/1/2023.

Mais gols marcados no polo aquático olímpico (fem.)
Maggie Steffens (EUA) fez 64 gols em 4 Jogos Olímpicos (2012-2024). A tricampeã adicionou 8 gols ao recorde em Paris. Apesar disso, os EUA ficaram fora do pódio, em 4° lugar.

O recorde **masculino** é de 127 gols, de Manuel Estiarte (ESP), em mais 6 entre 1980-2000, quase o dobro do rival mais próximo.

MAIS PESQUISADO

100m livre em piscina longa (fem.)

2.000M QUATRO COM TIMONEIRO MAIS RÁPIDO (PR3, MISTO)
Em 30/8/2024, a Grã-Bretanha estabeleceu o recorde mundial de 6min43,68s nas baterias das Paralimpíadas de 2024. A equipe é formada por E. Fuller, J. O'Brien, G. Rakauskaitė (n. LTU), F. Allen (*da frente para trás*) e a timoneira E. Kennedy. A Grã-Bretanha está invicta desde 2010 nessa prova.

*todos os recordes de natação foram estabelecidos em piscinas de 50 metros.

ESPORTES DE COMBATE

MAIS MEDALHAS OLÍMPICAS NO TAEKWONDO (FEM.)
Nos Jogos de Paris, em 7/8/2024, Panipak Wongpattanakit (THA, *à dir.*) derrotou Guo Qing (CHN) na final e conquistou a 3ª medalha olímpica — igualando o recorde histórico de Hwang Kyung-Seon (KOR) e María Espinoza (MEX). Já conquistara ouro e bronze nas 2 edições anteriores, na categoria peso-mosca.

CAMPEÃ MUNDIAL DE BOXE MAIS JOVEM A UNIFICAR OS 4 CINTURÕES
Gabriela Fundora (EUA, n. 29/3/2002) tinha 22 anos e 218 dias quando unificou os títulos do peso-mosca, em 2/11/2024, em Las Vegas, Nevada, EUA. Chamada de "Doce Veneno", venceu Gabriela Celeste Alaniz (ARG) por nocaute técnico no 7º round, acrescentando os cinturões de WBA, WBC e WBO ao da IBF.

MAIS VITÓRIAS EM DISPUTAS DE CINTURÃO DO UFC
Em 16/11/2024, Jon Jones (EUA), ou "Bones", conquistou a 16ª vitória em disputas de cinturão do UFC. Na edição 309, defendeu o dos pesos--pesados, derrotando Stipe Miocic (EUA) com um chute giratório para trás, no Madison Square Garden, em Nova York, EUA. Dos 16 triunfos, 14 foram na categoria meio-pesado.

MAIS VITÓRIAS NO UFC (FEM.)
Jéssica Andrade (BRA) alcançou a 17ª vitória no Octógono, em 13/4/2024, vencendo Marina Rodriguez por decisão dividida no UFC 300 e superando o recorde da compatriota Amanda Nunes. Também detém a marca de **mais lutas no UFC (fem.)**: 28.

MAIS LUTAS DE SUMÔ CONSECUTIVAS
Tamawashi Ichirō (JPN, n. MNG) fez uma sequência de 1.653 lutas entre 2004 e 2024. Foram 832 vitórias e 821 derrotas que o levaram ao topo como *sekiwake* (o 3º nível mais alto do sumô japonês). Superou o recorde de Aobajō Yukio (JPN, 1.630 confrontos) no 3º dia do Torneio de Sumô de Outono de 2024, em Tóquio.

MAIS MEDALHAS DE OURO OLÍMPICAS CONSECUTIVAS EM UM EVENTO INDIVIDUAL
O lutador greco-romano Mijaín López (CUB) fez história nos Jogos de Paris, conquistando o 5º título na categoria peso-pesado 16 anos após a 1ª vitória. Aos 41 anos, derrotou Yasmani Acosta, nos 130kg, em 6/8/2024. No final, deixou as sapatilhas sobre o tatame, simbolizando a aposentadoria.

MAIS MEDALHAS OLÍMPICAS NO JUDÔ
Teddy Riner (FRA) conquistou 7 medalhas em Jogos entre 2008 e 2024 — 2 de bronze e o recorde de **mais medalhas de ouro no judô olímpico** (5). Ídolo da França, nos Jogos de Paris 2024, acendeu a pira olímpica ao lado da velocista Marie-José Pérec. No fim, venceu entre os pesos-pesados (+100kg) e na disputa mista.

1º CAMPEÃO MUNDIAL DOS PESOS-PESADOS A UNIFICAR OS 4 CINTURÕES
Em 18/5/2024, Oleksandr Usyk (UKR, *abaixo, à esq.*) derrotou Tyson Fury em Riade, KSA, unificando os cinturões de WBA, WBO, WBC e IBF dos pesos-pesados. Tornou-se o 1º campeão indiscutível da categoria desde Lennox Lewis, que os unificara na era dos 3 cinturões, 24 anos antes. Usyk teve que abrir mão do título da IBF no mês seguinte, mas defendeu os outros em revanche contra Fury, em 21/12/2024.

Usyk é um dos 5 boxeadores a unificar os 4 cinturões em duas categorias.

AUTOMOBILISMO

Mais vitórias na NHRA
O piloto dragster John Force (EUA) conquistou a 157ª vitória no NHRA New England Nationals, em 2/6/2024. A temporada acabou no mesmo mês devido a uma explosão grave de motor no NHRA Virginia Nationals. John tem 75 anos e foi 16x campeão na categoria Funny Car — veículos com carroceria de fibra de vidro elevada e que se assemelham a carros comuns.

Mais participações em Grandes Prêmios de Fórmula E
Lucas di Grassi (BRA) participara de 131 corridas até o final do campeonato de 2024. Segundo as estatísticas, completou 4.468 voltas, totalizando 111.114km — mais de 2x a distância entre Nova York e Los Angeles.

Di Grassi também detinha os recordes da Fórmula E de **mais pódios** (40) e **mais vitórias em Grandes Prêmios** (13), empatado com Sébastien Buemi (SUI).

Mais pole positions na Fórmula E
Em 30/6/2024, Jean-Éric Vergne (FRA) conquistou sua 17ª pole position, na Corrida 2 do E-Prix de Portland.

Vencedor de 11 corridas, ele também é o piloto com **mais campeonatos mundiais da Fórmula E**, com títulos em 2017/18 e 2018/19.

MAIS VITÓRIAS CONSECUTIVAS NO CAMPEONATO MUNDIAL DE SUPERBIKE
O turco Toprak Razgatlıoğlu venceu 13 corridas consecutivas entre 21/4 e 11/8/2024. As provas foram divididas em 5 etapas: NED, ITA, RU, CZE e POR. No fim da 1ª temporada com a equipe ROKiT BMW Motorrad WorldSBK, ele conquistou o 2º título mundial.

MAIS PESQUISADOS

Corrida mais rápida da Top Fuel da NHRA

MAIS CORRIDAS NA FÓRMULA 1
No Grande Prêmio da Cidade do México de 2024, em 27/10, Fernando Alonso (ESP) e sua equipe da Aston Martin celebraram sua 400ª corrida na F1. Bicampeão mundial com a Renault em 2005/06, acumulou 32 vitórias e 22 pole positions. Também detém a marca de **mais largadas na Fórmula 1** (397), tendo perdido apenas 3 provas.

Maior salário anual de um piloto de corrida
O campeão mundial de Fórmula 1 Max Verstappen (NED, n. BEL) faturou cerca de US$81mi em 12 meses até 1/5/2024, de acordo com a *Forbes*. Isso o colocou em 17º lugar na lista anual dos atletas com maiores salários; o outro piloto no Top50 foi Lewis Hamilton, em 21º, com US$69mi.

Mais pole positions em Grandes Prêmios de motovelocidade
Marc Márquez (ESP) obteve 2 pole positions na MotoGP de 2024, totalizando 94: 66 na MotoGP, 14 na Moto2 e 14 na Moto3. Em 1/9/2024, o 8x campeão mundial recebeu a bandeira quadriculada em Aragão, conquistando a 1ª vitória desde 2021.

Márquez (n. 17/2/1993) também é o **vencedor mais jovem de uma corrida de MotoGP**, com 20 anos e 63 dias, em 21/4/2013.

MAIS VITÓRIAS EM UM GRANDE PRÊMIO DE FÓRMULA 1
Em 7/7/2024, Lewis Hamilton (RU) conquistou a 9ª vitória no Grande Prêmio da Grã-Bretanha, terminando 1,4s à frente de Max Verstappen. As vitórias anteriores em Silverstone ocorreram em 2008, 2014-2017 e 2019-2021. Foi a 1ª do piloto da Mercedes após 2 anos, ampliando o recorde de **mais vitórias em corridas de Fórmula 1** para 104 (hoje, 105).

A 1ª corrida da NASCAR aconteceu em 1948 em Daytona Beach, com uma reta de 3,2km na areia.

Mais vitórias na NASCAR truck series
Criada em 1995, a NASCAR Truck Series é considerada o 3º nível das 3 divisões da categoria, atrás da NASCAR Cup Series e da Xfinity Series. Kyle Busch (EUA) ganhou 2 corridas em 2024, somando 66.

Também alcançou 63 na NASCAR Cup Series e **mais vitórias na Xfinity Series** (102).

Treino classificatório da Indianapolis 500 mais rápido
Em 19/5/2024, Scott McLaughlin (NZL) completou 4 voltas de qualificação no Indianapolis Motor Speedway com velocidade média de 376,940km/h. Este é o melhor tempo da Indy 500 para qualquer piloto que tenha conquistado a pole.

PILOTO MAIS JOVEM DA FÓRMULA E
Em 27/4/2024, Taylor Barnard (RU, n. 1/6/2004) correu no E-Prix de Mônaco com 19 anos e 331 dias. Piloto reserva da NEOM McLaren, substituiu o lesionado Sam Bird e se tornou o 1º adolescente a competir na Fórmula E. Largou no final do grid e terminou em 14º.

TT da Ilha de Man
Realizada pela 1ª vez em 1907, é a corrida de moto anual mais antiga. Com circuito de 60,72km de estradas públicas que começa na cidade de Douglas, o percurso anti-horário ao redor da ilha inclui curvas de alta velocidade, como Ballagarey e Creg-Ny-Baa. A corrida traz riscos reais — mais de 250 pilotos faleceram na TT da Ilha de Man e no Grande Prêmio de Manx.

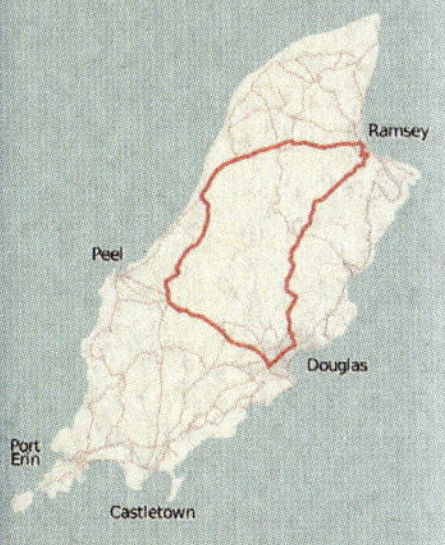

CLASSIFICAÇÃO DA INDIANAPOLIS 500 MAIS RÁPIDA (FEM.)
Katherine Legge (RU) teve média de 371,871km/h nas 4 voltas da qualificação para a Indy 500 de 2023, em 20/mai. Classificou-se em 30º lugar, com a Rahal Letterman Lanigan Racing. Fez testes pela Minardi, da F1, e competiu na Fórmula E e na NASCAR Xfinity Series.

Mais participações no Campeonato Mundial de Rali (WRC)
Jari-Matti Latvala (FIN) alinhou para seu 211º rali do WRC em 1/8/2024. Chefe de equipe da Toyota GAZOO Racing, competiu na categoria WRC2 no Rali da Finlândia de 2024. Sua 1ª participação foi na prova da Grã-Bretanha de 2002, conquistando 18 vitórias.

Maior velocidade em uma corrida de NHRA Funny Car (305m)
Em 17/11/2024, Austin Prock (EUA) atingiu 549,880km/h na 1ª rodada eliminatória nas Finais de 2024 na Califórnia, EUA. Este é o tempo mais rápido da história da NHRA. Prock havia conquistado o 1º campeonato de Funny Car no dia anterior.

Ainda na NHRA, Greg Anderson (EUA) ampliou o recorde de **mais vitórias em Pro Stock** para 106, conquistando, em 2024, o 6º campeonato, enquanto Tony Schumacher (EUA) aumentou seu recorde de **mais vitórias no Top Fuel** para 88.

MAIS VITÓRIAS NA TT DA ILHA DE MAN
Michael Dunlop (RU) venceu 4 corridas na TT da Ilha de Man de 2024, alcançando 29 na carreira. Superou o recorde do tio, Joey Dunlop, que ganhara 26x entre 1977 e 2000. Michael fez sua estreia na TT aos 18 anos e chegou em 1º dois anos depois. Em 2016, registrou a 1ª volta abaixo de 17min, com velocidade média de 214,636km/h.

MAIS VITÓRIAS CONSECUTIVAS NA NHRA
Gaige Herrera (EUA) venceu 11 corridas da categoria Pro Stock Motorcycle entre 24/9/2023 e 30/6/2024. Ganhou as 5 provas de 2023 e as 6 de 2024, quebrando o recorde de longa data de Bob Glidden, que faturou 9 consecutivas da Pro Stock em 1979. A sequência terminou com uma derrota para Chase Van Sant na NHRA Northwest Nationals.

ESPORTES DE INVERNO

Maior pontuação no programa longo de patinação artística (masc.) Ilia Malinin (EUA) fez 227,79 pontos na apresentação no Campeonato Mundial de Patinação Artística em Montreal, CAN, em 23/3/2024. O "Deus dos Quádruplos" executou 6 saltos quádruplos e conquistou o 1º título mundial.

Salto de esqui mais longo (masc.)
Em 30/3/2025, Domen Prevc (SVN) voou 254,5m na Copa do Mundo de Salto de Esqui da FIS em Planica, SVN.

Duas semanas antes, sua irmã, Nika, estabelecera o recorde **feminino**, saltando 236m no treino para o Flying Hill, em Vikersundbakken, NOR. Esse esporte é coisa de família para os Prevc... O irmão mais velho, Peter, também é ex-recordista mundial da modalidade.

Mulher mais velha a subir ao pódio na Copa do Mundo de Esqui Alpino
Em 23/3/2025, Lindsey Vonn (EUA, n. 18/10/1984) coroou seu triunfante retorno às competições com uma medalha de prata na prova de Super-G em Sun Valley, aos 40 anos e 156 dias.

Após 5 anos afastada do esporte e uma cirurgia no joelho, ainda detém os recordes da Copa do Mundo de **mais vitórias em provas de downhill e Super-G (fem.)**, 43 e 28, respectivamente.

1º 2340 no snowboard em competição
Hiroto Ogiwara (JPN) realizou um salto inédito de 6,5 voltas em 24/1/2025 nos X Games de Aspen, no Colorado, EUA. Venceu a prova de Big Air após sofrer uma fratura leve no antebraço durante os treinos.

No dia seguinte, Miro Tabanelli (ITA) igualou o feito ao executar o **1º 2340 no esqui competitivo**, durante o Ski Big Air. O jovem de 20 anos foi recompensado com a 1ª medalha de ouro nos X Games.

Mais títulos de esqui livre na Copa do Mundo da FIS
Em 17/1/2025, em Laax, SUI, Eileen Gu (CHN, n. EUA) conquistou a 18ª vitória na Copa do Mundo. O esqui livre engloba competições de Halfpipe, Slopestyle e Big Air na Copa do Mundo de Esqui Estilo Livre da FIS.

Mais vitórias em etapas da Copa do Mundo de Combinado Nórdico da FIS
As provas de combinado nórdico consistem em um salto e uma corrida de esqui cross-country. Jarl Magnus Riiber (NOR) venceu 78 competições solo de Copa do Mundo entre 6/2/2016-7/2/2025. Aposentou-se em 2025, após ser diagnosticado com doença de Crohn.

MAIOR VELOCIDADE NO ESQUI DE COSTAS
Em 11/3/2024, Anders Backe (NOR) alcançou 133,46km/h esquiando "switch" — de costas — no Flying Hill em Vikersundbakken, NOR. Desceu a primeira rampa de frente para ganhar velocidade, girou 180° no ponto de salto e continuou de costas até a zona de medição.

MAIS MEDALHAS NOS X GAMES EM DISCIPLINAS DE INVERNO
Em 25/1/2025, Mark McMorris (CAN) conquistou a 24ª medalha nos X Games desde 2011, ao ganhar a prata no Snowboard Slopestyle. São 11 ouros, 10 pratas e 3 bronzes no Slopestyle e Big Air. Também já levou 3 bronzes olímpicos.

MAIOR VELOCIDADE NO ESQUI
Em 22/3/2023, Simon Billy (FRA) chegou a 255,50km/h nas encostas de Vars, FRA — a **pessoa mais rápida do planeta sem o uso de motor**. A velocidade no esqui é genética: o pai, Philippe, quebrou o recorde mundial da época, 243,90km/h, em 1997.

10.000M PATINADOS MAIS RÁPIDOS (MASC.)
Na Copa do Mundo de Patinação de Velocidade da ISU, em 25/1/2025, Davide Ghiotto (ITA) completou 25 voltas no Oval Olímpico em Calgary, CAN, em 12min25,69s. Quebrou o recorde mundial dos 10.000m a alta altitude, em 5s.

Em 22/3/2024, Noriaki Kasai (n. 6/6/1972) se tornou o **mais velho a pontuar na Copa do Mundo de Salto de Esqui da FIS**, aos 51 anos e 290 dias.

MAIS PARTICIPAÇÕES NA COPA DO MUNDO DE SALTO DE ESQUI
Noriaki Kasai (JPN) competiu em 579 eventos individuais da Copa do Mundo desde a estreia em 17/12/1988. Com 52 anos, começou no esporte aos 9, é detentor de vários recordes do GWR e recebeu os certificados mais recentes em abr/2024 (*detalhe*).

MAIS VITÓRIAS NO CRESTA RUN GRAND NATIONAL
Clifton Wrottesley (IRL) foi campeão 18x no prestigioso evento de trenó no gelo conhecido como Cresta Run, realizado numa pista de gelo na Suíça (*ver à dir.*). Conquistou o 1º título em 1997 e o mais recente em 2025. Quarto lugar no skeleton nos Jogos Olímpicos de Inverno de 2002, detém o recorde de **conclusão mais rápida do Cresta Run**, passando pelas 10 curvas em 49,92s em 1/2/2015.

Cresta Run
Esse desafio clássico de trenó acontece em uma pista de gelo de 1.212m, que desce 157m de St. Moritz até Celerina, SUI.

PONTOS-CHAVE
1. Topo
2. Salto da Igreja
3. Entrada da Junção
4. Curva Shuttlecock
5. Reta Bledisloe
6. Chegada

MAIS VITÓRIAS EM CORRIDAS DA COPA DO MUNDO DE ESQUI ALPINO
Mikaela Shiffrin (EUA) entrou para a história em 23/2/2025, ao vencer sua 100ª corrida de Copa do Mundo em Sestriere, ITA (*detalhe*). Conquistou a 1ª vitória aos 17 anos, em 20/12/2012, e é a única esquiadora alpina a vencer provas nas 6 disciplinas. Alcançou 101 triunfos na temporada 2024/25, incluindo **mais vitórias no slalom (fem.)** (64) e **no slalom gigante** (22).

Apenas 3 esquiadores na Copa do Mundo têm mais vitórias totais em corridas do que as 64 apenas no slalom de Shiffrin.

ULTRAMARATONAS

Ultramaratonas são disputadas por distância (ex.: 100km) ou tempo (ex.: 24h).

Viaje por 8 das ultramaratonas mais famosas do mundo. Cada uma envolve um tipo de clima e terreno, que apresentam desafios próprios e levam os competidores mais resistentes ao limite.

Corrida de Autotranscendência de 3.100 Milhas
Quase o equivalente a 118 maratonas, a **corrida anual mais longa** é realizada no verão ao redor de um quarteirão de Nova York, com umidade sufocante e chuvas torrenciais. Em 2023, Tsai Wen-Ya, de Taiwan (CHN), obteve o **menor tempo (fem.)**: 45 dias e 12h28min44s.

Maratonas Barkley
Inspirada em uma fuga de prisão de 1977, esta corrida infernal foi criada por Gary Cantrell, ou "Lazarus Lake", e consiste em 5 voltas de 32km pelas colinas do Tennessee. Os corajosos devem coletar páginas de livros escondidas no percurso. Até hoje, só 20 pessoas completaram todas as voltas no limite de 60h. Quem tem **mais finalizações** (4) é Jared Campbell (EUA), a mais recente em 2024.

Hardrock 100
Uma prova desafiadora pelas trilhas de terra das Montanhas San Juan, EUA, a Hardrock 100 tem um pico de 4.284m. Em 2024, Courtney Dauwalter (EUA, *à dir.*) estabeleceu o **menor tempo (fem.)** – 26h11min49s – e Ludovic Pommeret (FRA) quebrou o recorde **masculino**, com 21h33min6s.

Maratona Comrades
Inaugurada em 1921, a ultramaratona mais antiga segue por um percurso montanhoso de cerca de 90km entre Durban e Pietermaritzburg, RSA. O trajeto se alterna entre "de subida" e "de descida" todo ano. O **menor tempo (fem.)** é 5h44min54s, de Gerda Steyn (RSA, *à dir.*), no percurso "de descida" em 11/6/2023. O recorde **masculino**, 5h13min58s, ocorreu no mesmo dia, por Tete Dijana (RSA).

As ultramaratonas modernas se originaram da febre do século XIX por caminhadas competitivas, também conhecidas como "pedestrianismo". Assim como as caminhadas de 6 dias, elas atraíram multidões.

Ultra-Trail du Mont-Blanc
Esta ultramaratona alpina de etapa única atravessa cerca de 170km de montanhas da FRA, SUI e ITA, e tem por volta de 10.000m de ganho de elevação. O recorde de **mais vitórias (masc.)** é 4, de François D'Haene (FRA) e Kilian Jornet (ESP); Lizzy Hawker (RU) detém o recorde **feminino**, com 5.

Spartathlon
A corrida grega recria a lendária travessia de 246km do mensageiro Fidípides entre Atenas e Esparta em 490 AEC. O herói grego moderno Fotis Zisimopoulos detém o **tempo mais rápido**, com 19h55min9s, em 2023.

Ultramaratona do Lago Saroma
Situado na ilha de Hokkaido, JPN, o Lago Saroma é uma das ultramaratonas mais pitorescas do mundo. Detém vários recordes mundiais, incluindo a **corrida de rua de 100km mais rápida entre mulheres** — 6h33min11s, de Tomoe Abe (JPN), em 25/6/2000.

Maratona das Areias
Ultramaratona extenuante de 7 dias pelas areias imprevisíveis do deserto do Saara, esta corrida estende-se por cerca de 250km. Os competidores enfrentam temperaturas acima de 50°C, carregando todo o equipamento. Rachid El Morabity (MAR; *à dir.*) venceu pela 10ª vez em 2024, igualando o recorde de **mais vitórias**, do compatriota Lahcen Ahansal.

VARIEDADES

OLIMPÍADAS

Mais participações consecutivas
Nos Jogos de 2024 em Paris, a atiradora esportiva Nino Salukvadze (GEO) participou da 10ª Olimpíada consecutiva. Competiu pela 1ª vez em 1988, pela União Soviética, conquistando um ouro e uma prata nas provas de pistola de ar 10m e 25m.

Igualou o recorde absoluto de **mais participações** olímpicas do cavaleiro Ian Millar (CAN), que competiu entre 1972-1976 e 1984-2012. Millar não participou em 1980 devido ao boicote do Canadá ao evento.

Mais edições até ganhar uma medalha de ouro
A amazona Isabell Werth (GER) conquistou um título olímpico na 7ª participação, em Paris, montando Wendy na prova de adestramento por equipes em 3/8/2024. Com a vitória, chegou a 8 ouros e 6 pratas — **mais medalhas olímpicas na história do hipismo**.

Jogadora mais velha a vencer uma partida de tênis de mesa
Ni Xia Lian (LUX, n. CHN, 4/7/1963) tinha 61 anos e 23 dias quando venceu a 1ª rodada do individual feminino em Paris, no dia 27/7/2024. Bicampeã mundial em 1983, ainda pela China, derrotou a turca Sibel Altınkaya, de 31 anos, por 4x2. Foi eliminada na rodada seguinte pela cabeça de chave nº 1, Sun Yingsha (CHN).

Mais medalhas de ouro no hóquei (fem.)
A Holanda conquistou o 5º título olímpico no hóquei feminino em 2024. Venceu a China por 3x1 nos pênaltis. Havia ganhado em 1984, 2008, 2012 e 2021.

Maior pontuação no tiro com arco recurvo (72 flechas a 70m; fem.)
Em 25/7/2024, Lim Si-hyeon (KOR) liderou a 1ª sessão da prova de arco recurvo feminino, realizada na Esplanada dos Inválidos, em Paris, com pontuação de 694 de um total de 720. Viria a conquistar 3 ouros.

MAIOR PONTUAÇÃO NO TIRO ESPORTIVO (PISTOLA DE AR 25M; FEM.)
Em 10/5/2024, Kim Ye-ji (KOR) acertou 42 dos 50 alvos em etapa da Copa do Mundo de tiro esportivo em Baku, AZE. Conquistou a prata em Paris 2024, onde seu visual futurista e atitude confiante chamaram a atenção nas redes sociais e lhe renderam o 1º papel na TV, interpretando uma assassina.

MAIS MEDALHAS DE OURO NO VÔLEI SENTADO PARALIMPÍCO (MASC.)
O Irã conquistou o 8º título no vôlei sentado masculino nos Jogos Paralímpicos de Paris 2024, derrotando a Bósnia e Herzegovina por 3x1 na final, em 6/9/2024. O maior pontuador do Irã na decisão foi Morteza Mehrzadselakjani (*na fileira de trás*), com 27 pontos. Com 2,46m, ele é a 3ª pessoa viva mais alta do mundo.

Escalada de velocidade mais rápida (15m; masc.)
Sam Watson (EUA) escalou uma parede de 15m em 4,74s na disputa pela medalha de bronze em Paris, em 8/8/2024. Aos 18 anos, quebrou o recorde masculino 2x nos Jogos.

Três dias antes, também em Paris, Aleksandra Mirosław (POL) quebrou o próprio recorde **feminino**, ao completar a prova em 6,06s.

Ciclismo de velocidade mais rápido (equipe; fem.)
A equipe da Grã-Bretanha (Sophie Capewell, Emma Finucane e Katy Marchant) deu 3 voltas no Velódromo Nacional em 45,186s, em 5/8/2024. Estabeleceu recordes mundiais em todas as fases e derrotou a Nova Zelândia pelo ouro.

MARATONA MAIS RÁPIDA (FEM.)
Ruth Chepngetich (KEN) venceu a Maratona de Chicago de 2024 em 2h9min56s, em 13/out. Quebrou o recorde mundial por quase 2min e superou sua marca em mais de 4min nos 42,1km do percurso. Foi o 3º triunfo na Cidade dos Ventos — **mais vitórias na Maratona de Chicago (fem.)**.

DESAFIO DOS TRÊS PICOS MAIS RÁPIDO (FEM.)
Entre 15 e 21/5/2024, Imogen Boddy (RU) conquistou os picos Ben Nevis (SCO), Scafell Pike (RU) e Yr Wyddfa (WAL; Snowdon), percorrendo a pé 680km. A ultramaratonista de 24 anos completou o desafio em 6 dias 5h43min.

MAIS RECORDES MUNDIAIS EM UMA ÚNICA COMPETIÇÃO DE NATAÇÃO
Gretchen Walsh (EUA) quebrou 11 recordes no Campeonato Mundial de Natação Aquática (25m) entre 10-15/12/2024, em Budapeste, HUN – 4 a mais do que os compatriotas Mark Spitz e Michael Phelps nas Olimpíadas de 1972 e 2008. Estabeleceu 9 marcas em provas individuais e 2 em revezamentos, conquistando 7 ouros.

BOT, DMA, GUA e LCA conquistaram o primeiro ouro olímpico em 2024.

Putt de golfe mais longo fora de torneios
Em 4/11/2024, golfistas profissionais, incluindo Tommy Fleetwood (RU) e Min Woo Lee (AUS), participaram do "Hero Challenge", do DP World Tour no Yas Links, em Abu Dhabi, UAE. A competição foi vencida por David Micheluzzi (AUS), que, na 2ª tentativa, acertou um putt direto do fairway, a 127,1m.

Mais tries no Super Rugby
TJ Perenara (NZL) marcou 65 tries pelo Hurricanes no Super Rugby entre 2012 e 2024.

MENOR PONTUAÇÃO EM UM MAJOR DE GOLFE (MASC.)
Em 19/5/2024, Xander Schauffele (EUA) venceu o 106º PGA Championship com pontuação de -21 (62-68-68--65; 263). Fez um birdie no buraco final para ganhar por uma tacada no Valhalla Golf Club, em Louisville, Kentucky, EUA. Foi o 1º título de major na carreira.

DIVERSOS

Milha indoor mais rápida (masc.)
Em 13/2/2025, Jakob Ingebrigtsen (NOR) correu uma milha em 3min45,14s em Liévin, FRA. Ficou 1s abaixo do recorde anterior de Yared Nuguse (EUA), estabelecido 5 dias antes. Também registrou os **1.500m indoor mais rápidos (masc.)**, com 3min29,63s, na mesma corrida.

Ultramaratona de 6 dias mais longa (masc.)
No Campeonato Mundial de 6 Dias Gomu-EMU 2024, em Balatonfüred, HUN, entre 5-11/set, Matthieu Bonne (BEL) percorreu 1.045,519km. Superou o recorde de 19 anos de Yiannis Kouros (GRE) por quase 9km e foi nomeado o Ultramaratonista do Ano (masc.).

CAMPEÃ MAIS JOVEM DA LIGA MUNDIAL DE SURFE
Caitlin Simmers (EUA, n. 26/10/2005) tinha 18 anos e 316 dias quando venceu a WSL Finals 2024, em 6/set. Após ganhar 3 etapas do circuito naquele ano, derrotou Caroline Marks por 2x1 pelo título, realizada em Lower Trestles, Califórnia, EUA.

MAIS VITÓRIAS NA VOLTA DA ESPANHA
Em 8/9/2024, Primož Roglič (SVN) conquistou a 4ª vitória na Volta da Espanha, igualando o feito de Roberto Heras (ESP), que venceu em 2000 e entre 2003-2005. Ganhador entre 2019--2021, recuperou-se da decepção no Tour de France, onde sofreu quedas em etapas consecutivas.

VENCEDOR MAIS JOVEM DO CAMPEONATO MUNDIAL DE DARDOS
Em 3/1/2025, Luke Littler (RU, n. 21/1/2007) foi coroado rei do oche com apenas 17 anos e 348 dias. Um ano após chegar à final na estreia no torneio, "The Nuke" ("A Bomba") derrotou o tricampeão Michael van Gerwen (NED) por 7x3 e conquistou o Troféu Sid Waddell. Recebeu seu certificado pelas mãos de Will Munford, do GWR, em abr/2025.

PAREM AS MÁQUINAS

As entradas abaixo foram aprovadas e adicionadas a nosso banco de dados após o encerramento oficial das inscrições deste ano.

Soma mental de 50 números de 5 dígitos mais rápida
Aaryan Shukla (IND; *ver p.157*) levou 18,71s para somar 50 números de 5 dígitos em Dubai, UAE, em 6/12/2024. Entre os recordes de Shukla, estão: **soma mental de 200 números de 4 dígitos mais rápida** (1min9,68s) e **multiplicação de 2 números de 5 dígitos** (51,69s).

Maior bolo de mel
Em 6/12/2024, a Harley's India apresentou um Medovik (bolo russo de mel) de 2.254kg em Hyderabad, Telangana, IND. A preparação da iguaria de 21,3m envolveu 200 funcionários e 25 chefs.

Empinada de moto sem as mãos mais longa
O piloto acrobático Sumit Tomar (IND) manteve a moto empinada por 1,70km, sem tocar no guidão de sua TVS Apache, em Bangalore, Karnataka, IND, em 10/12/2024.

Menor tempo para completar a Maratona no Gelo da Antártida por um casal
Nirmal e Varsha Das (ambos EUA) completaram, juntos, a prova em 14h47min59s no Glaciar Union, em 13/12/2024. Esta corrida de resistência é realizada anualmente desde 2006 e é a **maratona mais ao sul**, na latitude 80°S.

Garrafa de uísque mais valiosa
Nguyen Dinh Tuan Viet (VIE) é o dono de uma enorme garrafa de Macallan chamada "The Intrepid", avaliada em US$6,5mi, como confirmado na Cidade de Ho Chi Minh, VIE, em 14/12/2024. Destilado em 1989, mas engarrafado em 2021, tem a altura de um homem adulto e contém 311L de single malt.

Ensaio fotográfico de moda subaquático mais profundo
Steven Haining fotografou Ciara Antoski (ambos CAN) a 49,8m de profundidade, no convés do navio *Hydro Atlantic*, próximo a Pompano Beach, Flórida, EUA, em 19/12/2024, sob supervisão do especialista em mergulho Wayne Fryman.

Mais toques em uma tecla de piano em 1min
Keita Hattori (JPN) tocou uma tecla de piano 1.030x em 60s em Musashino, Tóquio, JPN, em 20/12/2024. No mesmo dia, o adolescente conquistou o recorde de **30s** (533 toques).

Mais barras fixas com um braço só em 1min (masc.)
Li Zechuan (CHN) ergueu-se 35x em um braço em Shenyang, Liaoning, CHN, em 21/12/2024.

Menor parque
Um parque urbano de 0,24m² foi inaugurado no Natal de 2024 em Nagaizumi, Shizuoka, JPN. Conhecido como Nagaizumi Town, foi construído após um dignitário local visitar Portland, Oregon, EUA, e ver o Mill Ends Park, antigo detentor do recorde (*ver p.106*).

Maior distância por um cachorro com um livro sobre a cabeça em 1min
O collie Leonard Lee caminhou 17,3m com um livro sobre a cabeça em uma livraria em Fairfax, Virgínia, EUA, em 27/12/2024. Ele pertence a Teresa Hanula (EUA) e detém um recorde de basquete também.

Carreira mais longa como apresentador de rádio (geral)
Em 30/12/2024, Mary McCoy (EUA) completou 73 anos e 252 dias como DJ, conforme verificado em Conroe, Texas, EUA. Iniciou a carreira como cantora e chegou a se apresentar ao lado de Elvis Presley em 1955.

Maratona a bordo de um navio mais rápida
Shane Wood (AUS) correu 42,2km em 2h52min47s a bordo de um cruzeiro da Royal Caribbean em Sydney, AUS, em 30/12/2024. Completou 78 voltas em uma pista de corrida de 543,2m.

Mais dias seguidos lançando um single digital por um artista musical
O compositor Nazim Khaled (FRA) compôs, gravou e lançou 366 singles digitais entre 1/1-31/12/2024, como verificado em Paris, FRA.

Maior exibição de esculturas infláveis
Em 1/1/2025, uma colônia de 1.083 cogumelos infláveis apareceu pelas ruas de Xiamen, Fujian, CHN. Os fungos eram parte do Festival do Conto de Fadas dos Cogumelos da cidade.

Mais semanas no Top 10 musical do RU por uma canção de Natal
"All I Want for Christmas Is You", de Mariah Carey (EUA), permaneceu no Top 10 da Parada Oficial de Singles do RU por 49 semanas até 2/1/2025. A música também acumulou **mais semanas na parada britânica por uma canção de Natal** (140).

Mais tempo controlando uma peteca com uma raquete de badminton
Em 5/1/2025, Jaick Joseph (RU) manteve uma peteca no ar por 22min29s em Wythenshawe, Grande Manchester, RU.

Maior labirinto de gelo
A Minnesota Ice e Robbie Harrell (ambos EUA) apresentaram um labirinto de gelo de 1.686,087m² no Estádio TCO em Eagan, Minnesota, EUA, em 10/1/2025.

Mais pessoas fantasiadas de dinossauro
O Cox Science Center and Aquarium (EUA) organizou um evento com 468 pessoas de todas as idades com fantasia de dinossauro em West Palm Beach, Flórida, EUA, em 10/1/2025.

Maratona descalço e vendado mais rápida (masc.)
Rami Naouss (LBN), vendado e descalço, completou uma maratona em 3h55min47s em Dubai, UAE, em 12/1/2025.

Mais tempo segurando uma bola de demolição
Brian Kichton (EUA) sustentou uma bola de demolição por 1min7,73s em Milão, ITA, em 16/1/2025. Conforme as regras do GWR, pesava, pelo menos, 350kg.

200m medley em água gelada mais rápidos (fem.)
Emilia Finer (NZL) percorreu 200m em 2min38,55s, nos 4 estilos de nado, no 6º Campeonato Mundial de Natação em Águas Geladas da IISA em Molveno, Trento, ITA, em 17/1/2025. Segundo as regras da associação, a temperatura aquática deve estar abaixo de 5°C.

Resolução de quebra-cabeça rotativo tipo relógio mais rápida
Lachlan Gibson (NZL) levou 1,86s para completar um quebra-cabeça mecânico de 2 lados durante o evento "Um Novo Ano em Auckland", em 17/1/2025, NZL. Diminuiu o recorde anterior em 0,11s.

Menor cabra
A cabra-pigmeu-canadense Karumbi mede 40,5cm até os ombros, como verificado em Querala, IND, em 18/1/2025. Seu tutor é Peter Lenu (IND).

Maratona vestida como cientista mais rápida (fem.)
Tsatsral Battsengel (MNG) correu a Maratona de Houston em 3h17min31s no Texas, EUA, em 19/1/2025. Ela é cientista e trabalha em uma empresa de fabricação de produtos com eficiência energética. Escolheu esse recorde, em parte, para inspirar meninas a seguir carreira nas áreas de ciência e engenharia, ainda dominadas por homens.

Mais cafeterias visitadas em 24h
Sujoy Kumar Mitra e a dra. Sweta Shukla (ambos IND) desfrutaram de bebidas de 58 cafés em Deli, IND, entre 19-20/1/2025.

Beijo com pimenta habanero mais longo
André Ortolf e Jenny Springer (ambos GER) se beijaram ardentemente por 22min8,07s em Augsburg, Baviera, GER, em 24/1/2025.

Maior distância em um tuk-tuk em 12h
Em 25/1/2025, Sekinat Taiwo (NGA) conduziu um tuk-tuk elétrico, fabricado pela Qoray Mobility e pela Energies (ambas NGA), por 347,11km, em Lagos, NGA. Foram centenas de voltas em um circuito próximo ao Teatro Nacional da cidade.

Mais sabores de sorvete à disposição
Em 25/1/2025, 1.301 sabores de sorvete foram apresentados por ALPZ Celal Karaarslan, pelo Município Metropolitano de Ordu e pela estação de esqui Kabadüz Çambaşı (todos TUR) em Çambaşı Yaylası, TUR.

Mais luzes de LED em um carro
Alix Wilding (RU) apresentou um Nissan Skyline R34 iluminado com 43.860 LEDs coloridos em Toulouse, FRA, em 25/1/2025.

Música de K-pop a atingir 1bi de reproduções no Spotify mais rápido
Em 26/1/2025, 100 dias após o lançamento em 18/10/2024, a música "APT.", de Rosé (NZL/KOR, n. Roseanne Park/Park Chae-young) e Bruno Mars (EUA, n. Peter Hernandez), alcançou 1bi de reproduções no Spotify.

Volta ao mundo em voos comerciais por pontos antípodas exatos mais rápida
Michael Robinson (AUS) deu a volta ao mundo em 58h8min, partindo e retornando de Auckland, NZL. No trajeto, passou pelo vilarejo de Pruna, na Andaluzia, ESP — o antípoda exato de Auckland. Concluiu a viagem em 27/1/2025.

Maior parque temático inflável do mundo
A SELA (KSA) inaugurou um parque temático inflável de 2.009,3 m² — com escorregadores altos, montanhas macias e uma pista ninja — em Riade, KSA, em 27/1/2025.

Maior peso adicional em um mergulho de tríceps
Em 1/2/2025, Liu Weiqiang (CHN) realizou um mergulho de tríceps com 191,94kg em Zhangjiakou, Hebei, CHN. Na modalidade, os competidores se abaixam entre 2 barras paralelas até os braços formarem um ângulo de 90° nos cotovelos. O recorde considera o peso adicional ao participante (em geral, preso por um cinto na cintura).

Mais tempo tocando harmônio
Siddhiie Kapshikarr (IND) executou

ragas tradicionais nesse órgão de foles por 10h23min22s em Londres, RU, em 2/2/2025.

Maior exposição de pôsteres
O Festival Internacional de Cinema de Chandler (EUA) e Mitesh Patel (CAN) exibiram 1.365 pôsteres de filmes no LOOK Dine-In Cinemas em Chandler, Arizona, EUA, em 2/2/2025.

Lhama de cativeiro mais velha
Whitetop (n. 30/5/1997) tinha 27 anos e 250 dias em 4/2/2025, conforme verificado na Carolina do Norte, EUA.

Mais saltos através de um aro lançado em 30s (equipe)
Um trio de acrobatas saltou por um aro lançado 21x em 30s em Milão, ITA, em 5/2/2025. Jacob Grégoire, Augustin Thériault (ambos CAN) e Santiago Esviza (ARG) são membros da companhia circense Hoops Désolé.

Mais degraus subidos com a cabeça
Li Qingbo (CHN) subiu, com a cabeça, 40 degraus no programa *Lo Show dei Record* em Milão, ITA, em 11/2/2025.

Mais pulos de corda para trás em 1min
Siddharth Santosh Das (IND) realizou 274 pulos de corda para trás em 60s em Raigad, Maharashtra, IND, em 11/2/2025.

Mais toques dos pés na barra em 1h
Mattia Passarini (ITA) tocou com os pés uma barra suspensa acima da cabeça 466x, enquanto estava pendurado com as mãos em Cingapura em 11/2/2025.

Mais sítios do Patrimônio Mundial da UNESCO visitados em 12h
O indiano Sujoy Kumar Mitra visitou 16 sítios do Patrimônio Mundial em 12/2/2025. A jornada relâmpago foi das minas neolíticas de sílex, próximas a Mons, BEL, até as linhas de defesa aquática em Beemster, NED.

Maior pilha de colchões
Sagar Ramakant Joshi (IND) empilhou 8,8m de colchões em Surate, Gujarat, IND, em 14/2/2025.

Menor tempo para comer 1kg de muçarela (sem as mãos)
James Webb (AUS) devorou 1.000g de muçarela em 1min22,59, sem usar as mãos, no programa *Lo Show dei Record* em Milão, ITA, em 14/2/2025.

Maior distância de trem em 24h
Da Estação Ferroviária Shenzhen Norte até a Estação de Yibin (ambas CHN), Wang Dong (CHN) percorreu 5.887,76km de trem entre 14-15/2/2025. Planejou a rota por 2 anos e concluiu a viagem a 40s do limite de 24h!

Maior dança de sapateado estilo "stepping"
Um grupo de 268 dançarinos se apresentou para celebrar o 30º aniversário da companhia de dança afro-americana Step Afrika! (EUA) em Washington, DC, EUA, em 15/2/2025.

Maior coleção de itens dos Minions
Liesl Benecke (AUS) reuniu 1.035 itens dos personagens amarelos, conforme verificado em Jindalee, Perth, AUS, em 16/2/2025. A coleção inclui miniaturas, óculos, joias e uma "arma de pum".

Maior gôndola feita de LEGO®
A Silvrettaseilbahn AG (AUT) apresentou uma cabine de teleférico de 4,51x2,43m, feita com cerca de 400.000 peças de LEGO em Ischgl, Tirol, AUT, em 16/2/2025.

Menor tempo para quebrar 20 tacos de beisebol pelas costas
J.D. Anderson (EUA) levou 1min13,81s para quebrar 20 tacos de beisebol no programa *Lo Show dei Record* em 19/2/2025. Prendia os tacos pelos cotovelos antes de destruí-los. No mesmo dia, quebrou **mais blocos de gelo em 1min** (103).

Menor tempo para completar circuito de obstáculos sobre as patas traseiras por um cão
O poodle Pappy percorreu escadas e passou por postes e um corrimão em 1min23,38s em Milão, ITA, no dia 20/2/2025. O dono, Alex Rothacker (EUA), o incentivava durante o percurso.

Menor tempo para organizar um baralho memorizado debaixo d'água
Após decorar um baralho inteiro enquanto submerso, Purevjav Erdenesaikhan (MNG) organizou um novo baralho na mesma ordem em 49,26s em Sydney, AUS, em 22/2/2025.

Maior distância de handcycle em 1h (MP3, fem.)
Em 22/2/2025, a ex-atleta paralímpica Svetlana Moshkovich (AUT, n. RUS) percorreu 36.132km em Grenchen, SUI. A classe MP3 indica limitação funcional das pernas.

Viagem pelos 7 continentes mais rápida
Johnny Cruz Buckingham (EUA) visitou os continentes em apenas 2 dias e 16h, terminando em Perth, AUS, em 23/2/2025. Já tentara bater o recorde em 2022, mas perdera uma conexão aérea no Cairo, EGY.

Salto de gato mais longo
O gato resgatado Oscar saltou 2,58m horizontalmente em Dallas, Texas, EUA, em 26/2/2025. Seu tutor é Theodore Shiells (EUA).

Mais panquecas servidas em 8h
Em 1/3/2025, um IHOP (EUA) serviu 25.689 panquecas em Santa Monica, Califórnia, EUA. A rede também doou US$20.000 para a organização sem fins lucrativos Feeding America.

Menor média de movimentos para resolver um cubo mágico
Radomił Baran (POL) teve uma média de 19,67 movimentos para resolver um cubo-padrão no evento 5BLD Masters em Opole, POL, em 1/3/2025.

Maior conjunto de melódica
Para quebrar o próprio recorde de 2013, 905 tocadores de melódica se reuniram em Hamamatsu, Shizuoka, JPN, em 2/3/2025.

Maior *encocado*
O governo provincial de Esmeraldas, no norte do Equador, preparou um *encocado de camarón* – camarão com molho de coco – de 1.331,6kg, em 4/3/2025.

10km em patins inline mais rápidos (II1)
Zayne Merzi Sodawaterwala (IND) patinou 10km em 40min4s em Dubai, UAE, em 5/3/2025. A classe II1 indica deficiência intelectual contínua; Zayne tem autismo.

Bastões de esqui mais compridos
A marca de esportes de inverno Swix (NOR) apresentou um par de bastões de esqui de 5,5m no Campeonato Mundial de Esqui Nórdico em Trondheim, NOR, em 6/3/2025.

Maior distância com um tanque de combustível
Entre 5-7/3/2025, Miko Marczyk (POL) percorreu 2.831km em um Škoda Superb sem reabastecer. Partiu de Lódz, POL, e dirigiu até a França, então retornou ao seu país, onde o carro parou.

Nado no gelo mais longo (fem.)
Izabela Babica (POL) nadou 3,54km em 1h16min37s no lago Strzeszyńskie, perto de Poznań, Grande Polônia, POL, em 8/3/2025. A temperatura média da água era de 4,02°C.

Maior exposição de quadrados de crochê
Em 9/3/2025, a Mother India's Crochet Queens (IND) apresentou uma série de 100.581 painéis de tecido bordado em Chennai, Tamil Nadu, IND.

Mais datas do calendário calculadas mentalmente em 1min
Após receber dia, mês e ano, Dirk Ewers (GER) identificou o dia da semana 35x em 60s em Giessen, GER, em 14/3/2025.

Nado no gelo polar mais longo
Krzysztof Gajewski (POL) nadou 3,03km no Ártico, a uma temperatura média de 3,89°C, em um fiorde perto de Stornes, Troms, NOR, em 5/4/2025.

1ª esportista a receber estrela na Calçada da Fama de Hollywood
Em 7/4/2025, a lenda do tênis octogenária Billie Jean King (EUA) recebeu a 2.807ª estrela na Calçada da Fama de Los Angeles, Califórnia, EUA. Além dos feitos nas quadras, lutou pela igualdade de gênero no esporte e foi uma das primeiras atletas de destaque a se declarar membro da comunidade LGBTQIAPN+.

Maratona descalço no gelo/na neve mais rápida
Paweł Durakiewicz (POL) levou 4h57min54s para completar uma maratona abaixo de zero em Golsfjellet, NOR, em 12/4/2025. Em 16/fev, terminara a **meia maratona descalço no gelo/na neve mais rápida** (1h50min29s) em Luleå, SWE.

Resolução de cubo mágico mais rápida
Xuanyi Geng (CHN) completou um cubo mágico em 3,05s na Shenyang Spring 2025 em Liaoning, CHN, em 13/abr. Um feito notável, especialmente para uma pessoa de 7 anos.

Carreira mais longa como árbitro de xadrez
Até 13/4/2025, Faig Gasanov (AZE) supervisionara partidas por 60 anos e 149 dias, conforme ratificado em Baku, AZE. A 1ª vez foi em nov/1964, no 1º torneio internacional de xadrez da cidade.

Mais socos com extensão total em 1min
Joshua Iyalla (RU) deu 453 jabs em uma escola de artes marciais em Londres, RU, em 17/4/2025. No mesmo dia, estabeleceu recordes de mais socos em 1min **segurando peso de 1kg** (333) e **usando luvas de boxe** (374).

Maior coleção de itens da *Vila Sésamo*
Até 17/4/2025, Sheila Chustek (EUA) possuía 1.200 itens do adorado programa infantil, conforme verificado na cidade de Nova York, EUA. Começou em 1973 e, como sua cor favorita é amarelo, não é surpresa que o acervo tenha como destaque o Garibaldo. O que torna a coleção de Sheila a maneira perfeita de encerrar nosso ***GWR 2026*** com tema amarelo!

Entradas em **negrito** indicam a entrada principal de um assunto; **MAIÚSCULAS EM NEGRITO** indicam um capítulo inteiro.

Procurando por um automóvel com um visual cascudo? Entre nesse carro de corrida amarelo nas p.62-63 e embanane os outros competidores!

O fã de Crocs Doogie Sandtiger tem 3.569 pares desse sapato adorado – maravilhe-se com a coleção colossal dele nas p.54-55.

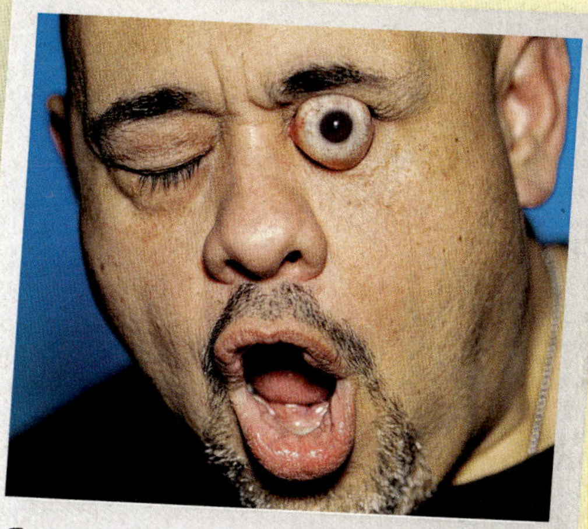

Fique de olhos abertos para não perder o esbugalhador de olhos Williams Martin Sanchez Lopez (URU), na p.49.

Erin Honeycutt ficou de cabelo em pé com seus títulos do GWR. Passe um pente-fino no livro até chegar à barba e ao bigode de mulher mais compridos na p. 45...

Confira na p.68 como Kynlee Heiman, de 8 anos (EUA), elevou o nível em um recorde de ginástica.

Conheça o mestre de "Dungeons & Dragons" Robert Wardhaugh (CAN), cujo jogo com regras próprias está acontecendo há 43 anos, na p.77!

Mãos à obra! Com machado e serrote em punho, vá para a p.66 para descobrir por que os troncos tremem diante do lenhador Oliver Reinhard (SUI), recordista mundial.

Norbert, o miniporco skatista de Illinois, levou aquela coisa de porcos voarem a sério e foi o porco a percorrer 10m de skate em menor tempo (ver p.123).

Veja nas p.34-35 como Luu Công Huyen conquistou esse recorde com unhas e dentes. O editor-chefe do GWR, Craig Glenday, foi até o Vietnã em 2025 para confirmar que ele havia fincado as garras na marca!

Reggie e Pearl representam os extremos do mundo canino. Veja como o menor e o maior cão se colocaram à altura dos recordes na p. 148.

"Ela é muito exigente. É forte e cheia de opiniões, e é capaz de dizer o que quer", disse Vanesa Semler, tutora de Pearl. "Ela é pequenininha, mas tem uma personalidade forte!".

O

P

Ninguém precisa carregar o mundo nas costas. A levantadora de peso Nicole Genrich (AUS) pode fazer isso por você após erguer a pedra de Atlas mais pesada. Saiba mais na p.68.

O prodígio do paraparkour Rubén Roldán Bustos (ESP) virou o mundo dos recordes de cabeça para baixo ao bater vários em 2024 (ver p.69).

Descubra um santuário de jumentos em Lincolnshire, RU, que é lar não de um, mas de dois recordistas residentes nas p.120-21.

CONSULTORES

A cada ano, trabalhamos com dezenas de especialistas que conhecem intimamente seus assuntos de pesquisa. Autoridades que contribuíram para o *GWR 2026* se destacam desde realeza, crimes reais, transplantes de órgãos e letreiros de neon até games, cidades-fantasma, exploração espacial e pickleball. Veja a lista completa em **www.guinnessworldrecords.com/records/partners**.

Iain Borden é professor de Arquitetura e Cultura Urbana na The Bartlett, University College London, RU. É autor e editor de mais de 16 livros sobre história da arquitetura, cidades, cinema e skateboarding. Historiador da arquitetura e comentarista urbano, seu trabalho explora as interseções temáticas entre história da arquitetura, história cultural, teoria crítica e urbanismo.

Paul Craddock é historiador cultural, apresentador e autor premiado. Seu livro de estreia, *Spare Parts: A Surprising History of Transplants* (2022), narra os 500 anos de história dos transplantes modernos e recebeu Menção Honrosa no prêmio Giles St. Aubyn, da Royal Society of Literature. Paul é professor honorário em História da Ciência e Sociedade na Divisão de Cirurgia do University College London e pesquisador-sênior associado no Museu de Ciências de Londres.

Hugh Ferguson é engenheiro civil e atuou como empreiteiro, consultor, jornalista e editor. Depois da graduação, trabalhou na indústria antes de ingressar na revista *New Civil Engineer*, que dirigiu entre 1976-1990. É autor (ou coautor) de alguns livros, como *Constructionarium* (2016) e *The Consulting Engineers* (2020).

Randall Cerveny é professor de Ciências Geográficas na Universidade Estadual do Arizona, EUA. Atua como relator de extremos climáticos para a ONU e a Organização Meteorológica Mundial, sendo responsável por pesquisar e verificar recordes meteorológicos globais. Contribui como editor na revista *Weatherwise* e é autor de artigos científicos e livros, incluindo *Judging Extreme Weather* (2024).

Dydia DeLyser é escritora e geógrafa, com foco na paisagem cultural americana e em como o passado ganha significado no presente. Seu trabalho acadêmico, que inclui envolvimento comunitário, a leva a contribuir com diversos grupos e organizações na preservação da história. É professora de Geografia na Universidade da Califórnia, Fullerton, e presidente da Bodie Foundation, que atua na proteção do Parque Histórico Estadual de Bodie.

David Fischer é consultor esportivo sênior do *GWR*. Escreveu para o *New York Times* e a *Sports Illustrated for Kids* e trabalhou na *Sports Illustrated*, no *National Sports Daily* e na *NBC Sports*. Entre seus livros estão *Tom Brady: A Celebration of Greatness on the Gridiron* (2021), *The New York Yankees of the 1950s* (2019) e *The Super Bowl: The First Fifty Years of America's Greatest Game* (2015).

Mike Chrimes se aposentou como diretor de Política e Informação em Engenharia na Instituição de Engenheiros Civis em 2014, após 37 anos. Bibliotecário profissional e cientista da informação, contribuiu com diversos livros e artigos sobre história da engenharia e serviços de informação. Recebeu o prêmio History and Heritage da Sociedade Americana de Engenheiros Civis e foi agraciado, em 2011, com um MBE pelos serviços prestados à engenharia.

Dydia DeLyser & Paul Greenstein estudam juntos a história do neon e salvam letreiros de neon históricos — quando Dydia não está conservando a cidade-fantasma de Bodie (*acima*). Paul fabrica e restaura letreiros de neon há 50 anos; Dydia pesquisa as origens deles há mais de uma década, além de ser secretária do Museum of Neon Art na Califórnia, EUA. Eles são coautores do livro *Neon: A Light History*, de 2021.

Stephen Follows é analista da indústria cinematográfica e pesquisador de dados. Estuda a operação da indústria do cinema e ajuda cineastas a produzir e divulgar seus filmes. Seu trabalho abrange temas como igualdade de gênero, criatividade aplicada, inovação com IA, educação cinematográfica, entre outros.

Para ajudar na verificação de recordes de inúmeras disciplinas, o *GWR* também conta com instituições e federações. Abaixo, estão algumas das que contribuíram para esta edição. Para ver a lista completa, visite **www.guinnessworldrecords.com/records/partners**.

8000ers.com
Eberhard Jurgalski desenvolveu o sistema de "Elevation Equality", um método de classificação de cordilheiras e picos. Seu site se tornou a principal fonte de estatísticas de altitude para as cordilheiras do Himalaia e Karakoram.

Banana Link
A Banana Link é uma cooperativa sem fins lucrativos fundada em 1996, com sede em Norwich, RU. Defende práticas comerciais justas e éticas, a dignidade dos trabalhadores, o respeito aos direitos trabalhistas e sindicais, sistemas de produção sustentáveis e o diálogo construtivo entre todas as partes envolvidas nas indústrias de produção de banana e abacaxi.

CANNA UK National Giant Vegetables Championship
O Malvern Autumn Show, realizado todos os anos em Worcestershire, RU, é um dos principais eventos competitivos entre os produtores de frutas e legumes gigantes no país. Em 2023, Sebastian Suski, que cultivou o **pepino mais longo** em 2022, assumiu como juiz principal.

Council on Tall Buildings and Urban Habitat (CTBUH)
Com sede em Chicago, Illinois (EUA), o CTBUH é referência mundial para profissionais focados no design, construção e operação de arranha-céus e cidades do futuro.

Discover Economics
Discover Economics é uma campanha da Royal Economic Society que visa aumentar a diversidade na economia. A iniciativa busca ampliar o apelo da economia para estudantes, mudar a percepção sobre a disciplina e atrair alunos de grupos sub-representados. A Discover Economics acredita que a diversidade fortalece as ciências econômicas, uma vez que os economistas precisam refletir a sociedade que querem construir.

Great Pumpkin Commonwealth (GPC)
A GPC incentiva o cultivo de abóboras gigantes — entre outros produtos impressionantes — e estabelece padrões e regulamentos que garantem a qualidade dos frutos e a equidade das competições.

International Ice Swimming Association (IISA)
Fundada por Ram Barkai, a IISA foi criada em 2009 para formalizar a natação em águas geladas (abaixo de 5°C). Criou regras para garantir a segurança e a integridade das provas em termos de distância, tempo e condições, além de cobrir encontros e competições de natação no gelo.

International Slackline Association (ISA)
A missão da ISA é apoiar e fomentar comunidades de slackline, além de gerenciar o slackline como esporte competitivo.

International Waterski & Wakeboard Federation (IWWF)
A IWWF é o órgão regulador mundial de todos os esportes aquáticos rebocados, com mais de 90 federações filiadas. Fundada em 1946 em Genebra, SUI, é reconhecida pelo Comitê Olímpico Internacional (COI) como autoridade suprema na regulamentação desses esportes. Também é membro afiliada da Associação de Federações Internacionais de Esportes Reconhecidas pelo COI (ARISF).

The IRONMAN® Group
Esse grupo é o maior operador mundial de eventos esportivos de participação em massa. Anualmente, mais de 1mi de pessoas participam de suas provas de triatlo, ciclismo, corrida e trilhas.

LongeviQuest (LQ)
A LQ é uma organização global de pesquisa com profissionais em 5 continentes, dedicada à verificação da idade das pessoas mais velhas do mundo. Fundada em 2022 por especialistas renomados, foca nos supercentenários — pessoas que atingiram os 110 anos.

The Numbers
Trata-se do maior banco de dados online sobre bilheteria de cinema, com informações sobre 50.000 filmes e 200.000 pessoas da indústria cinematográfica. Fundado por Bruce Nash em 1997, é acessado por mais de 8mi de usuários todo ano.

Ocean Rowing Society International (ORSI)
Fundada em 1983 por Kenneth F. Crutchlow e Peter Bird, com apoio posterior de Tom Lynch e Tatiana Rezvaya-Crutchlow, a ORSI documenta e classifica tentativas de travessia oceânica a remo.

Parrot Analytics
É a principal empresa global de análise de demanda de conteúdo para o mercado moderno de TV multiplataforma. Monitora mais de 1,5bi de expressões diárias de demanda em mais de 100 idiomas e 200 países.

Second Face Museum of Cultural Masks
É o maior museu totalmente online dedicado à mascarada cultural global. Fundado como uma organização sem fins lucrativos em 2017, tem uma coleção representativa de máscaras culturais do mundo todo, patrocina pesquisas sobre tradições mascaradas e preserva fotos e filmes históricos. É atualmente presidido pelo professor Aaron Fellmeth.

The Sole Supplier
Jamie Hyam é redator de conteúdo do site *The Sole Supplier*, especializado em artigos opinativos e baseados em dados sobre o mercado de calçados casuais. Fundado em 2013, é a principal plataforma do Reino Unido para notícias, lançamentos e tendências sobre tênis e streetwear, atuando com as maiores marcas do setor.

World Cube Association (WCA)
A WCA organiza competições de quebra-cabeças mecânicos que envolvem torcer blocos de peças, como o cubo mágico. Tem como missão incentivar competições em mais países, sempre sob condições justas e equitativas.

World Freestyle Football Association (WFFA)
Fundada no Canadá em 2017, a WFFA é a entidade global reguladora do futebol freestyle. Organiza eventos icônicos como o Campeonato Mundial de Futebol Freestyle, a série Pulse e o Super Ball, além de vários torneios regionais e nacionais em mais de 100 países.

World Meteorological Organization (WMO)
Com sede em Genebra, SUI, a WMO é a autoridade global das Nações Unidas em pesquisa meteorológica, climatológica e hidrológica, tanto para fins científicos quanto de formulação de políticas governamentais.

World Sailing Speed Record Council (WSSRC)
O WSSRC foi reconhecido pela International Yacht Racing Union (hoje World Sailing) em 1972. Seus especialistas são provenientes da Austrália, França, Grã-Bretanha e EUA.

World Ultracycling Association (WUCA)
A WUCA é uma organização sem fins lucrativos dedicada ao incentivo ao ultraciclismo. Possui o maior banco de dados de recordes de ciclismo para todos os tipos de bicicleta, gerenciado por Larry Oslund, e certifica as pedaladas bem-sucedidas de seus membros.

Carolyn Harris assessora o *GWR* em assuntos relacionados à realeza e política e é historiadora, autora, comentarista e professora de História na University of Toronto School of Continuing Studies, CAN. Especialista em História das Monarquias Europeias, tem artigos publicados em revistas e jornais. Também é palestrante convidada frequente e coordenadora de produção no *Royal Studies Journal*.

Harold Schechter é professor emérito do Queens College, da Universidade da Cidade de Nova York, onde lecionou literatura americana por 42 anos. Seus ensaios sobre crime, psicopatologia e violência na mídia foram amplamente publicados, e ele já atuou como especialista em diversos programas de TV com foco em crimes. Duas vezes indicado ao prêmio Edgar, escreveu mais de 40 livros de *true crime*, incluindo *Murderabilia: A History of Crime in 100 Objects* (2023).

Wesley Yin-Poole é diretor de notícias da IGN e jornalista com quase 20 anos de experiência cobrindo empresas como Nintendo, PlayStation e Xbox. Trabalhou no site VideoGamer entre 2007-2010 e liderou a área de notícias do Eurogamer por mais de uma década, antes de se juntar à IGN em 2023. Quando não está aprimorando suas habilidades no modo treino de *Street Fighter*, joga *Call of Duty* no PlayStation ou *Baldur's Gate III* no PC.

Emily Lakdawalla é comunicadora científica, autora e educadora especializada em ciência planetária e exploração espacial. Escreve para publicações da Planetary Society desde 2002 e edita a *Sky & Telescope*. Escreveu os livros *The Design and Engineering of Curiosity* (2018) e *Curiosity and Its Science Mission: A Mars Rover Goes to Work* (no prelo). Também dá nome a um asteroide: *274860 Emilylakdawalla*.

Karl P. N. Shuker possui doutorado em Zoologia e Fisiologia Comparada pela Universidade de Birmingham, RU, e é membro científico da Zoological Society of London, da Royal Entomological Society e da Society of Authors. Escreveu 25 livros e centenas de artigos sobre história natural. Seu foco são animais anômalos, incluindo espécies novas, redescobertas ou ainda não reconhecidas.

Cassidy Zachary é historiadora da moda especializada no significado social e cultural das vestimentas. É criadora e coapresentadora (ao lado de April Calahan) do podcast indicado a prêmios *Dressed: The History of Fashion* e fundadora do blog famoso que se transformou no perfil do Instagram The Art of Dress, que conta com mais de 350.000 seguidores.

Patrick O'Hare é bolsista do programa Future Leaders da UKRI na Universidade de St. Andrews. Tem mestrado e doutorado em Antropologia Social pela Universidade de Cambridge e é especialista no aspecto humano do lixo, da reciclagem e do trabalho. Suas pesquisas se concentram na América Latina, e ele já trabalhou com catadores em Montevidéu, operários de centrais de reciclagem em Buenos Aires e editores que utilizam papelão reciclado em Guadalajara.

Maria Vassilopoulos é profissional e historiadora do mercado editorial, com doutorado sobre a história da indústria britânica de livrarias e editoras pela UCL. Já trabalhou para a revista *The Bookseller*, para a British Library e para a rede Waterstones, além de ter escrito sobre a história da Publishers Association e da Book Society. É também arquivista da Society of Young Publishers e da Book Trade Charity.

David Satka descobriu o pickleball em 2017 e é fã desde então. Foi nomeado Embaixador do USA Pickleball na Pensilvânia e fundou as primeiras quadras ao ar livre dedicadas ao esporte na área. Atua como defensor da Selkirk Inc. e treinador certificado pelo Professional Pickleball Registry. Atualmente, dá seminários e participa de programas de mídia em apoio ao seu livro *Winning Pickleball: Expert Strategies for Next Level Play* (2024).

Matthew White é consultor de música, críquete e tênis do *GWR*. Entre 2009--2025, revisou cerca de 70.000 recordes publicados para o famoso anuário. Formado em jornalismo, realizou o sonho de trabalhar na equipe que produziu as 4 últimas edições do *Guinness Book of British Hit Singles & Albums*. Também atuou em projetos para EMI, Universal Music Group e a Official UK Charts Company.

Respostas do *Hora de brincar* (p.166-67)

Intérpretes de emoji: 1. Maior quantidade de milho doce comida em 1min. **2.** Queijo mais fedorento. **3.** Maior folha de girassol. **4.** Batatas fritas mais caras. **5.** Mais vezes sobrevivendo a raios (7, pelo guarda florestal Roy Sullivan, dos EUA!).

Perguntas: 1. Verdadeiro: o fungo *Spongiforma squarepantsii* foi descrito em 2011. **2.** A: Anã amarela. **3.** Verdadeiro: feito por Exodus e Iggy Chaudhry (ambos EUA), media 1,89x3,32m. **4.** B: Pizza. **5.** Verdadeiro: a substância é chamada tetrodotoxina, ou TTX. **6.** Falso: na verdade foi Rhydon (*ver p.174*). **7.** A: Kevin, Stuart e Bob. **8.** B: C-3PO. **9.** C) Springfield, embora o estado não seja especificado. **10.** Verdadeiro: o pato gigante media 32m de altura e 40m de comprimento (*ver p.1*)!

Respostas da Pixar (*p.183*):

1. Relâmpago McQueen (*Carros*)
2. Mike Wazowski (*Monstros S.A.*)
3. Merida (*Valente*)
4. Gelado, ou Lucius Best (*Os Incríveis*)
5. Flik (*Vida de inseto*)

Agradecimentos também a...
Isabella Alexander; American Printing House (Sara Brown); Americana Vacations (Mike Gandesha); Atom Ltd. (Nick Mines, Alec Saunders); Bamboo Travel (Robin Ball); Banana Link (Holly Woodward--Davey); Scott Banks; David Bennett; Lionel Bently; Richard Bobo; The Braille Institute of America (Lisa Lepore); The Braillists Foundation (Matthew Horspool); Katie Brill; Mike Buckley; Laura Butterbrodt; Nigel Chell; Joe Cione; Michael Clarke; Hannah Cole; Coral Reef Laboratory (Jörg Wiedenmann); Karl Craven; Cybathlon (Annegret Kern, Roland Sigrist); Ramona Delyser; Discover Economics (Abby Carroll, Amrita Zachariah, Sam McLoughlin); Jay Duckworth; Hannah Duncombe; Andy Eddy; The Eden Project (Simon Davies); Brent Elliott; Jack Elston; Claire Endean-Cance; Kristen Fernekes; Lena Fingu-Gharbi; Justin Garvanovic; Kent Gee; Skip Geear; Jordan Geller; Ambrose Greenway; Victoria Grimsell; Thaneswar Guragai; Selena Haas; Tony Hartzel; Wouter De Herder; Ed Hollingum; Lee Horton; The Jim Crow Museum; Olga Jones; Phil Jones; Friedemann Kawohl; KËBË; Megan Lavengood; David Lund; Joyce Merwin; Catherine Moss; National Robotarium (Louise Jack, Ingo Keller); New York University's Tisch School of the Arts (Joe E. Jeffreys); Northern Sustainable Food Systems (Andrew Spring); Ohio State University (Colleen Herr, David Cooke); Johnson Okpaluba; Catherine Orr-Deas; Margaret Orr-Deas; Oxford University Museum of Natural History (Leanne Melbourne); Parrot Analytics (Samuel Stadler); Kayla Paulino; Jon Peterson; Purple (Katie Rudik); Frederic Rideau; RNIB (James Bartlett); Royal College of Music Museum (Gabriele Rossi Rognoni); Royal Pigeon Racing Association (Chris Sutton); Bill Ryan; Dan Schreiber; Jasmine Selbie; Shank Mods; Christopher Shiel; Ricky Sims; Isabel Solomon; Sotheby's (Brahm Wachter); Michael Swanger; Gabriel Tafa; Tarleton State University (Ernesto Gianoli); Michael Tellis; University of Copenhagen (MikkelHolger Strander Sinding); Jasha van der Wel; WhiteClouds (Garrett Douglas, Jared Page); Dave Willens; WSSRC (Simon Forbes); Ashley Wu; Jasmin Ye; e John Zabrucky.

AGRADECIMENTOS

SVP estratégia, marca e publicação global
Nadine Causey

Editor-chefe
Craig Glenday

Gerente editorial
Jane Boatfield

Editor-sênior
Adam Millward

Editores-sênior
Tom Beckerlegge e Ben Hollingum

Editora da *Edição Gamer*
Alice Bell

Editora-júnior
Caitlin Hyem

Editora-sênior de imagem
Abby Taylor

Editores de imagem
Saffron Fradley e Alice Jessop

Revisão e verificação de fatos
Matthew White

Estagiário editorial
Ryan Johson

Diretora de produção e distribuição
Patricia Magill

Gerente de produção e distribuição
Thomas McCurdy

Caçadores de talentos
Charlie Anderson

Designers
Paul Wylie-Deacon e Richard Page da 55design.co.uk

Índice
Tim Appleton

Head de conteúdo patrocinado
Michael Whitty

Fotografia original
Joshua Aaron, Brien Adams, Natalie Behring, Alberto Bernasconi, Ian Bowkett, Michal Carbol, Cody Fox, Erica Lane Harvey, Paul Michael Hughes, Ehrin Macksey, Patrick Marcoux, John F. Martin, Ryan Nicholson, Daniel Pochetti, Kevin Scott Ramos e Henry Xavier

Arte original
Pan Cooke, Steve May/Arena Illustration, Joseph O'Neil, Inko Ai Takita, theillustrators.com.au, Debbie Tung e Brian Williamson

Consultores de produção
Yannick Laag, Astrid Renders, Kevin Sarney, Maximilian Schonlau e Dennis Thon

Impressão e encadernação
Mohn Media Mohndruck GmbH, Gütersloh, Alemanha

Diretor global de marketing
Nicholas Brookes

Head de publicação e comunicação de marca (RU e internacional)
Amber-Georgina Maskell

Gerente-sênior de RP (RU e internacional)
Anna Hammersley

Gerente de RP (RU e internacional)
Madalyn Bielfeld

Executiva de marketing (RU e internacional)
Nicole Dyer-Rainford

Gerente-sênior de conteúdo (RU e internacional)
Eleonora Pilastro

Gerente-sênior de RP (Américas)
Amanda Marcus

Executiva-sênior de RP (Américas)
Kylie Galloway

Gerente de relacionamento com o cliente
Jody Ho

Diretor global de vendas
Joel Smith

Gerente-sênior de contas
Mavis Sarfo

Gerentes internacionais de vendas
Alexandra Bielikova e Aliona Ladus

Diretora de estratégia de marca
Lucy Hunter

Head de gerenciamento de marca
Juliet Dawson

Gerente de marca
Jack Brockbanl

Head de design
Rebecca Fischer

Designer
Aaron Quinn

Reprografia
Resmiye Kahraman e Louise Pinnock do BORN Group

EDIÇÃO BRASILEIRA

HarperCollins Brasil

Coordenação editorial: Isabella Pacheco | Coletivo 141

Assistência editorial e copidesque: Angélica Andrade

Tradução: André Sequeira, Diogo Ramos, Jana Bianchi, Rodrigo Austregéliso e Ulisses Teixeira

Diagramação: Julio Moreira | Equatorium Design

Revisão: Thiago Bio

Os recordes estão aí para serem quebrados, e esse é um dos principais critérios para cada categoria do Guinness. Assim, se você encontrar um recorde que acredita conseguir bater, entre em contato com a gente. Sempre fale conosco antes de tentar quebrar um recorde.

Sustentabilidade

No Guinness World Records, continuamos a tocar nosso negócio da forma mais sustentável e ambientalmente consciente possível. Para firmar esse compromisso, todas as páginas deste livro foram impressas em papel reciclado, feito 100% de papel recolhido e polpa pós-consumo destintada. Durante a produção, não utilizamos branqueamento com cloro. A iniciativa recebeu os certificados Blue Angel e EU Ecolabel.

Este papel é produzido na Steinbeis Papier, Alemanha, uma das fábricas de papel com maior eficiência energética e menor emissão da Europa e cujo foco reside em obter equilíbrio ecológico ao longo de todo o processo — da compra de papel recolhido para uso como matéria-prima à produção, operando num ciclo quase fechado de energia e água.

O GWR está comprometido a ser ético e responsável na escolha de fornecedores de papel e de tinta. Também trabalhamos para que nossa cadeia de fornecedores esteja de acordo com os mais altos padrões internacionais de produção sustentável e gerenciamento de energia. Para mais informações, entre em contato.

O GWR tem um sistema detalhado de verificação de recordes. No entanto, apesar de todo o empenho para garantir a precisão, o GWR não pode ser responsabilizado por erros contidos nesta obra. Recebemos de bom grado comentários de nossos leitores quanto a potenciais imprecisões.

O GWR usa o sistema métrico, com exceção de alguns dados científicos, em que as medidas métricas são universalmente aceitas, e alguns dados esportivos. Quando uma data exata é fornecida, o câmbio de moedas diversas para dólares dos EUA é o que constava no dia em questão. Quando apenas o ano é informado, o câmbio é o do dia 31/dez daquele ano.

Recomendamos cuidado ao tentar quebrar ou estabelecer recordes. Participantes assumem todos os riscos de qualquer tentativa. Depende inteiramente do GWR a decisão de incluir ou não no livro cada tentativa de bater recordes. Ser um recordista do GWR não garante que você aparecerá no *Guinness World Records* publicado.

A representante autorizada na União Europeia do Guinness World Records Limited é a Mohndruck GmbH, Carl-BertelsmannStraße 161M, 33311 Gütersloh, Alemanha, **www.mohnmedia.de**

Dados Internacionais de Catalogação na Publicação (CIP)
(Câmara Brasileira do Livro, SP, Brasil)

Guinness World Records 2026 / [Guinness World Records]. -- Rio de Janeiro : HarperKids, 2025.

Título original: Guinness World Records 2026
Vários tradutores.
ISBN 978-65-5980-192-3

1. Almanaque 2. Curiosidade e maravilhas 3. Recordes mundiais I. Guinness World Records.

25-274748 CDD-036.9

Índices para catálogo sistemático:
1. Recordes mundiais 036.9
Eliete Marques da Silva - Bibliotecária - CRB-8/9380

Endereço registrado: Térreo, the Rookery, 2 Dyott Street, Londres, WC1A 1DE

THE JIM PATTISON GROUP

OFFICIALLY AMAZING

Presidente global
Alistair Richards

Entretenimento
Alexia Argeros, Fiona Gruchy-Craven, Paul O'Neill e Alan Pixsley

Administração global
Alison Ozanne

Financeiro global:
Elizabeth Bishop, Jess Blake, Arianna Cracco, Lisa Gibbs, Kimberley Jones, Narsumi Ogawa, Kirtan Patel e Ysanne Rogers

Parcerias de negócios:
Sian Bhari, Tom Jones, Maryana Lovell e Lorenzo Di Sciullo

Jurídico global:
Mathew Alderson, Sarah Elgeti, Greyson Huang, Matthew Knight e Jiayi Teng

TI e operação (global)
Rob Howe

Gerenciamento de projetos:
Caroline Brouwer e Vivian Peter

Tecnologia digital e TI:
Mohamed Hanad Abukar, Anita Casari, Emman Chaudhry, Oliver Hickie, Veronica Irons, Apon Majumder, Sohail Malik, Ajoke Oritu, Carolyn Sudding, Gerry Sweeny, Roelien Viljoen e Alex Waldu

Central de serviços de recordes:
Mark McKinley

Talentos e criação:
Nana Asante, Lewis Blakeman, Amelis Escalante, Will Munford e Dave Wilson

Atendimento ao cliente:
Joanne Brent, Megan Bruce, Clea Lime, Ryan Masserano, Mariana Sinotti e Melissa Wooton

Gerenciamento de qualidade de dados:
Erin Branney, Thomas Marshall e Will Sinden

Povos e cultura global
Stephanie Lunn

Londres:
Olivia Herrera, Gurpreet Kaur e Monika Tilani

Américas:
Jennifer Olson

China:
Crystal Xu e Nina Zhou

Japão:
Emiko Yamamoto

UAE:
Shilpa Kurian

TV e digital:
Katie Forde

Conteúdo e licenciamento:
Michael Whitty

Licenciamento de conteúdo:
Kathryn Hubbard

Redes sociais:
Josephine Boye, Dominic Punt e Dan Thorne

TV e digital:
Karen Gilchrist e Emma Salt

Conteúdo do site:
Vassi Bakogianni, Katherine Gross e Vicki Newman

Produção de vídeo e design:
Fran Morales e Matthew Musson

Estagiários do Ithaca College:
Ethan Beer, Bridget Dougherty, Ryan Johnson, Prakriti Panwar, Sarah Payne e Samantha Ruiz

Estagiária da Mencap:
Kamari Duncan

GWR para negócios
Marco Frigatti

Ecommerce e produto:
Jackie Angus, Cat Blyth, Fay Edwards, Sara Kali, Athina Kontopoulou, Aled Mann, Scott Shore e Rebecca Ward

Marketing comercial global:
Angelique Begarin, Melissa Brown, Mohamad Kaddoura e Alexandra Moldoveanu

Criativo de recordes global:
Karen Hamzeh

Riscos e comunicação de marca:
Doug Male

Consultorias globais
Pequim
Charles Wharton

Comunicação de marca:
Echo Zhan e Yvonne Zhang

Licenciamento de conteúdo:
Chloe Liu

Editorial: Angela Wu

Produção de eventos: Fay Jiang

Equipe criativa de recordes:
Vertin Pang, Vanessa Tao, Kaia Wang, Richard Xie e Alicia Zhao

Dubai
Talal Omar

Marketing de marca e conteúdo:
Mohamad Kaddoura e Alaa Omari

Serviços de contabilidade comercial:
Khalaf Bin Badi AlDosari, Naser Batat, Danny Hickson, Sara AbuSaad, Jana Tannir e Kamel Yassin

Marketing comercial:
Shaddy Gaad

RP:
Hassan Alibrahim

Equipe criativa de recordes:
Maha Alem, Sarah Alkholb, Reem Al Ghussain e Salma Sobeh

Londres
Sam Prosser

Serviços de contabilidade comercial:
Nick Adams, Monika Drobina, Sirali Gandhi, Nick Hume, Nikhil Shukla, Lucia Sinigagliesi, Nataliia Solovei e Precious Taiwo

Atendimento ao cliente:
Shanaye Howe e Spoorthy Prakash

Marketing comercial:
Amina Addow e William Baxter-Hughes

Equipe criativa de recordes:
Muhammad Ahmed, Shreya Bahuguna, Andrew Fanning, Apekshita Kadam, Ted Li e Francesca Raggi

Américas
Carlos Martinez

Serviços de contabilidade comercial:
Isabella Barbosa, Mackenzie Berry, Brittany Carpenter, Carolina Guanabara, Ralph Hannah, Kim Partrick, Callie Smith e Joana Weiss

Marketing comercial:
Nicole Pando e Ana Rahlves

Publicação, RP e digital:
Kylie Galloway e Amanda Marcus

Equipe criativa de recordes:
Raquel Assis, Lianett Fernandez, Maddison Kulish, Alba (Niky) Pauli, Caro Rodriguez e Carlos Tapia Rojas

Tóquio
Kaoru Ishikawa

Comunicação de marca:
Kazami Kamioka, Theo-Haryo Putro e Masakazu Senda

Serviços de contabilidade comercial:
Jonathan Caleb, Minami Ito, Takuro Maruyama, Yumiko Nakagawa, Nana Nguyen, Yuki Sakamoto, Wei Watanabe e Masamichi Yazaki

Marketing comercial:
Hiroyuki Tanaka e Eri Yuhira

Produção de eventos:
Yuki Uebo

Equipe criativa de recordes:
Saif Almannaei, Caycee Dolan, Shiori Hatsuda, Aki Makijima, Mai McMillan, Momoko Omori e Naomi-Emily Sakai

Créditos de imagem

Capa Shinsuke Kamioka/GWR, Mark Mauno, Yasunori Koide/Creative Commons, Shutterstock, Alamy, John F. Martin/GWR; **Guardas** Shinsuke Kamioka/GWR, Legendary Pictures/Toho/Nintendo/Alamy, Universal Studios/Alamy, Naturepl.com, Mark Mauno, Nickelodeon/Alamy, Lucasfilm/Disney/ Shutterstock, Yasunori Koide/Creative Commons, Alamy, John F. Martin/GWR, Shutterstock; **1** Getty Images, Florentijn Hofman; **2** Yasunori Koide/Creative Commons; **3** Shutterstock; **4** Paul Michael Hughes/GWR, Shutterstock, Mark Mauno; **5** Shutterstock, Shinsuke Kamioka/GWR, Alamy; **8 (BRA)** Tiago Queiroz/Estadão Conteúdo, Courtesy Canabarro family/Longeviquest, Courtesy Neto family/ Longeviquest; **9 (BRA)** Shutterstock; **10 (EUA)** Alamy, Martin Baumgaertner/Field Museum, J. Chin/ National Geographic/Kobal/Shutterstock; **11 (EUA)** Alamy, Shutterstock; **10** Shutterstock; **11** Shutterstock, Harry Kinnaird; **12** Paul Michael Hughes/GWR, Shutterstock; **13** Paul Michael Hughes/GWR, Michael Bowles/GWR, Shutterstock; **14** Patrick Clement, Sam Thomas; **15** Shutterstock; **16** Clay Bolt, Science Photo Library, Shutterstock; **17** Shutterstock; **18** Renato Gaiga, Andaman Kaosung, Monteverde Orchid Garden, Naturepl.com, Shutterstock, Sharp Photography; **19** Anthony Quek, Alamy, Shutterstock, Frank Glaw; **20** Naturepl.com, Shutterstock, Alamy, Ingo Rechenberg/Creative Commons; **21** Alamy, Shutterstock; **22** Shutterstock, Vera Gorissen/Krefeld Zoo, Phoenix Zoo, Alamy; **23** Shutterstock, Alamy, Brookfield Zoo Chicago; **24** Shutterstock, Alamy; **25** Naturepl.com, Alamy, Shutterstock; **26** Shutterstock, Science Photo Library; **27** Getty Images, Shutterstock, Alamy; **28** Shutterstock, Science Photo Library, Alamy; **29** Paul Marek, Mark Taylor/Warren Photographic, Shutterstock; **30** Sander Bot, Ernesto Gianoli, Webb's, Natalia Botero Acosta, Fundación Macuáticos Colombia; **31** Shutterstock, Aldo M. Benites-Palomino; **32** Didrik Johnck, Todd Warshaw/Getty Images; **33** jamesqmartin.com, Skyler Williams; **34** Ehrin Macksey/GWR; **35** Ehrin Macksey/GWR; **36** Erica Lane Harvey/GWR, Erik Isakson/GWR; **37** Paul Michael Hughes/GWR, Kevin Scott Ramos/GWR, Marc Suarez/GWR; **38** nordicfactory.com, Hallmark Lakeview/ Longeviquest, Courtesy Canabarro family/LongeviQuest, Courtesy Neto family/LongeviQuest, Blue Origin; **39** Alamy, Shutterstock; **40** ETH Zurich/Cybathlon, ETH Zurich/Cybathlon/Nicola Pitaro, ETH Zurich/ Cybathlon/Alessandro Della Bella, KAIST; **41** ETH Zurich/Cybathlon/Nicola Pitaro, ETH Zurich/ Cybathlon/Alessandro Della Bella; **42** Bridgeman Images, Getty Images, Alamy, John Wright/GWR; **43** Getty Images, Paul Michael Hughes/GWR, Prakash Mathema/GWR, Owee Salva/GWR, Imaginaria Project, Herff Jones; **44** Shutterstock, Bruce Jensen; **45** Paul Michael Hughes/GWR, John Wright/GWR, Joshua Aaron/ GWR; **46** nordicfactory.com, Wellcome Library/ Creative Commons, Getty Images, Shutterstock; **47** Lionel Tauro, Alamy, nordicfactory.com, Shutterstock; **48** Shutterstock, John Wright/ GWR; **49** Alberto Bernasconi/GWR, Paul Michael Hughes/GWR, Shutterstock; **51** Getty Images, Marie Robinson/GWR; **52** Larsen & Talbert/ Contour RA by Getty Images, Getty Images, Alamy; **53** Getty Images, Alamy; **55** Brien Adams/ GWR; **56** Shutterstock, Alamy; **57** Shutterstock; **58** Shutterstock; **59** Shutterstock; **60** Shutterstock, @stonevisualsuk, Ian Bowkett/ GWR; **61** Kevin Scott Ramos/GWR, Shutterstock; **62** Shutterstock, Caters News Agency, John F Martin/GWR; **63** Getty Images, Alamy; **65** Shutterstock; **66** Daniel Pochetti/GWR, Alamy, Shutterstock, Naim Chidiac/Red Bull Content Pool; **67** Getty Images, Kim Racovalis, Kevin Scott Ramos/GWR; **68** Ryan Nicholson/GWR, Maja Moan, Cody Fox/GWR; **69** Michal Carbol, Henry Xavier/GWR, Shutterstock; **70** Shutterstock, Getty Images; **71** smashpark.com, Getty Images, Mark E Johns; **72** Shutterstock, Getty Images; **73** Giants Live, Shutterstock; **74** Sally Bliss/Penny Farthing Club, Shutterstock; **75** Sally Bliss/Penny Farthing Club, Craig Glenday; **76** Shutterstock, Alamy; **77** The Strong National Museum of Play, Patrick Marcoux/GWR; **78** Shutterstock, Richard Bradbury/GWR; **79** Ian Bowkett/GWR, Alamy, David Torrence/GWR, Shutterstock; **80** Shutterstock; **81** Alamy, Shutterstock; **82** Shutterstock, Ranald Mackechnie/GWR; **83** Ranald Mackechnie/GWR, Darren McQuade; **84** Shutterstock, Francois Lorho/113 Photosport; **85** Phil Hill/PH Balance, Rugile Kaladyte; **86** Piyush Chavan, Shutterstock, Seven Summit Treks, Callum Wood; **87** Karine Joly, Gustavo Cabana, Omar Alhegelan, Getty Images; **88** Mark Bickerdike/UNP, TEFILMZ/GWR; **89** kerchie.com; **90** Comic Relief/Getty Images, Shutterstock, Alamy; **91** Alamy, Getty Images; **92** NASA/Johns Hopkins APL/Ed Whitman; **93** NASA/Johns Hopkins APL/Steve Gribben; **94** Giovanni Cassini/ Creative Commons, Thomas Elger/Creative Commons, NASA/ESA/STScI/Amy Simon (NASA-GSFC), NASA, NASA/Karen Teramura, UH IfA, NASA/JPL-Caltech/SwRI/MSSS/Gabriel Fiset; **95** NASA/JPL-Caltech/ASU, ATG-Medialab, ESA/ATG-medialab, ESA/BepiColombo/MTM, NASA/NASA/JPL-Caltech, NASA/JPL-Caltech, NASA/JPL-Caltech/MSSS; **96** Jay Tanner/ Creative Commons, NASA/JPL-Caltech/SwRI/ MSSS/Emma Wälimäki © cc by, CSNA/Siyu Zhang/Kevin M. Gill; **97** NASA/JPL-Caltech/Space Science Institute, NASA/JPL-Caltech; **98** SpaceX/Polaris Program, NASA, Alamy, NASA/ Bill Ingalls, Shutterstock; **99** NASA Johnson, Alamy, Getty Images, Shutterstock; **100** Stephen Conlin, Shutterstock, NOAA, Black Swift Technologies, NASA, Saildrone; **101** Saildrone,Getty Images, Alamy, Susan Risk/ NOAA, Henry Reges/CoCoRaHS, CoCoRaHS, Arbindra Khadka/National Geographic; **102** Alamy, Charles Polito; **103** Harvey Brewster, Shutterstock; **104** Alamy, Shutterstock; **105** Shutterstock, Les Smith © Daily Advertiser/ACM, JCB; **106** Crown Copyright/Alamy, Crown Copyright/Shutterstock, Shutterstock, Alamy, Peak Aerials; **107** Alamy, Tideway London; **108** Justin Yim, Ethan Schaler, FANUC, Shutterstock; **109** Alamy, Boston Dynamics; **110** Shutterstock, Alamy; **111** Getty, Campuestohan Highland Resort, Alamy; **112** Shutterstock, Alamy, Kristian Binder, Gryffindor/AzaToth/Creative Commons; **113** Nemo's Garden/OceanReefGroup/Emilio Mancuso, Alamy, Shutterstock; **114** Richard Bradbury/GWR, Alamy; **115** AUB, Courtesy Thorp Archive, AUB, 20th Century Fox/Paramount/ Digital Domain/Kobal/Shutterstock, 20th Century Fox/Shutterstock; **116** Fram2, Alamy, Damen; **117** IMAGO, Shutterstock; **118** Johnny Green, Shutterstock; **119** Johnny Green, Shutterstock, Alamy; **120** Paul Michael Hughes/GWR, Shutterstock; **121** Paul Michael Hughes/GWR; **123** Kevin Scott Ramos/GWR; **124** Hugo Alejandro Jiménez Vázquez, Shutterstock, Sotheby's; **125** Shiv Narayan Jewellers; **126** Joseph O'Neil, Getty Images, Alamy; **127** Shutterstock, Drew University Archives/Colourized by Seth Massey, Alamy, Getty Images; **128** Microsoft Corp, Getty Images, Shutterstock; **129** Getty Images, Shutterstock; **130** Shutterstock, nordicfactory. com, Alamy, Imago, Getty Images; **131** Shutterstock; **134** Tangible Formats, Shutterstock, Daniella Zalcman/Greenpeace; **135** Alamy; **136** Shutterstock; **137** Antonio Busiello, Alamy, Dr Randi Rotjan/New England Aquarium, Shutterstock; **138** Hotel Kawakyu, The First Group/NORR Group, Shutterstock; **139** Rosewood Guangzhou/Kohn Pedersen Fox, Hurtigruten Svalbard, Apart Hotel Wasserturm, Four Seasons New York, The Mark Hotel, Shutterstock; **140** Alamy; **141** Shutterstock, Stephanie Mitchell/Harvard University; **142** Shutterstock, Alamy, Hawai'i State Archives; **143** Raphael Olivier, Alamy, Shutterstock, Matt Taylor; **144** Getty Images, Shutterstock, Alamy; **145** Alamy, Shutterstock; **146** HBO, ITV America, Half Moon Pictures, Netflix, NBC, Shutterstock, Getty Images, FBI; **147** John Reynolds, Getty Images, Nero Film/Alamy; **148** Getty Images, Natalie Behring/GWR; **149** Daniel Natusch, Getty Images; **150** Paul Michael Hughes/GWR; **151** Paul Michael Hughes/GWR; **152** Alamy, Getty Images, Ian Logan; **153** Pan Cooke, Inko Ai Takita, Brian Williamson; **154** Inko Ai Takita; **155** Pan Cooke; **156** Inko Ai Takita; **157** Brian Williamson; **158** Steve May/Arena Illustration; **159** Dennis Temituro, Debbie Tung/debbietung.com; **160** theillustrators.com.au; **161** Pan Cooke; **162** Shutterstock; **163** The Brilliant Little Leaders, Rachael Woosley, Kunal Dugar, Melanie Lamoureux, Gerry Blaksley, Llacey Simmons, Alamy; **164** Mark Busch, Shutterstock; **165** Shutterstock; **166** Nickelodeon/Alamy, Alamy, Universal Pictures/Alamy, Lucasfilm/Disney/ Shutterstock, Gracie Films/Disney/Alamy, Shutterstock; **167** John F Martin/GWR, Shutterstock, Kevin Scott Ramos/GWR; **168** Shutterstock; **169** J Sanjeev, S6 Photography, Emma Sykes; **170** Universal Pictures/ Shutterstock, Arcade Images/Alamy; **171** Arcade Images/Alamy, Shutterstock; **172** Disney, Warner Bros., Universal, 20th Century Studio, Disney, Shutterstock; **173** Disney; **174** Pokémon, Goldin; **175** Pokémon, Paul Michael Hughes/GWR, Alamy; **176** Getty Images, Jonathan Olley/Netflix, Alamy; **177** Shutterstock, Getty Images; **178** Shutterstock; **180** Valve, Igor Bezborodov/ Esports World Cup, Luc Tancrède Bouchon/ Esports World Cup, Bart Oerbekke; **181** Getty Images; **182** Universal Pictures/Alamy, Aardman/ Shutterstock, Aardman/Alamy, Hasegawa Machiko Art Museum/Fuji Television, Getty Images, Universal Pictures/Shutterstock; **183** Disney/Pixar/Alamy, Universal Pictures/ Alamy, Disney/Pixar/Shutterstock, Disney/Pixar; **184** Shutterstock, Netflix/Everett Collection/ Alamy, Warner Bros./ Alamy, Universal Pictures/ Alamy; **185** Universal Pictures/Alamy, Warner Bros./Alamy, Paramount Pictures/Alamy, Shutterstock; **186** Shutterstock, Alamy; **187** John Zabrucky, Alamy, Shutterstock; **188** Amazon Studios, Netflix, Jasper Savage/Amazon Studios, Paramount, 20th Century Fox/Alamy, Alamy, TCD/ Prod.DB/Alamy; **189** Amazon MGM Studios, Jas Davis/Prime, Shutterstock; **190** Heritage Auctions, Tim Davis, Shutterstock, Mart Sander; **191** Getty Images, HBO, Alamy, Shutterstock, Hobbiton Movie Set; **192** Michael Bowles, Getty Images, Alamy; **193** Shutterstock, Usain Bolt Foundation, Getty Images, Alamy; **194** Mark Pickthall, Sophia Schorr-Kon, Kirstie Macleod; **195** Georgie Sleap, Kirstie Macleod, Shutterstock, Amanda Wright; **196** Getty Images, Shutterstock; **197** TAS Rights Management, Alamy, Dougie Murphy; **198** Historic Organ Restoration Committee, Inc, Shutterstock, Getty Images; **199** Merwas, Getty Images, Tarisio/Robert Bailey, The Vegetable Orchestra/Apollonia Theresa Bitzan; **200** SAGA City of Light Theater,Shutterstock, Getty Images; **201** Corinne Cummings/National Youth Music Theatre, Jordan Harris/National Youth Music Theatre, Alamy, Craig Sugden; **202** Second Face Museum of Cultural Masks, Alamy, Richard Bradbury/GWR, Tokyo National Museum; **203** Smithsonian Institution/National Museum of the American Indian photo service, Second Face Museum of Cultural Masks, Alamy, Shutterstock; **204** Alamy, Jared Page; **205** Courtesy of Sotheby's, Shutterstock; **206** Alamy, Pam Kleemann-Passi/ POLITIX, Getty Images; **207** Drew Gardner/GWR; **208** Neon Celebrate! Forever® stamp ©2015 USPS®, Shutterstock, MONA, Corrie Siegel/ MONA; **209** Cardin Chan and Tetra Neon Exchange, James Gourley/Shutterstock, Getty Images, Alamy; **210** UBE Biennale, Shutterstock, Alamy; **211** Shutterstock; **212** Shutterstock, Getty Images; **213** Shutterstock, David A Lindon Micro Artist Ltd., Metart World; **214** Getty Images, Shutterstock; **215** Alamy, Shutterstock, Getty Images; **216** Alamy, Getty Images, Shutterstock; **217** Shutterstock; **218** Getty Images; **219** Getty Images; **220** Getty Images, Alamy; **221** Getty Images, Alamy, Shutterstock; **222** Alamy, Shutterstock, Getty Images; **223** Getty Images, Alamy, Shutterstock; **224** Getty Images, Shutterstock; **225** Shutterstock, Alamy, Getty Images; **226** Getty Images, Shutterstock; **227** Alamy, Shutterstock, Getty Images; **228** PSA, Getty Images, Shutterstock; **229** LPRT/Maria Paz Riquelme, Getty Images, Shutterstock, Alamy; **230** Shutterstock, Anastasis Karamousadakis/ ICARUS Sports, Alamy; **231** Alamy, Shutterstock, Getty Images; **232** Shutterstock, Getty Images; **233** Getty Images, Alamy; **234** Alamy, Getty Images; **235** Getty Images, Shutterstock, Alamy, Stephen McClements, OpenStreetMap; **236** X Games, Shutterstock, Thibaut Blais; **237** Tsuchiya Home Ski Team, Melissa Michel/www. crestarunphotos.co.uk, Shutterstock; **238** David Miller, iRunFar.com/Eszter Horanyi, Getty Images, Alamy, Shutterstock; **239** Yuta Suzuki/ Saroma Runners, Alamy, Shutterstock; **240** Getty Images, Alamy, Shutterstock, Tom Leeming; **241** Getty Images, Alamy, Shutterstock; **243** Alamy; **252** Paul Michael Hughes/GWR

Para a lista de créditos de imagem completa, acessar **guinnessworldrecords.com/products/books/book-production/picture-credits**.

Agradecimentos

55Design (Hayley Wylie-Deacon, Tobias Wylie-Deacon, Rueben Wylie-Deacon, Linda Wylie, Vidette Burniston, Lewis Burniston, Jay Page, Ellice Page, Bruno, Zeus, Buster, Macy), A Different View (Geoffrey Dixon), Audio Network (Tim Davies e equipe), Banijay Italy (Silvia Martini e equipe), Simone Barlaam, Susan Bender, Big Yellow Self Storage (Liverpool) (David Reason, Bev Rose), Blooming Color Inc, Lance Burnett, Cepac Ltd., City Museum St. Louis (Eric Gilbert, Katy Enrique, Rick Erwin), Codex Solutions Ltd., Constantin, Copenhagen GWR Museum (Henri Sokou, Phyllis Calloway), Cesar Correa Lopez, Cuarzo (Sonia Perez e equipe), DataWorks Plus, Andy Davies, Callum Dean, Definition Group, DVAD B.V. (David di Bie e equipe), Ezoic (Claire Johnson, Robert Karow e equipe), Patrick Feldman, FJT Logistics Ltd. (Ray Harper), Fraser Direct Distribution Services Ltd., Grafit Display Hire Ltd. (Antonia Johnston, Paul Harrison), Sofia Greenacre, Greenspan (Tim Donell, Ryan Palmer, Jamie Davenport), Karen Hansen Gilmore, Jesse Hargrave, Roger Hawkins, Matt Hillman, Jermyn Street Design, Charles Lafont, Orla Langton, Left Brain Games, Marie Lorimer, Macmillan Distribution, Torquil Macneal, Mediaset Italy, Mediaset Spain, Mohn Media (Yannick Laag, Astrid Renders, Kevin Sarney, Maximilian Schonlau, Jeannette Sio, Dennis Thon), MSC Cruises (Steve Leatham, Andrea Correale, Matteo Mancini, Mihaela Carlan, Thiago Lucio Santos Vieira, Carlos Ponzetto, Biagio De Girolamo, Gianluca Russo), Joseph O'Neil, Orlando Science Center (Jeff Stanford, Jesse Zito), Alice Pagán, Papercup, Parque de las Ciencias (Jorge Jorge), Rob Partis, Duncan Phillips, Daniel Pijuan, Ping Leisure Communication Ltd. (Claire Owen), Precision Proco, Prestige Design (Jackie Ginger), Propworks (Emma Banwell, Dan Lee, Rosie Young, Annie Lumby, Charlie Stoddart, Flo Minchella, Pauline McGrath, Jess Way), escritório Da Ripley (Jim Pattison Jr., John Corcoran, Clay Stewart, William Anthony, Tacita Barrera, Brian Relic, Bretta Sejas, Joel Friedman), Science North (Ashley Larose, Marc Gareau, Pamela Therrien, Kris Gurnsey, Chris Theriault), Stark RFID, Steinbeis Papier GmbH, Tim Stuart, The Production Suite (Beverley Williams, Zoe Vaux-Thompson, Jo Boase, Barry Mason), Union Station Kansas City (George Guastello, Jerry Baber, Michael Tritt, Lauren Hypes Kovarna, Nick Kline), Uplause (Veli-Pekka Marin, Jussi Marin), Gabriela Ventura, equipe do Vietnã (Hahn Huyen, Hoang Ly Vu, Hahn Pham, Mr Tan), YouGov

Juízes oficiais

Alfredo Arista Rueda, Simone Barlaam, Camila Borenstain, Thomas Bradford, Emma Brain, Joanne Brent, Sarah Casson, Marc Cote, Swapnil Dangarikar, Anouk de Timary, Brittany Dunn, Kanzy El Defrawy, Michael Empric, Fumika Fujibuchi, John Garland, Andrew Glass, Iris Hou, Monica Hu, Austin Johnson, Kazuyoshi Kirimura, Lena Kuhlmann, Maggie Luo, Karen Mazarello, Chloe McCarthy, Rishi Nath, Mbali Nikos, Hannah Ortman, Pravin Patel, Justin Patterson, Glenn Pollard, Natalia Ramirez Talero, Susana Reyes, Emi Saito, Paulina Sapinska, Carl Saville, Tomomi Sekioka, Tina Shi, Brian Sobel, Minyoung Sohn, Hanane Spiers, Richard Stenning, Şeyda Subaşı Gemici, Raafat Tawfik, Lala Teranishi, Aynee Toorabally, Sonia Ushirogochi, Lorenzo Veltri, Xiong Wen, Angela Wu, Peter Yang e Jacob Yip.

Códigos dos países

AFG	Afeganistão
AIA	Anguilla
ALB	Albânia
ALG	Argélia
AND	Andorra
ANG	Angola
ANT	Antilhas Holandesas
ARG	Argentina
ARM	Armênia
ARU	Aruba
ASA	Samoa Americana
ATG	Antígua e Barbuda
AUS	Austrália
AUT	Áustria
AZE	Azerbaijão
BAH	Bahamas
BAN	Bangladesh
BDI	Burundi
BEL	Bélgica
BEN	Benim
BER	Bermudas
BFA	Burkina Fasso
BHR	Barein
BHU	Butão
BIH	Bósnia e Herzegovina
BLR	Bielorrússia
BLZ	Belize
BOL	Bolívia
BOT	Botsuana
BRA	Brasil
BRB	Barbados
BRU	Brunei Darussalam
BUL	Bulgária
CAM	Camboja
CAN	Canadá
CAY	Ilhas Cayman
CGO	Congo
CHA	Chade
CHI	Chile
CHN	China
CIV	Costa do Marfim
CMR	Camarões
COD	R. D. do Congo
COK	Ilhas Cook
COL	Colômbia
COM	Comores
CPV	Cabo Verde
CRC	Costa Rica
CRO	Croácia
CTA	República Centro-Africana
CUB	Cuba
CYP	Chipre
CZE	República Tcheca
DJI	Djibuti
DMA	Dominica
DNK	Dinamarca
DOM	República Dominicana
ECU	Equador
EGY	Egito
EQG	Guiné Equatorial
ERI	Eritreia
ESP	Espanha
EST	Estônia
ESW	Suazilândia
ETH	Etiópia
EUA	Estados Unidos da América
FIJ	Fiji
FIN	Finlândia
FRA	França
FSM	Estados Federados da Micronésia
GAB	Gabão
GAM	Gâmbia
GEO	Georgia
GER	Alemanha
GHA	Gana
GIB	Gibraltar
GNB	Guiné-Bissau
GRE	Grécia
GRL	Groelândia
GRN	Granada
GUA	Guatemala
GUI	Guiné
GUM	Guam
GUY	Guiana
HAI	Haiti
HON	Honduras
HUN	Hungria
IDN	Indonésia
IND	Índia
IRL	Irlanda
IRN	Irã
IRQ	Iraque
ISL	Islândia
ISR	Israel
ITA	Itália
JAM	Jamaica
JOR	Jordânia
JPN	Japão
KAZ	Cazaquistão
KEN	Quênia
KGZ	Quirguistão
KIR	Kiribati
KOR	Coreia do Sul
KSA	Arábia Saudita
KUW	Kuwait
LAO	Laos
LBN	Líbano
LBR	Libéria
LBY	Líbia
LCA	Santa Lúcia
LES	Lesoto
LIE	Liechtenstein
LTU	Lituânia
LUX	Luxemburgo
LVA	Letônia
MAD	Madagascar
MAR	Marrocos
MAS	Malásia
MCO	Mônaco
MDA	Moldávia
MDV	Maldivas
MEX	México
MHL	Ilhas Marshall
MKD	Macedônia do Norte
MLI	Mali
MLT	Malta
MNE	Montenegro
MNG	Mongólia
MNP	Ilhas Marianas do Norte
MOZ	Moçambique
MRI	Ilhas Maurício
MSR	Montserrat
MTN	Mauritânia
MWI	Maláui
MYA	Myanmar
NAM	Namíbia
NCA	Nicarágua
NED	Holanda
NEP	Nepal
NGA	Nigéria
NIG	Níger
NIU	Niue
NOR	Noruega
NRU	Nauru
NZL	Nova Zelândia
OMA	Omã
PAK	Paquistão
PAN	Panamá
PAR	Paraguai
PER	Peru
PHI	Filipinas
PLE	Palestina
PLW	Palau
PNG	Papua-Nova Guiné
POL	Polônia
POR	Portugal
PRK	Coreia do Norte
PUR	Porto Rico
QAT	Catar
ROU	Romênia
RSA	África do Sul
RU	Reino Unido
RUS	Federação Russa
RWA	Ruanda
SAM	Samoa
SCO	Escócia
SDN	Sudão
SEN	Senegal
SEY	Seychelles
SHN	Santa Helena
SIN	Cingapura
SKN	São Cristóvão e Névis
SLE	Sierra Leoa
SLV	El Salvador
SMR	San Marino
SOL	Ilhas Salomão
SOM	Somália
SRB	Sérvia
SRI	Sri Lanka
SSD	Sudão do Sul
STP	São Tomé e Príncipe
SUI	Suíça
SUR	Suriname
SVK	Eslováquia
SVN	Eslovênia
SWE	Suécia
SYR	Síria
TAN	Tanzânia
TCA	Ilhas Turks e Caicos
TGA	Tonga
THA	Tailândia
TJK	Tadjiquistão
TKM	Turcomenistão
TLS	Timor-Leste
TOG	Togo
TRI	Trinidad e Tobago
TUN	Tunísia
TUR	Turquia
TUV	Tuvalu
UAE	Emirados Árabes Unidos
UGA	Uganda
UKR	Ucrânia
UMI	Ilhas Menores Distantes dos EUA
URU	Uruguai
UZB	Uzbequistão
VAN	Vanuatu
VAT	Cidade do Vaticano
VEN	Venezuela
VGB	Ilhas Virgens (Britânicas)
VIE	Vietnã
VIN	São Vicente e Grenadinas
VIR	Ilhas Virgens (Americanas)
YEM	Iêmen
ZAM	Zâmbia
ZIM	Zimbábue

* Os códigos desta edição seguem a tabela oficial de códigos de países da FIFA, exceto no caso dos Estados Unidos e do Reino Unido.

Disponível em português!
GUINNESS WORLD RECORDS
GAMER'S EDITION
2026
Featuring the TOP 100 Greatest Gaming Characters
Disponível em português!
GUINNESS WORLD RECORDS
FOOTBALL EDITION
2026
Featuring the all-time TOP 100 GREATEST FOOTBALL RECORDS
Disponível somente em inglês!
GUINNESS WORLD RECORDS
365
A RECORD A DAY
SPORT
IT'S QUIZ TIME
Prepare-se para testar seus conhecimentos sobre os feitos mais incríveis do planeta! Junte-se à nossa brilhante apresentadora IA, Salli, no **Hora do Quiz: Guinness World Records**. Desafie amigos e família com milhares de perguntas sobre recordes mundiais oficiais. Prepare-se para um confronto radical de curiosidades!
Escaneie o QR Code e fique por dentro de tudo!
Copyright © Snap Finger Click Limited. All Rights Reserved. "PlayStation Family Logo", "PS5 logo" are registered trademarks or trademarks of Sony Interactive Entertainment Inc. "Xbox", "Xbox Series X", "Xbox Series S" are trademarks of the Microsoft group
E MAIS: Adquira produtos* estilosos do GWR, como os apresentados por Rumeysa e Jyoti, a **mulher mais alta** e a **mulher mais baixa** do mundo!
*Disponível na maioria dos tamanhos!
GWR STORE
OFFICIALLY AMAZING
Inscreva-se agora e ganhe
10%
de desconto de boas-vindas.
Escaneie ou acesse
gwrstore.com/en-latam
JÁ TENTOU BATER UM RECORDE?
Visite a loja do GWR e acesse seu Certificado Oficial de Participação!

18
Mirai
未来